國語國文學講座

韓國漢文學史

——韓國漢文學思潮研究——

李 家 源 著

普 成 文 化 社

序

우리 韓民族은 東方의 諸國 중에 있어서 恒久한 傳統과 燦爛한 歷史를 지닌 民族의 하나이다. 그렇게 몇 千年을 내려오는 途中에 民族自主性에 의한 思想·感情과 어떤 他民族과의 交驩·感受에 따른 文藝的인 產物이 이 사이에 存在하게 되었다. 이것이 곧 「漢文文學」 내지 「漢字文學」이 이 땅에서 發展된 자취이다.

그리고 文學이란 곧 人類가 지닌 靈魂의 活動이어서 극히 神秘로운 것인 듯싶기도 하다. 그러나 文學은 어디까지나 그 社會生活의 外物的인 反暎인 만큼 그가 進化하는 過程에 있어서 그 形態的인 면이 혹시나 他民族의 그것을 잠깐 利用했다 하더라도 아무런 反民族的인 行爲로 規定을 입을 理由는 없을 것이다. 다만 그 作品 중에서 표현된 思想·感情의 攸倚를 溯究하여 그 어떤 한 時代의 文學思潮의 特徵을 捕捉했다면 곧 이러한 思潮를 造成한 그 政治的·社會的·經濟的인 實態에 의한 種種의 環境에서 그 產生의 陣痛, 育成의 苦惱, 派傳의 纏綿 등의 자취와 흐름에 대하여 重點을 두어야 할 것이다. 이는 실로 先哲이 말씀한 바와 같이 「文以載道」인 까닭이었다.

그리하여 이러한 產物 중에서 만일 우리들의 참된 民主主義的인 文學·藝術의 發展에 조금이라도 障礙가 되는 그 物이 介在되어 있다면 의당 嚴格히 排除하여야 하겠지마는 그렇지 않고 그것이 民主祖國의 建設에 이바지할 만한 要素를 지닌 그 物이었다면 고루 鑛脈을 찾아 一粒의 眞金이라도 빠뜨림 없이 하나 하나 科學的으로 研究·分析하여야 할 것이다. 이에 실로 民族萬代의 묵은 財寶를 새로운 理想과 새로운 方法으로써 올바르게 繼承·發展시켜야 할 모든 課題가 우리들의 눈 앞에 서언하게 뜨인다.

序

이제 이 「漢文文學」도 그 중에서 만만치 않은 하나의 課題로서 登場시키지 않을 수 없겠다. 이는 실로 韓國의 古典文學을 통틀어 놓고 보더라도 漢字로 표기된 作品이 한글로 표기된 그것에 비하여 量的으로나 質的으로나 오히려 不及됨이 없을 만큼 되어 있기 때문이다. 이는 물론 奇型的인 사실이긴 하지만 역시 歷史的인 實證에 비추어서 어떻게 할 수 없음도 사실이었다.

그리하여 이러한 課業을 進行시킴에 있어서는 여러 가지의 工作이 必要하겠지마는 특히 위에서 論及한 바와 같이 그 時代를 따라 思潮的인 變遷의 자취를 硏究하는 것이 가장 緊한 일이 아닐 수 없었다. 이것이 곧 本藁를 起草한 動機였던 것이며, 그리고 이를 더듬어 내려오는 途中에 더우기 이 韓國의 「漢文文學」은 결코 한갖 中國의 그것들만을 效嚬·逐臭한 것이 아니었고 거기에는 가다금 獨特한 形態와 異彩로운 思潮가 나타나서 民族自主的인 「靈」과 「物」이 充分히 依存되어 있음을 거듭 느끼곤 했다.

그리고 이 책의 이름은 의당히 「韓國漢文學思潮硏究」라 하여야 되겠지마는 이제 「韓國漢文學史」라는 조금 通俗的인 이름을 붙여서 大學敎程으로 通用하려 한다. 이는 실로 輓近 十數年 사이 大學講義에 응하기 위하여 몇 차례나 藁本을 바꿨으나 마침내 이러한 변변치 못한 것이 꾸며졌을 뿐이어서 스스로 부끄러움을 금치 못하는 바이며, 끝으로 특히 奇文·僻字에 당황할 만한 이 藁本을 깨끗한 活字로 옮겨준 「民衆書舘」의 惠와 貴重한 資料의 提供에 괴로움을 아끼지 않은 「國立圖書館」·「延世大學校圖書館」·「通文館」 및 「索引」의 作成에 協力해주신 成均館大學校 金喆洙 講師諸氏의 勞에 대하여 感謝의 뜻을 표하여 마지 않는 바이다.

一九六一·四·六 著者

擱筆於·碍惺燕茶齋

目　次

緖　言

1. 韓國漢文學史의 定義

이 「韓國漢文學史」는 우리 나라 사람으로서 자기의 文字인 正音으로써 자기들의 思想과 感情을 표현하지 못하고 일찍부터 漢土에서 수입된 漢文字를 이용하여 표현한 漢字文學을 비롯하여 正音文字가 創造된 이후의 漢文學까지의 전체를 포함한 모든 作品에 대하여 그 形態的인 전개와 思潮的인 흐름을 더듬어서 한개의 體系를 세운 敍述이다.

이 漢文學의 發祥地인 中國에 있어서는 「漢文學」이라는 말이 잘 쓰여지지 않고 다만 漢代의 文學을 가리켜 「漢代文學」이라고 한 例가 있을 뿐이다. 그러나 韓國을 위시한 東方의 諸國이 모두 自國의 文字를 創造하기 전에 벌써 漢文字를 써 내려왔으므로 漢文字를 곧 自國의 文字로 간주한 적도 없지 않았다. 例를 들면 金富軾(1075~1151)은,

國初 始用文字 時有人 記事一百卷 名曰 「留記」

<三國史記 卷二〇 張2 高句麗本紀 第八 嬰陽王>

이라 하였고, 李朝 世宗 李祹(1397~1483)는,

國之語音 異乎中國 與文字不相流通 <世宗御製訓民正音 張1>

이라 하여 中國의 文字를 곧 韓·中 兩國의 共用하는 文字로 認定하였을 뿐더러 그는 「訓民正音」을 創製한 뒤에도 오히려 正音文字의 對峙語로서 「漢文文字」라는 말을 쓴 일도 없는 동시에 正音文學과의 구별을 위하여 「漢文學」, 또는 「漢字文學」이라는 말을 쓴 일이 없었던 것도 사실이었다. 그러다가 최근 約 半世紀 전에 이르러서 우리 한글이 완전히 本格的인 위치를 찾게 되자 비로소 우리 歷代의 文學作品 중에서 漢文字를 빌어

쓴 것을 「漢文學」이라 하여 正音文學과의 엄연한 구별을 지었던 것이다.

그리하여 韓國의 경우로서 말한다면 唐代의 貿易이 頻繁했으므로 中國産의 그것들에는 「唐女」·「唐絲」·「唐書」·「唐樂」 등의 이름이 붙인 것과 마찬가지로 漢代의 文字로 表記된 文學을 「漢詩」·「漢文」·「漢學」 등으로 불러 내려왔으며, 또는 그들을 통틀어서 말할 때에는 곧 「漢文學」이라 하여 明確히 正音文學과 구별시켰던 것이다.

2. 韓國의 民族

한개 民族의 文學과 그 文學을 낳은 民族性, 또는 國民性과의 관계는 가장 밀접한 것이다. 이제 한개의 民族에 대하여 文學思潮의 根柢를 살펴 보려면 반드시 먼저 그들의 民族性을 알아야 함은 물론인 동시에 또 그들의 참된 民族性을 살펴 보려면 그 民族의 文學的 활동에 의하여 살펴 보지 않으면 아니될 것이다. 이는 곧 그들 民族性을 가장 잘 드러낸 것이 文學이기 때문이다.

다만 이 民族性은 영원히 한개의 固定的인 模型 속에 停滯되지 않고 시대를 따라 변천될 수도 없지 않은 것이다. 그 변천의 因素는 內因과 外因이 있는데, 內因은 곧 遺傳的 質素요 外因은 環境的 質素일 것이다.

韓國의 民族은 애초에 九月山을 中心으로 발전한 三韓系인 만큼 그의 血統은 극히 단순한 듯싶으나, 그 실에 있어서는 漢族이나 蒙古族으로 더불어 과히 멀지 않은 族屬이었음은 原始時代의 遺物로써 증명하고도 남음이 있을 것이다.

1928년에서 1932년 사이 北平의 西南 周口店에서는 約 40萬년 전 人類의 遺骨이 발견되었는데, 그 대부분은 頭蓋骨이었으며 그들은 벌써 불의 使用과 原始的인 石器·骨器 등을 써 왔고, 1923년 內蒙古 「울도스」에

約 5萬년 전의 舊石器가 발견되었으며, 1921년에서 1924년 사이 南滿洲의 錦西·貔子窩 등에서 발굴된 最後期 新石器時代의 各段階와 金石倂用時代에 속하는 石器에서 靑銅器로 指向하는 各種의 遺物이 발견되었으니, 錦西·貔子窩는 肅愼 곧 古朝鮮의 發祥地였고 朝鮮은 일찌기 遼河의 附近에서 세차례나 옮겨서 大同江 流域으로 온 것은 「史記」의 「朝鮮列傳」이나 『三國志』의 「魏志」에 나타난 文句로써 알 수 있을 것이다. 韓國에서는 아직 舊石器의 발굴은 보지 못했으나 仰韶系 文化의 遺物에 의하면 河南 澠池 仰韶村에서부터 蒙古 長城 밖 遼東·北韓에 이르기까지 約 5千년 전의 新石器·骨器·陶器 등이 발견되었고, 南韓에서는 金海의 貝塚에 約 2千년 전의 金石倂用時代의 遺物이 발굴되었다. 그리하여 南·北韓에서는 일찌기 新石器를 使用한 자취도 있으려니와 立石·支石 등과 같은 巨石文化를 만들어 낸 그들의 人種學的 構成은 과연 어떠하였던가.

이는 곧 中國 사람이 말하는 「東夷」 중의 濊貊族이다. 옛날에 扶餘를 「濊」라고도 했으려니와 扶餘의 別種인 卒本扶餘 곧 高句麗를 「貊」이라 하였고, 高句麗는 新羅·百濟를 「韓濊」라 하였으며, 貊에는 小水貊·中梁貊 등이 있고 濊에는 東濊·不耐濊 등이 있었으나 그 本質的인 차이는 없고 통틀어서 濊貊族이었으며, 夷는 곧 大弓을 이름이었다. 貊의 弓, 또는 樂浪의 弓, 肅愼의 弓은 당시 온 세계에 이름이 높았으므로 재빨리 鐵武器를 使用해서 弓術에 後退한 中國 사람들에게 大弓의 別名을 얻게 되었음은 의심쩍은 일이 아닐 것이다.

아득한 옛날, 舊石器 내지 新石器時代에 이미 우리의 祖先은 原始的 漁獵으로써 유일한 生産의 방법을 삼았고, 生産의 條件을 따라 小部族의 겨레가 조금씩 밀면서 南下했던 것이다. 그들은 대체 동일한 自然的 環境에서 동일한 생활을 함에 따라 몇개의 種族으로 나뉘어졌으나 그들의 言語

가 같은「우랄알타이」系統이라든지, 또는「시베리아」 諸民族 사이에서 흔히 보는「샤마니즘」을 믿는 것이라든지, 朝鮮·扶餘·高句麗·百濟·新羅 등의 建國神話가 모두 南下의 傳說인 것이든지, 현재 韓國人 骨格의 主要構成인 巨軀·圓顔·突顴 등이 역시 蒙古族의 특질을 갖추고 있는 것 등을 보아서 根本的으로 北으로부터 南下한 濊貊族임을 알 수 있겠다.

그리하여 遺傳的 質素의 방면에 있어서는 비록 단순한 듯싶으나 環境的 質素의 방면에 있어서는 제법 복잡성을 띠었으며, 疆域은 비록 몇 千里에 지나지 않는 작은 나라이었으나 그들의 性格을 細分해 본다면 八道가 제각기 다르기도 하려니와 대체로 말한다면 北方의 嚴寒과 南方의 溫暖에 의한 地理的 條件과 또는 半千年 사이에 쌓인 政治的 環境으로 말미암아 차이점이 形成되지 않을 수 없었으며, 더우기 1945년 以後 소위 38線이 금그어지자 同胞異域의 感이 간절한 오늘에 이르러서는 南北統一의 당면한 課業이 조속히 완수됨에 따라 참된 民族性을 발휘할 수 있을 것이다.

3. 韓國漢文學과 中國文學

中國文學에 있어서 그 時代를 따라 主潮的인 그것을 논하려면 대체로 詩經·楚辭·漢賦·六朝騈儷·唐詩·宋詞·元曲·明小說·淸劇 등을 말할 것이었으나 결코 揚雄(前 53~後 18)·韓愈(768~824)·歸有光(1506~1571)·姚鼐(1731~1815) 등의 소위 古文一派의 作品이 오로지 宗派的인 位置에 놓이게 되지 못할 것과 마찬가지로 韓國의 漢文學도 그럴 것을 면치 못할 것이라 생각된다.

그러므로 韓國의 漢文學에서도 구태여 崔岦(1539~1612)·李植(1584~1647)·金昌協(1651~1708)·李建昌(1852~1898) 등 古文派의 作品보다도 金時習(1434~1493)·許筠(1569~1618)·李用休(1708~1782)·朴趾源

(1737~1805)·李學逵(?~1835) 등 軟文派의 作品으로써 主潮를 삼지 않을 수 없겠다.

그렇다고 해서 漢土固有의 文學과 韓民族이 낳은 漢文學이 꼭 같은 것은 아니었다. 韓民族이 歷史的으로 漢人의 끊임 없는 侵蝕과 交驩이 錯雜했음은 否認할 수 없을지라도 個中에는 그 生活樣式과 鄕土固有의 情緖에 따라서 차이점 또는 독특성이 介在되었음은 거의 否定할 수 없을 것이며, 그들의 作風에 있어서도 차이점이 없지 않을 것이다. 漢土文學의 作風이 雄渾·廣漠하다면 韓國의 것은 실로 淸雅·芊眠하였으며, 그의 氣力은 비록 漢人을 따를 수 없겠으나 그의 情致는 거의 不足됨이 없을 것이며, 量的으로는 漢人에게 讓步하지 않을 수 없겠으나 質的으로는 거의 不及됨이 없으리라 생각되는 바이다.

그리고 正音文字가 創造되기 전에 있어서 新羅時代의 吏讀·鄕歌 등 漢字의 利用도 벌써 許愼(?)의 이른바 六書 곧,

> 周禮 保氏敎國子 先以六書 一曰「指事」 指事者 視而可識 察而見意 上下是也 二曰「象形」 象形者 畫成其物 隨體詰詘 日月是也 「三曰」形聲 形聲者 以事爲名 取譬相成 江河是也 四曰「會意」 會意者 比類合誼 以見指撝 武信是也 五曰「轉注」 轉注者 建類一首 同意相授 考老是也 六曰「假借」 假借者 本無其字 依聲託事 令長是也 <說文解字 第一五上 張1>

와 같은 構成이 아니었으며, 高麗·李朝의 科試文이나 또는 高麗「翰林別曲」體의 歌와 李朝 公用書式 등은 漢土에서는 볼 수 없는 독특한 體裁와 形態를 지닌 것임은 否定하지 못할 사실일 것이다. 이는 곧 韓國의 漢文學이 비록 中國文學의 形態와 體裁를 摘用하였으나 그렇다고 해서 全的으로 中國文學에서의 附庸的인 存在가 아닌 民族 自主的인 독특한 風貌와 體臭를 지니고 있음을 새삼스레 인식을 喚起시키지 않을 수 없겠다. 그러므로 徐居正(1534~1591)은 일찌기 다음과 같이 말했다.

是則我東方之文 非宋元之文 亦非漢唐之文 而乃我國之文也 宜與歷代之文 幷行於天地間 胡可泯焉而無傳也哉 <東文選 目錄附 東文選序>

그리고 金昌協은 또,

詩固當學唐 亦不必似唐……唐人自唐人 今人自今人 相去千百載之間 而欲其聲音氣調 無一不同 此理勢之所必無也 强而欲似之 則亦木偶泥塑之象人而已 <農巖集 卷三四 張6 雜識 外篇>

라 하여 우리 나라 사람으로서 唐人의 것과 꼭 같이 할 수 없음을 말했고, 朴趾源은,

今懋官 朝鮮人也 山川風氣 地異中華 言語謠俗 世非漢唐 若乃效法於中華 襲體於漢唐 則吾徒見其法益高 而意實卑 體益似 而言益僞耳 左海雖僻 國亦千乘 羅麗雖儉 民多美俗 則字其方言 韻其民謠 自然成章 眞機發現 <燕巖集 卷七 別集 張8 鍾北小選 嬰處稿序>

이라 하였고, 卞榮晩(1889~1954)은,

雖六經之文 知慕之 而不敢學也 雖楚辭漢文之富麗 知愛之 而不敢效也 如韓李歐曾 未嘗置意緖間 簡直言之 榮晩第欲作榮晩之文耳 <山康齋文鈔 張45~46 覆曹深齋 書>

라 하여 각기 自主的인 精神을 喚起시켰고, 東·中의 차이점에 대해서는 崔瀣(1287~1340)는 일찌기,

言出乎口 而成其文 華人之學 因其固有而進之 不至多費精神 而其高世之才 可坐數也 若吾東人 言語旣有華夷之別 天資苟非明銳 而致力千百 其於學也 胡得有成乎 尙賴一心之妙 通乎天地四方 無有毫末之差 至其得意 尙何自屈 而多讓乎彼哉 <東文選 卷八四 東人文序>

라 하였거니와 成俔(1439~1504)은 또,

我國與中朝不類 我人讀書 有音釋口訣 故人未易學 中朝所言皆文字 無音釋口訣 故其學易就 <慵齋叢話 卷九>

라 하여 우리 나라의 言文이 一致하지 않음을 말했고, 申緯(1769~1847)도 역시 다음과 같이 말했다.

方言漢字本殊塗　　名物茫然學術麤
譯語翻眞詳諺讀　　發凡起例賴鴻儒 <警修堂集 第五册 送韓專山尙書致應賀至之行>

朴趾源은 이에 대하여 더우기 상세하게 설명하였다.

中國因字入語 我東因語入字 故華彝之別在此 何則 因語入字 則語自語書自書 如讀天字 曰「漢捺天」是字外更有一重難解之諺 小兒既不識漢捺 爲何語 則又安能知天乎 鄭玄家婢 總能說詩 爲千載佳話 然其實 中國婦人孺子 皆以文字爲語 故雖目不識丁 而口能吐鳳 經史子集 乃其牙頰間恒談也 我人初見中國孺子 隔溪呼母「水深渡不得」大驚 以爲「中國五歲兒 開口能詩」此殊不然 是乃語也 非有意成句也 老稼齋遊千山 有村嫗賣酒 問「路僻人稀 有誰沽飮」對曰 「花香蝶自來」無許多轉折 而辭明意暢 自成韻語 此無他 因字入語之妙證也
<燕巖集 卷一四 別集 張63 熱河日記 避暑錄>

그러나 中國 사람들은 오히려 그들의 讀書와 講義가 따로 진행됨에 비하여 우리의 音義并講의 방법이 妙함을 賛嘆했다.

裵寬曰「滔滔皆是……現今黌塾之間 慣是念書 不曾講義 故耳聞了了 目視茫茫 口宣則百家洋洋 手寫則一字戛戛」李生曰「貴國如何」余曰 「臨文 訓讀音義兼講」裵生打圈曰「此法儘是」 <燕巖集 卷一一 別集 張40~51 熱河日記 粟齋筆談>

또한 中國人은 늘 韓人에 대하여 文化的인 交流를 自由롭게 열지 않았다.

至于皇明 赴京使臣 門禁甚密 不得與中朝文人相接……按說郛曰 「知明州張中坐私與麗人朴寅亮 唱和詩 廢錮終身」云 是知禁制之嚴 自宋如此 <芝峯類說 卷四 使臣>

뿐만 아니라, 李朝 때에는 中國書籍의 購入에 대해서 禁令이 엄격했다.

明季清初文集 乃稗官叢史雜說 有害於世道者 竝與雜術文字 而別立科條 以禁之 <弘齋全書 第六册 卷一一 張42 翼靖公奏藁典禮類叙 使价引>

前此使行 固已屢飭 而今日 則益加嚴飭 稗官小說 姑無論 雖經書史記 凡係唐版者 切勿持來 <正宗實錄 卷三六 張17 >

또한 우리 나라 訓蒙書는 中國에 비해서 低品을 사용했음도 사실이다.

我國童稚之學 皆以十九史略古文眞寶 爲入學之門 吾嘗三入中原 所謂眞寶史略中原所極罕……昔權䟴 屢捷科場爲第一 金馹孫問「讀何書 而能若是」䟴曰 「所熟唯少微通鑑耳」馹孫弛然而臥 彼馹孫 只讀韓文 而輒侈然自多 我國所尙之低微若此 宜乎人才之不及中原也 <於于野譚>

「十九史略」과 「古文眞寶」가 우리나라에 普及된 것은 주로 中國人이 韓人의 文章에 대한 질투심에서 起因되었다는 이도 없지 않다.

趙斯文續韓 嘗言「中國人 忌我人文 軼於中華 故撰史略眞寶二書 送之于東 此

書來後 文章嘔啞 不及於古 可恨也」此乃戲謔之言 不足信也 然余有所徵 余十二始學 恥讀史略 先學通鑑及論語 未一年 文理該通 隣有李生 自七歲誦史略 從頭至尾 無一字漏者 凡十年 而能讀通鑑一行 而權汝章李子敏 俱不讀眞寶 其詩自好持世之言 亦自有理 <惺所覆瓿藁 卷二四 說部三 惺翁識小錄下>

그리하여 우리 나라의 文章이 中國의 것에 및지 못할 세가지의 條件이 있게 되었다.

蓋嘗謂我東之文 其不及中國者有三 膚率而不能切深也 俚俗而不能雅麗也 冗靡而不能簡整也 <農巖集 卷二二 張12 息菴集序>

그러나 中國 사람들은 가끔 韓國의 作品이 中國 同時代의 것에 비하여 卓越한 곳이 있음을 禮讚했다.

嚴幾道 見余所選麗韓九家文選 曰「貴國之文 甚有奇氣 有時往往出敝國今人上」 <韶濩堂集 卷一〇 張21 雜言>

4. 韓國漢文學의 槪觀

이제 韓國의 歷代를 통해서 이 漢文學의 발달된 자취를 歷史的으로 考察해 본다면 저 邃古時代는 상세히 알 길이 없겠고, 古朝鮮의 作品으로 전하는 「箜篌引」이나 高句麗의 「黃鳥歌」는 그 形態를 살펴보면 모두 漢代의 詩風을 지녔고, 新羅의 一代를 통틀어서 諸家의 作品은 모두 蕭統(501~531) 「文選」의 窠臼에서 벗어나지 못하였으니, 이는 실로 당시 文學家의 必須的인 敎本으로서 「文選」을 使用하였던 까닭이다. 그리하여 韓國漢文學의 開門初祖인 崔致遠(857~?)도 唐의 賓貢科에 한개의 在籍生으로서 그가 활동한 시기는 晩唐이었으나 그의 文體는 오히려 六朝의 四六에서 脫皮하지 못했던 것이다.

高麗의 中葉에 이르러서 비로소 盛唐의 韓·柳文과 李·杜詩를 愛誦할 줄 알았으며, 光宗 王昭(925~975)가 雙冀(?)·王融(?) 등의 提案에 의하여 科學의 制度를 실행하되 대체로 唐制를 適用하였으나 특히 高麗의 實

情에 알맞게 하여 漢文學의 발전에 寄與가 자못 컸던 것이었으나 毅宗 王晛(1127~1173)의 때에 이르러서 鄭仲夫(?~1179)의 亂과 亡伊(?)·亡所伊(?) 등의 反政府的인 蜂起에 따라 文人들은 크게 受難期를 겪은 동시에 現實逃避의 思想이 濃化되었던 것이다. 그러나 그의 末期에 輸入된 宋代의 程·朱學, 歐·蘇文이 居然히 一代를 風靡하여 李齊賢(1287~1367)과 같은 大家를 낳았으며 國運이 垂訖함에도 불구하고 三隱의 幕이 열리고야 말았던 것이다.

그리고 李朝에 들어와서는 世宗의 모든 文化的 建設에 따라서 集賢殿을 中心으로 一代의 英才가 모여들어 經術·文章이 실로 燦然하였으며, 端宗 李弘暐(1442~1457)의 被簒을 비롯하여 戊午·甲子·己卯·乙巳 등의 여러 차례의 士禍에는 실로 斯文이 땅에 떨어지는 느낌이 없지 않았으나 性理學派의 文學은 오히려 그의 뒤를 이어서 集大成되었고, 멀지 않아서 壬辰의 大亂이 일자 온 民族이 悲運에 빠졌으나 漢文學에 있어서는 韓國歷史 상에 앞서 보지 못했을 만큼 순수코 위대한 作家가 輩出하였고, 光海君 李琿(1575~1641)은 비록 그의 終末에 政治的으로 悲慘하게 실패되었으나 그를 中心으로 柳夢寅(1559~1623)·許筠 등의 文學的 業績은 실로 空前絕後的이었으며, 仁祖 李倧(1595~1649)의 소위 反正을 에워싼 勳戚들은 갖은 無能과 不義로써 國權을 籔弄하였으므로 丙子의 亂에 따른 文學은 다만 凄楚와 頹廢의 一路에 沈滯되어 肅宗 李焞(1661~1720)의 때에 이르러서 겨우 金萬重(1637~1692)의 一家를 낳았으나 역시 傳統的인 勳戚輩의 個人의 榮達을 위한 政權의 哀戀에 지나지 않았던 것이다.

그러다가 英·正代에 이르러서 滿淸과 泰西를 통한 北學·西學 등의 諸派는 실로 科學的인 새로운 思考方式을 가지고 지난 날 性理學派의 末弊에 흘러서 오로지 醇正文學을 주장하는 觀念的인 文學을 배격하여 寫實的

인 傾向으로 邁進하는 實學派의 文學을 이룩하였다. 그러나 당시 實學派文學의 兩大主流인 李用休·朴趾源 등과 의견을 달리하여 西學에 대하여 陰尊·陽抑하던 正祖 李祘(1752~1800)의 소위 文體反正策에 阿附한 南公轍(1760~1840)·成大中(?) 등의 反動勢力도 없지 않았던 것이다.

甲午의 更張을 屆期로 하여 新文學의 運動이 전개됨에 따라 漢文廢止論이 擡頭되었으며, 소위 庚戌國耻를 前後하여 一部의 親日 漢文學徒가 亂舞하는 동시에 民族의 正氣를 부르짖은 漢文學者들이 京鄕間에 흩여 있어서 그 殘壘를 力守하였으나 斯學은 벌써 現代文學의 主潮가 아닌 만큼 이를 專攻하는 이가 극히 少數였으므로 韓國의 漢文學은 드디어 가위 全廢의 境地에 빠지게 되고 말았다. 오늘날 우리는 도리어 이 全廢된 漢文學을 다시금 배우며 연구하지 않으면 아니되는 한개의 만만치 않은 課題가 앞에 놓였음도 부정하지 못할 사실이다.

그러나 오늘날 우리가 漢文學을 배우며 연구하려는 목적은 오로지 鄭知常(?~1135)·李齊賢의 詩나 許筠·朴趾源의 文과 같은 作品을 낳겠다는 것도 아니요, 다만 유구 數千年을 써 내려오는 途中에 실로 汗牛·充棟의 많은 著籍이 남아 있어서 우리의 邦故와 祖懿를 올바르게 인식 또는 연구하려면 이에 대하여 科學的 방법으로써 整理·決算하여 그 崇高한 思想과 豐裕한 資源을 잘 이어받아서 새로운 民族文化의 建設에 이바지하지 않으면 아니될 것이다.

第一章 邃古時代의 漢文學

<古朝鮮>

古朝鮮 또는 三國時代의 遺書는 대체로 兵禍에 灰燼을 여러 번 겪었으므로 이제 상고할 만한 典籍이 적음은 실로 李萬運(1736～?)이 李德懋(1741～1793)에게 말한,

唐李勣 旣平高句麗 聚東方典籍於平壤 忌其文物不讓中朝 擧以焚之
<雅亭遺稿 卷三 張7 紀年兒覽序>

와 다름 없이 가장 한스러운 일이 아닐 수 없다.

1. 俗 曲

이「俗曲」은 곧 韓國 古代의 俗詞로서 樂曲에 올려진 것을 이름이다. 이는 또 漢曲의 對峙語로서 新羅의 鄕曲과 같은 의미를 지니고 있다.

箕子 胥餘(?)는 애초에 殷의 王族이었으나 周武王 姬發(?～前 1117)에게「洪範」을 開陳하고 朝鮮에 受封되어 八條의 政敎를 행했으므로 그 백성들이 노래를 지어 贊頌하였으니, 이것이 곧 俗曲의「西京」과「大同江」의 두 曲이라 한다.

① 西 京

鄭麟趾(1396～1478)의 기록에,

西京 古朝鮮 卽箕子所封之地 其民習於禮讓 知尊君親上之義 作此歌 言仁恩充暢 以及草木 雖敗折之柳 亦有生意也 <高麗史 卷七一 張33 志 第二五 樂二>

라 하였으니, 이는「西京」에 대한 가장 민음직한 解題이다.

② 大 同 江

鄭麟趾는 또「大同江」에 대하여 다음과 같이 말하였다.

周武王 封殷太師箕子于朝鮮 施八條之敎 以興禮俗 朝野無事 人民懽悅 以大同

江比黃河 永明嶺比嵩山 頌禱其君 此入高麗以後所作也 <同上>

대체 箕子의 東來說은 司馬遷(前 145～前 86)의 기록인,

於是 武王乃封箕子於朝鮮 而不臣也 其後箕子朝周 過故殷虛 感宮室毁壞 生禾黍 箕子傷之 <史記 卷三八 張7 宋微子世家 第八>

를 보아서도 알 수 있겠으나 다만 그가 지금의 平壤에 오지 않았음은 사실이다. 그러면 이 두편의 노래는 箕子의 平壤에 불리어졌던 歌詞가 口碑文學으로 내려와서 高麗 때까지 이르렀는지, 또는 高麗 사람들이 지금 西京인 平壤을 箕子의 平壤에 비하여 곧 「西京」과 「大同江」의 이름을 썼는지는 알 수 없겠으나 다만 箕子는 「麥秀歌」의 作者인 만큼 그의 人民들이 詩歌를 사랑하였음도 있을 수 있는 일일 것이다. 李瀷(1681～1763)은 일찌기 「大同江」의 擬作詞를 읊은 적이 있었다.

2. 漢體의 詩歌

韓國 古代에 있어서 漢體의 詩歌로서 가장 오래된 歷史를 지닌 것은 곧 神志(?)의 「秘詞」와 麗玉(?)의 「箜篌引」이다.

① 秘　詞

神志는 일찌기 韓國 三千萬 民族의 始祖로 表象된 檀君 桓王儉(?)의 史官으로서 文字와 史書를 지었다 하나 史書는 이제 전치 않고 다만 그의 「秘詞」 몇귀가 전한다. 그의 「秘詞」는 高麗 肅宗 王顒(1054～1105) 元年(1096)에 方士 金謂磾(?)의 「上書」 중에 引用한 것이 있다.

如秤錘極器 秤幹扶踈樑 錘者五德地 極器百牙岡 朝降七十國 賴德護神精 首尾均平位 興邦保太平 若廢三諭地 王業有衰傾

<高麗史 卷一二二 張2～3 列傳 第三五 方技>

그러나 이것이 그의 全詞는 아닐 듯싶으며, 「文獻備考」의 「藝文志」 중에도 神志의 「秘詞」라는 書名이 실려 있다. 申采浩(1880～1936)는 일찌기,

神誌는 權擥「應製詩」에서 「檀君時史官」이라 한 者다. 그러나 나로서 보건대 檀君은 곧 수두(蘇塗) 임금이요, 神誌는 人名이 아니라 곧 수두 임금의 首佐인 官名의 시치(臣智)이다. <朝鮮上古史 頁10>

라고 하였으나 역시 명확치 않은 一家의 見解에 지나지 않는다.

② 箜 篌 引

公無渡河　　公竟渡河
墮河而死　　當奈公何 <琴操九引>

이 「箜篌引」은 곧 古朝鮮 뱃사공 霍里子高(?)의 아내 麗玉의 作이라 한다. 혹은 「公無渡河」라고도 부른다. 崔豹(?)의 기록에 다음과 같은 것이 있다.

箜篌引 朝鮮津卒 霍里子高妻麗玉所作也 子高晨起刺船而濯 有一白首狂夫 被髮提壺 亂流而渡 其妻隨呼止之 不及 遂墮河水死 於是 援箜篌而鼓之 作公無渡河之歌 聲甚悽愴 曲終 自投河而死 霍里子高還 以其聲語妻麗玉 麗玉傷之 乃引箜篌而寫其聲 聞者莫不墮淚飮泣 麗玉以其曲 傳隣女麗容 名曰「箜篌引」 <古今注 卷中 音樂 第三>

「箜篌引」은 위와 같은 四言·四句의 樂府로서 漢曲 곧 「琴操九引」 중에 들어 있었으며, 車天輅(1556~1615)는 일찌기 「五山說林」 중에서 이 津을 곧 大同江이라 하였고, 尹衡聖(1608~?)은 이 노래를 古朝鮮 때 移住한 漢人의 作임을 주장하였고, 韓致奫(1765~?)은 「海東繹史」 중에 箕子의 朝鮮으로 인정하였으나 李德懋는 다음과 같은 가장 合理的인 辨證을 내렸다.

箜篌引 漢武帝時所作……衛滿時 亦或爲四郡後時 霍里子高妻麗玉容 名甚爾雅 殊異於夷俗名字 鄙陋不可究之類 亦自中國而來居者歟 <靑莊館全書 耳目口心書>

그리하여 이 「箜篌引」은 일찌기 口碑文學으로 흘러 내려오다가 漢字가 들어온 뒤에 定着되었는지, 혹은 東來한 漢人이 지은 것인지, 또는 漢人이 우리의 것을 取材하여 곧 漢曲 「琴操九引」 중에 넣었는지는 알 수 없는 일이겠지만 다만 그 形態와 文體的인 면을 보아서는 漢代의 樂府에서

흔히 잘 볼 수 있는 四言·四句로 一篇이 된 것은 실로 四言·四句로 聯章·一篇으로 된 「詩經」과 다른 점이 있음을 알 수 있겠다. 그리고 李白(701～762)은 곧 이 河를 中國의 黃河에 비하여 「公無渡河」라는 詩를 써서 당시 中國의 文壇에 聲價가 높았었다.

> 黃河西來決崑崙 咆哮萬里觸龍門 波滔天 堯咨嗟 大禹理百川 兒啼不窺家 殺湍湮洪水 九州始蠶麻 其害乃去 茫然風沙 披髮之叟狂而癡 淸晨臨流欲奚爲 旁人不惜妻止之 公無渡河苦渡之 虎可搏河難憑 公果溺死流海湄 有長鯨 白齒若雪山 公乎公乎 掛罥於其間 箜篌所悲竟不還 <李太白全集>

3. 散文의 發生과 神話系의 小說

檀君은 실로 우리 原始時代의 한 酋長에 지나지 않는 存在이다. 이에 대한 神話는 자못 韓國 小說 이전의 小說의 濫觴이 되고 말았다. 僧 一然(1206～1289)의 「三國遺事」 중에 引用한,

> 昔有桓因 庶子桓雄 數意天下 貪求人世 父知子意 下視三危 太伯可以弘益人間 乃授天符印三箇 遣往理之 雄率徒三千 降於太伯山頂 神壇樹下 謂之神市 是謂桓雄天王也 將風伯雨師雲師 而主穀主命主病主刑主善惡 凡主人間三百六十餘事 在世理化 時有一熊一虎 同穴而居 常祈于神雄 願化爲人 時神遺靈艾一炷 蒜二十枚曰「爾輩食之 不見日光百日 便得人形」熊虎得而食之 忌三七日 熊得女身 虎不能忌 而不得人身 熊女者 無與爲婚 故每於壇樹下 呪願有孕 雄乃假化而婚之 孕生子 號曰「壇君王儉」 <朝鮮古記>

을 보아서 檀君의 慈母인 곰은 곧 天王 桓雄(?)의 戀女로서 酋長世襲制의 巫君인 檀君을 낳았고, 범은 또 武士의 象徵으로서 軍長을 表象한 것이 아니라면 당시 原始檀樹林 속에 곰과 범을 崇拜하는 두개의 部族이 並棲生活을 하다가 原始農業經濟의 主權爭奪戰에서 熊系의 部族이 勝利하여 虎系의 部族을 驅逐하였음을 의미한 것이리라 생각된다. 그리하여 熊系에서 專制酋長이 世襲해 내려왔으므로 곰에 대한 說話·傳說은 이로써 끝나 버리고 虎系에 대해서는 다만 수많은 說話·傳說을 남겼을 뿐이었다. 또 陳壽(233～297)의 기록에 의하면,

濊南與辰韓 北與高句麗沃沮接 東窮大海 今朝鮮之東 皆其地也……常用十月節祭天 晝夜飮酒歌舞 名之爲舞天 又祭虎以爲神 <三國志 卷三〇 張14~15 魏志 東夷>

이라 하였으니, 이는 당시 東南部의 朝鮮族은 대체로 虎神을 崇拜헸음을 알 수 있는 만큼 西北部의 朝鮮族은 熊神을 崇拜하여 虎系의 部族을 西北部의 中心地帶인 九月山의 附近에서 驅逐해 버린 듯싶다.

그리고 이 한편은 비록 짧은 글이었으나 당시 散文文學의 發生의 자취를 이에서 살펴 볼 수 있을 것이다.

第二章　北方의 反抗意識

<高句麗>

1.　高句麗系의 民族

陳壽의 기록에 나타난 夫餘·高句麗·東沃沮·挹婁 등은 모두 高句麗系에 속하는 部族들이다. 그들의 性格은 대체로 雄勇·强急하여 활을 잘 쏘며 싸움을 좋아하였다.

① 夫　　餘

夫餘 在長城之北 去玄菟千里 南與高句麗 東與挹婁 西與鮮卑接……其人麤大性彊勇……以弓矢刀矛爲兵 家家自有鎧仗 <三國志 卷三〇 張8~9 魏志 東夷>

② 高 句 麗

高句麗 在遼東之東……其人性凶急 喜寇鈔……其國東有大穴 名隧穴 十月國中大會 迎隧神 還於國東上祭之 置木隧於神坐 無牢獄 有罪 諸加評議 便殺之
<三國志 卷三〇 張10~11 魏志 東夷>

③ 東 沃 沮

東沃沮 在高句麗蓋馬大山之東 濱大海而居 人性質直彊勇 少牛馬 便持矛步戰
<三國志 卷三〇 張13 魏志 東夷>

④ 挹　　婁

挹婁在扶餘東……人多勇力 無大君長 各有大人……其弓長四尺 力如弩 矢用楛 長尺八寸 靑石爲鏃 古之肅愼氏之國也 善射 射人皆入 因矢鏃毒 人中皆死……其人衆雖少 所在山險 隣國人畏其弓矢 卒不能服 <三國志 卷三〇 張14 魏志 東夷>

위와 같은 기록들은 모두 高句麗族의 性格을 잘 묘사하였고, 또 그들 原始林의 生活에서 祭天儀式을 통하여 部族的인 會合에서 저절로 發生되는 舞踊·音樂·詩歌 등의 綜合的인 藝術이 發展되었다. 역시 陳壽의 기록 중에 다음과 같은 말들이 실려 있다.

① 夫　　餘

以殷正月祭天 國中大會 連日飮食歌舞 名曰「迎鼓」……行道晝夜 無老幼皆歌通日聲不絕 <三國志 卷三〇 張9 魏志 東夷>

② 高 句 麗

其民喜歌舞 國中邑落 暮夜男女羣聚 相就歌戲……以十月祭天 國中大會 名曰「東盟」……其國東有大穴 名隧穴 十月國中大會 迎隧神 <三國志 卷三〇 張11 魏志 東夷>

그리하여 그들 部族性이 이렇게 싸움을 꺼리지 않고, 또는 歌舞를 좋아했으나 그의 歌舞는 어떤 頹敗的인 悲運에서 빚어진 것이 아니요, 특히 原始生活에 의한 農功·獸獵을 위한 示威 또는 讙呼의 소리에 지나지 않았을 것이다. 그리고 高句麗는 그 地理的 環境으로 보아서도 역시 「三國志」에서 말한,

多大山深谷 無原澤 隨山谷以爲居 食澗水 無良田 雖力佃作 不足以實口腹 <三國志 卷三〇 張10 魏志 東夷>

과 같이 그들은 저절로 自部族 중에서도 異系를 배격하는 동시에 漢族의 東遷에 대해서는 더욱 反抗的인 意識이 發生되지 않을 수 없었던 것이다.

2. 三教의 輸入

三教가 中國에 있어서는 道·儒·佛의 순서로 발전되었으나 高句麗에 있어서는 佛·儒·道의 순서로 輸入되었다. 그리하여 小獸林王 高丘夫(?~384)의 2년(372)에 秦僧 順道(?)가 高句麗로 나왔으며, 또 太學을 세워서 儒學을 가르쳤던 것이다.

二年夏六月 秦王符堅 遣使及浮屠順道 送佛像經文 王遣使廻謝 以貢方物 立大學 敎育子弟 <三國史記 卷一八 張4 高句麗本紀 第六 小獸林王>

그리고 그의 4년(374)에 秦僧 阿道(57~?)가 나왔으며, 5년(375)에는 寺院을 創設하였다.

五年春二月 始創肖門寺 以置順道 又創伊弗蘭寺 以置阿道 此海東佛法之始 <同上>

그 뒤 榮留王 高建武(?～642) 7년(624)에는 唐에서 道法을 輸入했고,

七年春二月 王遣使如唐 請班曆……命道士 以天尊像及道法往 爲之講老子 王及國人聽之 <三國史記 卷二〇 張13 高句麗本紀 第八 榮留王>

또 8년(625)에는 唐에 使臣을 보내어 佛·道의 兩法을 배웠으며,

八年 王遣人入唐 求學佛老敎法 <同上>

23년(640)에는 子弟를 보내어 唐에 遊學을 청하였다.

王遣子弟 入唐 請入國學 <三國史記 卷二〇 張14 高句麗本紀 第八 榮留王>

그러나 道敎의 具體的인 輸入은 곧 寶臧王 高臧(?～668) 2년(643)이었다.

蘇文告王曰「三敎譬如鼎足 闕一不可 今儒釋並興 而道敎未盛 非所謂備天下之道術者也 伏請遣使於唐 求道敎 以訓國人」大王深然之 奉表陳請 太宗遣道士叔達等八人 兼賜老子道德經 王喜 取僧舍館之

<三國史記 卷二一 張1 高句麗本紀 第九 寶臧王上>

이는 寶臧王이 淵蓋蘇文(?)의 提請에 의하여 三敎를 鼎立시키게 된 것이다. 그렇다고 해서 高句麗는 無條件 唐을 膜拜한 것이 아니라, 때로는 隋·唐의 侵略에 대하여 反抗하였으며, 嬰陽王 高元(?～618)의 11년(600)에 이르러서는 自國의 歷史를 編修하였다.

詔大學博士李文眞 約古史 爲新集五卷 國初始用文字 時有記事一百卷 名曰「留記」至是刪修 <三國史記 卷二〇 張2 高句麗本紀 第八 嬰陽王>

이는 곧 당시의 太學博士 李文眞(?)에게 명령을 내려 國初에 어떤 사람이 지은 「留記」一百卷을 刪修하여 「新集」五卷을 만들었으니, 이는 비록 漢文字로 쓴 史書이지만 여기에서 高句麗族의 自主獨立的인 態勢를 갖추고도 남음이 있는 것이었으나 불행히도 逸書가 되어 전하지 않는다. 그리고 高句麗族은 비록 尙武的이요 反抗的이었으나 中國의 書籍을 유달리 愛讀했던 것은 사실이었다.

俗愛書籍 至於衡門厮養之家 各於街衢 造大屋 謂之局堂 子弟未婚之前 晝夜於此讀書習射 其書有五經 及史記漢書 范曄後漢書 三國志 孫盛晋春秋 玉篇字統字林 又有文選 尤愛重之 <舊唐書 卷一九九上 張1 列傳 第一四九 高麗>

3. 俗 曲

「高麗史」 중에는 高句麗의 俗樂으로서 「來遠城」·「延陽」·「溟州」 등 세 曲의 이름이 실려 있다. 비록 詞가 없는 解題만이 남아 있으나 역시 唐樂이 아닌 國樂에 관한 歌詞인 만큼 이에서도 족히 高句麗 때 文學의 一斑을 엿볼 수 있을 것이다.

① 來遠城

來遠城 在靜州 卽水中之地 狄人來投 置之於此 名其城曰「來遠」 歌以紀之 <高麗史 卷七一 張46 志 第二五 樂二>

② 延 陽

延陽有爲人所收用者 以死自效 比之於木曰「木之資火 必有戕賊之禍 然深以收用爲幸 雖至於灰燼 所不辭也」 <高麗史 卷七一 張47 志 第二五 樂二>

③ 溟 州

世傳 書生遊學至溟州 見一良家女 美姿色 頗知書 生每以詩挑之 女曰「婦人不妄從人 待生擢第 父母有命 則事可諧矣」 生卽歸京師 習擧業 女家將納壻 女平日臨池養魚 魚聞謦咳聲 必來就食 女食魚 謂曰「吾養汝久 宜知我意」 將帛書投之 有一大魚 跳躍含書 悠然而逝 生在京師 一日爲父母具饌 市魚而歸 剖之得帛書 驚異 即持帛書及父書 徑詣女家 壻已及門矣 生以書示女家 遂歌此曲 父母異之曰「此精誠所感 非人力所能爲也」 遣其壻而納生焉 <同上>

靜州는 지금 義州의 속에 든 고을이다. 歸化하는 狄人을 收容하고 먼곳 사람을 오게 하였다는 뜻으로 城의 이름을 「來遠」이라 하여 功績을 노래한 것이다. 그러면 이 「來遠城」에서 强國인 隋에는 反抗했으나 弱族인 狄에게는 大國의 襟度를 보였으며, 「延陽」에서는 그 强烈한 意志는 남에게 한번 許身하였으면 죽어서 몸이 재가 되더라도 후회하지 않는 關西人의 大

俠氣를 엿볼 수 있겠고, 「溟州」에서는 男女의 結合에 있어서도 함부로 恣放的·盲目的인 情熱을 나타내지 않거니와 또는 쓸 데 없는 幻想의 날개를 펴서 白日의 꿈을 追求함도 아니요, 다만 人格과 藝術의 完成으로써 來日의 幸福을 약속하였을 뿐이었으니, 이에서 족히 高句麗人의 剛에다 韌을 겸한 끈기를 엿볼 수 있겠다.

4. 漢體의 詩歌

① 黃 鳥 歌

위에서 말한 바와 같이 高句麗族의 漢族에 대한 反抗的인 意識에서 나타난 辨證物의 하나로서 「黃鳥歌」의 한편이 남아 있다. 本歌는 곧 高句麗 琉璃明王 高類利(?～18)의 作이다. 金富軾의 다음과 같은 말이 있다.

> 冬十月 王妃松氏薨 王更娶二女 以繼室 一曰「禾姬」鶻川人之女也 一曰「雉姬」漢人之女也 二女爭寵不相和 王於涼谷 造東西二宮 各置之 後王田於箕山 七日不返 二女爭鬪 禾姬罵雉姬曰「汝漢家婢妾 何無禮之甚乎」雉姬慚恨亡歸 王聞之策馬追之 雉姬怒不還 王嘗息樹下 見黃鳥飛集 乃感而歌曰
>
> 翩翩黃鳥　　雌雄相依
> 念我之獨　　誰其與歸　<三國史記 卷一三 張6 高句麗本紀 第一 琉璃王>

本歌에 대하여 從前의 學者들은 대체로 戀愛三角戰에서 이룩된 抒情的인 作品으로 認定하였다. 金台俊(?)은,

> 피식은 젊은이의 슬픔에 젖어 落望과 쓰라림에 스사로 부르짖는 失戀의 노래로서 鄘風 「蝃蝀」과 鄭風 「有女同車」와도 같이 抒情의 美는 「詩」 三百篇과 頡頏하겠다. <朝鮮漢文學史 頁16>

라고 하였고, 梁柱東(1903～) 博士도,

> 震域 最初의 抒情的 歌謠는 저 高句麗 琉璃明王의 黃鳥歌. <朝鮮古歌研究 頁13>

라 하였으나 다만 李明善(?)은 이에 대해서 의견을 달리하였다.

> 當時의 高句麗의 社會는 母系制에서 父系制로 넘어온지 얼마 안되는 氏族社

會였던 것 같으며, 따라서 「黃鳥歌」도 그러한 社會現實을 反映한 作品으로 보아야 할 것이다. 그렇다면 琉璃王을 中心으로 한 禾姬와 雉姬의 相爭도 近代의 戀愛至上主義者들의 三角關係로 取扱할 것이 아니라, 禾姬가 代表하고 雉姬가 代表하는 種族間의 對立으로서 理解할 것이며, 「黃鳥歌」 自體도 琉璃明王의 雉姬에 對한 個人的인 未練의 表現으로써 取扱할 것이 아니라, 種族間의 相爭을 和解시키려다가 失敗한 酋長의 嘆聲으로서 理解할 것이 아닌가. 「三國史記」의 文面에 拘碍되어 氏族社會의 英雄 琉璃明王을 戀情에 사로잡힌 擬人으로서 待接한다면 이것은 古典을 正當하게 解讀하는 길이 아닌 것 같다.

<朝鮮文學史 頁16>

생각컨대 本歌는 하나의 抒情詩로 보기보다는 오히려 抒事詩로 보는 것이 옳을 것이다. 왜냐하면 琉璃明王은 그의 性格이 몹시 豪華스러운 동시에 隣國과의 平和를 힘써 도모하였다. 이는 다음의,

王太子解明 在古都 有力而好勇 黃龍國王聞之 遣使以强弓爲贈 解明對其使者挽而折之曰「非予有力 弓自不勁耳」黃龍王慙 王聞之怒 告黃龍曰 「解明爲子不孝 請爲寡人誅之」……王遣人謂解明曰「吾遷都 欲安民 以固邦業 汝不我隨 而恃剛力 結怨於隣國 爲子之道 其若是乎」<三國史記 卷一三 張8~9 高句麗本紀 第一 琉璃王>

에서 一斑을 엿볼 수도 있거니와 그는 漢文化를 憧憬하는 동시에 漢의 威力에 의하여 軍人을 강제로 徵發해 보냈다가 도망친 일도 없지 않았다.

漢王莽 發我兵伐胡 吾人不欲行 强迫遣之 皆亡出塞 因犯法爲寇

<三國史記 卷一三 張11 高句麗本紀 第一 琉璃王>

어쨌든 간에 琉璃明王은 漢文化에 陶醉하여 漢女를 우대하였더라도 종말에는 저 固有의 文化를 保守하여 漢族을 배격하는 鶻川人의 總意에 따르지 않을 수 없었던 것이다. 그 지은 年代는 그의 4년(前 16) 봄인 듯싶고, 그 形態로 보아서는 역시 「箜篌引」과 같이 四言・四句의 一篇인 만큼 「詩經」보다도 漢曲의 影響을 많이 입었던 듯싶다. 그리고,

國初 始用文字 時有人 記事一百卷 名曰「留記」

<三國史記 卷二〇 張2 高句麗本紀 第八 嬰陽王>

를 보아서는 琉璃明王은 벌써 이러한 漢詩를 쓸 수 있었으리라 생각된다.

끝으로 李瀷의 이에 대한 擬作詞를 소개하여 둔다.

> 築宮復築宮 鶻川雙嶙峋 一國有二妃 寵均妬亦均 邦風重土俗 冷視城外身 禾姬一怒雉姬走 一鞭徑渡淸浿濱 悠悠去不返 王獨歸來影無隣 枝頭忽聞睍睆鳴 雄飛從雌意自親 聲聲入耳感在心 鳥猶如此況於人 黃鳥兮黃鳥 有知應相嗔 夫昧並嫡嫌 妻失三從倫 柰何箕聖墟 遺敎都爽泯 君不見鴨綠室中無媒從 天荒未開猶荊榛 <星湖文集 卷五 張20~21 樂府>

그 중 「邦風重土俗 冷視城外身」의 두 귀는 역시 당시 鶻川人의 慣習이 漢族에 대한 冷視와 反抗을 나타내는 場面을 묘사한 것이다.

② 遺于仲文詩

抗隋로 이름 높은 장수 乙支文德(?)의 「遺于仲文詩」는 이제까지 그의 抗隋의 거룩한 精神에 感歎하여 그 作品에 대해서도 愛誦하고 있었다. 魏徵(580~643)의 기록에 다음과 같이 적혀 있다.

> 旣而率衆東過高麗 出兵掩襲輜重 仲文廻擊大破之 至鴨綠水 高麗將乙支文德詐降 來入其營 仲文先奉密旨 若遇高元及文德者 必擒之 至是文德來 仲文將執之時尙書右丞劉士龍 爲慰撫使 固止之 仲文遂捨文德 尋悔 遣人紿文德曰 「更有言議 可復來也」 文德不從 遂濟 仲文選騎渡水追之 每戰破賊 文德遺仲文詩
>
> 神策究天文　　妙算窮地理
> 戰勝功旣高　　知足願云止 <隋書 卷六〇 張5 列傳 第二五 于仲文>

이는 乙支文德이 嬰陽王 23년(612)에 이 한편의 詩로써 隋將 于仲文(?)을 誘導하여 그 해 7月의 歷史的인 薩水大戰에서 强隋의 30萬衆을 掃蕩해 버렸으니, 당시의 情勢는 다음과 같았다.

> 初九軍到遼 凡三十萬五千 及還至遼東城 唯二千七百人 資儲器械 巨萬計 失亡蕩盡 <三國史記 卷二〇 張9 高句麗本紀 第八 嬰陽王>

그러므로 金富軾은,

> 乙支文德 未詳其世系 資沈鷙 有智數 兼解屬文
> <三國史記 卷四四 張1 列傳 第四 乙支文德>

이라 하였으니, 이는 本詩를 두고 논평한 듯싶고, 李奎報(1168~1241)는,

> 堯山堂外記 備記乙支文德事 且載其遺隋將于仲文五言四句詩 曰「神策究天文

妙算窮地理 戰勝功旣高 知足願云止」 句法奇古 無綺麗雕飾之習 豈後世委靡者所可企及哉 <白雲小說>

라 하여 모두 그에 대하여 讚辭를 아끼지 않았으나 다만 許筠은,

吾東僻在海隅 唐以上 文獻邈如 雖乙支眞德之詩 雖在史家 不敢信其果出於其手也 <惺所覆瓿藁 文部六 答李生書>

라 하였으니, 이는 가장 날카로운 논평이 아닐 수 없겠으며, 鄭寅普(1893~)도 일찌기 그의 「朝鮮文學源流草本」 중에서 다음과 같이 말했다.

詩로서 그리 優越한지 모르나 너글너글한 맛이 잇서 뒤 비치는 威武가 잇는 盛時人의 襟度를 想像할 수 잇다. <朝鮮語文研究 頁14>

역시 올바른 논평이었다. 그러나 本詩가 비록 乙支文德의 自作이거나 또는 借作이거나를 불구하고 五言·四句로 된 作品은 高句麗 歷史에서 처음 나타났을 뿐더러 抗隋名將인 乙支文德의 作으로 表象되어 있는 만큼 後人으로서 높이 評價하지 않을 수 없겠다.

第三章　南方의 浪漫思潮 (其一)

<統三以前의 新羅>

1. 新羅系의 民族

「三國志」중에 나타난 韓은 곧 新羅系에 속하는 部族들이다. 그들의 性格이 애초에 몹시 强勇하였음은,

韓在帶方之南 東西以海爲限 南與倭接……其人性彊勇 魁頭露紒
<三國志 卷三〇 張15~17 魏志 東夷>

로써 짐작할 수 있을 것이다. 이는 실로 麗·羅·濟 등 三國의 民族性이 도대체 한갖 柔順함에 그치지 않았음을 提示했던 것이었다. 그러나 中國人의 기록 중에서도 이와 反對되는 것이 없지 않다.

王制云「東方曰夷」夷者柢也 言仁而好生萬物 柢地而出 故天性柔順 易以道御 至有君子不死之國焉 <後漢書 卷一一五 張1 列傳 第七五 東夷>

이는 특히 新羅가 親唐策을 쓴 뒤로부터 여러 차례 北進策을 세웠으나 역시 挫折됨에 따라 表面의 柔順으로써 中國에 屈服했으므로 그들 漢族은 자기를 中心으로 한 北狄·西戎·南蠻 등을 野蠻視하는 동시에 韓族에 대해서는 특히 「東夷」니, 「君子之國」이니 하여 자기들에게 順從 아닌 順從을 몹시 기뻐함에서 나온 것들이었고, 「東夷」나 「君子之國」은 결코 우리 韓族에 대한 光榮스런 稱謂가 아니었던 것이다.

그러나 濊·韓族은 실로 中國에서 흘러나온 血族이 많은 동시에 南方의 溫和한 風物에 의하여 北方系와 같은 거센 反抗이 점차로 적어졌으므로 文藝의 방면에 있어서는 더욱 軟派化될 수 있는 環境이 충분했었다. 「三國志」중에는 다음과 같은 기록들이 있다.

① 濊

濊南與辰韓 北與高句麗沃沮接 東窮大海 今朝鮮之東 皆其地也 戶二萬 昔箕子旣適朝鮮 作八條之敎 以敎之 無門戶之閉 而民不爲盜 其後四十餘世 朝鮮侯淮 僭號稱王 陳勝等起 天下叛秦 燕齊趙民 避地朝鮮 數萬口 燕人衛滿 魋結夷服 復來王之 漢武帝伐滅朝鮮 分其地爲四郡 自是之後 胡漢稍別 <三國志 卷三〇 張14~15 魏志 東夷>

② 韓

桓靈之末 韓濊彊盛 郡縣不能制 民多流入韓國 <三國志 卷三〇 張17 魏志 東夷>

③ 辰 韓

辰韓在馬韓之東 其耆老傳世 自言古之亡人 避秦役 來適韓國 馬韓割其東界地與之 <三國志 卷三〇 張18 魏志 東夷>

위와 같은 記事들은 모두 濊·韓族이 漢族들의 亡命政客 또는 避亂民을 잘 받아 들여서 調和를 본 實證이었고, 또 그들 原始林의 生活에 있어서 高句麗系의 迎鼓나 東盟과 같은 舞踊·音樂·詩歌 등의 綜合的인 藝術이 發展되었다. 역시 「三國志」 중에 다음과 같은 말들이 있다.

① 濊

常用十月節祭天 晝夜飮酒歌舞 名之爲舞天 又祭虎以爲神 <三國志 卷三〇 張15 魏志 東夷>

② 韓

常以五月下種訖 祭鬼神 羣聚歌舞飮酒 晝夜無休 其舞數十人 俱起相隨 踏地低昂 手足相應 節奏有似鐸舞 十月農功畢 亦復如之 <三國志 卷三〇 張17~18 魏志 東夷>

③ 弁 辰

俗喜歌舞飮酒 有瑟 其形似筑 彈之亦有音曲 <三國志 卷三〇 張19 魏志 東夷>

그리하여 韓·漢의 兩族이 유구 數千年 사이를 두고 政治·經濟·文化 등의 여러 방면으로 民族性의 同化를 보게 되어 애초에 몹시 強勇했던 것이 점차 溫柔·敦厚한 방면으로 指向됐던 것이다.

2. 花郞思想의 汎濫

新羅의 三敎는 佛·道·儒 등의 순서로 발전되었다. 그리고 三敎思想의 結晶體가 곧 源花와 花郞이다. 그러므로 「三國史記」에서 引用한 崔致遠의 기록에 다음과 같이 말하였다.

> 國有玄妙之道 曰「風流」 設敎之源 備詳仙史 實乃包含三敎 接化羣生 且如入則孝於家 出則忠於國 魯司寇之旨也 處無爲之事 行不言之敎 周柱史之宗也 諸惡不作 諸善奉行 竺乾太子之化也 <鸞郞碑序>

新羅에서는 法興王 金原宗(?~540)의 15년(528)에 비로소 佛法을 행하였으므로 金富軾의 기록에 다음과 같은 글이 적혀 있다.

> 十五年 肇行佛法 初訥祇王時 沙門墨胡子 自高句麗至一善郡 郡人毛禮 於家中作窟室安置……所謂神聖 未有過於三寶 一曰「佛陀」 二曰「達摩」 三曰「僧伽」 若燒此發願 則必有靈應 時王女病革 王使胡子 焚香表誓 王女之病尋愈……至毗處王時 有阿道和尙 與侍者三人 亦來毛禮家 儀表似墨胡子 住數年 無病而死 其侍者三人 留住講讀經律 往往有信奉者 至是王亦欲興佛敎
>
> <三國史記 卷四 張3~4 新羅本紀 第四 法興王>

그러면 佛法이 新羅에 들어온 時期는 벌써 訥祇王 金訥祇(?~458)가 王位에 있을 때(417~456)였으며, 一然은,

> 揆夫東漸之勢 必始于麗濟 而終乎羅 則訥祇旣與獸林 世相接也 阿道之辭麗抵羅 宜在訥祇之世 又王女救病 皆傳爲阿道之事 則所謂「墨胡」者 非眞名也 乃指目之辭……乃阿道 危行避諱 而不言名姓故也 蓋國人 隨其所聞 以墨胡阿道二名 分作二人爲傳爾 況云「阿道儀表似墨胡」 則以此 可驗其一人也
>
> <三國遺事 卷三 張4 興法 第三 阿道基羅>

라 하여 阿道와 墨胡子(?)가 一人異稱임을 강조하였던 것이다. 그리고 眞平王 金白淨(?~632)의 9년(587)에 方外의 뜻을 품은 大世(?)·仇柒(?)의 두 사람이 南海로 들어가 돌아오지 않은 기록이 남아 있다.

> 九年秋七月 大世仇柒二人適海 大世奈勿王七世孫伊飡多臺之子也 資俊逸 少有方外志 與交遊僧淡水曰「在此新羅山谷之間 以終一生 則何異池魚籠鳥 不知滄海之浩大 山林之寬閑乎 吾將乘桴泛海 以至吳越 侵尋追師 訪道於名山 若凡骨可換 神仙可學 則飄然乘風於泬寥之表 此天下之奇遊壯觀也 子能從我乎」 淡水不肯 大世退而求友 適遇仇柒者 耿介有奇節 遂與之遊南山之寺 忽風雨落葉 泛於庭潦 大世與仇柒言曰「吾有與君西遊之志 今各取一葉 爲之舟 以觀其行之先後」俄而大世

之棊在前 大世笑曰「吾其行乎」仇柒勃然曰「予亦男兒也 豈獨不能乎」大世知其可與 密言其志 仇柒曰「此吾願也」遂相與爲友 自南海乘舟而去 後不知其所往
<三國史記 卷四 張12~13 新羅本紀 第四 眞平王>

그러나 道教가 新羅에 들어온 時期는 보다 앞이었던 듯싶고, 또 新羅가 遊學生을 唐에 派遣한 것은 善德王 金德曼(?~647) 9년(640)의 일이었다.

九年夏五月 王遣子弟於唐 請入國學 是時 太宗大徵天下名儒 爲學官 數幸國子監 使之講論 學生能明一大經已上 皆得補官 增築學舍千二百間 增學生 滿三千二百六十員 於是 四方學者 雲集京師 於是 高句麗百濟高□□□蕃 亦遣子弟入學
<三國史記 卷五 張3 新羅本紀 第五 善德王>

그러나 역시 儒學의 輸入도 이렇게 늦었을 리는 없었을 것이다. 이는 佛・道・儒 三教의 結晶體인 源花와 花郞의 信奉이 벌써 眞興王 金彡麥宗(534~576)의 37년(576)의 일인 만큼 三教가 輸入된 時期는 이에서 훨씬 앞날의 일로 推測된다. 源花와 花郞에 대한 기록은 대체로 다음과 같다.

三十七年春 始奉源花 初君臣 病無以知人 欲使類聚羣遊 以觀其行義 然後擧而用之 遂簡美女二人 一曰「南毛」一曰「俊貞」聚徒三百餘人 二女爭娟相妒 俊貞引南毛於私第 强勸酒至醉 曳而投河水以殺之 俊貞伏誅 徒人失和罷散　其後更取美貌男子 粧飾之 名花郞 以奉之 徒衆雲集 或相磨以道義 或相悅以歌樂　遊娛山水無遠不至 因此知其人邪正 擇其善者薦之於朝 <三國史記 卷四 張10 新羅本紀 第四 眞興王>

또 一然은,

第二十四代眞興王……慕伯父法興之志 一心奉佛 廣興佛寺　度人爲僧尼　又天性風味 多尙神仙 擇人家娘子美艶者 捧爲原花 要聚徒選士 敎之以孝悌忠信 亦理國之大要也 乃取南毛娘姣貞娘兩花 聚徒三四百人 姣貞者嫉妒毛娘 多置酒飮毛娘至醉潛舁去北川中 擧石埋殺之 其徒罔知去處 悲泣而散 有人知其謀者　作歌誘街巷小童 唱於街 其徒聞之 尋得其尸於北川中 乃殺姣貞娘 於是 大王下令　廢原花累年 王又念欲興邦國 須先風月道 更下令 選良家男子有德行者 改爲花郞 始奉薛原郞爲國仙 此花郞國仙之始 故竪碑於溟州 自此使人悛惡更善 上敬下順　五常六藝 三師六正 廣行於代　<三國遺事 卷三 張22~23 塔像 第四 彌勒仙花>

라 하여 源花와 花郞에 대하여 더욱 상세하게 기록했고 金大問(?)은,

賢佐忠臣 從此而秀 良將勇卒 由是而生　<花郞世記>

이라 하였다. 그러나 「花郞世記」는 벌써 逸書로서 「三國史記」에 이 一節이 引用되었을 뿐이요, 그 全貌를 나타내지 못한 것이 遺憾이다. 令狐澄(?)은,

> 擇貴人子弟之美者 傅粉粧飾之 名曰「花郞」 國人皆尊事之也 <新羅國記>

라 하였으니, 이는 外國人이 본 花郞의 眞像이었다. 이보다도 더 상세한 소개로서는 다음과 같은 기록이 있다.

> 羅人患無以知人 欲使類聚羣遊 以觀其行義 然後擧用之 遂取美貌男子 粧飾之名花郞 以奉之 徒衆雲集 或相磨以道義 或相悅以歌樂 遊娛山水 無遠不至 因此知其邪正 擇而薦之於朝 故大問曰「賢佐忠臣 從此而秀 良將勇卒 由是而生」者此也 三代花郞 無慮二百餘人 而芳名美事 具如傳記 <三國史記 卷四七 張9~10 列傳 第七>

그러나 당시의 新羅는 道·儒의 兩敎보다도 佛을 더 崇奉하였다. 眞興王 26년(565)에는 陳으로부터 釋氏의 經論 1千7百餘卷을 寄贈 받았다.

> 陳遣使劉思 與僧明觀來聘 送釋氏經論千七百餘卷
> <三國史記 卷四 張9 新羅本紀 第四 眞興王>

그리고 당시 新羅에서는 佛塔을 세움으로 해서 外敵들은 싸우기 전에 스스로 물러갈 수 있다는 것이었다. 그러므로 「三國遺事」에서 引用된,

> 新羅第二十七代 女王爲主 雖有道無威 九韓侵勞 若龍宮南皇龍寺 建九層塔 則隣國之災可鎭 第一層日本 第二層中華 第三層吳越 第四層托羅 第五層鷹遊 第六層靺鞨 第七層丹國 第八層女狄 第九層濊貊 <東都成立記>

安弘(?)의 기록에 의하면 建塔의 問題는 벌써 당시 온 세계를 防禦하는 武力 아닌 武器로서 登場되었다. 그러나 僧 圓光(552~640)이 그의 弟子 貴山(?)·箒項(?) 등에게 일러 준 말 중의,

> 今有世俗五戒 一曰「事君以忠」 二曰「事親以孝」 三曰「交友有信」 四曰「臨戰無退」 五曰「殺生有擇」 若等行之無忽 <三國史記 卷四五 張12 列傳 第五 貴山>

을 보아서는 당시 佛敎의 가장 重鎭인 圓光의 굳이 尊奉하는 五戒의 다섯가지 要素 중에서 그 1·2·3項은 儒學, 4項은 尙武精神이었고, 다만 그 5項이 佛敎에 의한 것이었을 뿐이었다. 이로 보아서 花郞의 思想은 그들

三敎 중에서 가장 儒學의 政治思想이 强했던 것을 짐작할 수 있겠다.

3. 鄕 歌

新羅 一代의 文學을 통틀어서 논한다 하더라도 鄕歌가 가장 主潮的인 位置에 놓여 있음은 누구라도 否認하지 못할 사실이었으며, 이들이 비록 순수한 漢文學은 되지 못할지라도 漢字文學의 範疇에서 除去할 수는 없을 것이므로 이에 包含시키기로 했다. 그러나 統三以前의 鄕歌는 그 全體的인 면에 있어서 初步的인 始響에 지나지 않으리라 생각된다.

그리고 일찍부터 骨品制度를 실행한 新羅의 貴族들은 史書에서나 文學에서나 비록 鄕·唐의 區別은 있었다 하더라도 그들이 독특한 文字를 사용하지 못했던 만큼 鄕·唐을 불구하고 모두 漢文字를 사용하였던 것이다. 이는 실로 骨品制를 誇示하는 新羅의 貴族國家로서는 면하지 못할 現實이었던 것이다. 그들의 骨品制에 대하여 令狐澄은,

> 其國王族 謂之第一骨 餘貴族第二骨 〈新羅國記〉

이라 하였고, 金富軾은,

> 國人謂始祖赫居世 至眞德二十八王 謂之聖骨 自武烈至永王 謂之眞骨
> 〈三國史記 卷五 張11～12 新羅本紀 第五 眞德王〉

이라 하였던 것이다. 그리고 新羅는 眞興王 때에 벌써 漢文字로써 國史를 編纂하였다.

> 六年秋七月 伊飡異斯夫奏曰「國史者記君臣之善惡 示褒貶於萬代 不有修撰 後代何觀」王深然之 命大阿飡居柒夫等 廣集文士 俾之修撰
> 〈三國史記 卷四 張6 新羅本紀 第四 眞興王〉

自主獨立을 表象하는 그 國史는 그 文體가 가장 謹嚴하여야 하며, 또는 漢文字로 表記되었을 것이다. 그렇다고 해서 단순히 唐型인 文體나 用語를 專用하지 않았으리라 믿는다. 그러므로 唐型을 專用한 崔致遠에 대하여 金富軾은 다음과 같이 논평했던 것이다.

論曰「新羅王 稱居西干者一 次次雄者一 尼師今者十六 麻立干者四 羅末名儒崔致遠 作帝王年代曆 皆稱某王 不言居西干等 豈以其言 鄙野不足稱也」曰「左漢中國史書也 猶存楚語穀於菟 匈奴語撑犂孤塗等 今記新羅事 其存方言 亦宜矣」
<三國史記 卷四 張1 新羅本紀 第四 智證麻立干>

그러면 史書인 國史에도 鄕·唐의 兩語를 并用하였음에 비추어서 文學作品인 鄕歌에 鄕·唐 兩語의 并用은 더군다나 의심할 나위도 없는 일일 것이다. 이제 그들의 作品에 대하여 詞가 있거나 또는 없거나를 불구하고 年代的인 순서로 적어 보기로 한다.

① 兜率歌

本歌는 곧 儒理王 朴儒理(?～57)의 5년(28) 儒理의 作으로서 詞가 전치 않는다. 金富軾의 기록에는 다음과 같이 적혀 있었다.

五年冬十一月 王巡行國內 見一老嫗 饑凍將死 曰「予以眇身居上 不能養民 使老幼至於此極 是予之罪也」 解衣以覆之 推食以食之 仍命有司 在處存問 鰥寡孤獨老病 不能自活者 給養之 於是 隣國百姓 聞而來者衆矣 是年民俗歡康 始製兜率歌 此歌樂之始也 <三國史記 卷一 張6～7 新羅本紀 第一 儒理尼師今>

또 一然은,

改定六部號 仍賜六姓 始作兜率歌 有嗟辭詞腦格
<三國遺事 卷一 張14 紀異 第二 第三 弩禮王>

이라 하였으니, 嗟辭는 그 詞의 內容에 嗟歎辭가 들어 있음을 이름이요, 詞腦格은 그 詞의 格調가 詞腦를 따랐다는 것을 의미했던 듯싶고, 또 詞腦에 대해서는 赫連挺(?)이,

第七歌行化世分者 師之外學 尤閑於詞腦 (意精於詞 故云腦也) 依普賢十種願王 著歌一十一章 其序云「夫詞腦者 世人戲樂之具 願王者 ┼┼┼┼修行之樞」
<大華嚴首座圓通兩重大師均如傳>

라 하여 詞腦의 뜻을 해석하였고, 그는 또,

第八譯歌功德分者……八九行之唐序 義廣文豐 十一首之鄕歌 詞淸句麗 其爲作也 號稱詞腦 可欺貞觀之詞 精若賦頭 堪比惠明之賦 而唐人見處 於序外以難詳 鄕士聞時 就歌中而易誦 <同上>

이라 하여 「詞腦」라는 이름이 족히 唐詞의 淸과 麗에 비길 수 있음을 말하였던 것이다. 이에 李瀷의 擬作歌를 소개해 둔다.

人主以民樂爲樂 一夫失所君心憂 君心憂 不游不豫民何休 若轂待哺無不得 若苗時雨流洋洋 飢斯皷腹凍挾纊 偖聲皷發動四方 何人不憶霈恩波 嗚呼兜率歌 不可復見奈時何 <星湖文集 卷五 張1 樂府>

② 會 蘇 曲

本曲은 역시 金富軾의 기록에 의하면 儒理王 9년(32)에 起源되었으나 詞는 後人의 作으로 되었던 만큼 그 지은 年代는 명확히 알 수 없겠고, 또 詞가 전치 않으므로 이에 꽂아 두기로 한다.

九年春 改六部之名 仍賜姓……王旣定六部 中分爲二 使王女二人 各率部內女子 分朋造黨 自秋七月旣望 每日早集大部之庭 績麻乙夜而罷 至八月十五日 考其功之多少 負者置酒食 以謝勝者 於是 歌舞百戱皆作 謂之嘉俳 是時 負家一女子起舞 歎曰「會蘇會蘇」 其音哀雅 後人因其聲而作歌 名會蘇曲

<三國史記 卷一 張7 新羅本紀 第一 儒理尼師今>

本歌에 대하여 金宗直(1431~1492)과 李瀷이 모두 擬作詞가 있다. 이에 金詞만을 적어 둔다.

會蘇曲 會蘇曲 西風吹廣庭 明月滿華屋 王姬壓坐理繅車 六部女兒多如簇 爾筐旣盈我筐空 釃酒揶揄歌相逐 一婦歎千室歡 坐令四方勤杼軸 嘉俳縱失閨中儀 猶勝跋河爭嗃嗃 <佔畢齋詩集 張25 東都樂府>

③ 悲 竹 樹 歌

本歌는 奈解王 昔奈解(?~230) 20년(215) 頃의 軍人 勿稽子(?)의 作이다. 勿稽子가 保羅와 竭火의 두번 싸움에 모두 功을 세웠으나 나라에서 알아 주지 않았다. 그는 드디어 아내와 하직하고 師彘山으로 들어가서 이 노래를 지었으나 詞는 전치 않는다.

乃被髮荷琴 入師彘山 悲竹樹之性病 寄托作歌 擬溪澗之咽響 扣琴制曲 隱居不復現世 <三國遺事 卷五 張25 避隱 第八 勿稽子>

④ 憂 息 曲

本曲은 訥祇王 2년(418)에 訥祇王의 作이다. 그해 가을에 王의 아우 未

斯欣(?)이 倭國으로부터 逃還했으므로 그는 기뻐서 이 노래를 불렀으나 詞는 전치 않는다.

初未斯欣之來也 命六部 遠迎之 及見握手相泣 會兄弟 置酒極娛 王自作歌舞 以宣其意 今鄉樂憂息曲是也 <三國史記 卷四五 張11 列傳 第五 朴堤上>

⑤ 彗 星 歌

本歌는 眞平王 때(579~632) 僧 融天(?)의 作으로서 現存한 新羅 鄉歌로는 가장 오래된 作品이다. 그 緣起는 一然의 기록에 다음과 같다.

第五居烈郎 第六實處郎 第七寶同郎等 三花之徒 欲遊楓岳 有彗星犯心大星 郎徒疑之 欲罷其行 時天師 作歌歌之 星怪即滅 日本兵還國 反成福慶 大王歡喜 遣郎遊岳焉 歌曰

舊理東尸汀叱 乾達婆矣遊烏隱城叱肹良望良古 倭理叱軍置來叱多烽燒邪隱邊也藪耶 三花矣岳音見賜烏尸聞古 月置八切爾數於將來尸波衣 道尸掃尸星利望良古彗星也白反也人是有叱多 後句 達阿羅浮去伊叱等邪 此也友物北所音叱彗叱只有叱故 <三國遺事 卷五 張17 感通 第七 融天師彗星歌>

⑥ 被 斥 歌

本歌는 眞平王 때 上舍人 實兮(?)가 佞人 珍堤(?)의 讒言에 의하여 冷林으로 귀양살이 가서 이 노래를 지었다. 金富軾의 기록에 다음과 같은 말이 있다.

或謂實兮曰「君自祖考 以忠誠公材 聞於時 今爲佞臣之讒毁 遠宦於竹嶺之外 荒僻之地 不亦痛乎 何不直言自辨」實兮答曰「昔屈原孤直 爲楚擯黜 李斯盡忠 爲秦極刑 故知佞臣惑主 忠士被斥 古亦然也 何足悲乎」遂不言而作長歌見意
<三國史記 第四八 張2~3 列傳 第八 實兮>

⑦ 悼 奚 論 歌

本歌는 역시 眞平王 40년(618)에 奚論(?)이 百濟의 군사와 椵岑城에서 戰死하였으므로 그때 어떤 사람이 그를 슬피 여겨서 이 노래를 지어 조상하였다. 詞는 전치 않는다.

奚論謂諸將曰「昔吾父 殞身於此 我今亦與百濟人 戰於此 是我死日也」遂以短

兵赴敵 殺數人而死 王聞之 爲流涕 贈邮其家甚厚 時人無不哀悼 爲長歌吊之
<三國史記 卷四七 張2 列傳 第七 奚論>

⑧ 運 泥 謠

本謠는 善德王 때(632~647) 僧 良志(?)가 靈廟寺의 丈六尊像을 塑造할 제, 滿城의 男女들이 진흙을 운반하며 부른 것이다. 그 지은 年代는,

四年……靈廟寺成 <三國史記 卷五 張2 新羅本紀 第五 善德王>

을 보아서 善德王 4년(635)으로 짐작되는 만큼 現存하는 詞腦 중에서 「彗星歌」의 다음 가는 오래된 作品이다. 一然은,

釋良志 未詳祖考鄕邑 唯現迹於善德王朝 錫杖頭掛一布帒 錫自飛至檀越家 振拂而鳴 戶知之納齋費 帒滿則飛還 故名其所住 曰「錫杖寺」 其神異莫測 皆類此 旁通雜譽 神妙絕比 又善筆札 靈廟丈六三尊 天王像 并殿塔之瓦 天王寺塔下 八部神將 法林寺主佛三尊 左右金剛神等 皆所塑也 書靈廟法林二寺額 又嘗彫磚造一小塔 并造三千佛 安其塔 置於寺中 致敬焉 其塑靈廟之丈六也 自入定以正受所對爲揉式 故傾城士女 爭運泥土 風謠云
來如來如來如 來如哀反多羅 哀反多矣徒良 功德修叱如良來如
<三國遺事 卷四 張9 義解 第五 良志使錫>

라 하여 그 緣起를 밝혔고, 그는 또 뒤를 이어서,

至今土人 舂椢役作 皆用之 蓋始于此 <同上>

라 하여 高麗 때에 流行된 「방아노래」 등도 모두 이에서 起因되었음을 말하였다.

4. 鄕 曲

鄕曲은 곧 唐樂에 대한 對峙語로 新羅의 俗樂에 의한 詞曲을 이름이다. 물론 鄕歌 중에서도 鄕樂의 曲 중에 參加한 것도 전혀 없지는 않았으나 樂府系인 樂曲은 鄕歌와 別系로 看做하여야 할 것이다. 金富軾의 기록에,

會樂及辛熱樂 儒理王時作也 突阿樂 脫解王時作也 枝兒樂 婆娑王時作也 思內(一作時惱)樂 奈解王時作也 笳舞 柰密王時作也 憂息樂 訥祇王時作也 碓樂 慈悲王時人 百結先生作也 竿引 智大路王時人 川上郁皆子作也 美知樂 法興王時作也 徒領歌 眞興王時作也 捺絃引 眞平王時人 淡水作也 思內奇物樂 原郞徒作也 內

知 日上郡樂也 白實 坤梁郡樂也 德思內 河西郡樂也 石南思內 道同伐郡樂也 祀中 北隈郡樂也 此皆鄕人喜樂之所由作也 而聲器之數 歌舞之容 不傳於後世 <三國史記 卷三二 張10 雜志 第一>

라 하였으니, 이는 곧 新羅 鄕曲에 대한 總論이었다. 그 중에는 실로 18種의 曲名이 있는데, 詞腦系에도 「思內」·「思內奇物」·「德思內」·「石南思內」 등의 四種이 있으나 「思內」만이 樂曲을 통차지 못하였음을 보아서 鄕歌 곧 詞腦와 鄕曲과의 區別을 아니할 수 없겠다. 이 兩者의 區別은 실로 鄕歌는 사람의 입에서 불리어진 것을 樂器에 올릴 수도 있거니와 올리지 못할 것도 있겠지만 鄕曲은 모두 樂器를 통한 詞曲이 아니면 아니되는 것이다. 이제 新羅 鄕曲의 발전한 자취를 考察해 본다면 다음과 같다.

① 碓　　樂

「碓樂」은 慈悲王 金慈悲(?～479) 21년(478) 頃 百結先生(?)의 作이다. 詞는 전치 않고 다만 樂調로 後世에 전하여 수많은 擬作詞들을 낳았던 것이다. 百結先生은 혹은 朴提上(?)의 아들 朴文良(?)이라 한다. 그는 中國의 榮啓期(?)와 함께 樂天主義者로서 雙璧的인 存在였다. 「碓樂」의 지은 緣起는 다음과 같다.

百結先生 不知何許人 居狼山下 家極貧 衣百結若懸鶉 時人號爲東里百結先生 嘗慕榮啓期之爲人 以琴自隨 凡喜怒悲歡不平之事 皆以琴宣之 歲將暮 隣里舂粟 其妻聞杵聲曰「人皆有粟舂之 我獨無焉 何以卒歲」先生仰天嘆曰「夫死生有命 富貴在天 其來也不可拒 其往也不可追 汝何傷乎 吾爲汝作杵聲 以慰之」 乃鼓琴作杵聲 世傳之 名爲碓樂 <三國史記 卷四八 張3～4 列傳 第八 百結先生>

② 玄　　鶴

「玄鶴」의 100餘曲은 王山岳(?)의 作이다. 新羅의 옛 기록에 다음과 같은 말이 있다.

初晋人 以七絃琴 送高句麗 麗人雖知其爲樂器 而不知其聲音 及鼓之之法 購國人能識其音而鼓之者 厚賞 時第二相王山岳 存其本樣 頗改易其法制而造之 兼製

一百餘曲 以奏之 於時 玄鶴來舞 遂名玄鶴琴 後但云玄琴 <新羅古記>

③ 新 調

「新調」의 30曲은 玉寶高(?)의 作이다. 그 製作의 緣起는 다음과 같다.

羅人 沙飡恭永子玉寶高 入地理山雲上院 學琴五十年 自製新調三十曲 傳之續命得 得傳之貴金先生 先生亦入地理山 不出 <同上>

그리고 그 30曲의 이름은 다음과 같다.

玉寶高 所製三十曲 上院曲一 中院曲一 下院曲一 南海曲二 倚嵒曲一 老人曲七 竹庵曲二 玄合曲一 春朝曲一 秋夕曲一 吾沙息曲一 鴛鴦曲一 遠岾曲六 比目曲一 入實相曲一 幽谷淸聲曲一 降天聲曲一 <三國史記 卷三二 張7 雜志 第一>

④ 飄 風

「飄風」 등 3曲은 玉寶高의 再傳弟子 貴金(?)의 作이다. 그 製作의 緣起는 다음과 같다.

羅王恐琴道斷絕 謂伊飡允興 方便傳得其音 遂委南原公事 允興到官 管聰明少年二人 曰「安長淸長」 使詣山中傳學 先生敎之 而其隱微不以傳 允興與婦偕進曰「吾王遣我南原者 無他 欲傳先生之技 于今三年矣 先生有所秘而不傳 吾無以復命」 允興捧酒 其婦執盞 膝行致禮盡誠 然後傳其所秘飄風等三曲 <新羅古記>

⑤ 平 羽 調

「平」·「羽」의 2調 187曲은 貴金의 弟子 安長(?)의 아들 克宗(?)의 弟子들이 지은 것이었으나 그들의 이름도 전치 않거니와 曲도 남은 것이 적다 한다.

安長傳其子克相克宗 克宗制七曲 克宗之後 以琴自業者 非一二 所製音曲 有二調 一平調 二羽調 共一百八十七曲 其餘聲遺曲 流傳可記者無幾 餘悉散逸 不得俱載 <同上>

⑥ 新 歌

「新歌」는 眞興王 12년(551) 樂師 于勒(?)의 지은 12曲과 그의 弟子 尼文(?)의 지은 3曲을 이름이다. 그 製作의 緣起는 다음과 같다.

加耶國嘉實王 見唐之樂器而造之 王以謂諸國方言各異 聲音豈可一哉 乃命樂師

省熱縣人于勒 造十二曲 後于勒 以其國將亂 攜樂器 投新羅眞興王 王受之 安置國原 乃遣大柰麻法知階古 大舍萬德 傳其業 <同上>

그 樂器는 곧 加耶琴을 이름이었고, 金富軾은 또 「新歌」의 지은 경위에 대하여 다음과 같이 말했다.

十二年……三月 王巡守次娘城 聞于勒 及其弟子尼文 知音樂 特喚之 王駐河臨宮 令奏其樂 二人各製新歌奏之 先是 加耶國嘉悉王 製十二絃琴 以象十二月之律 乃命于勒 製其曲 及其國亂 操樂器投我 其樂名加耶琴

<三國史記 卷四 張7 新羅本紀 第四 眞興王>

于勒의 12曲과 尼文의 3曲의 이름들은 다음과 같다.

于勒所製十二曲 一曰「下加羅都」 二曰「上加羅都」 三曰「寶伎」 四曰「達已」 五曰「思勿」 六曰「勿慧」 七曰「下奇物」 八曰「師子伎」 九曰「居烈」 十曰「沙入兮」 十一曰「爾赦」 十二曰「上奇物」 尼文所製三曲 一曰「烏」 二曰「鼠」 三曰「鶉」

<三國史記 卷三二 張8 雜志 第一>

⑦ 加　耶

「加耶」의 5曲은 眞興王 13년(552)에 于勒의 弟子 法知(?)·階古(?)·萬德(?) 등이 스승의 12曲을 刪定한 것이다.

三人旣傳十二曲 相謂曰「此繁且淫 不可以爲雅正」 遂約爲五曲 于勒始聞焉而怒 及聽其五種之音 流淚嘆曰「樂而不流 哀而不悲 可謂正也 爾其奏之王前」 王聞之大悅 諫臣獻議「加耶亡國之音 不足取也」 王曰「加耶王淫亂自滅 樂何罪乎 蓋聖人制樂 緣人情以爲撙節 國之理亂 不由音調」 遂行之 以爲大樂 <新羅古記>

또 金富軾은 于勒이 그의 弟子 셋에 대하여 「琴」·「歌」·「舞」 三者의 分科的인 指導를 하였음을 밝혔다.

十三年 王命階古法知萬德三人 學樂於于勒 于勒量其人之所能 敎階古以琴 敎法知以歌 敎萬德以舞 業成 王命奏之 曰「與前娘城之音 無異」 厚賞焉

<三國史記 卷四 張7 新羅本紀 第四 眞興王>

⑧ 河　臨

그 밖에도 「河臨」·「嫩竹」 등의 2調·185曲이 있었으나 作者도 未詳이려니와 曲詞도 모두 전치 않는다.

加耶琴有二調 一河臨調 二嫩竹調 共一百八十五曲 <新羅古記>

끝으로 崔致遠의 詩「鄕樂雜詠」五首를 적어 둔다.

1. 金 丸

廻身掉臂弄金丸　月轉星浮滿眼看
縱有宜僚那勝此　定知鯨海息波瀾

2. 月 顚

肩高項縮髮崔嵬　攘臂羣儒鬪酒盃
聽得歌聲人盡笑　夜頭旗幟曉頭催

3. 大 面

黃金面色是其人　手抱珠鞭役鬼神
疾步徐趍呈雅舞　宛如丹鳳舞堯春

4. 束 毒

蓬頭藍面異人間　押隊來庭學舞鸞
打皷冬冬風瑟瑟　南奔北躍也無端

5. 狻 猊

遠涉流沙萬里來　毛衣破盡着塵埃
搖頭掉尾馴仁德　雄氣寧同百獸才 <三國史記 卷三二 張11 雜志 第一>

5. 唐體의 詩歌

唐體의 詩歌는 곧 漢文字를 鄕文學 作品 중에 利用한 鄕歌, 또는 鄕曲과 달리하여 純唐의 樣式을 借用한 鄕詩를 이름이었다. 이에 대하여 그 발전의 자취를 考察해 본다면 다음과 같다.

① 龜 何 歌

本歌는 駕洛國 北龜旨의 神歌이다. 그 지은 年代는 後漢 光武帝 劉秀(?~57)의 18년(42) 3월이었다. 이에 대해서는 다음과 같은 기록이 있다.

開闢之後 此地未有邦國之號 亦無君臣之稱 越有我刀干汝刀干彼刀干五刀干留水干留天干神天干五天干神鬼干等 九干者 是酋長 領總百姓 凡一百戶 七萬五千人 多以自都山野 鑿井而飮 耕田而食 屬後漢世祖光武帝 建武十八年壬寅 三月禊浴之日 所居北龜旨 有殊常聲氣呼喚 衆庶二三百人 集會於此 有如人音 隱其形而發其音曰「此有人否」九干等云「吾徒在」又曰「吾所在爲何」對云「龜旨也」又曰「皇天所以命我者 御是處 惟新家邦 爲君后 爲玆故降矣 你等須掘峯頂 撮土歌之云

龜何龜何　　首其現也
若不現也　　燔灼而喫也

以之蹈舞 則是迎大王 歡喜踴躍之也」九干等如其言 咸忻而歌舞 未幾仰而觀之 唯紫纓自天垂而着地 尋纓之下 乃見紅幅 裹金合子 開而視之 有黃金卵六 圓如日者 衆人悉皆驚喜 俱伸百拜 尋還裹著抱持 而歸我刀家 寘榻上 其衆各散 過浹辰 翌日平明 衆庶復相聚集 開合 而六卵化爲童子……其於月望日 即位也 始現故諱首露 或云首陵 國稱大駕洛 又稱伽耶國 即六加耶之一也 餘五人 各歸爲五伽耶主
〈三國遺事 卷二 張37~38 紀異 第二 駕洛國記〉

이는 神이 당시 部族國家의 酋長인 九干에게 명령을 내려 이 노래를 부르며 神王을 맞이하게 하였으나 이는 실로 駕洛國은 원래 新羅系의 한 原始的인 部族國家로서 이때에 이르러서 新羅의 中央集權制的인 様式을 따라 貴族王國으로 발전하는 形態를 나타내는데 있어서 神의 神聖함을 强調하기 위하여 이 노래를 지어 龜旨峰을 中心으로 흙을 파는 수많은 愚昧한 農衆들에게 지시하여 불리었다. 그러므로 다음과 같은 기록을 남겼다.

一日 上語臣下曰「九干等 俱爲庶僚之長 其位與名 皆是宵人野夫之號 頓非簪履職位之稱 儻化外傳聞 必有嗤笑之耻」遂改我刀爲我躬 汝刀爲汝諧 彼刀爲彼藏 五刀爲五常 留水留天之名 不動上字 改下字留功留德 改爲神道 五天改爲五能 神鬼之音不易 改訓爲臣貴 取雞林職儀 置角干阿叱干級干之秩 其下官僚 以周判漢儀 而分定之 斯所以革古鼎新 設官分職之道歟 〈三國遺事 卷二 張41 紀異 第二 駕洛國記〉

그중 「撮土」의 두 글자를 보아서 이는 비록 迎神君歌로서 起因되었으나 나중에는 一種의 農歌로 발전되었던 듯싶다. 그리고 이 노래 중에서 가장 중요시해야 할 「龜」는 과연 무엇을 가리킨 것이겠는가가 문제이다.

1. 山　形

駕洛國의 首都인 金海에 있는 龜旨峰은 마치 龜頭와 같은 形局을 지녔다. 이는 실로 「北龜旨」의 「自注」의,

> 神文王時 東海中 忽有一小山 形如龜頭 其上有一竿竹 晝分爲二 夜合爲一 是峯巒之稱 若十朋伏之狀 故云也

를 보아서 짐작할 수 있겠으며, 또,

> 神文王時 東海中 忽有一小山 形如龜頭 其上有一竿竹 晝分爲二 夜合爲一 王使斫之 作笛 名萬波息 〈新羅古記〉

과 관련이 없지 않을 듯싶다.

2. 海　龜

金海는 실로 濱海에 위치를 가졌으므로 原始的인 漁獵經濟에 의한 漁歌임을 짐작할 수 있겠다. 그렇다면 聖德王 때의 「海歌」와 서로 통하는 점이 없지 않겠다.

> 龜乎龜乎出水路　　掠人婦女罪何極
> 汝若悖逆不出獻　　入網捕掠燔之喫 〈三國遺事 卷二 張9 紀異 第二 水路夫人〉

兩詞의 중에는 모두 「燔之喫」이라는 三字의 威脅的인 言辭가 있었다. 「구워서 먹겠다」는 가장 漁歌의 本色을 나타내고 있다.

3. 龜　卜

中國 古代의 龜卜과 같이 卜筮에 거북의 등을 구워서 그 卜辭에 따라 일을 進行함이다. 夫餘族은 이에 앞서 이미 原始的인 占法을 사용하여 牛蹄의 解와 合으로써 吉凶을 판정하였다.

> 有軍事 亦祭天 殺牛觀蹄 以占吉凶 蹄解者爲凶 合者爲吉 〈三國志 卷三〇 張9 魏志 東夷〉

이라 하였고, 新羅에서도,

> 海官波珍喰 朴夙清奏曰 「東海中有小山 浮來向感恩寺 隨波往來」 王異之 命日

官金春質占之……王喜 以其月七日 駕幸利見臺 望其山 遣使審之 山勢如龜頭
〈三國遺事 卷二 張5 紀異 第二 萬波息笛〉

라 하여 龜頭의 山形과 龜卜의 占法이 역시 서로 통하는 점이 없지 않다.

何如튼 이 「龜何歌」는 鄕歌·唐體詩를 불구하고 詞가 남아 있는 作品으로서 가장 오래된 만큼 「韓國文學史」상에 너무나 중요한 作品이었다.

② 鼻 荊 詞

本歌는 眞平王 때 어떤 사람이 鼻荊郞(?)의 異事를 읊은 詞이다. 이는 실로 新羅의 作品 중에서 「亭」·「停」의 韻을 갖춘 唐體詩로서는 가장 오래된 作品이다. 그 지은 緣起를 적으면 다음과 같다.

産得一男 名曰「鼻荊」 眞平王 聞其殊異 收養宮中 年至十五 授差執事 每夜逃去遠遊 王使勇士五十人守之 每飛過月城 西去荒川岸上 率鬼衆遊 勇士伏林中窺伺 鬼衆聞諸寺曉鍾 各散 郞亦歸矣 軍士以事來奏 王召鼻荊曰「汝領鬼遊 信乎」 郞曰「然」 王曰「然則汝使鬼衆 成橋於神元寺北渠」 荊奉㓜 使其徒鍊石 成大橋於一夜 故名鬼橋 王又問「鬼衆之中 有出現人間 輔朝政者乎」 曰「有吉達者 可輔國政」 王曰「與來」 翌日荊與俱見 賜爵執事 果忠直無雙……一日吉達變狐而遁去 荊使鬼提而殺之 故其衆聞鼻荊之名 怖畏而走 時人作詞曰

聖帝魂生子　　鼻荊郞室亭
飛馳諸鬼衆　　此處莫留停　〈三國遺事 卷一 張24～25 紀異 第二 鼻荊郞〉

③ 太 平 詩

本詩의 一名은 「太平頌」이다. 眞德王의 作으로서 麗·唐 兩國의 文獻에 모두 상세히 나타나 있다.

大唐開鴻業 巍巍皇猷昌 止戈戎衣定 修文繼百王 統天崇雨施 理物體含章 深仁諧日月 撫運邁時康 幡旗既赫赫 鉦鼓何　 外夷違命者 翦覆被天殃 和風凝宇宙 遐邇競呈祥 四時調玉燭 七曜巡萬方 維嶽降宰輔 維帝用忠良 三五咸一德 昭我皇家唐 〈全唐詩 第11函 第10册 張3 金眞德〉

그리고 「全唐詩」의 「小序」에는,

永徽元年 眞德大破百濟之衆 織錦作五言太平詩 遣其弟之子法敏 以獻 <同上>

이라 하였고, 또 金富軾은 다음과 같이 말했다.

四年……六月 遣使大唐 告破百濟之衆 王織錦作五言大平頌 遣春秋子法敏 以獻唐皇帝 其辭曰……高宗嘉焉 <三國史記 卷五 張20 新羅本紀 第五 眞德王>

그리고 李奎報는,

新羅眞德女主太平詩 載於唐詩類記 其詩高古雄渾 比始唐諸作 可相上下 是時東方文風未盛 乙支文德外 無聞焉 而女主乃爾 亦奇矣 <白雲小說>

라 하였고, 金萬重은,

眞德織綿頌德詩 全篇典雅 絕無夷裔氣 <西浦漫筆>

라 하였으며, 金台俊은,

遐邦美人이 美麗한 句로써 美絹 속에 아름답게 짜서 들이니 이제 아모리 唐太宗의 鐵腸인들 魅惑되지 아니하랴. 이것이 新羅의 外交術이엿다. 詩風은 雅麗하야 初唐의 風致가 있으며 朝鮮 漢詩도 이에 닐으러 體裁가 具備하엿슴을 알겟다. 妄談이지만은 當時의 國情과 外交와 文壇形便으로 보아 적어도 强首 같은 사람이 아니면 짓지 못하엿슬 듯하다. <朝鮮漢文學史 頁17>

라고 하였으니, 이는 더욱 前人의 未發한 바를 發한 듯싶다. 그리하여 「太平詩」는 비록 阿諛文學의 嚆矢이기는 하나 外交文學으로서 傑作이 아닐 수 없을 것이다.

④ 沒 柯 斧 歌

本歌는 太宗 金春秋(603~661) 때 僧 元曉(617~686)의 作이다. 그는 新羅의 屈指하는 名門의 後裔였으며, 그 지은 緣起를 적으면 다음과 같다.

聖師元曉 俗姓薛氏……生而穎異 學不從師 其遊方始末 弘通茂跡 具載唐傳與行狀 不可具載 唯鄕傳所記 有一二段異事 師嘗一日 風顚唱街云

誰許沒柯斧
斫我支天柱

人皆未喩 時太宗聞之曰「此師殆欲得貴婦 產賢子之謂爾 國有大賢 利莫大焉」時瑤石宮 有寡公主 勅宮吏 覓曉引入 宮吏奉勅將求之 已自南山 來過蚊川橋 遇之佯墮水中濕衣袴 吏引師於宮 褫衣曬眼 因留宿焉 公主果有娠 生薛聰

<三國遺事 卷4 張17 義解 第五 元曉不羈>

⑤ 無 㝵 歌

本歌도 역시 元曉의 作이다. 詞는 전치 않고 다만 그 지은 緣起는 다음과 같다.

曉既失戒生聰已後 易俗服 自號小姓居士 偶得優人舞弄大瓠 其狀瑰奇 因其形製爲道具 以華嚴經「一切無㝵人 一道出生死」命名曰「無㝵」仍作歌流于世 甞持此 千村萬落 且歌且舞 化詠而歸 使桑樞瓮牖玃猴之輩 皆識佛陀之號 咸作南無之稱 曉之化 大矣哉 <三國遺事 卷四 張17~18 義解 第五 元曉不羈>

元曉는 韻文에서 뿐만이 아니라, 散文에 있어서도「法華經宗要序」등의 6篇은 文章이 모두 奥妙하여 당시의 浮薄한 色態가 나타나지 않았다.

⑥ 葬 偈

本偈는 元曉와 같은 때 萬善里에 살고 있던 寡女의 아들 虵福(?)의 作이다. 佛家에서는 詩語를「偈」라 일컫는다. 이는 실로 우리 文學史 상 가장 오래된 佛偈이다. 그 지은 緣起는 다음과 같다.

京師萬善北里 有寡女 不夫而孕 既產 年至十二歲 不語亦不起 因號虵童 一日其母死 時元曉住高仙寺 曉見之迎禮 福不答拜而曰 「君我昔日 馱經牸牛 今已亡矣 偕葬何如」曉曰「諾」遂與到家 令曉布薩受戒 臨尸祝曰「莫生兮 其死也苦莫死兮 其生也苦」福曰「詞煩」更之曰「死生苦兮」 二公轝歸活里山東麓 曉曰「葬智惠虎於智惠林中 不亦宜乎」福乃作偈曰

往昔釋迦牟尼佛　娑羅樹間入涅槃
于今亦有如彼者　欲入蓮花藏界寬

言訖 拔茅莖 下有世界 晃朗清虛 七寶欄楯 樓閣莊嚴 殆非人間世 福負尸共入其地 奄然而合 曉乃還 <三國遺事 卷四 張20~21 義解 第五 虵福不言>

6. 說話系의 小說

「熊虎神話」가 神話系의 小說이라면「龜兎說話」와 같은 것들은 의당히 說話系의 小說이라 일컬을 수 있을 것이다. 엄격히 따진다면 이들은 小說이 될 수도 없겠지만 小說 이전의 小說을 말한다면 이들을 전연히 無視할

수도 없을 것이다. 新羅統三 이전의 說話系의 小說이 「三國史記」나 「三國遺事」 중에 실린 것이 없음은 아니로되 이 兩書는 모두 高麗에 이르러서 漢文字로 定着되었으므로 그를 新羅 說話系의 小說로 取材할 수는 없겠고, 다만 「龜兎說話」 만은 이에 참가시킨다 하더라도 잘못은 아닐 것이다.

昔東海龍女病心 醫言「得兎肝合藥 則可療也」然海中無兎 不奈之何 有一龜白龍王言「吾能得之」遂登陸 見兎言「海中有一島 淸泉白石 茂林佳菓 寒暑不能到 鷹隼不能侵 爾若得至 可以安居無患」因負兎背上 游行二三里許 龜顧謂兎曰「今龍女被病 須兎肝爲藥 故不憚勞 負爾來耳」兎曰「噫 吾神明之後 能出五藏 洗而納之 日者 少覺心煩 遂出肝心洗之 暫置巖石之底 聞爾甘言徑來 肝尙在彼 何不廻歸取肝 則汝得所求 吾雖無肝 尙活 豈不兩相宜哉」龜信之而還 纔上崖 兎脫入草中 謂龜曰「愚哉汝也 豈有無肝而生者乎」龜憫默而退

〈三國史記 卷四一 張5 列傳 第一 金庾信上〉

이 說話는 李朝 때 古小說系의 「鱉主簿傳」이나 또는 新小說系의 「토끼의 肝」 등의 濫觴이 되었던 것도 사실이었다.

第四章　南方의 浪漫思潮 (其二)

<百　濟>

1. 百濟系의 民族

百濟는 애초 高句麗에서 갈려 나와 卞韓에다 나라를 세웠으나 그 地理와 環境에 따라서 그들의 民族性은 高句麗보다도 오히려 新羅와 비슷한 점이 있는 동시에 그들은 몹시 溫和하고도 緻密하였으며, 交隣에 있어서도 자못 平和를 주장하였다. 始祖 溫祚王 扶餘溫祚 (前？～後28) 8년(前 11)에 馬首城과 瓶山栅을 세운 뒤에 樂浪太守의 抗議를 받고도 緩順한 태도로 城栅을 쌓는 것은 守國의 常道인 만큼 平和에는 아무런 지장이 없음을 解明해 주었다.

秋七月 築馬首城 竪瓶山栅 樂浪太守 使告曰「頃者 聘問結好 意同一家 今逼我疆 造立城栅 或者其有蠶食之謀乎 若不渝舊好 隳城破栅 則無所猜疑 苟或不然 請一戰 以決勝負」王報曰「設險守國 古今常道 豈敢以此有渝於和好 宜若執事之所不疑也 若執事 恃强出師 則小國 亦有以待之耳」

<三國史記 卷二三 張3 百濟本紀 第一 溫祚王>

그들은 또 新羅와 같이 音樂을 좋아하여 古尔王 扶餘古尔(？～286)의 5년(238)에는 鼓吹의 樂을 사용했다.

五年春正月 祭天地 用鼓吹　<三國史記 卷二四 張2 百濟本紀 第二 古尔王>

그리고 百濟 歷代의 王들은 모두 樓臺·琴歌의 游衍을 좋아하였으며, 특히 武王 扶餘璋(？～641)에 이르러선 더욱 淸新·華麗의 興致를 지녔다.

三十五年 春二月 王興寺成 其寺臨水 彩飾壯麗 王每乘舟入寺行香 三月穿池於宮南 引水二十餘里 四岸植以楊柳 水中築島嶼 擬方丈仙山

<三國史記 卷二七 張7 百濟本紀 第五 武王>

三十七年……三月 王率左右臣寮 遊燕於泗沘河北浦 兩岸奇巖怪石錯立 間以奇

花異草 如畵圖 王飮酒極歡 鼓琴自歌 從者屢舞 時人謂其地爲大王浦 <同上>

그리하여 人民의 支配者 곧 王族의 游衍에 따른 習尙이 저절로 平民의 階層에까지도 미친 影響이 컸던 것도 사실이었다.

2. 三敎의 輸入

三敎의 輸入에 따른 漢文學의 발전은 百濟에 있어서도 역시 高句麗나 新羅에 다름 없는 것이다. 百濟의 三敎 발전의 자취는 佛·儒·道의 순서로 되었다. 그리하여 枕流王 扶餘枕流(?~385)의 元年(384)에 비로소 佛法을 받들었다.

秋七月 遣使入晉朝貢 九月胡僧摩羅難陀 自晉至 王迎之 致宮內 禮敬焉 佛法始於此 <三國史記 卷二四 張10 百濟本紀 第二 枕流王>

그 明年(385)에는 漢山에다 佛寺를 創立했다.

二年 春二月 創佛寺於漢山 度僧十人 <同上>

그리고 聖王 扶餘明穠(?~554)의 19년(541)에는 儒·佛에 대한 學者와 書籍을 梁에서 招請하였다.

十九年 王遣使入梁朝貢 兼表請毛詩博士 涅槃等經義 并工匠畵師等 從之 <三國史記 卷二六 張8 百濟本紀 第四 聖王>

또 武王의 41년(640)에는 唐에 遊學生을 派遣하였다.

四十一年……二月 遣子弟於唐 請入國學 <三國史記 卷二七 張8 百濟本紀 第五 武王>

그리고 百濟는 벌써 近肖古王 扶餘近肖古(?~375)의 30년(375) 頃에 漢文字로써 表記된 高興(?)의 「書記」가 있었다 한다.

古記云「百濟開國已來 未有以文字記事 至是 得博士高興 始有書記」 然高興未嘗顯於他書 不知其何許人也 <三國史記 卷二四 張9 百濟本紀 第二 近肖古王>

3. 鄕 歌

百濟의 歷史는 非百濟系인 新羅의 統一에 의하여 高句麗의 것과 함께

많이 湮滅되었으나 武王이 지은「薯童謠」는 그 質的으로 보아서 新羅의 모든「鄕歌」羣에 섞어 놓더라도 가장 優雅한 作品이 아닐 수 없다. 이는 실로 天眞爛漫한 純情을 꾸밈 없이 표현한 作品이다. 그 지은 緣起는 다음과 같다.

第三十武王名璋 母寡居 築室於京師南池邊 池龍交通而生 小名薯童 器量難測 常掘薯蕷 賣爲活業 國人因以爲名 聞新羅眞平王 第三公主善花 美艶無雙 剃髮來京師 以薯蕷餉閭里羣童 羣童親附之 乃作謠 誘羣童而唱之云

善化公主主隱 他密只嫁良置古 薯童房乙夜矣卯乙抱遣去如

童謠滿京 達於宮禁 百官極諫 竄流公主於遠方 將行 王后以純金一斗贈行 公主將至竄所 薯童出拜途中 將欲侍衛而行 公主雖不識其從來 偶爾信悅 因此隨行 潛通焉 然後知薯童名 乃信童謠之驗 同至百濟 〈三國遺事 卷二 張27~28 紀異 第二 武王〉

武王은「三國史記」에는 法王 扶餘宣(?~600)의 아들로 기록되었으나 이에서는 寡婦와 池龍의 交媾에 의한 身分的으로 애매한 存在인 동시에 薯童이라는 小名이 가장 興味를 이끌고 있다. 당시 新羅는 벌써 骨品의 制度가 確立된 時期인 만큼 百濟는 그들의 敵國일 뿐 아니라, 薯童은 百濟의 한 乞兒의 身分으로서 國際的인 和姦이 新羅의 政府로서는 許容될 수 없는 사실이었던 것이다. 武王의 即位는 新羅 眞平王의 22년(600)임에 비추어 그 지은 年代는 新羅의 모든 詞腦歌 중에서 現存한 것으로 가장 오래된 作品이었다.

4. 鄕 曲

百濟의 鄕曲은 「禪雲山」·「無等山」·「方等山」·「井邑」·「智異山」·「山有花」등 6篇이 있으나 거의 다 詞가 없는 曲의 이름과 解題가 실려 있다.

① 禪雲山

長沙人征役 過期不至 其妻思之 登禪雲山 望而歌之〈高麗史 卷七一 張45 志 第二五 樂二〉

② 無等山

無等山 光州之鎭 州在全羅爲巨邑 城此山 民賴而安 樂而歌之

〈高麗史 卷七一 張45~46 志 第二五 樂二〉

③ 方等山

方等山 在羅州屬縣長城之境 新羅末 盜賊大起 據此山 良家子女 多被擄掠 長日縣之女 亦在其中 作此歌 以諷其夫不即來求也 <高麗史 卷七一 張46 志 第二五 樂二>

④ 井 邑

井邑 全州屬縣 縣人爲行商 久不至 其妻登山石 以望之 恐其夫夜行犯害 托泥水之汚 以歌之 世傳有登岾望夫石云 <同上>

⑤ 智異山

求禮縣人之女 有姿色 居智異山 家貧盡婦道 百濟王聞其美 欲內之 女作是歌 誓死不從 <同上>

그리고 三國俗樂에 대하여 鄭麟趾는 다음과 같이 말했다.

新羅百濟高句麗之樂 高麗並用之 編之樂譜 故附著于此 詞皆俚語
<高麗史 卷七一 張43 志 第二五 樂二>

이를 보아서는 이 5篇의 詞는 비록 俚語로 된 것이었으나 漢文字로 表記되었고, 그 중 「井邑」은 李朝 때에 들어와서 正音文字로 定着되는 동시에 「井邑詞」라는 이름을 붙였던 것이다.

樂師 帥樂工十六人 奉鼓臺具 由東楹入 置於殿中而出 樂師 抱鼓槌十六箇 由東楹入 置鼓南而出 諸妓唱井邑詞 <樂學軌範 卷五 張10 舞鼓>

⑥ 山有花

山有花歌一篇 男女相悅之詞 音調悽惋 如伴侶玉樹云
<文獻備考 卷二四六 張21 藝文考 歌曲類>

5. 百濟文學의 播倭

百濟의 一代를 통해서 漢·唐體의 詩歌는 나타나지 않고 다만 近肖古王 30년(375) 作인 高興의 「書記」가 있었다 하나 失傳되고, 다만 表·書 등의 글은 벌써 蓋鹵王 扶餘慶司(?~475) 4년(458)의 「上宋孝帝表」가 있었다.

臣國 累葉偏受殊恩 文武良輔 世蒙朝爵 行冠軍將軍右賢王餘紀等十一人 忠勤

宜在顯進 伏願垂愍 並聽賜除 <宋書 卷九七 張10 列傳 第五七 百濟>

이는 비록 간단하고 또는 阿諛的인 事大文字였으나 筆力이 淸勁하고 辭意가 溫麗하여 交隣文字의 軌範이 됨을 인정하지 않을 수 없겠으나, 이는 純文學 作品이 아닌 만큼 상세히 논평할 것이 없겠고, 李延壽(?)의,

兵有弓箭刀 俗重騎射 兼愛墳史 而秀異者 頗解屬文 能吏事 又知醫藥蓍龜 與相術陰陽五行法 <北史 卷九四 張6~7 列傳 第八二 百濟>

을 보아서도 百濟人의 才藝가 精微로움을 짐작할 수 있겠다. 그리고 그들이 高句麗·新羅에 비하여 독특한 점은 和倭策이었다. 阿莘王 扶餘阿莘(?~405)의 6년(397)에 벌써 倭國과 더불어 結好하였다.

六年 夏五月 王與倭國結好 以太子腆支爲質 <三國史記 卷二五 張3 百濟本紀 第三 阿莘王>

그러나 百濟의 儒風과 文敎는 이보다도 앞서 倭國의 應神 2년(271)에 輸出되었으므로,

應神二年 命荒田別 使於百濟 搜聘有識者 國王擇宗族 遣其孫辰孫王 隨使入朝 應神喜焉 特加寵 以爲皇太子之師 於是 始傳書籍 儒風文敎興焉 <日本書記>

이라 하였고, 그 뒤 應神 16년(285)에는 王仁(?)이 百濟의 學術과 文學을 싣고 倭國으로 건너가서 傳播하였으므로 그들은 그에게 歌父라는 別稱을 올렸던 것이다.

王仁 百濟國人……通于諸典 又能察人相 應神十五年 百濟 久素王遣阿直岐者來時阿直岐 能讀經典 皇子苑道雅郞子師之 天皇問「有勝汝之博士邪」 對曰「有王仁者 勝於我」 帝遣使於百濟 徵王仁 翌年二月 仁持千字文來朝 以孝經論語 授皇子苑道雅郞子 皇子以爲師 習諸典籍 莫不通達 於是 儒敎始行於本朝 仁且詠歎波津歌 祝仁德寶祚 謂之歌父 仁死 合祭牛頭天皇 書首等始祖也 <和漢三才圖會>

第五章 南北思潮의 合流

<統三以後의 新羅>

1. 合流의 經過

이러한 南北의 兩大主潮는 비록 對立되었다 하더라도 그들은 저절로 文化의 交流가 없을 수 없는 만큼 그들 人物은 저절로 접촉이 빈번하였으며, 종말에는 新羅의 三國統一課業을 完遂함에 따라 드디어 合流에까지 도달되었던 것이다. 三國 사이에 있어서 交流의 一端을 말한다면 百濟 武王의 「薯童謠」는 벌써 西紀 600년 이전에 이룩된 作品이었으나 그는 新羅의 緊張된 國界와 嚴格的인 骨品制를 깨뜨리고 國際的 戀愛를 맺는 동시에 純新羅型인 鄕歌를 享有하였고, 또 三國 이외의 外國과의 文化的 交流는 오로지 唐이 있을 뿐이었던 만큼 그들은 같이 唐에 遊學하여 唐學을 輸入하였으므로 西紀 639年 頃에 이르러선 三國의 子弟들은 벌써 唐의 賓貢科에서 共學하였던 것도 사실이었다.

그리고 新羅는 일찌기 親唐策을 써서 麗·濟를 완전히 統一하는 동시에 唐의 文化를 急速度로 輸入하여 佛敎로써 貴族國家로서의 指導原理를 삼아 王法的인 色彩와 調和되는 敎學的인 발전을 보게 되었으나 그 실은 偃武·修文의 政策에 의하여 재래 高句麗의 反抗意識이나 新羅의 臨戰無退의 精神을 점차로 爽失함에 따라 儒學이 크게 행하여 國學의 建設과 讀書三品制의 實施를 보았으며, 그 중에 文學으로써 南北의 統一에 가장 갸륵한 공로를 세운 이는 곧 强首(?)이다.

强首 中原沙梁人也 父昔諦奈麻 其母夢見人有角而妊身 及生 頭後有高骨……
及壯 自知讀書 通曉義理 父欲觀其志 問曰「爾學佛乎 學儒乎」對曰「愚聞之 佛

世外敎也 愚人間人 安用學佛爲 願學儒者之道」 父曰「從爾所好」 遂就師讀孝經曲禮爾雅文選 所聞雖淺近 而所得愈高遠 魁然爲一時之傑……及太宗大王即位 唐使者至 傳詔書 其中有難讀處 王召問之 在王前 一見說釋 無疑滯 王驚喜 恨相見之晩 問其姓名 對曰「臣本任那加良人 名字頭」 王曰「見卿頭骨 可稱强首先生」 使製廻謝唐皇帝詔書表 文工而意盡 王益奇之 不稱名 言任生而已

<三國史記 卷四六 張1~2 列傳 第六 强首>

그리하여 强首는 佛을 버리고 儒를 취하였다. 이는 실로 儒學이 經世致用的이기 때문이다. 그리고 또 文武王은,

强首文章自任 能以書翰 致意於中國 及麗濟二邦 故能結好成功 我先王請兵於唐以平麗濟者 雖曰「武功」 亦由文章之助焉 則强首之功 豈可忽也

<三國史記 卷四六 張2 列傳 第六 强首>

라 하여 强首의 文章이 統三事業에 寄與한 바 컸음을 讚揚하였다. 그는 실로 美文麗辭로써 唐帝를 魅惑시켜 東征의 聯合軍을 結成하였고, 그 뒤 唐帝의 노염을 풀게 하여 社稷을 磐石의 위에 놓았으니, 그는 실로 經國大手의 文章이었다. 그러므로 옛 기록에도 다음과 같은 말들이 실려 있다.

文章 則强首帝文守眞良圖風訓骨番 <新羅古記>

그리고 또 한 사람으로서 三敎에 精通하여 당시 思想的인 統一에 이바지한 金仁問(629~694)과 같은 이도 없지 않았다.

金仁問 字仁壽 大宗大王第二子也 幼而就學 多讀儒家之書 兼涉莊老浮屠之說 又善隷書射御鄕樂 行藝純熟 識量宏弘 時人推許<三國史記 卷四四 張5 列傳 第四 金仁問>

2. 佛·道敎의 末弊

新羅의 統三以後에도 佛·道를 全然 숭상하지 않았음은 아니었다. 그러므로 孝成王 金承慶(?~742)의 2년(738)에,

二年……夏四月 唐使臣邢璹 以老子道德經等文書 獻于王

<三國史記 卷九 張2 新羅本紀 第九 孝成王>

으라 하였고, 景德王 金憲英(?~765)의 때(742~765) 僧 大賢(?)은 唐

의 名士 白居易(772~846)의 硏究하지 못한 것을 발명했다.

> 瑜珈祖大德大賢 住南山茸長寺……賢惠辯精敏 決擇了然 大抵相宗銓量 旨理幽深 難爲剖析 中國名士白居易 嘗窮之未能 乃曰「唯識幽難破 因明擘不開」 是以學者難承稟者 尙矣 賢獨刊定邪謬 暫開幽奧 恢恢游刃 東國後進 咸遵其訓 中華學士 往往得此爲眼目 <三國遺事 卷四 張30 義解 第五 賢瑜珈>

그러나 統三以後의 新羅는 佛·道敎의 末弊가 가장 심했으므로 金富軾은 다음과 같이 논평하였다.

> 奉浮屠之法 不知其弊 至使閭里 比其塔廟 齊民逃於緇褐 兵農浸小 而國家日衰 則幾何其不亂且亡也哉 <三國史記 卷一二 張13~14 新羅本紀 第一二>

그리하여 佛·道의 兩敎는 당시 貴族政治의 利用道具가 됨에 따라 貴族·地主들이 일찌기 兩敎와 結合되어서 國家의 兵力과 財政에 큰 影響을 끼쳤던 것이다.

한개 國家의 國防은 극히 要務임은 말할 것도 없거니와 羅代는 外敵들의 侵擾를 끊임없이 입었던 만큼 수많은 壯丁을 徵集·待機하여야 함에도 불구하고 貴族·地主는 도리어 暗暗裏에 가장 교묘한 忌避法을 써서 農奴들을 寺院 奴隷의 名簿에 僞託하였다. 그리하여 國家의 徵發된 數字는 비록 적지 않더라도 그들은 모두 市井間의 無賴輩였으므로 內亂이 한번 일어나면 문득 救出할 방법이 없었던 것이다.

그리고 寺院의 田產에는 租稅를 면제하였으므로 貴族·地主들이 모두 다투어가며 私有의 田產을 寺院에 委託·管理하여 租稅를 이탈하였다. 이러한 일은 羅代에서도 唐代 安祿山(?~757)·史思明(?)의 亂을 일으킨 動機인 佛敎의 末弊와 꼭 같았던 것이다. 그들은 寺院을 利用하여 經濟的으로 特殊의 地位에서 私利를 取飽하는 동시에 國家의 財源은 枯渴되었다. 이는 곧 貴族政治가 敗亡自取한 歷史的 사실이었다.

3. 國學의 設置와 讀書三品

佛·道敎에 비해서 經世致用의 學을 爲主한 儒學을 발전시키기 위하여 벌써 神文王 金政明(?~692)의 2년(682)에는 國學을 세웠다.

二年……六月立國學 置卿一人 <三國史記 卷八 張3 新羅本紀 第八 神文王>

그리고 惠恭王 金乾運(758~780) 元年(765)까지 이르는 사이에 敎科書의 選定, 敎授의 方法, 學生의 選拔要綱 등을 발표하였다.

國學屬禮部 神文王二年置 景德王改爲大學監 惠恭王復故 卿一人 景德王改爲司業 惠恭王復稱卿 位與他卿同 博士助敎 大舍二人 眞德王五年置 景德王改爲主簿 惠恭王復稱大舍 位自舍知 至奈麻爲之 史二人 惠恭王元年 加二人 敎授之法以周易尙書毛詩禮記春秋左氏傳文選 分而爲之業 博士若助敎一人 或以禮記周易論語孝經 或以春秋左傳毛詩論語孝經 或以尙書論語孝經文選 敎授之 諸生讀書以三品出身 讀春秋左氏傳 若禮記 若文選 而能通其義 兼明論語孝經者 爲上 讀曲禮論語孝經者 爲中 讀曲禮孝經者 爲下 若能兼通五經三史諸子百家書者 招擢用之……凡學生 位自大舍已下 至無位 年自十五 至三十 皆充之 限九年 若朴魯不化者 罷之 若才器可成 而未熟者 雖踰九年 許在學 位至大奈麻奈麻而後出學
<三國史記 卷三八 張12~13 志 第七 職官上>

이는 國學에 대한 總論이었다. 그리고 이에서 더 상세하게 소개한다면 다음과 같은 일들이 기록되어 있다.

詳文師 聖德王十三年 改爲通文博士 景德王 又改爲翰林 後置學士
<三國史記 卷三九 張2 志 第八 職官中>

이는 翰林의 沿革에 대한 기록이었고, 惠恭王은 그의 元年(765)에 太學에 親臨하여 博士에게 명하여 書經을 講義하였다.

元年大赦 幸大學 命博士 講尙書義 <三國史記 卷九 張9 新羅本紀 第九 惠恭王>

同王은 또 12년(776)에 國學에 가서 聽講하였다.

十二年……二月 幸國學 聽講 <三國史記 卷九 張11 新羅本紀 第九 惠恭王>

景文王 金膺廉(?~875)은 그의 3년(863)에 國學에 가서 博士의 以下로

하여금 經義를 강론하였다.

三年 春二月 王幸國學 令博士已下 講論經義 賜物有差
〈三國史記 卷一一 張6 新羅本紀 第一一 景文王〉

憲康王 金晸(?~886)은 유달리 글 읽기를 좋아했으며, 한번 눈에 거친 것은 모두 외웠고, 그의 5년(879)에는 國學에 가서 博士의 以下로 하여금 經義를 강론하였다.

五年 春二月 幸國學 命博士已下講論 〈三國史記 卷一一 張11 新羅本紀 第一 憲康王〉

그리고 孝成王 2년(738)에 唐玄宗 李隆基(685~762)는 邢璹(?)을 보내어 經義를 강론하였다.

帝謂璹曰「新羅號爲君子之國 頗知書記 有類中國 以卿惇儒 故持節往 宜演經義 使知大國儒敎之盛」 〈三國史記 卷九 張1 新羅本紀 第九 孝成王〉

新羅는 앞서부터 花郞制로써 人物을 選拔하였고, 그 다음에는 다만 弓術로써 選用하였을 뿐이었던 것을 元聖王 4년(788)에 비로소 讀書三品의 制를 設定하였다.

四年春 始定讀書三品 以出身 讀春秋左氏傳 若禮記 若文選 而能通其義 兼明論語孝經者爲上 讀曲禮論語孝經者爲中 讀曲禮孝經者爲下 若博通五經三史諸子百家書者 超擢用之 前祇以弓箭選人 至是改之
〈三國史記 卷一〇 張3 新羅本紀 第一〇 元聖王〉

이에 이르러서는 종래에 숭상하던 武士道를 揚棄하고 讀書出身의 새로운 科程을 制定한 것이었다. 그리하여 地方의 官吏까지도 讀書의 出身이 아니거나 또는 唐의 遊學生이 아니면 登場될 길이 없었던 것이다.

五年……九月 以子玉爲楊根縣小守 執事史毛肖駁言「子玉不以文籍出身 不可委分憂之職」侍中議云「雖不以文籍出身 曾入大唐爲學生 不亦可用耶」王從之
〈三國史記 卷一〇 張3~4 新羅本紀 第一〇 元聖王〉

이도 역시 元聖王 5년(789)의 일이었고, 昭聖王 金俊邕(?~800)의 元年(799)에는 學生의 祿邑까지 設置하였다.

元年 春三月 以菁州老居縣 爲學生祿邑〈三國史記 卷一〇 張6 新羅本紀 第一〇 昭聖王〉

그리고 金富軾은 毛肖(?)의 論駁에 대하여 다음과 같이 논평하였다.

論曰「惟學焉 然後聞道 惟聞道 然後灼知事之本末 故學而後仕者 其於事也 先本而末自正 譬如擧一綱 萬目從而皆正 不學者反此 不知事有先後本末之序 但區區弊精神於枝末 或掊斂以爲利 或苛察以相高 雖欲利國安民 而反害之 是故學記之言 終於務本 而書亦言『不學牆面 涖事惟煩』則執事毛肖一言 可爲萬世之模範者焉」 <三國史記 卷一○ 張4 新羅本紀 第一○ 元聖王>

4. 吏讀에 나타난 政治性

新羅의 統三事業에 文章으로써 前驅的인 役割을 맡은 이는 비록 强首를 들지 않을 수 없겠으나 그 뒷받침으로 南北이 같지 않은 思想的인 統一을 시킨 이는 곧「吏讀」를 創造하며, 新羅語로 六經과 모든 文學書를 訓解한 薛聰(?)이었다. 薛聰의 아버지 元曉가 일찌기 佛戒를 잃고 瑤石宮의 寡公主와 結合하여 그를 낳았다. 그는 大佛學者의 아들로 大儒學者, 또는 大敎育家가 되었으며, 그는 新羅의 方音으로써 萬國의 方俗과 物名을 통했을 뿐더러 漢籍의 深奧한 뜻을 해석하였다. 金富軾은,

薛聰 字聰智 祖談捺奈麻 父元曉 初爲桑門 淹該佛書 旣而返本 自號小性居士 聰性明銳 生知道術 以方言 讀九經 訓導後生 至今學者宗之 又能屬文 而世無傳者 但今南地 或有聰所製碑銘 文字缺落 不可讀 竟不知其何如也
<三國史記 卷四六 張7 列傳 第六 薛聰>

라 하였고, 또 一然은,

聰生而睿敏 博通經史 新羅十賢中一也 以方音 通會華夷方俗物名 訓解六經文學 至今海東業明經者 傳受不絶 <三國遺事 卷四 張17 義解 第五 元曉不羈>

이라 하였으나「吏讀」의 創製는 오로지 六經과 文學書 등을 해석했다기보다도 오히려 上下意의 相達을 위한 政治性이 多分히 介在되었던 듯싶다. 그러므로 後世의 기록에는 이에 대하여「吏道」·「吏讀」·「吏札」등의 名稱이 있고, 또「口訣」은 따로 되어 있었던 것이다.

① 吏 道

我本朝三韓時 薛聰所製方言文字 謂之吏道 <大明律直解跋>

② 吏 讀

昔新羅薛聰 始作吏讀 官府民間 至今行之 然皆假字而用

<世宗實錄 卷一一三 張37 訓民正音序>

③ 吏札과 口訣

以方言 解九經義 訓導後生 又以俚語製吏札 行於官府 <東京雜記 卷二 人物>

위의 三者가 모두 「吏」字의 다음에 「道」·「讀」·「札」 등의 글자를 따르게 한 것을 보아도 짐작할 수 있을 것이며, 經義를 訓解하기 위한 것은 「口訣」이라 일러야 마땅할 것이다. 그리고 薛聰은 諷刺小說의 要素를 지닌 「花王」의 한편을 보더라도 學者보다도 政治的인 手腕이 능란하였으며, 당시 南北이 統一되지 못한 思潮로 하여금 合流的인 傾向으로 促進시키는 가장 銳利한 方法은 곧 文學의 統一과 言語의 統一이었던 것이다. 대체로 言語와 文字의 不統一은 政治·文化의 統一에 가장 장애물이었으므로 그는 문득 文字의 統一에 먼저 着手하여 이를 官民間의 意思疏通에 대한 行政的인 日用에 편리케 利用하고 또 學問的인 면에서는 「口訣」을 通用하였으며, 三國의 統一되지 못한 一切의 기록을 新羅의 方音, 곧 당시의 標準語로써 整理함에 따라 몇 千年來의 三韓族은 이 文字的인 統一에 의하여 流離되지 않았던 것이다.

5. 鄕 歌

新羅의 佛敎는 統三以後에 점차로 衰退했으나 鄕歌는 오히려 新羅文學의 主潮를 잃지 않았다. 이는 실로 新羅人은 鄕歌를 몹시 숭상하였으므로 時代를 따라 그 形態的인 면에서 혹 조금씩 변천이 있을는지는 모르겠으나 갑자기 人民들의 참된 感情과 流離되기는 어려웠던 것이다. 이는,

羅人尙鄕歌者 尙矣 蓋詩頌之類歟 故往往能感動天地鬼神者 非一

<三國遺事 卷五 張13 感通 第七 月明師兜率歌>

을 보아서도 짐작할 수 있을 것이다. 이제 「月下歌」로부터 「明期月歌」까지 14首의 鄕歌를 年代의 순서로 소개하여 둔다.

① 月 下 歌

本歌는 文武王 金法敏(?~681) 때(661~681) 僧 廣德(?)의 作이다. 이는 新羅 統三以後 現存한 鄕歌로 가장 오래된 作品이다.

文武王代 有沙門名廣德嚴莊二人友善 日夕約曰「先歸安養者 須告之」 德隱居芬皇西里 蒲鞋爲業 挾妻子而居 莊庵栖南岳 大種力耕 一日日影拖紅 松陰靜暮 窓外有聲報云「某已西往矣 惟君好住 速從我來」莊排闥而出 顧之 雲外有天樂聲光明屬地 明日歸訪其居 德果亡矣 於是 乃與其婦收骸 同營蒿里 既事 乃謂婦曰「夫子逝矣 偕處何如」婦曰「可」遂留夜宿 將欲通焉 婦靳之曰「師求淨土 可謂求魚緣木」莊驚怪 問曰「德既乃爾 予又何妨」婦曰「夫子與我同居十餘載 未嘗一夕同床而枕 況觸汚乎 但每夜端身正坐 一聲念阿彌陁佛號 或作十六觀 觀既熟明月入戶 時昇其光 加趺於上 竭誠如此 雖欲勿西 奚往 夫適千里者 一步可規 今師之觀 可云東矣 西則未可知也」莊愧赧而退 便詣元曉法師處 懇求津要 曉作錚觀法誘之 莊於是 潔己悔責 一意修觀 亦得西昇 錚觀在曉師本傳 與海東僧傳中其婦乃芬皇寺之婢 蓋十九應身之一 德嘗有歌云

月下伊底亦 西方念丁去賜里遣 無量壽佛前乃 惱叱古音 多可支白遣賜立 誓音深史隱尊衣希仰支 兩手集刀花乎白良願往生願往生 慕人有如白遣賜立阿邪 此身遺也置遣 四十八大願成遣賜去

<三國遺事 卷五 張1~9 感通 第七 廣德·嚴莊>

② 慕竹旨郞歌

本歌는 孝昭王 金理洪(? ~702) 때(692~702) 竹旨郞(?)의 徒 得烏(?)가 郞을 思慕하여 지은 것이다. 郞은 일찌기 金庾信(595~673)으로 더불어 三韓을 統一하고 眞德·武烈·文武·神文 등 四代의 冢宰를 歷任했다 한다. 그 지은 緣起는 다음과 같다. 이에 그 詞는 생략한다.

第三十二孝昭王代 竹曼郞之徒 有得烏級干 隷名於風流黃卷 追日仕進 隔旬日不見 郞喚其母 問「爾子何在」母曰「幢典牟梁益宣阿干 以我子差富山城倉直 馳去行急 未暇告辭於郞」郞曰「汝子若私事適彼 則不須尋訪 今以公事進去 須歸享矣」乃以舌餠一合 酒一缸 率左人而行 郞徒百三十七人 亦具儀侍從 到富山城 問

閽人「得烏失奚在」人曰「今在益宣田 隨例赴役」郞歸田 以所將酒餠饗之 請暇於益宣 將欲偕還 益宣固禁不許 時有使吏侃眞 管收推火郡 能節租三十石 輸送城中 美郞之重士風味 鄙宣暗塞不通 乃以所領三十石 贈益宣助請 猶不許 又以珍節舍知騎馬鞍具貽之 乃許 朝廷花主聞之 遣使取益宣 將洗浴其垢醜 宣逃隱 掠其長子而去 時仲冬極寒之日 浴洗於城內池中 仍合凍死 大王聞之 勅牟梁里人從官者並合黜遣 更不接公署 不著黑衣 若爲僧者 不合入鍾鼓寺中 勅史上侃珍子孫 爲枰定戶孫 標異之……初得烏谷 慕郞而作歌 <三國遺事 卷二 張6~7 紀異 第二 竹旨郞>

③ 獻 花 歌

本歌는 聖德王 때(702~737) 江陵太守 純貞公(?)의 夫人 水路(?)에게 躑躅花를 꺾어서 바친 牽牛老翁의 作이다. 그 지은 緣起는 다음과 같다.

聖德王代 純貞公 赴江陵太守 行次海汀晝饍 傍有石嶂 如屛臨海 高千丈 上有躑躅花盛開 公之夫人水路見之 謂左右曰「折花獻者其誰」從者曰「非人跡所到」皆辭不能 傍有老翁 牽牸牛而過者 聞夫人言 折其花 亦作歌詞 獻之 其翁不知何許人也……老人獻花歌曰

紫布岩乎过希執音乎手母牛放敎遣 吾肸不喩慚肸伊賜等 花肸折叱可獻乎理音如 <三國遺事 卷二 張8~9 紀異 第二 水路夫人>

④ 枯 樹 歌

本歌는 孝成王 때(737~742) 賢士 信忠(?)의 作이다. 그 지은 緣起는 다음과 같다. 이에 그 詞는 생략한다.

孝成王潛邸時 與賢士信忠 圍碁於宮庭栢樹下 嘗謂曰「他日若忘卿 有如栢樹」信忠興拜 隔數月 王即位 賞功臣 忘忠而不第之 忠怨而作歌 帖於栢樹 樹忽黃悴王怪 使審之得歌 獻之 大驚曰「萬機鞅掌 幾忘乎角弓」乃召之 賜爵祿 栢樹乃蘇 <三國史記 卷五 張21 避隱 第八 信忠掛冠>

⑤ 兜 率 歌

本歌는 景德王 19년(760) 僧 月明(?)의 作이다. 또 그는 漢譯詩까지 붙여 두었다.

景德王十九年庚子 四月朔 二日並現 浹旬不滅 日官奏請緣僧 作散花功德 則可禳 於是 潔壇於朝元殿 駕幸靑陽樓 望緣僧 時有月明師 行于阡陌寺之南路 王使召之 命開壇作啓 明奏云「臣僧但屬於國仙之徒 只解鄕歌 不閑聲梵」王曰「旣卜緣僧 雖用鄕歌 可也」明乃作兜率歌 賦之 其詞曰

今日此矣散花唱良巴寶白乎隱花良汝隱 直等隱心音矣命叱使以惡只 彌勒座主陪立羅良

解曰

龍樓此日散花歌　　挑送靑雲一片花
殷重直心之所使　　遠邀兜率大僊家

今俗謂此爲散花歌 誤矣 宜云兜率歌 別有散花歌 文多不載 旣而日怪卽滅
<三國遺事 卷五 張12 感通 第七 月明師兜率歌>

⑥ 散 花 歌

역시 月明의 作이다. 前項「兜率歌」에 상세히 나타났으므로 이에 다시금 贅論하지 않는다.

⑦ 祭亡妹歌

역시 月明의 作이며, 詞는 이에 생략한다. 그 지은 緣起는 다음과 같다.

明又嘗爲亡妹營齋 作鄕歌祭之 忽有驚飇吹 紙錢飛擧 向西而沒　<同上>

⑧ 讚耆婆郞歌

本歌는 景德王 24년(765) 頃에 僧 忠談(?)의 作이다. 그 지은 緣起는 다음과 같다. 이에 詞는 생략한다.

王御國二十四年 五岳三山神等 時或現侍於殿庭 三月三日 王御歸正門樓上……有一僧 被衲衣 負櫻筒 從南而來 王喜見之 邀致樓上 視其筒中 盛茶具已 曰「汝爲誰耶」僧曰「忠談」曰「何所歸來」僧曰「僧每重三重九之日 烹茶饗南山三花嶺彌勒世尊 今玆旣獻而還矣」王曰「寡人亦一甌茶有分乎」僧乃煎茶 獻之 茶之氣味異常 甌中異香郁烈 王曰「朕嘗聞師讚耆婆郞詞腦歌 其意甚高 是其果乎」對曰「然」王曰「然 則爲朕作理安民歌」僧應時奉勅歌呈之 王佳之 封王師焉 僧再拜固辭不受　<三國遺事 卷二 張9~10 紀異 第二 忠談師>

⑨ 理安民歌

本歌도 역시 景德王 24년 忠談의 作이다. 그 지은 緣起는 前項「讚耆婆郞歌」에 상세히 나타났으므로 다시금 贅論하지 않는다. 이에 詞는 생략한다.

⑩ 禱千手觀音歌

本歌는 景德王 때(742~765) 漢歧里에 살고 있던 女人 希明(?)의 盲兒

가 지은 노래이다. 그 지은 緣起는 다음과 같다. 이에 詞는 생략한다.

景德王代 漢歧里女希明之兒 生五稔而忽盲 一日其母抱兒 詣芬皇寺左殿北壁畫千手大悲前 令兒作歌禱之 遂得明 <三國遺事 卷三 張38 塔像 第四 盲兒得眼>

⑪ 遇賊歌

本歌는 元聖王 金敬信(?~798)의 때(785~798) 僧 永才(?)의 作이다. 그 지은 緣起는 다음과 같다. 이에 詞는 생략한다.

釋永才 性滑稽 不累於物 善鄉歌 暮歲將隱于南岳 至大峴嶺 遇賊六十餘人 將加害 才臨刄無懼色 怡然當之 賊怪而問其名 曰「永才」 賊素聞其名 乃命□□□作歌……賊感其意 贈之綾二端 才笑而前 謝曰「知財賄之爲地獄根本 將避於窮山以餞一生 何敢受焉」 乃投之地 賊又感其言 皆釋劒投戈 落髮爲徒 同隱智異 不復蹈世 才年僅九十矣 在元聖大王之世 <三國遺事 卷五 張24 避隱 第八 永才遇賊>

⑫ 身空詞腦歌

本歌는 元聖王의 作이다. 곧 一然「自注」의「歌亡未詳」과 같이 詞는 전치 않는다. 그 緣起를 간단히 소개하면 다음과 같다.

大王 誠知窮達之變 故有身空詞腦歌 <三國遺事 卷二 張13 紀異 第二 元聖大王>

⑬ 鸚鵡歌

本歌는 興德王 金秀宗(?~836) 元年(826) 頃에 王의 自作한 노래이다. 그 지은 緣起는 다음과 같다. 詞는 전치 않는다.

第四十二興德大王 寶曆二年丙午即位 未幾 有人奉使於唐 將鸚鵡一雙而至 不久雌死 而孤雄哀鳴不已 王使人掛鏡於前 鳥見鏡中影 擬其得偶 乃啅其鏡 而知其影 乃哀鳴而死 王作歌云 未詳 <三國遺事 卷二 張15 紀異 第二 鸚鵡>

그리고 金富軾의 기록에는 또 다음과 같은 말이 있다.

興德王立……冬十二月 妃章和夫人卒 追封爲定穆王后 王思不能忘 悵然不樂 羣臣表請再納妃 王曰「隻鳥有喪匹之悲 況失良匹 何忍無情 遽再娶乎」 遂不從 亦不親近女侍 <三國史記 卷一〇 張15~16 新羅本紀 第一〇 興德王>

이로 보아서 本歌는 興德王이 그의 賢妃 章和夫人(?~826)의 죽음을 悲戀하여 지은 것으로 推定된다.

⑭ 明期月歌

新羅의 貴族政治는 憲康王 때(875~886)에 이르러서 극도의 豪華를 享有하였다. 그러므로 金富軾의 기록에는,

六年……九月九日 王與左右 登月上樓 四望京都 民屋相屬 歌吹連聲 王顧謂侍中敏恭曰 「孤聞今之民間 覆屋以瓦不以茅 炊飯以炭不以薪 有是耶」 敏恭對曰 「臣亦嘗聞之如此」 <三國史記 卷一一 張11 新羅本紀 第一一 憲康王>

라 하였고, 一然은,

春東野宅 夏谷良宅 秋仇知宅 多加伊宅 <三國遺事 卷一 張11 紀異 第二 四節遊宅>

등의 四節遊宅이 있었다 하였고, 一然은 또,

第四十九憲康王代 城中無一草屋 接角連墻 歌吹滿路 晝夜不絕 <同上>

이라 하였으며, 憲康王은 특히 燕樂과 歌詞를 좋아했으므로 金富軾은,

七年 春三月 燕羣臣於臨海殿 酒酣 上鼓琴 左右各進歌詞 極歡而罷
<三國史記 卷一一 張11 新羅本紀 第一一 憲康王>

라 하였다. 그러나 그들의 歌詞는 많이 전한 것이 없고 다만 處容(?)이 지은 「明期月歌」 한편이 있다. 그 지은 緣起는 다음과 같다.

第四十九憲康大王之代 自京師 至於海內 比屋連墻 無一草屋 笙歌不絕道路 風雨調於四時 於是大王遊開雲浦 王將還駕 晝歇於汀邊 忽雲霧冥曀 迷失道路 怪問左右 日官奏云「此東海龍所變也 宜行勝事以解之」於是 勅有司 爲龍刱佛寺近境 施令已出 雲開霧散 因名開雲浦 東海龍喜 乃率七子 現於駕前讚德 獻舞奏樂 其一子隨駕入京 輔佐王政 名曰「處容」王以美女妻之 欲留其意 又賜級干職 其妻甚美 疫神欽慕之 變爲人 夜至其家 竊與之宿 處容自外至其家 見寢有二人 乃唱歌作舞而退 歌曰

東京明期月良 夜入伊遊行如可 入良沙寢矣見昆 脚烏伊四是良羅 二肹隱
吾下於叱古 二肹隱誰支下焉古 本矣吾下是如馬於隱 奪叱良乙何如爲理古

時神現形 跪於前曰「吾羨公之妻 今犯之矣 公不見怒 感而美之 誓今已後 見畫公之形容 不入其門矣」因此國人 門帖處容之形 以僻邪進慶
<三國遺事 卷二 張17~18 紀異 第二 處容郞>

이들은 모두 天地와 鬼神을 感動시킬 만한 作品이었다. 그리고 眞聖王

金曼(？~897)의 2년(888)에는 魏弘(？)과 僧 大矩(？)에게 명령을 내려 鄕歌를 修集하여 「三代目」이라는 鄕歌總集을 엮었으니, 이 「三代」는 아마 「朴」·「昔」·「金」의 三代를 이름인 듯싶고, 「目」은 三代의 全面的인 思潮가 이 鄕歌에 依存되어 있어서 萬人의 눈이 됨을 이름인 듯싶으나 이제는 逸書로 전치 않는다. 혹은 三代는 「景文」·「憲康」·「定康」을 이름이라 한다.

> 二年 春二月 少梁里石自行 王素與角干魏弘通 至是 常入內用事 仍命與大矩和尙 修集鄕歌 謂之三代目云 <三國史記 卷一一 張13 新羅本紀 第一一 眞聖王>

6. 唐體의 詩歌

新羅의 統三은 실로 親唐策에서 이룩되었으므로 그 뒤에도 唐과 文化的인 交流가 자못 빈번하여 끊임 없이 遊學生을 派遣하였던 것이다. 金富軾은,

> 常遣子弟 造朝而宿衛 入學而講習 于以襲聖賢之風化 革鴻荒之俗 爲禮義之邦 <三國史記 卷一二 張13 新羅本紀 第一二>

이라 하였고, 神文王 2년(682)에는 使臣을 唐에 派遣하여 文學에 관한 資料를 輸入하였다.

> 六年……遣使入唐 奏請禮記并文章 則天令所司 寫吉凶要禮 并於文館詞林 採其詞涉規誡者 勒成五十卷 賜之 <三國史記 卷八 張4 新羅本紀 第八 神文王>

그리고 文聖王 金慶膺(？~857) 2년(840)에는 唐으로부터 滿期된 學生 105人이 歸國하였다.

> 二年……唐文宗 勅鴻臚寺 放還質子 及年滿合歸國學生 共一百五人 <三國史記 卷一一 張1 新羅本紀 第一一 文聖王>

景文王 9년(869)에는 學生 李同(？) 등 3人을 唐에 派遣할 제, 買書銀 300兩을 주었다.

> 九年……遣學生李同等三人 隨進奉使金胤 入唐習業 仍賜買書銀三百兩 <三國史記 卷一一 張8~9 新羅本紀 第一一 景文王>

그리하여 당시의 新羅는 漢文字를 利用하여 鄕歌를 지었을 뿐 아니라, 純粹한 唐體의 詩歌를 읊었음도 사실이었다. 이제 그 作品에 대하여 年代의 순서로 整理해 보기로 한다.

① 呪願詞

本詞는 神文王 때(681～692) 開士 漸開(?)의 作이다. 그 지은 緣起는 다음과 같다.

牟梁里之貧女慶祖 有兒 頭大頂平如城 因名大城 家窘不能生育 因役傭於貨殖福安家 其家俵田數畝 以備衣食之資 時有開士漸開 欲設六輪會於興輪寺 勸化至福安家 施布五十疋 開呪願曰

檀越好布施　　天神常護持
施一得萬倍　　安樂壽命長

大城聞之 跳踉而入 謂其母曰「予聽門僧誦倡云『施一得萬倍』念我定無宿善 今玆困匱矣 今又不施 來世益艱 施我傭田於法會 以圖後報何如」母曰「善」乃施田於開 <三國遺事 卷五 張27～28 孝善 第九 大城孝二世父母>

② 北庵詞

本詞는 聖德王 8년(709)의 어떤 娘子의 作이다. 그는 觀音菩薩의 幻身이라 한다. 그 지은 緣起는 다음과 같다.

白月山……山之東南 三千步許 有仙川村 村有二人 其一曰「努肹夫得」父名月藏 母味勝 其一曰「怛怛朴朴」父名修梵 母名梵摩……遂唾謝人間世 將隱於深谷 夜夢白毫光 自西而至 光中垂金色臂 摩二人頂 及覺說夢 與之符同 皆感嘆久之 遂入白月山無等谷 朴朴師占北嶺師子嵓 作板屋八尺房而居 故云板房 夫得師占東嶺 磊石下有水處 亦成方丈而居焉 故云磊房 各庵而居 夫得勤求彌勒 朴朴禮念彌陁 未盈三載 景龍三年己酉 四月八日 聖德王即位八年也 日將夕 有一娘子 年幾二十 姿儀殊妙 氣襲蘭麝 俄然到北庵 請寄宿焉 因投詞曰

行逢日落千山暮　　路隔城遙絕四隣
今日欲投庵下宿　　慈悲和尙莫生嗔

朴朴曰「蘭若護淨爲務 非爾所取近 行矣 無滯此處」閉門而入

<三國遺事 卷三 張34～36 塔像 第四 努肹夫得・怛怛朴朴>

그 詞는 몹시 哀婉可愛的이었으며, 자못 天仙의 趣를 지닌 作品이었다.

③ 南庵詞

本詞는 역시 聖德王 8년 어떤 娘子의 作이다. 그 지은 緣起는 다음과 같으며, 前項의 「北庵詞」와 一貫的인 기록을 가진 作品이다.

娘歸南庵 又請如前 夫得曰「汝從何處 犯夜而來」娘答曰「湛然與大虛同體 何有往來 但聞賢士 志願深重 德行高堅 將欲助成菩提」因投一偈曰

日暮千山路　行行絕四隣
竹松陰轉邃　溪洞響猶新
乞宿非迷路　尊師欲指津
願惟從我請　且莫問何人

師聞之驚駭 謂曰「此地非婦女相汚 然隨順衆生 亦菩薩行之一也 況窮谷夜暗 其可忽視歟」乃迎揖庵中而置之 至夜淸心礪操 微燈半壁 誦念厭厭 及夜將艾 娘呼曰「予不幸適有產憂 乞和尙 排備苫草」夫得悲矜莫逆 燭火殷勤 娘既產 又請浴 努肹 慚懼交心 然哀憫之情 有加無已 又備盆槽 坐娘於中 薪湯以浴之 既而槽中之水 香氣郁烈 變成金液 努肹大駭 娘曰「吾師亦宜浴此」肹 勉强從之 忽覺精神爽凉 肌膚金色 視其傍忽生一蓮臺 娘勸之坐 因謂曰 「我是觀音菩薩 來助大師 成大菩提矣」言訖不現 <三國遺事 卷三 張36~37 塔像 第四 努肹夫得·怛怛朴朴>

④ 海 歌

本歌는 聖德王 때 江陵 臨海亭의 附近에 살고 있던 여러 사람들이 純貞公의 夫人 水路를 龍宮에서 찾기 위하여 부른 노래이다. 그 지은 緣起는 다음과 같다.

聖德王代 純貞公 赴江陵太守……便行二日程 又有臨海亭 晝饍次 海龍忽攬夫人入海 公顚倒躄地 計無所出 又有一老人 告曰「故人有言『衆口鑠金』今海中傍生 何不畏衆口乎 宜進界內民 作歌唱之 以杖打岸 則可見夫人矣」公從之 龍奉夫人 出海獻之 公問海中事 曰「七寶宮殿 所饍甘滑香潔 非人間煙火」此夫人 衣襲異香 非世所聞 水路姿容絕代 每經過深山大澤 屢被神物掠攬 衆人唱海歌 詞曰

龜乎龜乎出水路　掠人婦女罪何極
汝若悖逆不出獻　入網捕掠燔之喫 <三國遺事 卷二 張8~9 紀異 第二 水路夫人>

本歌는 「龜乎龜乎」와 「燔之喫」의 威脅的인 言詞로 보아서는 駕洛의 「龜何歌」와 恰似한 점이 없지 않으나 그 形態的인 면에 있어서는 퍽 進

步되었다. 「龜何歌」는 四言·三句와 五言·一句로 된 無韻詩임에 비하여 이는 七言·四句의 有韻·整型의 詩였고, 또는 「掠人婦女罪何極」은 벌써 儒學的인 道義를 강조한 글귀로서 마치 韓愈의 지은 「鰐魚文」 중의 글귀처럼 謹嚴키 짝이 없다. 그러나 이 노래는 애초에 臨海亭 附近에서 발생된 漁歌인 듯싶다.

⑤ 返俗謠

本謠는 新羅 薛承冲(?)의 딸 薛瑤(?)의 作이다. 그는 十五歲에 出家하였다가 六年만에 이 노래를 짓고 俗家로 다시금 돌아왔다 한다.

化雲心兮思淑貞　　洞寂滅兮不見人
瑤草芳兮思芬蒕　　將奈何兮靑春　〈全唐詩 第一一函 第一〇册 張9 薛瑤〉

그리고 「全唐詩」의 「小序」에는,

薛瑤 東明國人 左武衛將軍承冲之女 嫁郭元振爲妾 詩一首　〈同上〉

라 하였고, 또 그 뒤를 이어서 「小注」로서,

謠一作返俗謠 薛氏年十五 剪髮出家 六年 爲謠云云 遂返初服 歸郭　〈同上〉

이라 하였으니, 元振은 곧 郭震(?)의 字인 만큼 郭의 가장 活動한 時期는 唐玄宗 때(712~755)인 동시에 本謠의 지은 年代는 곧 新羅 聖德王 때(702~737)에 該當되리라 생각된다. 이는 실로 女流詩다운 꽃다운 情緖를 나타내고 있다.

⑥ 兜率歌

龍樓此日散花歌　　挑送靑雲一片花
殷重直心之所使　　遠邀兜率大僊家　〈三國遺事 卷五 張12 感通 第七 月明師兜率歌〉

本歌는 곧 鄕歌 「兜率歌」의 唐譯詩이다. 그 上下의 文義를 보아서 역시 月明의 自譯인 듯싶다. 그 緣起는 前題 鄕歌 중에 상세히 말했으므로 이에 생략한다.

⑦ 佛簡飛揚歌

本歌는 憲德王 金彦昇(?~826)의 때(809~826) 中岳山神의 作이라 한다. 그 지은 緣起는 다음과 같다.

釋心地 辰韓第四十一主 憲德大王金氏之子也 生而孝悌 天性冲睿 志學之年 落采從師 拳懃于道 寓止中岳 適聞俗離山深公 傳表律師佛骨簡子 設果訂法會 決意披尋……深曰「佛意在子 子其奉行」乃授簡子 地頂戴歸山 岳神率一仙子 迎至山椒 引地坐於嵓山 歸伏嵓下 謹受正戒 地曰「今將擇地 奉安聖簡 非吾輩所能指定 請與三君 憑高擲簡以卜之」乃與神等陟峯巔 向西擲之 簡乃風颺而飛 時神作歌曰

礙嵓遠退砥平兮　　落葉飛散生明兮
覓得佛骨簡子兮　　邀於淨處投誠兮

旣唱 而得簡於林泉中 即其地 構堂安之 今桐華寺籤堂北 有小井是也
<三國遺事 卷四 張28 義解 第五 心地繼祖>

⑧ 玄琴抱曲

本曲은 景文王 때(861~875) 國仙 邀元郞(?)·譽昕郞(?)·桂元叔宗郞(?) 등이 지은 3首를 僧 大炬(?)가 作曲한 것 중의 하나이다. 詞는 전치 않으며, 그 지은 緣起는 다음과 같다.

國仙邀元郞 譽昕郞 桂元叔宗郞等 遊覽金蘭 暗有爲君主理邦國之意 乃作歌三首 使心弼舍知 授針卷 送大炬和尙處 令作三歌 初名玄琴抱曲 第二大道曲 第三問羣曲 入奏於王 王大喜稱賞 歌未詳 <三國遺事 卷三 張17 紀異 第三 景文大王>

⑨ 大道曲

그 지은 緣起는 前項「玄琴抱曲」에 나타났으므로 이에 생략한다.

⑩ 問羣曲

그 지은 緣起는 위와 같다.

⑪ 憤怨詩

本詩는 眞聖王 2년(888) 獄中에 拘禁되었던 隱士 巨仁(?)의 作이다. 그 幽憤에 넘친 애처로운 調子는 千後의 사람으로 하여금 涕泗를 금치 못하게 하였으며, 그 지은 緣起는 다음과 같다.

二年春 少粱里 石自行 王素與角干魏弘通 至是 常入內用事 仍命與大矩和尙 修集鄕歌 謂之三代目云 及魏弘卒 追諡爲惠成大王 此後 潛引少年美丈夫兩三人淫亂 仍授其人以要職 委以國政 由是 佞倖肆志 貨賂公行 賞罰不公 紀綱壞弛 時有無名子 欺謗時政 構辭榜於朝路 王命人搜索 不能得 或告王曰 「此必文人不得志者所爲 殆是大耶州隱者巨仁耶」 王命拘巨仁京獄 將刑之 巨仁憤怨 書於獄壁曰

于公慟哭三年旱　　鄒衍含悲五月霜
今我幽愁還似古　　皇天無語但蒼蒼

其夕 忽雲霧 震雷雨雹 王懼 出巨仁放歸 <三國史記 卷一一 張13 新羅本紀 第一一 眞聖王>

이 詩는 「全唐詩」에는 王巨仁의 이름으로 실려 있고, 또 一然은 다음과 같이 기록하였다.

第五十一眞聖女王 臨朝有年 乳母鳧好夫人 與其夫魏弘匝干等 三四寵臣 擅權撓政 盜賊蜂起 國人患之 乃作陁羅尼隱語 書投路上 王與權臣等 得之 謂曰 「此非王居仁 誰作此文」 乃囚居仁於獄 居仁作詩 訴于天 天乃震其獄囚 以免之 詩曰

燕丹泣血虹穿日　　鄒衍含悲夏落霜
今我失途還似舊　　皇天何事不垂祥

陁羅尼曰 「南無亡國 刹尼那帝 判尼判尼 蘇判尼 于于三阿干 鳧伊娑婆訶」 說者云:「『刹尼羅帝』者 言女主也 『判尼判尼蘇判尼』者 言二蘇判也 蘇判爵名 『于于三阿』十也 『鳧伊』者 言鳧好也」 <三國遺事 卷二 張19 紀異 第二 眞聖女大王>

⑫ 繁花曲

本歌는 景哀王 金魏膺(?~927)의 作이다. 이를 아는 이들은 綺麗하기 짝이 없는 陳叔寶(553~604)의 「玉樹後庭花」에 비하였다.

景哀王 遊鮑石亭 令美人奏此曲 其詞云

祇園實際兮二寺東　　兩松相依兮蘿中
回首一望兮花滿塢　　細霧輕雲兮並濛濃

聲調悽咽 識者比玉樹後庭花 <增補文獻備考 卷一〇六 張6 樂考一七 俗部 樂一>

⑬ 黍離歌

本歌는 敬順王 金傅(?~979) 9년(935) 以後 阿干 神會(?)의 作이다. 詞는 전치 않으며, 그 지은 緣起는 다음과 같다.

新羅 旣納土 國除 阿干神會 罷外署還 見都城離潰 有黍離離嘆 乃作歌 歌亡未

詳 <三國遺事 卷二 張24~25 紀異 第二 金傅大王>

7. 說話系의 小說

新羅의 統三以後의 小說도 오히려 說話的인 脫皮를 못했음은 말할 나위도 없거니와 그나마 逸書로서 內容이 전치 못한 것들이 많았다. 그렇다고 해서 이런 종류의 小說以前의 小說을 여기에서 割愛할 수는 없을 것이다.

① 花 王

이편은 세속에서 이른바 「花王戒」이다. 神文王 때(681~692) 薛聰이 지은 神文王의 爲政에 대한 諷刺的인 作品이다. 그 原典은 다음과 같다.

昔花王之始來也 植之以香園 護之以翠幕 當三春而發艷 凌百花而獨出 於是 自邇及遐 艶艶之靈 夭夭之英 無不奔走上謁 唯恐不及 忽有一佳人 朱顔玉齒 鮮粧靚服 伶俜而來 綽約而前曰「妾履雪白之沙汀 對鏡淸之海面 沐春雨以去垢 快淸風而自適 其名曰『薔薇』聞王之令德 期薦枕於香帷 王其容我乎」又有一丈夫 布衣韋帶 戴白持杖 龍鍾而步 傴僂而來曰「僕在京城之外 居大道之旁 下臨蒼茫之野景 上倚嵯峨之山色 其名曰『白頭翁』竊謂左右供給雖足 膏粱以充腸 茶酒以淸神 巾衍儲藏 須有良藥以補氣 惡石以蠲毒 故曰『雖有絲麻 無棄菅蒯 凡白君子 無不代匱』不識 王亦有意乎」或曰「二者之來 何取何捨」花王曰「丈夫之言 亦有道理 而佳人難得 將如之何」丈夫進而言曰「吾謂王聰明 識理義 故來焉耳 今則非也 凡爲君者 鮮不親近邪佞 踈遠正直 是以 孟軻不遇以終身 馮唐郎潛而皓首 自古如此 吾其奈何」花王曰「吾過矣 吾過矣」 <三國史記 卷四六 張7~8 列傳 第六 薛聰>

그 지은 緣起를 말한다면 다음과 같다.

神文大王 以仲夏之月 處高明之室 顧謂聰曰「今日宿雨初歇 薰風微凉 雖有珍饌哀音 不如高談善謔 以舒伊鬱 吾子必有異聞 盍爲我陳之」聰曰「唯 臣聞……」於是 王愀然作色曰「子之寓言 誠有深志 請書之 以爲王者之戒」遂擢聰以高秩 <同上>

이 한편은 비록 量的으로는 극히 짧은 作品이었으나 깊은 寓言을 지닌 것이어서 실로 韓國 諷刺小說의 嚆矢가 되었던 것이다. 그리하여 李朝 後期의 漢文小說로서 盧兢(1738~1790)의 「花史」와 李頤淳(1754~1832)의

「花王傳」이 모두 이에서 깊은 影響을 받았던 것이다. 그리고 新羅는 文武王 12년(672)에 唐帝에게 보내는 表文 중의 「雖死之年 猶生之日」은 곧 唐代傳奇로 이름 높은 元稹(779～831)의 「鶯鶯傳」 중의 二句語를 適用하였으되 아무런 斧鑿의 痕이 없음을 보아서 이때에 이르러서는 唐代小說의 輸入이 빈번함에 따라 이런 종류의 文章에 自由롭게 利用하였음을 짐작할 수 있겠다. 그러나 그의 文體는 오히려 唐이 아닌 六朝의 騈體를 썼음도 사실이었다.

② 雞林雜傳

本書는 金大問의 作으로서 이제 전치 않는다. 李德懋는, 일찌기 다음과 같이 기록한바 있다.

> 雞林雜傳 新羅金大問著 不傳 <靑莊館全書 卷五四 盎葉記 東國史>

③ 花郞世記

本書는 역시 聖德王 3년(194)에 漢山州都督으로 있던 金大問의 作이다. 이제는 전치 않고 다만 金富軾의 기록에 다음과 같이 적혀 있다.

> 金大問 本新羅貴門子弟 聖德王三年 爲漢山州都督 作傳記若干卷 其高僧傳花郞世記樂本漢山記 猶存 <三國史記 卷四六 張9 列傳 第六 薛聰>

金大問은 실로 新羅가 漢文字를 사용한 以後에 가장 많은 著書를 냈던 것이다. 당시 貴族出身인 그의 人物을 聯想해 볼 때 「花郞世記」는 매우 興味 있는 作品일 것이라 생각된다. 이에 대한 實證物로서는 「三國史記」에서 本書를 引用한,

> 賢佐忠臣 從此而秀 良將勇卒 由是而生 <三國史記 卷四 張10 新羅本紀 第四 眞興王>

을 보아서도 곧 이 一臠에서 全鼎의 맛을 알 수 있겠다. 그리고 本書는 곧 花郞의 歷史로서 崔致遠의 이른바 「仙史」인 만큼 그 價値가 崔致遠・朴寅亮(?～1096) 등의 「殊異傳」을 능가할 作品이리라 생각된다.

④ 殊異傳

本書는 崔致遠의 作이다. 逸書로 전치 않는다. 後世에 이르러서 朴寅亮의 「殊異傳」과 구별하기 위하여 「新羅」의 두 글자를 더하여 「新羅殊異傳」이라 이름을 붙인 듯싶다. 그리하여 徐居正의 「筆苑雜記」 卷二. 權文海(1534~1591)의 「大東韻府羣玉」 중 「纂輯書籍目錄」. 李德懋의 「靑莊館全書」 卷五四 등에 모두 「新羅殊異傳」으로 기록되어 있다.

8. 賓貢諸子와 韓國漢文學의 確立

新羅의 一代를 통틀어서 논한다 하더라도 鄕歌가 그 時代 文學의 主潮를 占有했던 만큼 純粹한 漢文學의 確立은 그의 末期에 이르러서 비로소 그 風貌를 갖추었던 것이다. 그리고 新羅는 끝까지 佛教로써 生活의 原理를 삼고 儒學으로써 政治制度의 原則을 삼았으므로 半佛·半儒的인 思想에 의하여 찬란한 文化를 이룩하였으며, 末期에 이르러서는 王權이 쇠약해짐에 따라 王位繼承의 紛爭·殺戮과 地方의 叛亂이 頻發되었고, 貴族支配階層의 豪奢·頹敗한 生活이 國民을 더우기 塗炭에 빠뜨렸기 때문에 종래 部族社會의 美風을 전혀 銷滅시켰다. 그러나 貴族文學인 漢文學은 한층 더 時代의 요청에 따라 長足的인 발전을 보았으니, 이는 실로 民族感情에 의한 內面的인 生活과 政治情勢에 따른 外面的인 衝動에서 產出된 文學이었던 것이다. 그리하여 羅末의 賓貢諸子들은 漢文學으로써 당시 世界舞臺인 곧 中國文壇에 등장되었으며, 또 高麗初期의 文學에 대한 寄與가 많았던 것도 사실이었다. 新羅의 賓貢諸子는 金雲卿(?)을 위시하여 58人이나 되었으므로 崔瀣는 다음과 같이 말했다.

進士取人 本盛於唐 長慶初 有金雲卿者 始以新羅賓貢 題名杜師禮牓 由此以至天祐終 凡登賓貢科者 五十有八人 <東文選 卷八四 送奉使李中父還朝序>

그 뒤에 崔致遠·崔承祐(?)·朴仁範(?) 등이 당시 百家의 爭鳴하는

중에서 가장 뛰어난 存在였고 그들 중에서 崔致遠은 특히 韓國漢文學에 있어서 門을 연 初祖인 동시에 韓國漢文學은 그에게 이르러서 確立되었던 것이다. 그는 일찌기 十二歲인 景文王 8년(868)에 海舶을 따라 唐에 遊學하여 同王 14년(874)에 十八歲의 弱冠으로 及第하였고, 뒤에 黃巢(?)의 亂이 일자 高駢(?~887)의 從事로서 「檄黃巢書」를 지었는데, 黃巢가 그 글을 읽다가,

不唯天下之人 皆思顯戮 抑亦地中之鬼 已議陰誅 〈桂苑筆耕 卷一一 張2 檄書〉

에 이르러 심히 놀라서 저절로 牀下로 몸을 떨어뜨렸다 한다.

高駢奏爲從事 爲駢草檄 召諸道兵 討黃巢 巢得檄 驚墜牀下 孤雲名遂震海內
〈燕巖集 卷一 張25 咸陽郡學士樓記〉

그가 唐에 있을 때 江東 詩人 羅隱(833~909)의 稱許를 입었고, 또 同年 顧雲(?~894)과 서로 莫逆하였으므로 그가 故國으로 돌아올 때에 詩를 지어서 贈別하였다.

始西遊時 與江東詩人羅隱相知 隱負才自高 不輕許可人 示致遠所製歌詩五軸. 又與同年顧雲友善 將歸 顧雲以詩送別 略曰

我聞海上三金鼇 金鼇頭戴山高高 山之上兮 珠宮貝闕黃金殿 山之下兮 千里萬里之洪濤 傍邊一點雞林碧 鼇山孕秀生奇特 十二乘船渡海來 文章感動中華國 十八橫行戰詞苑 一箭射破金門策
〈三國史記 卷四六 張6 列傳 第六 崔致遠〉

그의 歸國은 二十八歲인 憲康王 11년(885)이었으므로 그는 「絲入中原」·「錦還東國」의 綺句를 남겼던 것이다.

文昌公崔致遠……自叙云「巫峽重峯之歲 絲入中原 銀河列宿之年 錦還東國」
〈破閑集 卷中〉

그리고 그의 著書는 有史以來 첫째로 屈指할 만한 豐作이었던 것이다.

臣崔致遠 進所著雜詩賦 及表奏集 二十八卷 具錄如後
私試今體賦 五首一卷

五言七言今體詩 共一百首一卷
雜詩賦 共三十首一卷
中山覆簣集 一部五卷
桂苑筆耕集 一部二十卷 <桂苑筆耕序 張1>

그의 「登潤州慈和寺上房」은 七言今體詩로서 가장 사람의 입에 膾炙된 作品이었다.

登臨蹔隔路岐塵　　吟想興亡恨益新
畵角聲中朝暮浪　　青山影裏古今人
霜摧玉樹花無主　　風暖金陵草自春
賴有謝家餘景在　　長敎詩客爽精神 <東文選 卷十二 七言律詩>

그리고 그는 歸國한 뒤에 몇해 동안 仕宦에 從事하다가 「雞林黃葉」의 末運을 당하여 그의 抱負를 實現시키지 못하였으므로 그는 일찌기 「秋夜雨中詩」에,

秋風唯苦吟　　擧世少知音
窓外三更雨　　燈前萬里心 <東文選 卷一九 五言絶句>

이라 하여 世間에 知音이 없음을 슬퍼하였고, 金富軾도,

致遠 自以西學 多所得 及來 將行己志 而衰季多疑忌 不能容 出爲大山郡大守 <三國史記 卷四六 張3 列傳 第六 崔致遠>

라 하였고, 그는 또,

致遠 自西事大唐 東歸故國 皆遭亂世 屯邅蹇連 動輒得咎 自傷不偶 無復仕進意 逍遙自放山林之下 江海之濱 營臺榭 植松竹 枕藉書史 嘯咏風月……最後帶家隱加耶山海印寺 <三國史記 卷四六 張5~6 列傳 第六 崔致遠>

라 하여 거듭 그의 不遇함을 슬퍼하였고, 朴趾源도,

嗟乎 孤雲立身天子之朝 而唐室方亂 斂跡父母之邦 而羅朝將訖 環顧天下 身無係著 如天末閒雲 倦卷孤征 卷舒無心 <燕巖集 卷一 張25 咸陽郡學士樓記>

이라 하였으니, 이는 실로 孤雲의 心境을 잘 把握한 말이있다. 이에 그의 「題伽倻山」 一絶詩를 소개하기로 한다.

狂噴疊石吼重巒　　人語難分咫尺間
常恐是非聲到耳　　故敎流水盡籠山　<破閑集 卷中>

이 詩는 新羅末期의 혼란한 社會를 잘 象徵한 作品이었다. 李奎報는 일찌기,

崔致遠 入唐登第 以文章 名動海內 有詩一聯曰
崑崙東走五山碧
星宿北流一水黃
同年顧雲曰「此句即一輿地誌也」蓋中國之五岳 皆祖於崑崙山 黃河發源於星宿海 故云 其題潤州慈和寺詩一句曰「畵角聲中朝暮浪　靑山影裏古今人」 學士朴仁範 題涇州龍朔寺詩云「燈撼螢光明鳥道 梯回虹影落巖扃」叅政朴寅亮 題泗州龜山寺 詩云「門前客棹洪波急 竹下僧棊白日閑」我東之以詩鳴於中國 自三子始　文章之華國 有如是夫　<白雲小說>

라 하였으므로 申緯는 또 다음과 같이 評詩를 썼다.

放眼威儀睹漢官　　功高初祖始開山
顧雲一部方輿志　　爭及僧棊白日閑　<警修堂集 第九册 東人論詩絶句 三十五首>

그러나 그가 가장 活動한 時期는 晩唐임에도 불구하고 文風은 오로지 六朝의 綺麗한 四六體에서 벗어나지 못하였으니, 이에는 실로 몇 가지의 原因이 있을 뿐이다. 첫째는 六朝 以後의 交隣·事大의 文章에는 오로지 騈儷를 숭상하는 동시에 「文選」으로써 科試에 必須的인 課本으로 사용하였던 까닭이다.

新羅於三國 最稱爲文獻之邦 然風氣簡樸 久而漸開 其初以射選人　或取於花郎之徒 至元聖時 始定讀書出身科 以博通五經三史爲雋 而尤用力於文選　蓋六朝以來 交隣事大之文 專尙騈儷故也　<雲養集 卷一〇 張4 東鑑文鈔序>

둘째는 韓國의 文敎는 中國에 비하여 몇 世紀 동안이나 뒤떨어졌던 까닭이다. 그러므로 李德懋는,

大抵東國文敎 較中國 每退計數百年後 始少進 東國始初之所嗜　即中國衰晩之所厭 如岱峯觀日 雞初鳴 日輪已騰躍 而下界之人 尙在夢中　<靑莊館全書>

이라 하였고, 洪吉周(1786~1841)는 또 다음과 같이 말했다.

近世東人文詞之號爲中國體者 槩亦中國數百年前所尙耳 今之中國 已棄之如垢穢矣 <沆瀣丙函 卷五 叢秘記 睡餘瀾筆上>

그 밖의 崔承祐는 眞聖王 3년(889)에 唐에 遊學하여 登第한 뒤 歸國하였으며, 著書로는 465卷을 스스로 編次하여 「餬本集」이라 이름하였고, 그의 詩는 崔匡裕(?)·朴仁範과 함께 「東文選」 중에 실렸다.

崔承祐 以唐昭宗龍紀二年入唐 至景福二年 侍郎楊涉下及第 有四六五卷 自序爲餬本集 <三國史記 卷四六 張9 列傳 第六 薛聰>

朴寅範은 역시 賓貢諸子 중의 하나로서 崔致遠 以後에 가장 著名한 詩人이었으며, 그의 詩 몇편 중에는 특히 「涇州龍朔閣兼柬雲棲上人」의 한편이 가장 이름 높았다.

翬飛仙閣在靑冥　　月殿笙歌歷歷聽
燈撼螢光明鳥道　　梯回虹影到巖扃
人隨流水何時盡　　竹帶寒山萬古靑
試問是非空色理　　百年愁醉坐來醒 <東文選 卷一二 七言律詩>

그러므로 李奎報는 일찌기,

崔致遠入唐 登第 以文章 名動海內……學士朴仁範 題涇州龍朔寺詩云「燈撼螢光明鳥道 梯回虹影落巖扃」衆政朴寅亮 題泗州龜山寺詩……我東之以詩鳴於中國自三子始 文章之華國 有如是夫 <白雲小說>

라 하여 그들 三子를 列擧하여 그 貢獻을 높이 評價하였다.

第六章 儒·佛思潮의 交媾(其一)

<高麗初期>

1. 高麗漢文學의 槪觀

高麗의 一代를 通論한다면 散文보다도 韻文이 더우기 눈부시게 발전한 것은 그들이 오로지 詩騷로써 必須的인 課業을 삼았기 때문이다. 成俔은 다음과 같이 말했다.

高麗文士 皆以詩騷爲業 <慵齋叢話 卷一>

그리고 高麗의 文學을 綜論한다면 崔滋의 논평이 벌써 正鵠을 꿰뜨렸다고 생각된다.

我本朝 以人文化成 賢儁間出 贊揚風化 光宗顯德五年 始闢春闈 擧賢良文學之士 玄鶴來儀 時則王融趙翼徐熙金策 才之雄者也 越景顯數代間 李夢游柳邦憲 以文顯 鄭倍傑高凝 以詞賦進 崔文獻公沖 命世興儒 吾道大行 至於文廟時 聲明文物 粲然大備 當時冢宰崔惟善 以王佐之才 著述精妙 平章事李靖恭崔奭 叅政文正李靈幹鄭惟產 學士金行瓊盧坦 濟濟比肩 文王以寧 厥後朴寅亮崔思齊思諒李預金良鑑魏繼廷林元通黃瑩鄭文金緣金商祐金富軾權適高唐愈金富轍富佾洪灌印份崔允儀劉羲鄭知常蔡寶文朴浩朴椿齡林宗庇芮樂同崔誠金精 文淑公父子 吳先生兄弟 李學士仁老 俞文公升旦 金貞肅公仁鏡 李文順公奎報 李承制公老 金翰林克己 金諫議君綏 李史館允甫 陳補闕澕 劉冲基李百順兩司成 咸淳林椿尹于一孫得之安淳之金石間作 星月交輝 漢文唐詩 於斯爲盛 <補閑集 卷上 補閑集序>

이는 다만 李齊賢·李穡(1328～1396)의 兩大家가 誕生한 이전 作家들의 羣像이었다. 그러나 그들은 오로지 漢文·唐詩로써 宗風을 삼았으니, 이는 실로 당시 中國에 있어서도 이러한 氣風이 流行되었기 때문이다. 그러므로 李穡은,

穡少也游中原 聞搢紳先生之論曰「文法漢詩法唐」 <牧隱文藁 卷九 張10 選粹集序>

이라 하였고, 徐居正은,

> 高麗氏開國 文治大興 金文烈富軾 鄭諫議知常 唱之於前 陳補闕澕 李大諫仁老 李學士奎報 金員外克己 林上舍椿 齊名一時 詩道之中興也 益齋李文忠公 復起而振之 稼亭李文孝公繼之 先生稼亭之子 益老之門弟 其文章有家法淵源之正
> <牧隱集 附錄 張1 牧隱詩精選序>

이라 하여 高麗文學의 淵源을 밝혔고, 그는 또,

> 高麗光宗 始設科 用詞賦 睿宗喜文雅 日會文士唱和 繼而仁明 亦尙儒雅 忠烈與詞臣唱酬 有龍樓集 由是 俗尙詞賦 務爲抽對 如朴文烈寅亮 金文成緣 金文烈富軾 鄭諫議知常 李大諫仁老 李文順奎報 金內翰克己 金諫議君綏 兪文安升旦 金貞肅仁鏡 陳補闕澕 林上庠椿 崔文淸滋 金英憲之岱 金文貞坵 尤其傑然者也 高麗中葉以後 事兩宋遼金蒙古强國 屢以文詞見稱 得紓國患 夫豈詞賦而少之哉 厥後作者 各自成家 不可枚數矣 <東人詩話 卷下>

라 하여 高麗의 詞賦는 당시 複雜한 外交政策에 이바지한 것이 적지 않았음을 말했다. 그러나 高麗의 文學이 이미 이러한 境地에 이르렀던 만큼 이에는 역시 冷靜的인 批評을 하지 않을 수 없음도 사실이었다. 徐居正은

> 高麗光顯以後 文士輩出 詞賦四六 穠纖富麗 非後人所及 但文辭議論 多有可議者 當是時 程朱輯注 不行於東方 其論性命義理之奧 紕繆抵牾 無足怪者
> <東人詩話 卷下>

라 하여 高麗의 詞賦는 비록 穠纖·富麗하긴 하나 義理와 攷據에 缺點이 없지 않음을 말하였고, 成俔은,

> 我國文章 始發揮於崔致遠 致遠入唐登第 文名大振 至今配享文廟 今以所著觀之 雖能詩句 而意不精 雖工四六 而語不整 有如金富軾能贍而不華 鄭知常能曄而不揚 李奎報能捭闔而不斂 李仁老能鍛鍊而不敷 林椿能緻密而不闊 稼亭能的實而不慧 益齋能老健而不藻 陶隱能醞藉而不長 圃隱能純粹而不要 三峯能張大而不檢 世稱牧隱 能集大成 詩文俱優 然多有鄙疎之態 准乎元人之律 且不及 其可擬於唐宋之域乎 <慵齋叢話 卷一>

라 하였으니, 이는 실로 조금도 假借 없는 精覈한 논평이 아닐 수 없다. 그렇다고 해서 高麗의 文學은 다만 漢唐風에만 依存하고 만 것인가 하면 역시 그런 것은 아니었다. 이는 太祖 王建(877~943)의 이른바 「訓

要」十條 중 第四의,

惟我東方 舊慕唐風 文物禮樂 悉遵其制 殊方異土 人性各異 不必苟同
<高麗史 卷二 張15 世家 第一 太祖二>

을 보아서도 그 自主獨立的인 氣風을 想起할 수 있을 것이다. 그리고 끝으로 金錫胄(1634~1684)의 高麗 諸家의 詩에 대한 논평을 붙여 둔다.

樂浪侯金富軾 虎嘯陰谷 龍藏暗壑 知制誥鄭知常 百寶流蘇 千絲鐵網 雙明齋李仁老 雲屛細雨 水鏡涵天 白雲居士李奎報 金甖劈天 神龍舞海 知公州陳澕 花開瑞雪 彩絢祥雲 益齋李齊賢 烟雨吐呑 虹霓變幻 牧隱李穡 屈注天潢 倒連滄海 圃隱鄭夢周 躍鱗淸流 飛翼天衢 陶隱李崇仁 千乘雷動 萬騎雲屯 <玄湖瑣談>

그리고 역시 한스러운 일은 李萬運이 李德懋의 물음에 답한 말과 같이 三國의 遺書가 모두 兵亂에 灰燼이 되어서 상고할 資料가 적은 것이다.

又問勝國以上文獻之無徵 公嘆曰「唐李勣 旣平高句麗 聚東方典籍於平壤 忌其文物不讓中朝 擧以焚之 新羅之末 甄萱據完山 輸置三國之遺書 及其敗也 蕩爲灰燼 此三千年來二大厄也」 <雅亭遺稿 卷三 張7 紀年兒覽序>

2. 高麗의 建國과 思想的 背景

高麗의 建國理念은 오로지 儒·佛 兩教의 并尊이다. 당시의 道教는 실로 佛教에 同化되었으므로 가끔 그 자취를 나타내긴 하나 역시 그를 獨立시킬 수는 없게 되었다.

그러므로 高麗 太祖는 일찌기 그의 「訓要」 十條 중에서 其一 寺院創設, 其二 寺地局限, 其五 西京巡駐, 其六 八關燃燈, 其八 公州地勢 등의 모든 問題는 대체 佛教에 관한 것이었고, 그 밖의 其三 嫡庶同王, 其四 不專唐風, 其七 君得民心, 其九 官僚俸祿, 其十 博觀經史 등의 모든 問題는 대체 儒學에 관한 것이었음을 注視하지 않을 수 없을 것이다. 그리고 八關會는 실로 新羅 花郞의 性分도 參加되었으므로 李仁老(1146~1214)는 일찌기 다음과 같이 말했다.

雞林舊俗 擇男子美風姿者 以珠翠飾之 名曰「花郎」 國人皆奉之 其徒至三千餘人 若原嘗春陵之養士 取其穎脫不羣者 爵之朝 惟四仙門徒最盛 得立碑 我太祖龍興 以爲古國遺風 尙不替矣 多月設八關盛會 選艮家子四人 被霓衣 列舞于庭 <破閑集 卷下>

그리고 또 毅宗의 「敎書」 중에는,

昔新羅 仙風大行 由是 龍天歡悅 民物安寧 故祖宗以來 崇尙其風 久矣 近來兩京八關之會 日減舊格 遺風漸衰 自今八關會 預擇兩班家産饒足者 定爲仙家 依行古風 致使人天咸悅 <高麗史 卷一八 張36~37 世家 第一八 毅宗二>

이라 하였고, 崔承老(927~989)의 「應求言書」 중에는,

尊釋敎 重儒術 爲君之令德斯備 有國之嘉猷可遵 <高麗史 卷九三 張5 列傳 第六 崔承老>

이라 하여 儒·釋의 幷尊을 논하였고, 그는 또,

行釋敎者 修身之本 行儒敎者 理國之源 修身是來生之資 理國乃今日之務 今日至近 來生至遠 <高麗史 卷九三 張19 列傳 第六 崔承老>

이라 하여 儒·釋이 제가끔 지닌 本務를 밝혔다. 그리고 高麗의 一代에서는 「大藏經」의 刊行은 한개 鎭兵·却敵의 妙方으로 確認되는 동시에 온 國力을 기울여서 몇번이나 刊行되었거니와 혹은 私財를 喜捨한 이도 없지 않았다. 그리하여 그 末弊는 僧侶 批職의 濫發이 있기까지에 이르렀으므로 忠宣王 王璋(1275~1325)의 「敎書」 중에는 다음과 같은 말이 있다.

諺曰「僧多批職 亡國敗家」 今批職之數過多 令有司 褒貶申聞 今後有法德殊職者 方加法號 <高麗史 卷三三 張5 世家 第三三 忠宣王一>

그리고 儒·釋 兩家 사이의 調戱는 李朝時代에서는 볼 수 없는 奇談을 이따금 빚어내었다. 그 한개의 예로서는,

朴君公襲 居貧嗜酒 客至無以飮 求酒於靈通寺僧 用鑑腹山罇 盛以泉水 封纏甚牢固 送之 朴公初見 喜曰「此器可受二斗許 昔陳王 斗酒十千 宴於平樂 杜子美亦曰『還須相就飮一斗 恰有三百靑銅錢』 今吾二人 不費一錢 而得美酒 各飮一斗 則酣適之興 不減於古人」 開視之 乃水也 恨眼目不長 落老胡計中 作詩寄之曰

有客來相過　囊中欠一錢
分爲廬岳酒　浪得惠山泉

似虎林中石　　如蛇壁上弦
屠門猶大嚼　　何況對緡前
僧見詩 更以美酒酬之 <破閑集 卷下>

를 들 수 있겠고, 釋氏가 儒者에게 儒經을 받은 한개의 예로는,

嘗見神孝寺堂頭正文 年八十 善說語孟詩書 自言學於儒者安杜俊 昔一士人入宋聞荆公退處金陵 往從之 受毛詩 七傳而至杜俊 故詩則專用王氏義 語孟及書所說皆與朱子章句蔡氏傳合 當是時 二書未至東方 不知杜俊 何從得其義
<櫟翁稗說 前集二 張10>

도 있거니와 또 儒者가 釋氏에게 儒經을 받은 일은 曠世의 奇事가 아닐 수 없다. 李齊賢은 일찌기 忠宣王과 이에 대하여 問答을 전개한 적이 있다.

又問臣曰「我國古稱文物侔於中華 今其學者 皆從釋子 以習章句 是宜雕蟲篆刻之徒寔繁 而經明行修之士絕少也 此其故何也」臣對曰「昔我太祖 經綸草昧 日不暇給 而首興學校……不幸毅王季年 武人變起所忽 薰蕕同臭 玉石俱焚 其脫身虎口者 遯逃窮山 蛻冠帶而蒙伽梨 以終餘年 若神駿悟生之流 是也 其後 國家稍復用文之理 士子雖有願學之志 顧無所從而學焉 未免裹足遠尋 蒙伽梨而遯窮山者 以講習之……故臣謂學者 從釋子習章句 其源蓋始于此 <櫟翁稗說 前集一 張12~13>

그리고 李穡과 같은 碩學으로서도 崇佛의 譏謗을 면치 못했던 것은,

穡天資明敏 博覽羣書……然志節不固 無大建白 學問不純 崇信佛法 爲世所譏
<高麗史 卷一一五 張27~28 列傳 第二八 李穡>

를 보아서 짐작할 수 있겠고, 李達衷(?～1385)은 儒·釋이 서로 나무랄 것이 없음을 설명했다.

世之言曰「儒佛相非」吾知其相非之爲非也 非儒非佛 非佛非儒 但其徒未至其至者 相售而相非耳 仲尼牟尼 只是一團和氣 今觀此錄 益信其爲然
<東文選 卷一〇二 懶翁和尙語錄跋>

成俔은 高麗時代 儒·釋의 思想的인 交媾에 대하여 더욱 露骨的으로 나타냈다.

我國崇奉佛教久矣 新羅故都 招提多於閭閻 松都亦然 王宮甲第 皆與佛宇相連王與後宮 詣寺燒香 無虛月 設八關燃燈大禮 皆依於佛 王之第一子 爲太子 第二子 則削髮爲僧 雖儒林名士 亦皆效之 寺刹皆有臧獲 多者或至千百 爲住持者 或

擁婢妾 其豪富勝於公卿 置十二宗 以掌釋敎 僧多有封君辟除者 <慵齋叢話 卷八>

3. 科擧制度의 確立

新羅에서 비록 讀書三品의 制度가 실시되었다 하나 이는 결코 本格的인 科擧制度는 아닌 만큼 科擧制度의 確立은 역시 高麗 光宗 때의 일을 들지 않을 수 없을 것이다.

三國以前 未有科擧之法 高麗太祖 首建學校 而科擧取士 未遑焉 光宗用雙冀言 以科擧選士 自此文風始興 大抵其法頗用唐制 <高麗史 卷七三 張1 志 第二七 選擧一>

그리고 光宗 때 雙冀에 의하여 沿革된 科目은 다음에 적은 것과 같다.

光宗九年五月 雙冀獻議 始設科擧試 以詩賦頌 及時務策 取進士 兼取明經醫卜等業 十一年 只試詩賦頌 十五年 復試以詩賦頌 及時務策 <高麗史 卷七三 張2 志 第二七 科目一>

雙冀에 대하여 더 具體的으로 소개한다면 다음과 같다.

雙冀 後周人 仕周爲武勝軍節度巡官 將仕郞試大理評事 光宗七年 從封册使薛文遇來 以病留 及愈引對稱旨 光宗愛其才 表請爲僚屬 遂擢用 驟遷元甫翰林學士 未逾歲授以文柄 時議以爲過重 九年始建議設科 遂知貢擧 以詩賦頌策 取進士甲科崔暹等二人 明經三人 卜業二人 自後屢典貢擧 奬勸後學 文風始興 十年父侍御哲 時爲淸州守 聞冀有寵 隨回使王兢來拜佐丞 此後史逸 <高麗史 卷九三 張23 列傳 第六 雙冀>

그 뒤 成宗 王治(960~997)에 이르러선 당시 文士들이 科擧를 통과하자 公務에 이끌려서 本業을 廢棄할까 우려하여 月課의 制度를 세우기로 했다.

十四年 春二月己卯 敎曰「……予恐業文之士 纔得科名 各牽公務 以廢素業 其年五十以下 未經知制誥者 翰林院出題 令每月 進詩三篇 賦一篇 在外文官 自爲詩三十篇 賦一篇 歲抄附計吏以進翰林院 品題以聞」 <高麗史 卷三 張28 世家 第三 成宗>

그러나 崔承老는 光宗이 雙冀를 登用한 뒤로부터 文士를 지나치게 優待하였으므로 그 末弊가 적지 않음을 밝혔다.

光宗以英奇之表……自即位之年 至于八載 政敎淸平 刑賞不濫 及雙冀見用以來 崇重文士 恩禮過豐 由是 非才濫進 不次驟遷 未浹歲時 便爲卿相 或連宵引見 或繼日延容 以此圖歡 怠於政事 軍國要務 壅塞不通 酒食讌遊 聯緜靡絶 於是 南北

庸人 競願依投 不論其有智有才 皆接以殊恩殊禮 所以後生爭進 舊德漸衰 雖重華風 不取華之令典 雖禮華士 不得華之賢才 於百姓 則益消膏血之資 於四方 則剩得浮虛之譽 <高麗史 卷九三 張7~8 列傳 第六.崔承老>

李齊賢도 이에 대하여 美와 弊의 交錯된 느낌이 있음을 指摘하였다.

光王之用雙冀 可謂立賢無方乎 冀果賢也 豈不能納君於善 不使至於信讒濫刑耶 若其設科取士 有以見光王之雅有用文化俗意 而冀亦將順以成其美 不可謂無補也 惟其倡以浮華之文 後世不勝其弊 <益齋亂藁 卷九下 張2~3 史贊 光王>

다만 李穡은 일찌기 雙氏의 業績에 대하여 다음과 같이 讚揚의 말을 아끼지 않았다.

三韓人物之盛 雖不盡在於科第……豈雙冀王融之淺淺 而爲我文風之始也哉 雖然 雙氏王氏 所以誘掖後生者 亦至矣 所以榮華夸耀 聳動一時 使愚夫愚婦 皆歆科擧之爲美 而勉其子弟以必得之 未必不自二人始 <牧隱文藁 卷八 張5 賀竹溪安氏三子登科詩序>

그리고 李穡은 百字科에 대해서도 그 아름다움을 말하였다.

百字科 未知所從起也 我國家興文治 敎養多方 引之以簡易之術 動之以繁華之寵……近世以百字科進者 多矣 悅軒趙先生 尤其傑然者也 自念辛巳科 予年十四 亦由是科 得爲松亭門生 平生雖無可稱 然比之六韻八脚 亦不天地懸隔矣 其於國家設科取士之意 又不至於大戾矣 <牧隱文藁 卷八 張8 十韻詩序>

4. 私學의 興隆

睿宗 王俁(1079~1122) 4년(1109)에는 國學에 七齋를 設置한 일이 있다.

四年七月 國學置七齋 周易曰「麗澤」 尙書曰「待聘」 毛詩曰「經德」 周禮曰「求仁」 戴禮曰「服膺」 春秋曰「養正」 武學曰「講藝」 <高麗史 卷七四 張27 志 第八二 選擧二>

그러나 文宗 王徽(1019~1083) 때에는 私學의 權威가 國學을 陵駕할 만큼 소리를 높였다. 이는 곧 「海東孔子」로 이름 높은 崔沖(984~1068)의 일이었다. 그는 일찌기 顯宗 王詢(992~1031)의 以後로 戰爭에 무너진 敎育을 重興시켰으며, 九齋로서 分科된 科學的인 敎育을 실시하였다.

凡私學 文宗朝 大師中書令崔沖 收召後進 敎誨不倦 靑衿白布 塡溢門巷 遂分九齋 曰「樂聖 大中 誠明 敬業 造道 率性 進德 大和 待聘」 謂之侍中崔公徒 衣

冠子弟 凡應擧者 必先肄徒中 而學焉 每歲暑月 借僧房 結夏課 擇徒中及第 學優才瞻 而未官者 爲敎導 其學 則九經三史也 間或先進來過 乃刻燭賦詩 榜其次第 呼名而入 仍設酌 童冠列左右 奉樽俎 進退有儀 長幼有序 竟日酬唱 觀者莫不嘉歎 自後凡赴擧者 亦皆隸名九齋籍中 謂之文憲公徒 <高麗史 卷七四 張34 志 第二八 選擧二>

그리고 崔沖의 「文憲公徒」를 제외하고도 당시에 儒臣 十一家의 「徒」가 있어서 「文憲公徒」와 아울러 「十二徒」라고 일컬었다. 그러나 그 중에 「文憲公徒」가 가장 繁榮했던 것도 사실이었다. 그 「十一徒」는 「高麗史」 卷九五 列傳 第八 「崔沖」에 의하여 소개하면 다음과 같다.

1. 弘文公徒……侍中鄭倍傑 <一稱熊川徒>
2. 匡憲公徒……叅政盧且
3. 南山徒……祭酒金尙賓
4. 西園徒……僕射金無滯
5. 文忠公徒……侍郞殷鼎
6. 良愼公徒……平章金義珍 <一云郞中朴明保>
7. 貞敬公徒……平章黃瑩
8. 忠平公徒……柳監
9. 貞憲公徒……侍中文正
10. 徐侍郞徒……徐碩
11. 龜山徒……未知爲何人

그리하여 이 「十二徒」는 恭讓王 王瑤(1345∼1394) 3년(1391)에 廢止되었으니, 이는 실로 高麗의 國運과 함께 끝마쳤으며, 그 사이 모든 名士들은 거의 「十二徒」의 出身이었고 文憲公은 또 國學에 典試하였으므로 그 膀下에는 「尙書膀」과 「處士膀」이라는 美談도 없지 않았을 뿐더러 「十一徒」의 하나인 金無滯(?)도 역시 文憲公의 玉筍門生의 한 사람이었다.

崔文憲公典試 所貢十四人 乙科三人 金無滯李從現洪德成 同拜尙書 李象廷崔尙崔有孚 相繼爲叅政 金淑昌金正金瓦贇吳學麟 並爲學士 世號尙書膀 大康九年癸亥 同膀無達官 李賓玄郭輿 皆棄官爲處士 時號處士膀 有一滑稽僧 戲擧子云 「須占尙書膀 休登處士科」 <補閑集 卷上>

그리고 咸淳(?)·李湛之(?)·玉和遇(?) 등도 역시 「十二徒」 중의 人

物이었던 것이다.

> 十二徒冠童 每夏會山林肄業 及秋而罷 多寓龍興歸法兩寺 一夕 秋空月朗 爽氣襲人 咸司直淳 李先達湛之 玉先達和遇 率冠童六七人 會歸法石橋 開小飮 用前人韻賦詩 李曰
>
> 夏炎風掃去
>
> 秋意月含來
>
> 咸玉皆愕然自屈 聞者笑曰「此林椿先生句也 不知醉李 潛竊耶 暗合耶 何毒玉不知而自屈也」 <補閑集 卷中>

李는 술에 취하여 檢束할 줄 모르고, 玉은 너무 날카로와서 남의 비위를 잘 거슬렸으므로 「醉李」·「毒玉」의 別號를 얻었다 한다.

5. 詞腦의 老境美

高麗에 들어와서는 新羅系의 鄕歌는 벌써 主潮를 잃어버렸다. 그러므로 그의 이름을 鄕歌라기보다 「詞腦」라 하는 것이 妥當할 것이며, 여기에서 老境美라 하였지만 그 실은 衰退임을 이름이었다. 이에 現在에 전하는 作品들을 든다면 僧 均如(923~973)의 「普賢十種願王歌」 以下 十一首와 睿宗 王俁의 「悼二將歌」가 있을 뿐이다.

① 普賢十種願王歌

均如의 作「普賢十種願王歌」 十一首는 「禮敬諸佛歌」·「稱讚如來歌」·「廣修供養歌」·「懺悔業障歌」·「隨喜功德歌」·「請轉法輪歌」·「請佛住世歌」·「常隨佛學歌」·「恒順衆生歌」·「普皆廻向歌」·「總結無盡歌」 등의 순서로 되어 있다. 均如의 出生年代가 高麗 太祖의 6년(923), 곧 新羅 景明王 金昇(?~924)의 7년인 만큼 그의 活動한 時代는 高麗가 并羅한 以後의 일이겠고, 또 그의 出生地는 赫連挺의 기록에 의하면 黃州인 바,

> 誕師于黃州之北 荆岳南麓之私弟 <大華嚴首座圓通兩重大師均如傳>

當時의 黃州는 벌써 新羅의 版圖 안에서 離脫된 것도 사실일 것이며, 또 그가 示滅하던 해에 金海를 거쳐 松都로 온 기록이 남아 있다.

開寶六年中 金海府使奏云「今年月日 有異僧 頂戴椶笠子 到海邊 問其名居 自稱毘婆尸曰『曾於五百劫前 曾經此國締緣焉 今見三韓一統 而佛敎未興 故爲酬宿因 暫至松岳之下 以如字洪法 今欲指日本』言訖即隱」上奇之 命推其日 是師順世之日也 <同上>

그리고 本歌의 지은 緣起를 말한다면,

第七歌行化世分者 師之外學 尤閑於詞腦意精於詞故云腦也 依普賢十種願王 著歌一十一章 其序云「夫詞腦者 世人戲樂之具 願行者 ++++修行之樞 故得涉淺歸深 從近至遠 不憑世道 無引劣根之由 非寄陋言 莫現普因之路 今托易知之近事 還會難思之遠宗 依二五大願之文 課十一荒歌之句 慙極於衆人之眼 冀符於諸佛之心……伏請後來君子 若誹若讚也是閑」 <同上>

이라 하였다. 이제 「禮敬諸佛歌」의 一首만을 들어보기로 한다.

心未筆留 慕呂白乎隱佛體前衣 拜內乎隱身萬隱 法界毛叱所只至去良 塵塵馬洛佛體叱刹亦 刹刹每如邀里白乎隱 法界滿賜隱佛體 九世盡良禮爲齊
嘆曰「身語意業無疲厭 此良夫作沙毛叱等耶」 <同上>

赫連氏는 또 이 노래가 불린 뒤의 功效를 말했다.

右歌播在人口 往往書諸墻壁 沙平郡那必及干 緜固三年 不能醫療 師往見之 憫其苦 口授此願王歌 勸令常讀 他日有空聲唱言「汝賴大聖歌力 痛必差矣」自爾立效 <同上>

그리고 本歌는 均如와 같은 때의 사람 崔行歸(?)의 손에 의하여 唐體詩로 번역되었으며, 崔氏는 다만 「歌」를 「頌」으로 고쳤다. 이제 그 首章 「禮敬諸佛頌」만을 들어 보기로 한다.

以心爲筆畫空王　　瞻拜唯應遍十方
一一塵塵諸佛國　　重重刹刹衆尊堂
見聞自覺多生願　　禮敬寧辭浩劫長
身體語言兼意業　　總無疲厭此爲常 <同上>

이 譯詩의 緣起는 다음과 같다.

第八譯歌功德分者 有翰林學士 內議承旨 知制誥 清河崔行歸者 與師同時 鑽仰日久 及此歌成 以詩譯之 <同上>

종전의 鄕歌는 同時人의 唐譯이 있었다는 기록은 없었던 것이 이에 이

르러서 처음 나타난 것을 보아서 벌써 羅體의 鄕歌는 他人으로서는 번역을 통해서야만 解讀할 수 있었음을 의미함이었다.

② 悼二將歌

本歌는 睿宗의 作으로서 이제까지 남아 있는 詞腦體 중의 最後의 作品이다. 그야말로 「曲終奏雅」의 格으로 淸雅·芊眠하기 짝이 없다. 역시 形態的으로 보아서 二章으로 나눈 것이 變體가 아닐 수 없다.

高麗太祖 邀甄萱於大丘午山梧桐藪 大戰不利 萱兵圍太祖急 時公爲大將 而容貌酷似太祖 知其勢窮 期以身代 乃請太祖 隱於巖藪 遂乘御車出 與元甫金樂 力戰死之……太祖嘗設八關會 與羣臣交歡 慨念戰死功臣 賜不在列 命有司 結草爲公與金樂像……睿宗十五年庚子秋 省西都 設八關會 有假像二 戴簪服紫 執笏紆金 騎馬踊躍 周巡於庭 上奇而問之 左右曰「此申崇謙金樂也」仍奏本末 上愴然感慨 問二臣之後 賜御題四韻 端歌二章 詩曰

見二功臣像　汎瀾有所思
公山蹤寂寞　平壤事留遺
忠義明千古　死生惟一時
爲君蹈白刃　從此保王基

歌曰

主乙完乎白乎 心聞際天乙及昆 魂是去賜矣中 三烏賜敎職 麻又欲」
望彌阿剌 及彼可二功臣良 久乃直隱 跡烏隱現乎賜丁 <高麗太師壯節公遺事>

6. 樂府의 成立

古朝鮮 및 高句麗代의 「俗曲」이나 羅·濟代의 「鄕曲」은 모두 韓國에 있어서 樂府以前의 樂府이다. 그러나 그들은 嚴格히 따진다면 樂府의 本義를 명확히 지니고 있느냐는 것이 問題이다. 「樂府」라는 名詞는 「漢書」의 「禮樂志」에서 처음 나타났다. 이는 漢武帝 劉徹(前 156~前 87)이 郊祀의 禮를 정하고 樂府라는 官署를 세우고 李延年(?)으로 協律都尉를 삼아서 協律的인 詩歌를 採輯하여 樂府를 만들었으므로 그 뒤에는 協律的인 詩歌를 곧 「樂府」라고 이름하였다. 韓學의 樂府는 실로 高麗에 이르러서 成立되

있으며, 高麗의 樂府는 俗樂·唐樂·雅樂 등의 三種으로 分類할 수 있다.

夫樂者 所以樹風化象功德者也 高麗太祖 草創大業 而成宗 立郊祀躬禘祫 自後文物始備 而典籍不存 未有所考也 睿宗朝 宋賜新樂 又賜大晟樂 恭愍時 太祖皇帝 特賜雅樂 遂用之于朝廟 又雜用唐樂 及三國與當時俗樂 然因兵亂 鍾磬散失 俗樂則語多鄙俚 其甚者 但記其歌名與作歌之意 類分雅樂唐樂俗樂 作樂志

<高麗史 卷七〇 張1 志 第二四 樂一>

① 俗樂

高麗의 俗樂은 모두 31篇으로 되어 있으나 이에 「翰林別曲」 以下의 4篇은 下章으로 미루고 다만 27篇 만을 소개한다.

高麗俗樂 考諸樂譜載之 其動動及西京以下二十四篇 皆用俚語

<高麗史 卷七一 張30 志 第二五 樂二>

1. 動動

本詞는 俚語로 되었으므로 詞가 기록되어 있지 않다. 다만 그 唱詞할 때의 動作에 대한 기록이 남아 있을 뿐이다.

舞隊樂官及妓 衣冠行次 如前儀 妓二人先出 向北分左右立 斂手足蹈而拜 俛伏興跪 奉牙拍 唱動動詞起句 諸妓從而和之 鄕樂奏其曲 兩妓跪 揷牙拍於帶間 竢樂終一腔 起而立 樂終二腔 斂手舞蹈 樂終三腔 抽拍一進一退 一面一背 從樂節次 或左或右 或膝或臂 相拍舞蹈 竢樂徹 兩妓如前斂手足蹈而拜 俛伏興退

<高麗史 卷七一 張31~32 志 第二五 樂二>

그리고 그 끝에는 다음과 같은 간단한 解題가 붙여 있었다.

動動之戱 其歌詞 多有頌禱之詞 蓋效仙語而爲之 然詞俚不載

<高麗史 卷七一 張32 志 第二五 樂二>

2. 無 㝵

無㝵之戱 出自西域 其歌詞 多用佛家語 且雜以方言 難於編錄 姑存節奏 以備當時所用之樂 <高麗史 卷七一 張32~33 志 第二五 樂二>

3. 西 京

4. 大同江

이 2篇은 第一章 「俗曲」에서 소개했으므로 이에서 贅論하지 않는다.

5. 五冠山

五冠山 孝子文忠 所作也 忠居五冠山下 事母至孝 其居距京都三十里 爲養祿仕朝出暮歸 定省不少衰 嘆其母老 作是歌 李齊賢作詩解之曰

木頭雕作小唐雞　　筯子拈來壁上棲
此鳥膠膠報時節　　慈顔始似日平西　<高麗史 卷七一 張33 志 第二五 樂二>

6. 楊　州

楊州 即高麗漢陽府 北據華山 南臨漢水 土地平衍 富庶繁華 非他州比　州人男女 方春好遊 相樂而歌之也　<高麗史 卷七一 張33~34 志 第二五 樂二>

7. 月精花

月精花 晋州妓也 司錄魏齊萬惑之 令夫人憂恚而死 邑人哀之 追言夫人在時 不相親愛 以刺其狂惑也　<高麗史 卷七一 張34 志 第二五 樂二>

8. 長　湍

太祖 巡省民風 補助不給 與民同樂 民思其德 久而不忘 後王遊長湍　工人歌祖聖之德 因以頌禱而規戒之　<同上>

9. 定　山

定山 公州屬縣 縣人作是歌 以樛木錯節比之 頌禱福祿也　<同上>

10. 伏谷鳥

伏谷 鳥之善鳴者也 睿宗欲聞己過 及時政得失 廣開言路 猶恐羣下不言 作此歌以諷諭之也　<同上>

11. 元　興

元興 鎭東北面 和寧府屬邑 濱于大海 邑人船商而還 其妻悅而歌之
<高麗史 卷七一 張34~35 志 第二五 樂二>

12. 金剛城

契丹聖宗 侵入開京 焚燒宮闕 顯宗收復開京 築羅城 國人喜而歌之 或曰「避蒙兵 入都江華 復還開京 作是歌也」金剛城言其城 堅如金之剛也
<高麗史 卷七一 張35 志 第二五 樂二>

13. 長生浦

侍中柳濯 出鎭全羅 有威惠 軍士愛畏之 及倭冦順天府長生浦 濯赴援 賊望見而懼 即引去 軍士大悅 作是歌 <同上>

14. 叢石亭

叢石亭 奇轍所作也 轍以元順帝中宮之弟 仕爲平章 奉使東還 至江陵 登此亭覽四仙之迹 臨望大海 作是歌也 <同上>

15. 居士戀

行役者之妻 作是歌 托鵲蟢 以冀其歸也 李齊賢作詩解之曰

鵲兒籬際噪花枝　　蟢子床頭引網絲
余美歸來應未遠　　精神早已報人知 <高麗史 卷七一 張35~36 志 第二五 樂二>

16. 處 容

新羅憲康王 遊鶴城 還至開雲浦 忽有一人 奇形詭服 詣王前 歌舞讚德 從王入京 自號處容 每月夜歌舞於市 竟不知其所在 時以爲神人 後人異之 作是歌 李齊賢作詩解之曰

新羅昔日處容翁　　見說來從碧海中
貝齒赬脣歌夜月　　鳶肩紫袖舞春風 <高麗史 卷七一 張36 志 第二五 樂二>

17. 沙里花

賦歛繁重 豪强奪攘 民困財傷 作此歌 托黃鳥啄粟 以怨之 李齊賢作詩解之曰

黃雀何方來去飛　　一年農事不曾知
鰥翁獨自耕芸了　　耗盡田中禾黍爲 <同上>

18. 長 巖

平章事杜英哲 嘗流長巖 與一老人相善 及召還 老人戒其苟進 英哲諾之 後位至平章事 果又陷罪貶過之 老人送之 作是歌以譏之 李齊賢作詩解之曰

拘拘有雀爾奚爲　　觸着網羅黃口兒
眼孔元來在何許　　可憐觸網雀兒癡 <高麗史 卷七一 張36~37 志 第二五 樂二>

19. 濟危寶

婦人以罪徒役濟危寶 恨其手爲人所執 無以雪之 作是歌以自怨 李齊賢作詩解之曰

浣紗溪上傍垂楊　　執手論心白馬郞
縱有連簷三月雨　　指頭何忍洗餘香　<同上>

20. 安東紫青

婦人以身事人 一失其身 人所賤惡 故作此歌 以絲之紅綠青白 反覆比之 以致取舍之決焉 <同上>

21. 松　山

松山 開京之鎭也 自太祖都開京 累世相承 國祚延長 歌之所由作也 <同上>

22. 禮成江歌有兩篇

昔有唐商賀頭綱 善棋 嘗至禮成江 見一美婦人 欲以棋賭之 與其夫棋 佯不勝輸物倍 其夫利之 以妻注 頭綱一擧賭之 載舟而去 其夫悔恨 作是歌 世傳婦人去時粧束甚固 頭綱欲亂之 不得 舟至海中 旋回不行 卜之 曰「節婦所感 不還其婦舟必敗」舟人懼 勸頭綱還之 婦人亦作歌 後篇是也 <高麗史 卷七一 張37～38 志 第二五 樂二>

23. 多栢木

忠肅王朝 蔡洪哲 以罪流遠島 思德陵 作此歌 王聞之 即日召還 或曰「古有此歌 洪哲就加正焉 以寓己意」 <同上>

24. 寒松亭

世傳此歌 書於瑟底 流至江南 江南人未解其詞 光宗朝 國人張晉公 奉使江南 江南人問之 晉公作詩解之曰

月白寒松夜　　波安鏡浦秋
哀鳴來又去　　有信一沙鷗　<同上>

25. 鄭瓜亭

鄭瓜亭 內侍郞中鄭叙 所作也 叙自號瓜亭 聯昏外戚 有寵於仁宗 及毅宗即位 放歸其鄕東萊曰「今日之行 迫於朝議也 不久當召還」叙在東萊日久 召命不至 乃撫琴而歌之 詞極悽惋 李齊賢作詩解之曰

憶君無日不霑衣　　政似春山蜀子規
爲是爲非人莫問　　只應殘月曉星知　<高麗史 卷七一 張38～39 志 第二五 樂二>

本曲의 子規는 前王 仁宗 王楷(1109～1146)에 比한 것이다. 혹은 鄭叙

(?)의 自比라 하였으나 그릇된 해석이다. 鄭叙에 대하여 더 상세히 소개하면 다음과 같다.

叙仕至內侍郞中 以恭睿太后妹壻 有寵於仁宗 性輕薄有才藝 交結大寧侯暻 常與遊戲 鄭誠金存中等 誣構叙罪以聞 毅宗疑之 臺諫劾叙陰結宗室 夜聚宴飮 乃流于東萊 語在大寧侯傳 叙將行 王謂曰「今日事 迫於朝議也 行當召還」叙旣流 召命久不至 乃撫琴作歌 詞極悽惋 叙自號瓜亭 後人名其曲爲鄭瓜亭

〈高麗史 卷九七 張23~24 列傳 第一〇 鄭叙〉

26. 風入松

海東天子當今帝 神補天助 敷化來理世 恩深遐邇古今稀 外國躬趍盡歸依 四境寧淸罷槍旗 盛德堯湯難比

且樂大平時 是處笙簫聲鼎沸 并䦨樂音家家喜 祈祝焚香抽玉穗 惟我聖壽萬歲 永同山嶽天際

四海昇平有德 咸勝堯時 邊庭無一事 將軍寶劍休更揮

南蠻北狄自來朝 百寶獻我天墀 金階玉殿呼萬歲 願我主長登寶位 對此大平時節 絃管歌謠聲美 主聖臣賢 邂逅河淸海晏

梨園弟子奏霓裳 白玉簫我皇前 仙樂盈庭皆應律 君臣共醉大平筵 帝意多懽是此日 銀漏莫催頻傳 文武官寮 拜賀共祝皇齡 天臨玉輦廻金闕 碧閣繞祥烟 繽紛花黛列千行 笙歌寥亮盡神仙 爭唱還宮樂詞 爲報聖壽萬歲

〈高麗史 卷七一 張39 志 第二五 樂二〉

27. 夜深詞

風光暖 風光暖 向春天 上元嘉節設華筵 燈殘月落下羣仙 宮漏促 水涓涓 花盈瓶 酒盈觴 君臣君臣 共醉大平年 懽醉夜深雞唱曉 人心甚厚留連 待人難 待人難 何處在 深閉洞房 待人難 長夜不寐君不到 羅幃繡幕是仙間

〈高麗史 卷七一 張39~40 志 第二五 樂二〉

또한 위 두편에 대해서는 그 끝에 다음과 같은 간단한 解題가 붙어있다.

風入松 有頌禱之意 夜深詞 言君臣相樂之意 皆於終宴而歌之也 然未知何時所作 〈同上〉

그 밖에도 三國의 俗樂으로서 新羅의 6篇, 百濟의 5篇, 高句麗의 3篇이 있으나 이미 앞에서 敍述했으므로 여기에서는 贅論하지 않는다.

② 唐 樂

高麗에서는 唐樂을 俗樂·雅樂과 雜用했으므로 다음의 기록이 있다.

唐樂 高麗雜用之 故集而附之 <高麗史 卷七一 張1 志 第二五 樂二>

이제 高麗의 唐樂 「獻仙桃」로부터 「解佩」까지 48篇 중에서 「獻仙桃」·「迎春樂」의 두편을 들어보기로 한다.

1. 獻仙桃<元宵嘉會詞>

元宵嘉會賞春光 盛事當年憶上陽 堯顙喜瞻天北極 舜衣深拱殿中央 懽聲浩蕩連韶曲 和氣氤氳帶御香 壯觀大平何以報 蟠桃一朶獻千祥
<高麗史 卷七一 張2 志 第二五 樂二>

2. 迎春樂

神州麗景春先到 看看是韶光早 園林深處東風過 紅杏裏鶯聲好 漠漠靑烟遠遠道 觸目是絲楊芳草 莫惜醉重遊 遂處又年華老
<高麗史 卷七一 張26 志 第二五 樂二>

③ 雅 樂

高麗의 宗廟에서 쓰던 雅樂은 睿宗 11년(1116) 10월에 새로 太廟九室에 쓰기 위해서 지은 登歌樂章 중의 한편을 들어보기로 한다.

1. 正聲大明之曲 <文宗第六室>

允文文王 聰明允塞 蹻民於仁 倉盈庾億 布政優優 神明其德 慶流雲孫 與天無極 <高麗史 卷七〇 張18~19 志 第二四 樂二>

④ 鄭知常의 送友人

위에서 列擧한 樂府歌辭들은 실로 俗樂의 몇편을 제외하고는 모두 貴族階層에서 쓰는 阿諛文學들이었다. 이제 海東의 「渭城三疊」으로 이름 높은 鄭知常의 「送友人」의 哀艶·妙逸한 一絕을 들지 않을 수 없겠다. 이는 실로 위의 俗樂 속에 넣어야 하겠지만 便宜상 이에 別途로 붙여 둔다. 李仁老는 일찌기 다음과 같이 말했다.

西都 古高句麗所都也 控帶山河 氣像秀異 自古奇人異士 多出焉 睿王時 有俊

才姓鄭者 忘其名 垂髫時 送友人詩云

雨歇長堤草色多　　送君千里動悲歌
大同江水何時盡　　別淚年年添作波 〈破閑集 卷下〉

그 뒤를 이어서 崔滋(1187~1260)는,

鄭舍人知常 送人云
大同江水何時盡
別淚年年添作波
當時以爲警策 〈補閑集 卷上〉

이라 하였고, 李齊賢은,

鄭司諫知常詩云
雨歇長堤草色多　　送君南浦動悲歌
大同江水何時盡　　別淚年年添作波
燕南梁載 嘗寫此詩 作別淚年年漲綠波 予謂作漲二字 皆未圓 當是添綠波耳 〈櫟翁稗說 後集二 張1〉

라 하였고, 許筠은,

鄭司諫西京詩……至今稱爲絶唱 樓船題詠 値詔使之來 悉撤去之 而只留此詩 〈惺叟詩話〉

라 하였고, 金萬重은,

高麗鄭司諫 南浦絶句 即海東之渭城三疊也 末句「別淚年年添作波」一作添綠波 益齋謂當從綠波 四佳又以作字爲勝 按沈休文別賦曰「春草碧色 春水綠波 送君南浦 傷如之何」鄭詩正用沈語 綠波不可易也 〈西浦漫筆〉

라 하였고, 申光洙(1712~1775)는,

東國無樂府 西京題詠 唯牧隱與李相國混外 近世三淵金翁作亦佳 然皆律體也 鄭知常官船一絶 始得樂府音調 爲千年絶唱 足與盛唐方駕 〈石北文集 卷一〇 張15 關西樂府序〉

라 하였으니, 이들은 모두 끊임 없는 讚辭를 아끼지 않았으며, 申緯는 또 李穡의 「浮碧樓」와 比較的인 논평을 더했다.

長嘯牧翁倚風磴　　綠波添淚鄭知常
雄豪艶逸難相下　　偉丈夫前窈窕娘 〈警修堂集 第九册 東人論詩絶句 三十五首〉

그는 또 그 評詩의 뒤에 다음과 같은 評語를 써서 千古의 絶響을 못내

슬퍼하였다.

余嘗謂西京古今題詠 只有二絕唱 牧隱「長嘯倚風磴 山靑江自流」鄭知常 「大同江水何時盡 別淚年年添綠波」此二詩而已 我朝遂無繼響者 <同上>

7. 詩歌의 發達과 作家의 羣像

高麗前期의 詩歌는 朴寅亮·金黃元(1075~1117)·鄭知常의 세개의 名家가 있었을 따름이다. 이제 그 三家를 中心으로 하여 同學 혹은 先後輩의 諸名家의 羣像과 作品을 소개해 보기로 한다.

① 崔承老

崔承老는 일찌기 「應求言書」 萬餘言을 올려서 時務를 논한 바 있었다. 그는 散文에도 능했거니와 또 韻文에도 능하여 「禁中雜著詩藁」가 있었다 한다. 그 중에서 특히 「東池新竹」의 一絕을 소개한다. 이는 당시 應製詩의 하나이었다.

王輪寺三重子 其袖一藁篇 來示予 乃光宗代 侍中文貞公崔承老 禁中雜著詩藁也 惜其國初文字 幸不湮沒到于今 取其中四韻絕句四首 載之……東池新竹云

錦籜初開粉節明　　低臨輦路綠陰成
宸遊何必將天樂　　自有金風[illegible]玉聲 <補閑集 卷上>

또 그 「代人寄遠」의 一絕은 더욱 悄悵·纏綿한 情緖를 나타내었다.

一別征車隔歲來　　幾勞登覩倚樓臺
雖然有此相思苦　　不願無功便早廻 <東文選 卷一九 七言絕句>

② 崔 冲

「海東孔子」로 이름 높은 大敎育家인 崔冲은 역시 詩律에 있어서도 碩學인 風貌를 나타냈다. 그의 詩는 모두 아무런 꾸밈 없는 道味가 어리운 作品이 아닐 수 없겠으며, 그의 風流第宅은 一代의 眼目을 聳動시켰으므로 李仁老는 일찌기 다음과 같이 讚揚했다.

侍中上柱國崔公 功名富貴之極 雅尙出塵 詩語淸婉 忽一夕 風淸月朗 松篁自籟

不覺吟一絶云

滿庭月色無煙燭　　入座山光不速賓
更有松絃彈譜外　　只堪珍重未傳人

公未當國時 丁未多月 寓居加祚里別第 夜坐 見林曹諸子 圍爐打話 書以示之云

龍騰虎距列穹豐　　壯氣能銷鳳炭紅
莫向晨昏爭燕蝠　　好將行止付天公

立語神奇 措意淸壯 有雄偉不常之韻 公之不與庸瑣爭 而順受天命 承襲大業 於此一聯 可見矣……公之第 十二樓臺 珠翠森列 奇花異卉 蒸紅曬綠 飄飄若登瑤臺望玉淸 不可以耳目以狀容也 然此特侯邸尋常事 不足爲異 若靈泉流入於前池 怪鳥飛鳴於後峯 此必天公地媼 別作溪山逸賞 以供方外之樂也 越甲寅春夏之交 百花方盛 開瓊筵 宴兩府 召集當時韻儒 四十許人 刻燭賦月花 及借酣 乃作詩

<補閑集 卷中>

③ 朴寅亮

朴寅亮은 실로 崔致遠 以後의 第一名家이다. 崔滋의 기록에는 다음과 같은 말들이 있다.

朴叅政寅亮 奉使入中朝 所至皆留詩 金山寺云

巉巖怪石疊成山　　上有蓮房水四環
塔影倒江蟠浪底　　磬聲搖月落雲間
門前客棹洪波急　　竹下僧棊白日閑
一奉皇華堪惜別　　更留詩句約重還

行次越州 聞樂調中 奏新聲 旁人曰「此公詩也」至浙江 風濤大起 見子胥廟在江邊 作詩吊之曰

掛眼東門憤未消　　碧江千古起波濤
今人不識前賢志　　但問潮頭幾尺高

須臾風霽 船利涉 其感動幽顯如此 宋人集其詩成編 今傳于世 <補閑集 卷上>

그리하여 李奎報는 이 朴氏의 「金山寺」를 崔致遠의 「潤州慈和寺」, 朴仁範의 「涇州龍朔寺」와 列擧 논평하여,

崔致遠 入唐登第 以文章 名動海內 有詩一聯曰「崑崙東走五山碧 星宿北流一水黃」同年顧雲曰「此句即一輿地誌也」蓋中國之五嶽 皆祖於崑崙山 黃河發源於星宿海 故云 其題潤州慈和寺一句 曰「畵角聲中朝暮浪 靑山影裏古今人」學士朴仁範 題涇州龍朔寺詩云「燈撼螢光明鳥道 梯回虹影落巖扃」叅政朴寅亮 題泗州

龜山寺詩云「門前客棹洪波急 竹下僧棊白日閑」 我東之以詩鳴於中國 自三子始 文章之華國 有如是夫 <白雲小說>

라 하였으므로 申緯는 또 다음과 같은 評詩를 썼던 것이다.

顧雲一部方輿誌
爭及僧棊白日閑 <警修堂集 第九册 東人論詩絶句 三十五首>

④ 尹彦頤

尹彦頤(?～1149)는 일찌기 鄭知常·權適(?)과 더불어 時政을 논하여 仁宗에게 괴임을 입었으나 金富軾과 사이가 좋지 못했으므로 貶職을 당한 일이 있었다.

先是 瓘奉詔撰大覺國師碑 不工 其門徒密白王 令富軾改撰 時瓘在相府 富軾不讓 遂撰 彦頤心啣之 一日王幸國子監 命富軾講易 命彦頤問難 彦頤頗精於易 辨問縱橫 富軾難於應答 汗流被面 及彦頤爲幕下 富軾奏彦頤 與鄭知常 深相結納 罪不可赦 於是 貶梁州防禦 <高麗史 卷九六 張26 列傳 第九 尹彦頤>

그는 특히 文章에 능통했으며, 晩年에는 佛法을 좋아하여 스스로 「金剛居士」라 일컬었으므로 세인의 비난을 입곤 하였다.

彦頤 工文章 嘗作易解 傳於世 晩年酷好佛法 請老退居坡平 自號金剛居士 嘗與僧貫乘 爲空門友 貫乘作一蒲菴 止容一坐 約先逝者 坐此而化 一日彦頤跨牛造貫乘 告別徑還 貫乘遣人送蒲菴 彦頤笑曰「師不負約」 遂取筆書于壁曰

春復秋兮　花開葉落
東復西兮　善養眞君
今日途中　反觀此身
長空萬里　一片閑雲

書畢 坐其菴而逝 彦頤身爲宰輔 不以國家風敎爲念 敢爲詭異之行 以惑愚俗 識者譏之 <高麗史 卷九六 張32 列傳 第九 尹彦頤>

⑤ 金黃元

「海東第一」이라는 美號를 지닌 金黃元은 그의 詩律은 실로 軼宕·清婉하여 鄭知常의 以前에 있어서는 그를 당할 作家가 거의 없을 만큼 되었다. 그는 일찌기 萬口에 膾炙했던 「長城大野」의 名句를 내었다. 李仁老는

다음과 같이 말했다.

> 西都永明寺南軒 天下絶景 本興上人所刱 南臨大江 江外曠野 茫然不見際畔 惟東極一涯 遙岑出沒有無中 昔睿王西巡 與羣臣 宴飮唱酬 篇什尤多 無不鏤金石播絲竹 以傳樂府 吾祖平章李頫 適在玉堂 扈從登臨 命名浮碧寮 作詩叙其始末甚備 山川氣勢 與中朝滌暑亭相甲乙 而秀麗過之 學士金黃元 弭節西都 登其上 命吏悉取古今羣賢所留書板 焚之 憑欄縱吟 至日斜 其聲正苦 如叫月之猿 只得一聯
>
> 長城一面溶溶水
> 大野東頭點點山
>
> 意涸不復措辭 痛哭而下 後數日足成一篇 至今以爲絶唱 時人語曰「昔聞宋玉悲秋氣 今見黃元哭夕陽」 <破閑集 卷中>

그러나 이에 대하여 後人들의 논평은 심히 紛紜하였다. 徐居正은,

> 金學士黃元 登浮碧樓 見古今題詠 不滿其意 旋焚其版 終日憑闌苦吟 只得「長城一面溶溶水 大野東頭點點山」之句 意涸痛哭而去 昔賈浪仙 三年吟得一句云「獨行潭底影 數息樹邊身」不覺垂淚 予觀浪仙之詩 寒瘦澀癖 何至垂淚 黃元之句 老儒常談 何痛哭自苦如是 <東人詩話 卷上>

라 하여 이 詩가 老儒常談에 지나지 않는다 하였으니, 이는 지나친 논평인 듯싶다. 그러나 그는 또,

> 金壯元黃元 浮碧樓詩……後有權一齋漢功 繼之曰「白鷗波上踈踈雨 黃犢坡南點點山」自以爲詩後有人 然亦未知可以壓倒金壯元乎 <同上>

라 하여 後世의 詩人으로서 오히려 그를 壓倒할 만한 作品을 내지 못했음은 是認하지 않을 수 없었다. 그 뒤 朴趾源은,

> 世傳金學士黃元 登浮碧樓 得句曰……因苦吟意涸 痛哭下樓 說者謂平壤之勝 兩句盡之 千載更無添一句者 余常以此謂非佳句 溶溶非大江之勢 東頭點點之山 遠不過四十里耳 烏得稱大野哉 今以此句 爲練光亭柱聯 若敎使登亭一覽 則必笑大野二字 <燕巖集 卷一二 張30~31 熱河日記 關內程史>

라 하였으니, 이는 비록 朴趾源의 神眼으로도 一失이 아닐 수 없다. 「溶溶」이 어째서 大江의 형용이 아니겠는가. 저 「楚辭」「九嘆」중의 「體溶溶而東回」가 어찌 大江의 흐름이 아니며, 또 그는 벌써 大野를 是認하지 않았으니 하필 大江만을 是認할 수 있겠는가. 그리고 大野는 꼭 그가 이른

바「好哭場」인 遼東 白塔의 벌판이어야 반드시 쓸 수 있음은 아닐 것이다.

金壯元의 詩에 대해서는 時代가 오히려 가까운 李仁老가 가장 好評을 보냈다. 그는 일찌기,

金學士黃元 李左司仲若 郭處士輿 皆奇士 少以文章相友 號神交 二公嘗訪左司第 淸談亹亹 不覺日暮 須臾月出雲開 碧天如水 相與登南樓小飮 拈韻各成一聯 李率然曰「壯氣暗生天外劒 雄謀潛轉幄中籌」郭云「座中賓客三山客 秤上錙銖萬戶侯」次至於黃元 曰「異於三子者之撰」遂引滿朗吟曰

日暮鳥聲藏碧樹
月明人語上高樓

二公不覺屈膝曰「雖古人何遠」遂罷 <破閑集 卷中>

라 하였고, 그는 또 다음과 같이 말했다.

學士金黃元 拜大諫 屢陳藥石 未得回天之力 出守星山 路出分行驛 適會天院李軾 自南國還朝 邂逅於是驛 以詩贈之

分行樓上豈無詩　　留與皇華寄所思
蘆葦蕭蕭秋水國　　江山杳杳夕陽時
古人不見今空歎　　往事難追只自悲
誰信長沙左遷客　　職卑年老鬢毛衰

搢紳皆屬和幾一百首 目之曰「分行集」學士朴昇冲爲序 皇大弟大原公 鋟板以傳之 公平生作詩 必使夕陽二字 金相國富儀 誌於墓 以爲晩登淸要之讖 <破閑集 卷下>

그리고 그는 文學으로 外交에 敏妙한 手腕을 뻗기도 했거니와 또는 肅宗에게 曠世의 괴임을 받았었다.

少登第 力學爲古文 號海東第一 淸直不附勢 與李軌善 同在翰林 以文章著名 時稱金李 遼使至 黃元作內宴口號 有

鳳銜綸綍從天降
鼇駕蓬萊渡海來

之句 使驚歎 求寫全篇而去 宰相李子威 惡其文 不隨時所尙 曰「若此輩久在翰院 必詿誤後生」遂奏斥之……肅宗開延英殿 召掌書籍 每觀書 有所疑 則輒質之 呼爲先輩而不名 <高麗史 卷九七 張6 列傳 第一〇 金黃元>

⑥ 郭 輿

金黃元과 가장 莫逆의 詩人으로서 東山處士 郭輿(1059~1130)를 想起하

지 않을 수 없다. 그는 文學으로써 睿宗에게 가장 寵遇를 받았으며, 詩酒・琴碁와 百家書에 통치 않는 것이 없는 一代의 風流詞伯이었다.

出爲洪州使 就野外川上 築小菴 名曰 「長溪草堂」 公暇每往遊息……睿宗在東宮 識之 即位遣中使徵之 使居禁中純福殿 稱爲先生 以烏巾鶴氅 常侍左右 從容談論唱和 時人謂之金門羽客 王以其久在禁中 或思出遊 賜別業西華門外……旣而固求退居 賜城東若頭山一峯 構室以居 號東山處士 名其堂曰「虛靜」 齋曰「養志」親書額賜之 一日王微行至山齋 輿適入城 王徘徊久之 賦詩題壁而還 後又幸山齋 執其手 使口號 其見寵遇如此……命知制誥鄭知常 作山齋記 立石 輿瑰偉無髯 目若懸珠 涉獵書史 至於道釋醫藥陰陽之說 見輒成誦不忘 射御琴碁 靡所不治 終身不娶妻 在洪州 私一妓 將還 使飮藥 詐言仙去 潛擕至京 色衰遣歸 又於山齋 常以婢妾自隨 爲時議所少 <高麗史 卷九七 張8～10 列傳 第一〇 郭輿>

그의 「東山齋應製詩」는 다음과 같다.

何處難忘酒 虛經寶輦廻 朱門追小宴 丹竈落寒灰 鄕飮通宵罷 天門待曉開 杖還蓬島徑 屐惹洛城苔 樹下靑童語 雲間玉帝來 鸞官多寂寞 龍馭久徘徊 有意仍抽筆 無人獨上臺 未能瞻日月 却恨向塵埃 騷首立階下 含愁傍石隈 此時無一盞 豈慰寸心哉 <東文選 卷一一 五言排律>

⑦ 鄭知常

鄭知常은 이미 위에서 敍述한 바 있거니와 그는 「樂府」에서만이 아니라, 詩歌의 諸體에 모두 韻格이 豪逸하였으며, 특히 絕句와 拗體에 능했었다.

知常初名之元 少聰悟 有能詩聲 擢魁科 歷官至起居注 人言富軾 素與知常齊名於文字間積不平 至是 托以內應 殺之 知常爲詩得晚唐體 尤工絕句 詞語淸華 韻格豪逸 自成一家法 <高麗史 卷一二七 張35～36 列傳 第四〇 妙淸>

그의 作品은 「送友人」 밖에도 몇편을 소개하지 않을 수 없다. 李仁老는,

睿王時 有俊才姓鄭者 忘其名 垂髫時 送友人詩……又作詩云

桃李無言兮 蝶自徘徊 梧桐蕭灑兮 鳳凰來儀 無情物引有情物 況是人不交相親 君自遠方來此邑 不期相會是良因 七月八月天氣凉 同衾同枕未盈旬 我若陳雷膠漆信 君今棄我如敗茵 父母在兮不遠遊 欲從不得心悠悠 簷前巢燕有雌雄 池上鴛鴦成雙浮 何人驅此鳥 使我解離愁

其後 赴上都 擢高第 出入省闥 謇謇有古諍臣風 嘗扈從長源亭 題詩云

風送客帆雲片片　　露凝宮瓦玉鱗鱗

綠楊閉戶八九屋　　明月倚樓三兩人

其語飄逸出塵 皆類此 及作東山齋眞靜先生祭文 上亦命作東山齋記……至今皆膾炙不已焉 <破閑集 卷下>

이라 하였고, 또 崔滋는 다음과 같이 말했다.

鄭舍人知常 以詩鳴於仁廟時……題邊山蘇來寺云

古徑寂寞縈松根　　天近斗牛聊可捫
浮雲流水客到寺　　紅葉蒼苔僧閉門
秋風微涼吹落日　　山月漸白啼淸猿
奇哉厖眉一衲老　　長年不夢人間喧

西都云

南陌風微細雨過　　輕塵不動柳絲斜
綠窓朱戶笙歌咽　　摠是梨園弟子家

語韻淸華 句格豪逸 讀之使煩襟昏眼 灑然醒悟 但雄深巨作乏耳 <補閑集 卷上>

그리고 그는 西京의 遷都를 提案한 당시 革新派의 하나이언만 松京의 守舊派인 金富軾과 軋轢이 생기자 그를 附逆文士로 罪案을 構成시켜서 大文豪이며 大思想家인 그의 終末은 극히 悲慘하였다.

富軾與諸相議曰「西都之反 鄭知常金安白壽翰等 與謀 不去是人 西都不可得平 諸相深然之 召知常等三人至 密諭正純 使勇士曳出三人 斬於宮門外
<高麗史 卷九八 張4 列傳 第一一 金富軾>

그리하여 李奎報는 이에 대하여 神異的인 詩話 한 토막을 남겼다.

侍中金富軾 學士鄭知常 文章齊名一時 兩人爭軋不相能 世傳「知常有

琳宮梵語罷
天色淨琉璃

之句 富軾喜而索之 欲作己詩 終不許 後知常爲富軾所誅 作陰鬼 富軾一日詠春詩曰『柳色千絲綠 桃花萬點紅』忽於空中 鄭鬼批富軾頰曰『千絲萬點 孰數之也 何不曰 柳色絲絲綠 桃花點點紅』富軾心頗惡之 後往一寺 偶登厠 鄭鬼從後握陰囊問曰『不飮酒 何面紅』富軾曰『隔岸丹楓照面紅』鄭鬼緊握陰囊曰『何物皮囊子』富軾曰『汝父囊鐵乎』色不變 鄭鬼握囊尤力 富軾竟死於厠焉」 <白雲小說>

⑧ 印 份

印份(?)의 詩名은 당시 온 나라를 흔들었다 하며, 李仁老도 일찌기 印

公草堂의 舊墟를 身歷하고는 名下에 虛士가 없음을 艶歎하였다.

草堂秋七月　　桐雨夜三更
欹枕客無夢　　隔窓蟲有聲
淺莎翻亂滴　　寒葉灑餘淸
自我有幽趣　　知君今夜情

此學士印份作也 學士之名 雷震海東者 實由此篇 僕昔佐桂陽府 一日棹舟 自孔巖縣 至幸州南湖 見斷岸如瓜 松杉八九株 森立於側 而遺垣壞堵猶在 過者皆指之曰「此印公草堂舊墟也」僕艤舟不能去 徘徊長嘯 想見其人 便尋小徑 登小華寺南樓 見壁上有詩 苺苔暗淡 墨痕僅存 迫而視之 乃印公所題也

蕉鳴牕外知山兩
帆出峯頭見海風

可謂名下無虛士矣 <破閑集 卷下>

⑨ 金富軾

金富軾은 그의 兄 富佾(1071～1132)과 아우 富儀(?～1136)와 더불어 文學·功業이 一代를 驚動시켰다. 富儀가 특히 詩詞에 대하여 敏才가 있었다 하나 이에 있어서도 富軾이 역시 白眉의 位置를 잃지 않았었다. 李仁老는 다음과 같이 말했다.

文烈公 先入中書 以故在樞府十餘年 性嗜讀書 開別室 常與士大夫 討論文章 雖妻妾 稀見其面……富貴家兒 非生得而性好 則罕有工文章者 金樞密闐有蕭氏之八葉之貴 棄紈綺舊習 竟日危坐看書 不好爲詞章 及其有所作 則必滌筆於氷甌中然後爲之 故篇什未得多傳於世 而所傳者 必警策也 如乘軺歷鹽州客舍 題一絕云

鴦衾無夢夜厭厭　　凉月多情照畫簷
喚作鹽州眞大誤　　一州風物摠無鹽 <破閑集 卷中>

그러나 그의 韻文은 散文을 따를 수 없겠고 또는 詩文에 대한 嫉妒心이 몹시 강하여 前述한 바와 같이 鄭知常의 「天色琉璃」의 警句를 아무런 代價도 없이 빼앗으려 하다가 이룩하지 못하고 終末에는 鄭을 反逆詩人으로 몰아 죽이기까지에 이르렀다.

⑩ 王 俁

高麗의 支配階層에 있는 諸王들은 모두 風流好文의 主였다. 그 중에 특

히 睿宗 王俁는 文科出身者를 優待하였으며 또는 國學에 七齋를 두었다.

睿宗即位 制三京八牧 通判以上 及知州事縣令 由文科出身者 兼管勾學事…… 四年七月 國學置七齋 周易曰「麗澤」 尙書曰「待聘」 毛詩曰「經德」 周禮曰「求仁」 戴禮曰「服膺」 春秋曰「養正」 武學曰「講藝」 <高麗史 卷七四 張26~27 志 第二八 選擧二>

그리고 그는 일찌기 儒雅를 尊尙하여 특히 淸宴閣을 열고 날마다 學士들과 墳典을 討論하였으며, 또 莎樓에서 牡丹을 吟賞할 제, 禁署의 諸儒로 하여금 刻燭賦詩도 하였다.

睿王天性好學 尊尙儒雅 特開淸宴閣 日與學士 討論墳典 嘗御莎樓 前有木芍藥盛開 命禁署諸儒 刻燭賦七言六韻詩 <破閑集 卷上>

그가 詞人·逸士들과 唱酬한 詩集으로서 「睿宗唱和集」은 당시 萬口에 諷誦되었다 한다.

夫天下之未至太平 則雖好文之主 有不得與學士詞臣 吟詠風月 以遂優遊之樂矣 屬太平多暇 上不喜文章 則雖才如沈宋燕許 安可預淸燕侍從 得爲雍容賡載之事耶 伏聞睿宗 聰明天縱 制作如神 席太平之慶 乘化日之長 常與詞人逸士 若郭輿等 賦詩著詠 撚金振玉 動中韶鈞 流播於人間 多爲萬口諷頌 實太平盛事也 今所謂睿宗唱和集是已 行于世久矣 <東國李相國全集 卷二一 張16 睿宗唱和集跋尾>

그리고 李齊賢은 睿宗을 에워싼 文人들의 羣像에 대하여 後世에서 및지 못할 것을 말했다. 睿宗은 역시 당시 한개의 創作家였던 것이다.

靖國安和寺 有石刻睿王唐律詩一篇 其後云「太子某書」者 仁王諱也 是時 王與太子皆礪精向學 延訪儒雅 而尹瓘吳延寵李㯙李預朴浩金緣金富佾富軾富儀洪灌印份權適尹彦頤李之氐崔惟淸鄭知常郭東珣林完胡宗旦 名臣賢士 布列朝著 討論潤色 亹亹有中華之風 後世莫及焉 <櫟翁稗說 後集一 張6>

그러므로 당시에 그 일을 目擊한 崔淪(?)은 睿宗에게 글을 올려서 王의 輕薄한 詞臣으로 더불어 風月에만 힘씀을 諷諫했으나 어떤 詞臣의 고자질에 의하여 그는 左遷을 당하고 말았다.

睿宗御宇 尙章句 好遊宴 時曾王父尙書崔淪 在綸閣 乃上書 畧曰「……帝王當好經術 日與儒雅 討論經史 諮諏政理 化民成俗之無暇 安有事童子之雕蟲 數與輕薄詞臣 吟風嘯月 以喪天衷之淳正耶」上優納 有一詞臣 承隙曰「所言儒雅 別是

何人 渝短於風月 不樂人唱和 故有此言」上怒 左遷爲春州副使 <補閑集 卷上>

⑪ 鄭 敍

「鄭瓜亭曲」의 作者로 이름 높은 鄭敍는 前述한 바도 있거니와 그의 唐體詩도 역시 그 詩語와 마찬가지로 「不俗」의 「幽姿」를 지녔다. 이제 그의 「題墨竹後」의 一絕을 들기로 한다.

閑餘弄筆硯　　寫作一竿竹
時於壁上看　　幽姿故不俗 <東文選 卷一九 五言絕句>

⑫ 王 晛

睿宗의 뒤를 이은 仁宗 王楷도 兩京의 儒臣들과 함께 詩會를 연 적도없지 않았거니와,

御麒麟閣 命鄭知常 講書無逸 召從臣及西京儒臣二十五人 賦詩 賜酒食
<高麗史 卷一五 張22 世家 第一五 仁宗一>

그 뒤를 이은 「太平好文之主」로 이름 높던 毅宗 王晛에 이르러서는 비록 文學으로서 회생을 당하였으나 文學은 더 한층 발전되었다.

五月辛亥朔 宴文臣于和平齋 唱和至夜 命內侍黃文莊 執筆以書 羣臣稱賀聖德謂之太平好文之主 <高麗史 卷一九 張7 世家 第一九 毅宗三>

그의 「仁智齋春帖字」는 극히 哀艶・芊眠하였다.

辛卯 王御仁智齋 親製春帖字云

蕩蕩春光好　　欣欣物意新
將修仁知德　　今得萬年春

又云

夢裏明聞眞吉地　　扶蘇山下別神仙
迎新納慶今朝日　　萬福攸同瑞氣連 <高麗史 卷一八 張20 列傳 第一八 毅宗二>

그는 역시 樂章에도 능했다 한다.

庚寅 御大觀殿 受朝賀 仍宴文武常衆官以上 王親製樂章五首 命工歌之 結彩棚陳百戲 至夜乃罷 <高麗史 卷一九 張7 世家 第一九 毅宗三>

그는 또 國內의 風謠를 採輯하여 「詩選」을 엮어서 民物의 利病을 살폈다.

毅王詔五道 及東西兩界 分遣吏 悉錄諸院宇 郵置所題詩 悉納御府 察其風謠及民物利病 因擇名章俊語編上 以爲詩選 <破閑集 卷下>

8. 散文文學의 進展과 著書

高麗의 散文은 비록 그 水準이 詩歌에 미칠 수 없다 할지라도 과히 초라하진 않았다. 그러나 그 당시 鏤版技術의 沈滯와 屢次의 兵火에 銷滅되었음은 애석한 일이 아닐 수 없겠다. 그러므로 李穡은 일찌기,

三國姑置 我太祖立國以來 光廟設科取士 文學之盛 見稱中國 然其成書 未之多見 <牧隱文藁 卷九 張13 贈金敬叔秘書詩序>

이라 하였고, 任相元(1638~1697)은,

夫吾東 固右文矣 其實稍質 而不好事 麗朝文章之家 蔚然其多矣 到今遺文之傳世 落落如晨星 入東文選者 代不過數人 人不過數篇 其不收者 豈盡可棄者哉 惜其全稿 無爲人鏤行也 <益齋亂藁 卷首 益齋集重刊序>

라 하였다. 그러나 高麗人은 中國의 文籍을 鈔寫하기에 게을리하지 않았다. 그의 한 예를 들면,

奉使入宋 所賜金帛 分與從者 餘悉買書籍以歸 宋人多之
<高麗史 卷九五 張29 列傳 第八 鄭文>

와 같고, 또 그들은 文學으로써 國際的인 活躍을 展開한 實況은 徐居正의,

高麗豪傑之士 彬彬輩出 當兩宋遼金搶攘之日 屢以文詞 得紓國患 至元朝 由賓貢 中制科 與中原才士 頡頏上下者 前後相望 <東文選 目錄附 東文選序>

을 보아서 짐작할 수 있을 것이다. 이제 그들의 雜錄과 史傳 등에 대하여 論及하기로 한다.

① 小華集

本集은 朴寅亮·金覲(?)의 共著이다.

三十四年 與戶部尙書柳洪 奉使如宋 至浙江 遇颶風 幾覆舟 乃至宋……有金覲者 亦在是行 宋人見寅亮及覲 所著尺牘表狀題詠 稱歎不置 至刊二人詩文 號小華集 <高麗史 卷九五 張18 列傳 第八 朴寅亮>

遼人이 일찌기 鴨綠江을 지나 保州城으로 國境을 삼으려 할 제, 그는 「勿收保州表」라는 陳情書를 遼에 보냈더니 遼帝가 그를 읽고 그 問題를 中止시켰다. 이는 外交史 상에 美談으로 전한다.

> 遼人欲渡江爲界 朴寅亮叅政 修陳情表曰「普天之下 旣莫非王土王臣 尺地之餘 何必曰『我疆我理』」又曰「歸汶陽之舊田 撫綏弊邑 廻長沙之拙袖 抃舞昌辰」 遼帝覽之 寢其議 <櫟翁稗說 後集二 張8>

② 古今錄

本書는 역시 朴寅亮의 著이다.

> 寅亮 文詞雅麗 南北朝告奏表狀 皆出其手 嘗撰古今錄十卷 藏秘府
> <高麗史 卷九五 張18 列傳 第八 朴寅亮>

③ 殊異傳

本書도 역시 朴寅亮의 著인데 逸書로 전치 않는다. 그러나 그 逸文이 다른 書籍 중에 散在된 것들이 있다. 「海東高僧傳」에는 朴氏의 著라 하였고, 「大東韻府羣玉」에는 崔致遠의 著라 하였으니, 아마 後世에 朴氏가 지은 것과 區別하기 위하여 崔氏의 것에는 新羅의 二字를 追加한 듯싶다.

④ 海東秘錄

本書는 金仁存(?~1127)・崔璿(?)・李載(?)・李德羽(?)・朴昇中(?) 등의 共著이다.

> 仁存好學 老不釋卷 一時詔誥 多出其手 再掌禮闈 多得名士 嘗與崔璿李載李德羽 朴昇中等 刪定陰陽地理諸書 以進 賜名海東秘錄 <高麗史 卷九六 張10~11 列傳 第九 金仁存>

⑤ 三國史記

本書는 金富軾의 著이다. 이는 비록 編年史이지만 이따금 文學的인 얼굴을 나타내는 部分이 없지 않다. 이는 실로 敍事的인 專書이지만 抒情的인 文學書이기도 하기 때문이다. 그리하여 그는 비록 韻文에 있어서는 鄭

知常에게 讓步하지 않을 수 없겠으나 史才에 있어서는 鄭氏가 또 그에게 讓步하지 않을 수 없을 것이다.

二十三年 上所撰新羅高句麗百濟三國史 王遣內侍崔山甫 就第奬諭 賜花酒…… 以文章名世 宋使路允迪來 富軾爲館伴 其介徐兢見富軾 善屬文 通古今 樂其爲人 著高麗圖經 載富軾世家 又圖形以歸 奏于帝 乃詔司局鏤板 以廣其傳 由是名聞天下 <高麗史 卷九八 張19 列傳 第一一 金富軾>

그리고 그가 本書를 지을 때에 너무 지나치게 唐式을 따랐다 하나 그것은 전연 그런 것이 아니라 생각된다. 그는 오히려 崔致遠의 지은「帝王年代曆」에 方言을 野鄙하다고 除外한데 대하여 不滿을 表示한 적이 있다.

論曰「新羅王稱居西干者一 次次雄者一 尼師今者十六 麻立干者四 羅末名儒崔致遠 作帝王年代曆 皆稱某王 不言居西干等 豈以其言鄙野 不足稱也」曰「左漢中國史也 猶存楚語穀於菟 匈奴語撑犂孤塗等 今記新羅事 其存方言 亦宜矣」
<三國史記 卷四 張1 新羅本紀 第四 智證麻立干>

⑥ 雜 錄

鄭叙는 실로 多才多藝的인 人物이다. 그는 曲과 詩歌에서 뿐만이 아니라, 散文에 있어서도 一家를 이룩하였다. 崔滋는 일찌기 鄭氏의「雜書」를 자기의「補閑集」뒤에 附編하였다 한다.

又得李中書藏用 家藏鄭中丞叙 所撰雜書三卷 并附于後編 以俟通儒刪補
<東文選 卷四 續破閑集序>

9. 傳奇系의 小說

① 崔致遠

「殊異傳」중에 실렸던「崔致遠」의 한편이「太平通載」중에서 引用된 것이 있다. 이는 곧 俗稱「崔孤雲傳」의 濫觴이다. 이를 보아서도 朴氏가 지은「殊異傳」의 內容이 崔氏의 것과 다름을 알 수 있었다. 이는 崔氏가 아

무리 하더라도 자기를 主人公으로 登場시킨 小說을 쓰진 못했을 것이다. 그 梗概를 소개한다면 崔致遠이 唐에 遊學하러 갔을 때에 溧水縣에 있는 雙女墳을 지나치다가 姉妹 幽靈인 八娘子와 九娘子라는 雙女主人公과 만나서 講懽 또는 唱酬한 傳奇的인 小說이다. 이는 대개 麗代의 傳奇小說이 이에서 비로소 成立되는 동시에 그 形態的인 면이나 또는 構成的인 면에 있어서 아무런 거리낌이 없을 만큼 精緻하였다. 이는 실로 위로 唐宋 傳奇의 影響을 입었으며, 아래로 「金鰲新話」系의 小說을 열어 준 劃期的인 作品이 아닐 수 없다.

崔致遠 字孤雲 年十二 西學於唐 乾符甲午 學士裴瓚掌試 一擧登魁科 調授溧水縣尉 甞遊縣南界招賢館 館前岡有古塚 號雙女墳 古今名賢遊覽之所 致遠題詩石門曰「誰家二女此遺墳 寂寂泉扃幾怨春 形影空留溪畔月 姓名難問塚頭塵 芳情徜許通幽夢 永夜何妨慰旅人 孤館若逢雲雨會 與君繼賦洛川神」題罷到館 是時月白風淸 杖藜徐步 忽覩一女 姿容綽約 手操紅帒 就前曰「八娘子 九娘子 傳語秀才 朝來特勞玉趾 兼賜瓊章 各有酬答 謹令奉呈」公回顧驚惶 再問「何姓娘子」女曰「朝間拂石題詩處 即二娘所居也」公乃悟 見第一帒 是八娘子 奉酬秀才 其詞曰「幽魂離恨寄孤墳 桃臉柳眉猶帶春 鶴駕難尋三島路 鳳釵空墮九泉塵 當時在世長羞客 今日含嬌未識人 深愧詩詞知妾意 一回延首一傷神」次見第二帒 是九娘子 其詞曰「往來誰顧路傍墳 鸞鏡鴛衾盡惹塵 一死一生天上命 花開花落世間春 每希秦女能抛俗 不學任姬愛媚人 欲薦襄王雲雨夢 千思萬憶損精神」又書於後幅曰「莫怪藏名姓 孤魂畏俗人 欲將心事說 能許暫相親」公既見芳詞 頗有喜色 乃問其女名字 曰「翠襟」公悅而挑之 翠襟怒曰「秀才合與回書 空欲累人」致遠乃作詩付翠襟曰「偶把狂詞題古墳 豈期仙女問風塵 翠襟猶帶瓊花艶 紅袖應含玉樹春 偏隱姓名寄俗客 巧裁文字惱詩人 斷腸唯願陪歡笑 祝禱千靈與萬神」繼書末幅云「靑鳥無端報事由 暫時相憶淚雙流 今宵若不逢仙質 判却殘生入地求」翠襟得詩還迅如飇逝 致遠獨立哀吟 久無來耗 乃詠短歌 向畢 香氣忽來 良久 二女齊至 正是一雙明玉 兩朶瑞蓮 致遠驚喜如夢 拜云「致遠海島微生 風塵末吏 豈期仙侶 猥顧風流 輒有戲言 便垂芳躅」二女微笑無言 致遠作詩曰「芳宵幸得暫相親 何事無言對暮春 將謂得知秦室婦 不知元是息夫人」於是 紫裙者恚曰「始欲笑言 便蒙輕蔑 息嬀曾從二婿 賤妾未事一夫」公言「夫人不言 言必有中」二女皆笑 致遠乃問曰「娘子居在何方 族序是誰」紫裙者隕淚曰「兒與小妹 溧水縣楚城鄕 張氏之二女也

先父不爲縣吏 獨占鄕豪 富似銅山 侈同金谷 及姊年十八 妹年十六 父母論嫁 阿奴則定婚鹽商 小妹則許嫁茗估 姊妹每說移天 未滿于心 鬱結難伸 遽至夭亡 所冀仁賢 勿萌猜嫌」致遠曰「玉音昭然 豈有猜慮」乃問二女「寄墳已久 去館非遙 如有英雄相遇 何以示現美談」紅袖者曰「往來者 皆是鄙夫 今幸遇秀才 氣秀鼇山 可與談玄玄之理」致遠將進酒 謂二女曰「不知俗中之味 可獻物外之人乎」紫裙者曰「不湌不飮 無飢無渴 然幸接瓌姿 得逢瓊液 豈敢辭違」於是 飮酒各賦詩 皆是淸絕不世之句 是時明月如晝 淸風似秋 其姊改令曰「便將月爲題 以風爲韻」於是致遠 作起聯曰「金波滿目泛長空 千里愁心處處同」八娘曰 「輪影動無迷舊路 桂花開不待春風」九娘曰「圓輝漸皎三更外 離思偏傷一望中」 致遠曰「練色舒時分錦帳 珪模映處透珠櫳」八娘曰「人間遠別腸堪斷 泉下孤眠恨莫窮」九娘曰「每羨嫦娥多計較 能拋香閣到仙宮」公歎訝尤甚 乃曰「此時無笙歌奏於前 能事未能畢矣」於是紅袖乃顧婢翠襟 而謂致遠曰「絲不如竹 竹不如肉 此婢善歌」 乃命訴衷情詞 翠襟斂袵一歌 淸雅絕世 於是三人半酣 致遠乃挑二女曰「嘗聞盧充逐獵 忽遇良姻 阮肇尋仙 得逢嘉配 芳情若許 姻好可成」二女皆諾曰「虞帝爲君 雙雙在御 周郞作將 兩兩相隨 彼昔猶然 今胡不爾」致遠喜出望外 乃相與排三淨枕 展一新衿 三人同衿 繾綣之情 不可具談 致遠戲二女曰「不向閨中 作黃公之子婿 翻來塚側 夾陳氏之女奴 未測何緣 得逢此會」女兄作詩曰「聞語知君不是賢 應緣慣與女奴眠」弟應聲續尾曰「無端嫁得風狂漢 强被輕言辱地仙」公答爲詩曰 「五百年來始遇賢 且歡今夜得雙眠 芳心莫恠親狂客 曾向春風占謫仙」 小頃 月落雞鳴 二女皆驚 謂公曰「樂極悲來 離長會促 是人世貴賤同傷 況乃存沒異途 升沈殊路 每慚白晝 虛擲芳時 只應拜一夜之歡 從此作千年之恨 始喜同衾之有幸 遽嗟破鏡之無期」二女各贈詩曰「星斗初回更漏闌 欲言離緖淚闌干 從玆更結千年恨 無計重尋五夜歡」又曰「斜月照窓紅臉冷 曉風飄袖翠眉攅 辭君步步偏腸斷 雨散人歸入夢難」致遠見詩 不覺垂淚 二女謂致遠曰「徜或他時 重經此處 修掃荒塚」言訖即滅 明旦 致遠歸塚邊 彷徨嘯咏 感歎尤甚 作長歌 自慰曰「草暗塵昏雙女墳 古來名迹竟誰聞 唯傷廣野千秋月 空鎖巫山兩片雲 自恨雄才爲遠吏 偶來孤館尋幽邃 戲將詞句向門題 感得仙姿侵夜至 紅錦袖紫羅裙 坐來蘭麝逼人薰 翠眉丹頰皆超俗 飮態詩情又出羣 對殘花傾美酒 雙雙妙舞呈纖手 狂心已亂不知羞 芳意試看相許否 美人顏色久低迷 半含笑態半含啼 面熱自然心似火 臉紅寧假醉如泥 歌艶詞打懦合 芳宵良會應前定 纔聞謝女啓淸談 又見班姬抽雅詠 情深意密始求親 正是艶陽桃李辰 明月倍添衾枕恩 香風偏惹綺羅身 綺羅身衾枕恩 幽懽未已離愁至 數聲餘歌斷孤魂 一點殘燈照雙淚 曉天鸞鶴各西東 獨坐思量疑夢中 沈思疑夢又非夢 愁對朝雲歸碧空 馬長嘶望行路 狂生猶再尋遺墓 不逢羅襪步芳塵 但見花枝泣朝露 腸欲斷首頻回 泉戶寂寥誰爲開 頓轡望時無限淚 垂鞭吟處有餘哀 暮春風暮春日 柳花

撩亂迎風疾 常將旅思怨韶光 況是離情念芳質 人間事愁殺人 始聞達路又迷津 草沒銅臺千古恨 花開金谷一朝春 阮肇劉晨是凡物 秦皇漢帝非仙骨 當時嘉會杳難追 後代遺名徒可悲 悠然來忽然去 是知風雨無常主 我來此地逢雙女 遙似襄王夢雲雨 大丈夫大丈夫 壯氣須除兒女恨 莫將心事戀妖狐」 後致遠 擢第東還 路上歌詩云「浮世榮華夢中夢 白雲深處好安身」乃退而長往 尋僧於山林江海 結小齋 築石臺 耽玩文書 嘯咏風月 逍遙偃仰於其間 南山清凉寺 合浦縣月影臺 智理山雙溪寺 石南寺 墨泉石臺 種牧丹 至今猶存 皆其遊歷也 最後隱於伽倻山海印寺 與兄大德賢俊 南岳師定玄 探賾經論 遊心冲漠 以終老焉 〈太平通載 卷六八 崔致遠〉

② 溫 達

이편은 곧 金富軾의 「三國史記」 중에서 뽑은 것이다. 그 梗概를 말한다면 高句麗 平岡王 高寶延(?～545)의 貴公主가 비렁뱅이 「바보온달(?)」을 찾아가 戀愛를 청한 故事의 기록이다. 이는 이른바 列傳系의 小說이다. 우리 나라에서는 司馬遷 「范雎傳」의 國譯本을 小說로 읽는 것을 보았다. 「三國史記」 중에서도 「列傳」의 「金庾信」·「金后稷」·「薛氏」·「都彌」·「弓裔」 등편은 모두 傳奇的인 要素를 지녔으나 이에서는 割愛하기로 한다.

溫達高句麗平岡王時人也 容貌龍鍾可笑 中心則睟然 家甚貧 常乞食以養母 破衫弊履 往來於市井間 時人目之爲愚溫達 平岡王少女兒好啼 王戲曰「汝常啼聒我耳 長必不得爲士大夫妻 當歸之愚溫達」王每言之 及女年二八 欲下嫁於上部高氏 公主對曰「大王常語『汝必爲溫達之婦』今何故改前言乎 匹夫猶不欲食言 況至尊乎 故曰『王者無戲言』今大王之命謬矣 妾敢不祗承」王怒曰「汝不從我敎 則固不得爲吾女也 安用同居 宜從汝所適矣」於是 公主以寶釧數十枚 繫肘後 出宮獨行 路遇一人 問溫達之家 乃行至其家 見盲老母 近前拜 問其子所在 老母對曰「吾子貧且陋 非貴人之所可近 今聞子之臭 芬馥異常 接子之手 柔滑如綿 必天下之貴人也 因誰之侜 以至於此乎 唯我息 不忍饑 取楡皮於山林 久而未還」 公主出行至山下 見溫達負楡皮而來 公主與之言懷 溫達勃然曰「此非幼女子 所宜行 必非人也 狐鬼也 勿迫我也」遂行不顧 公主獨歸宿柴門下 明朝更入 與母子備言之 溫達依違未決 其母曰「吾息至陋 不足爲貴人匹 吾家至窶 固不宜貴人居」公主對曰「古人言『一斗粟猶可舂 一尺布猶可縫』則苟爲同心 何必富貴 然後可共乎」 乃賣金釧 買得田宅奴婢 牛馬器物 資用完具 初買馬 公主語溫達曰「愼勿買市人馬 須擇國馬病瘦而見放者 而後換之」溫達如其言 公主養飼甚勤 馬日肥且壯 高句麗 常以春三月三日 會獵樂浪之丘 以所獲猪鹿 祭天及山川神 至其日 王出獵 羣臣及五部兵

士皆從 於是 溫達以所養之馬隨行 其馳騁 常在前 所獲亦多 他無若者 王召來問姓名 驚且異之 時後周武帝 出師伐遼東 王領軍逆戰於肄山之野 溫達爲先鋒 疾鬪斬數十餘級 諸軍乘勝奮擊 大克 及論功 無不以溫達爲第一 王嘉歎之曰 「是吾女壻也」備禮迎之 賜爵爲大兄 由此寵榮尤渥 威權日盛 及陽岡王即位 溫達奏曰「唯新羅 割我漢北之地 爲郡縣 百姓痛恨 未嘗忘父母之國 願大王 不以愚不肖 授之以兵 一往必還吾地」王許焉 臨行誓曰「雞立峴竹嶺以西 不歸於我 則不返也」遂行 與羅軍戰於阿且城之下 爲流矢所中 路而死 欲葬 柩不肯動 公主來撫棺曰「死生決矣 於乎歸矣」遂擧而窆 大王聞之悲慟 <三國史記 卷四五 張13~15 列傳 第五 溫達>

第七章　儒·佛思潮의 交媾(其二)

<亡亂以後의 高麗>

1.　文人의 大受難期

高麗 文人의 大受難期는 곧 「太平好文之主」로 이름이 높던 毅宗 24년(1170)의 鄭仲夫의 亂에서 비롯하였다. 鄭亂의 勃發은 오로지 武夫의 身分을 지닌 그들의 賤待에서 起因되었던 것이다. 鄭仲夫는 애초에 金富軾의 父子에 대하여 수염을 불사른 일에 挾憾을 하였다.

> 鄭仲夫 海州人 容貌雄偉 方瞳廣顙 白晳美鬚髯……仁宗朝 始補牽龍隊正 除夕設儺禮 呈雜技……內侍金敦中 年少氣銳 以燭燃仲夫鬚 仲夫搏辱之 敦中父富軾怒 白王欲栲仲夫 王然之 然異仲夫爲人 密令逃免〈高麗史 卷一二八 張1 列傳 第四一 鄭仲夫〉

그러나 이는 그 動亂에 있어서 遠因이었을 뿐이요, 그 近因은 毅宗 때에 이르러서 文臣들은 뜻을 얻어서 醉飽하였으나 武夫는 모두 飢困에 빠졌음을 분개한 것에 있었던 것이다.

> 時王荒淫 不恤政事 遊幸無度 每至佳境 輒住輦吟賞風月 十八年 王移御仁智齋……王與諸學士 唱和未已 仲夫以下諸將 疲困憤惋 始有不軌之心……二十四年王幸和平齋 又與近幸文臣 觴咏忘返 扈從將士飢甚 仲夫出旋 牽龍行首散員李義方李高從之 密語仲夫曰「文臣得意醉飽 武臣皆飢困 是可忍乎」 仲夫曾有燃鬚之憾 乃曰「然」 遂構兇謀　〈高麗史 卷一二八 張1～2 列傳 第四一 鄭仲夫〉

그리하여 政治에 굶주렸던 武夫들이 登場되자 第二次로 文臣들의 虐殺을 敢行했다.

> 殺林宗植李復基韓賴 凡扈從文官 及大小臣僚宦寺 皆遇害 又殺在京文臣五十餘人　〈高麗史 卷一九 張9 世家 第一九 毅宗三〉

그리고 明宗 3년(1173)에는 李甫當(?～1173)에 의한 毅宗復位의 運動이 失敗되자 李에 協力했던 文臣의 第二次 虐殺을 면치 못할 사정이었다.

癸卯 安北都護府 執送甫當等 李義方殺之於市 凡文臣 一切誅戮
<高麗史 卷一九 張22 世家 第一六 明宗一>

그리하여 文臣들은 氣魄이 沮喪되어 武臣의 비위를 거슬리지 못했다.

自鄭仲夫作亂 文臣沮喪 鱗瞻與武臣同事 每被掣肘 脂韋自保而已
<高麗史 卷九六 張36～37 列傳 第九 尹鱗瞻>

그러므로 無識한 武夫出身이 黃閣을 占領하여 서로 拳風을 보인 醜態는,

庚癸之後 宰相多武人 李義旼與杜景升 同坐中書 李誇於杜曰 「某人自矜勇力 吾一擊仆之如此」 因用拳撞柱 榱桷皆動 杜答曰 「某時之事 吾以空拳奮擊 衆皆奔潰」 亦撞之 拳陷於壁 時人爲詩曰

吾畏李與杜　　屹然眞宰輔
黃閣三四年　　拳風一萬古　<櫟翁稗說 前集二 張13>

를 보아서 짐작할 수 있을 것이다. 그러나 鄭亂은 다만 文武官僚들의 椅子 다툼에 지나지 않을 뿐이요, 그 틈을 타서 明宗 6년(1176)에 일어난 公州 鳴鶴所에 살고 있던 村民 亡伊·亡所伊 등의 叛政府的인 行爲는 더욱 社會의 不安을 자아내었다.

公州鳴鶴所民 亡伊亡所伊等 嘯聚黨與 自稱山行兵馬使 攻陷公州
<高麗史 卷一九 張28 世家 第一九 明宗一>

그들 叛亂의 遠因은 아마 太祖가 마련하였다는 소위 「訓要」 十條 중 第八條에 公州民에 대한 差別待遇에서 나온 듯싶다.

其八曰 「車峴以南 公州江外 山形地勢 并趨背逆 人心亦然 彼下州郡人 糸與朝廷 與王侯國戚婚姻 得秉國政 則或變亂國家 或啣統合之怨 犯蹕生亂 且其曾屬官寺奴婢 津驛雜尺 或投勢移免 或附王侯宮院 姦巧言語 弄權亂政 以致災變者 必有之矣 雖其良民 不宜使在位用事」 <高麗史 卷二 張16 世家 第二 太祖二>

그 近因으로는 無知한 武夫가 執權하여 賣官·鬻獄 등을 恣行함에 따라 民生이 塗炭에 빠짐에 있었던 것이다.

自鄭仲夫李義方義旼等 弑毅宗 竊弄國柄……陵鑠王室 殺害朝臣 賣官鬻獄 濁亂朝政 其禍慘矣 <高麗史 卷二〇 張38～39 世家 第二〇 明宗二>

이에 대하여 政府에서는 懷柔策을 써서 彌縫하려 하였다.

丙戌陞亡伊鄕鳴鶴所 爲忠順縣 以內園丞梁守鐸爲令 內侍金允實爲尉 以撫之
〈高麗史 卷一九 張29 世家 第一九 明宗二〉

그러나 亡伊들은 降·叛이 無常하여 제 멋대로 날뛰었다.

丁酉七年 春正月己酉 亡伊亡所伊來降 賜廩粟 命監察御史金德剛 押送其鄕……庚辰亡伊等 復叛 寇伽耶寺……辛亥亡伊等 焚弘慶院 殺居僧十餘人 逼令主持僧賚書赴京 略云「旣升我鄕爲縣 又置守以安撫 旋復發兵來討 收繫我母妻 其意安在寧死於鋒刄下 終不爲降虜 必至王京然後已」〈高麗史 卷一九 張31~32 世家 第一九 明宗一〉

그들의 叛亂은 階級鬪爭의 意識이 전연 없음은 아니다. 그들의 鬪爭은 身分制度에 대한 反抗이었으나 不幸히도 目的을 이룩하지 못한 채 淸州獄에 갇히게 되었다.

丁巳南賊處置兵馬使鄭世猷等 捕賊首亡伊亡所伊等 囚淸州獄 遣人告捷
〈高麗史 卷一九 張34 世家 第一九 明宗一〉

그러나 당시 無力한 高麗王朝는 土地政策에 있어서 점차로 轉換期를 가져오지 않을 수 없게 되었다. 그 실은 종전의 田柴科의 制度가 廢止되자 權力家의 私田 곧 小莊園이 成立됨에 따라 良民들의 田土가 모두 巨室로 들어갔을 뿐만 아니라, 한해에도 二三次의 徵稅를 敢行하였던 것이다.

毅明以降 權姦擅國 斲喪邦本 用度濫溢 倉廩殫竭 及至事元 誅求無厭 朝覲饋遣國贐等事 家抽戶斂 徵科萬端 由是戶口日耗 國勢就弱 高麗之業遂衰 叔季失德 版籍不明 而良民盡入於巨室 田柴之科 廢而爲私田 權有力者 田連阡陌 標以山川 徵租一歲或至再三 〈高麗史 卷七八 張1 志 第三二 食貨一〉

그러던 것이 이에 이르러서 점차로 改革되었다. 그 一例로서 忠烈王 王昛(1236~1308) 11년(1285)의 일을 들 수 있겠다.

忠烈王十一年三月 下旨「諸王宰樞 及扈從臣僚 諸宮院寺社 望占閑田 國家亦以務農重穀之意 賜牌 然憑藉賜牌 雖有王付籍之田 並皆奪之 其弊不貲 擇人差遣 窮推辨覈 凡賜牌付田 起陳勿論 苟有本主 皆令還給 且雖閑田 百姓已曾開墾 則並禁奪占 〈高麗史 卷七八 張4~5 志 第三二 食貨一〉

그리고 그 뒤 神宗 王晫(1144~1211) 元年(1198)에는 私奴 萬積(?) 등 6人이 松岳山에 올라서 公私奴隸를 招集하여 自由平等을 부르짖다가 일

은 失敗되었으나 역시 亡伊 등의 일에 비하여 오히려 重大한 事件이겠다.

元年 私僮萬積等六人 樵北山 招集公私奴隷 謀曰「國家自庚癸以來 朱紫多起於賤隷 將相寧有種乎 時來則可爲也 吾輩安能勞筋骨 困於捶楚之下」諸奴皆然之 剪黃紙數千 皆鍥丁字爲識 約曰「吾輩自興國寺步廊至毬庭 一時羣集皷噪 則在內宦者 必應之 官奴等誅鋤於內 吾徒蜂起城中 先殺崔忠獻等 仍各格殺其主 焚賤籍 使三韓無賤人 則公卿將相 吾輩皆得爲之矣」及期皆集 以衆不滿數百 恐不濟事 更約會普濟寺 令曰「事不密 則不成 愼勿泄」律學博士韓忠愈家奴順貞 告變於忠愈 忠愈告忠獻 遂捕萬積等百餘人 投之江 授忠愈閤門祇候 賜順貞白金八十兩 免爲良 以餘黨不可悉誅 詔不問 <高麗史 卷一二 張.12~13 列傳 卷四二 崔忠獻>

2. 亂後文人의 逃避思想

당시 亂後의 文人들은 現實의 逃避에 급급하지 않을 수 없었다. 그러므로 李齊賢은,

不幸毅王季年 武人變起所忽 薰蕕同臭 玉石俱焚 其脫身虎口者 逝逃窮山 蛻冠帶而蒙伽梨 以終餘年 <櫟翁稗說 前集一 張13>

이라 하였고, 그는 또 亂後에 글 읽는 이들이 줄어졌음을 慨歎하였다.

國家伐叛耽羅 問罪東倭 丁亥之勤王 庚寅之禦冠 用兵幾二十年 士皆袵金革操弓戈 挾策而讀書者 十不能一二 而先輩老儒 物故且盡 六籍之傳 不絕如綫 <櫟翁稗說 前集二 張9>

당시의 情勢는 비록 글을 읽고자 하더라도 亂後의 文籍이 蕩盡되어서 어떻게 할 수 없었던 것이다. 그러므로 崔瀣는 이렇게 말했다.

俗尙淳厖 凡有家集 多自手寫 少以板行 愈久愈失 難於傳廣 而中葉失御 武人變起所忽 崑岡玉石 遽及俱焚之禍 爾後三四世 雖號中興 禮文不足 因而繼有權臣擅國 脅君罔民 曠弃城居 竄匿島嶼 不暇相保 國家書籍 委諸泥塗 無能收之 <東文選 卷八四 東人文序>

그리고 亂後文人의 主流로는 소위 「竹林高會」를 中心으로 結合된 七賢들이다. 그 七賢의 羣像은 다음과 같다.

① 李仁老

竹林高會 중에 牛耳를 잡은 이는 곧 李仁老이다. 그의 生涯와 思想은

다음과 같다.

自幼聰悟 能屬文 善草隷 鄭仲夫之亂 祝髮以避 亂定歸俗 明宗十年 擢魁科 補桂陽管記 遷直史館 出入史翰 凡十有四年 與當世名儒吳世才林椿趙通皇甫沆咸淳李湛之 結爲忘年友 以詩酒相娛 世比江左七賢……以詩名於時 性偏急 忤當世不爲大用 所著銀臺集二十卷 後集四卷 雙明齋集三卷 破閑集三卷 行於世 <高麗史 卷一〇二 張10 列傳 第一五 李仁老>

그의 아들 李世黃(?)의 기록에는,

先人始自翰院 至於誥院 凡十有四載 綸綸餘暇 遇景落筆 詞若湧泉 略無停滯 時人指之曰「腹藁」日與西河耆之 濮陽世才輩 約爲金蘭 花朝月夕 未嘗不同 世號「竹林高會」 <破閑集 卷末 後叙>

라 하였으니, 耆之는 林椿(?)의 字였고, 竹林은 晉代 淸談派인 竹林七賢곧 江左七賢을 摸擬한 것이었다. 이에 대하여 李奎報는 七賢의 補缺問題에 대하여 一代의 笑話를 펼쳤다.

先輩有以文名世者 某某等七人 自以爲一時豪俊 遂相與爲七賢 蓋慕晉之七賢也 每相會 飮酒賦詩 旁若無人 世多譏之 然後稍沮 時予年方十九 吳德全許爲忘年友 每攜詣其會 其後德全遊東都 予復詣其會 李淸卿目予曰「子之德全 東遊不返 子可補耶」予立應曰「七賢豈朝廷官爵 而補其闕耶 未聞嵇阮之後 有承之者」闔座皆大笑 又使之賦詩 占客人二字 予立成口號曰「榮忝竹下會 快倒甕中春 未識七賢內 誰爲鑽核人」一座頗有慍色 卽傲然大醉而出 予少狂如此 世人皆目以爲「狂客」也 <東國李相國全集 卷二一 張5 七賢說>

德全은 吳世才(1133~?)의 字였고, 淸卿은 李湛之의 字이다. 그글은 「白雲小說」중에도 실려 있다. 그리고 그는 또 「龍頭會」라는 詩會를 연적이 있었다.

本朝以狀頭 入相者 十有八人 今崔洪胤琴克儀 相繼已到黃扉 而僕與金侍郎君綏 并遊誥苑 其餘得列淸華 亦十五人 何其盛也 今上即阼六年己巳 金公出守南州 諸公會于檜里 以餞之 世謂之「龍頭會」 望之若登仙 <破閑集 卷下>

② 吳世才

이에는 「玄靜先生」의 私謚를 얻은 詩人 吳世才를 들지 않을 수 없겠다.

少力學 手寫六經 以讀 日誦周易 明宗時登第 性疎雋少檢 不容於世 仁老三上

書薦之 竟未得官 僑寓東京 窮困而卒 與奎報爲忘年交 奎報私諡曰「玄靜先生」
<高麗史 卷一〇二 張10 列傳 第一五 吳世才>

그러므로 崔滋는 일찌기,

乘菴居士安淳之 以曠世大手 於文章愼推 李眉叟甞以書及詩 求作汲古堂記 再三猶不應 李固迫之 乃不得已作記 以駁李所著汲古堂詩之意 非之 金翰林克己 與安同邑 又同時 安之文集中 未甞一與金有唱和之作 唯於吳先生世才 一見歎服不已 <補閑集 卷中>

라 하였으니, 眉叟는 곧 李仁老의 字였다. 그리고 그의 忘年交인 李奎報는,

爲詩文 得韓杜體 雖牛童走卒 無有不知名者……嘗以書干趙柳兩公 其辭哀切悲壯 抑揚婉轉 眞有古人風 讀之不覺涕下 <東國李相國全集 卷三七 張1 吳先生德全哀詞序>

라 하여 그의 文章을 논평하였고, 그는 또 吳氏에게 「恃才傲物」이라는 논평을 함부로 하는 俗人들에게 警鍾을 울렸다.

李子問吳德全曰「三韓 自古以文鳴於世者 多矣 鮮有牛童走卒之及知其名者 獨先生之名 雖至婦女兒童 無有不知者 何哉」先生笑曰 「吾嘗作老書生 餬口四方無所不至 故人多知者 而連擧春官不捷 則人皆指以爲『今年某又不第』矣 以此熟人之耳目耳……」其貶損如此 或以公爲「恃才傲物」此甚不知先生者也
<東國李相國全集 卷二一 張2 忌名說>

③ 林 椿

林椿은 역시 鄭亂에 온 집안이 禍를 입었으나 그는 겨우 면하였다.

以文章鳴世 屢擧不第 鄭仲夫之亂 闔門遭禍 椿脫身僅免 卒窮夭而死 仁老集遺藁爲六卷 目曰「西河先生集」行於世 <高麗史 卷一〇二 張11 列傳 第一五 林椿>

그는 자기의 不遇함을 못내 슬퍼하여,

僕廢錮淪陷 爲世所笑 屛居僻邑 坐增孤陋 學不益加 道不益進 遂爲庸人矣 凡作文 以氣爲主 而累經憂患 神志荒敗 眊眊焉眞一老農也 其時時讀書 唯欲不忘吾聖人之道耳 假令萬一復得應科擧登朝廷 吾已老矣 無能爲也 所念者 吾家俱以文章名於當代 僕若弃遐荒 莫承遺緖 則亦終身之耻也 然至此 豈非命歟
<東文選 卷五九 與皇甫若水書>

라 하였으니, 若水는 곧 竹林七賢의 하나인 皇甫沆(?)의 字이다. 千後에

이 글을 읽은 이는 一字一涕를 금치 못할 만큼 芊眠·悱惻한 文章이었으며, 이보다도 더 지나친 自悼의 辭로서,

嗟乎 自古賢人才士 例多窮厄矣 而無有如僕者 子美之流落 韓愈之幼孤 摯虞之飢困 馮唐之無時 羅隱之不第 長卿之多病 古人特犯其一 而亦已爲不幸人 豈不悲哉……僕旣屢困場屋 將自誓不復求之 <東文選 卷五九 與趙亦樂書>

도 없지 않다. 亦樂은 역시 七賢의 하나인 趙通(?)의 字이다. 그러나 그는 또 碌碌하게 자기의 文章을 굽혀가면서 場屋의 俳優的인 文體를 따르지 않기로 決定된 心境은 실로 苦心慘憺하였을 뿐이다.

僕性本曠達 好問大道 不樂爲世俗應用文字 但少爲父兄所强 未免作之 自遭難廢而不爲者 久矣 今旣寒窘 思其所以取仕進 而具裘葛養孤窮者 非此術莫可 故出而迺取時所謂場屋之文者 讀之 工則工矣 非有所謂甚難者 誠類俳優者之說 因自計曰「如是而以爲文乎 則雖甲乙 可曲肱而有也 曾不知遽爲造物小兒所困 遂奪之志也」此天命 要不可逃 <同上>

④ 趙 通

趙通에 대한 기록은,

軀幹魁梧 經史百家 無不貫穿 明宗聞其名 屢召問 登第 累遷正言 轉考功郎中太子文學 奉使如金 會有徵詰 拘留三年 金人愛其才 遣還……官至左諫議大夫國子監大司成翰林學士 <高麗史 卷一〇二 張11 列傳 第一五 趙通>

가 있고, 또 林椿이 그에게 준 書翰 중의 一節을 보아서도 그의 雄才를 짐작할 수 있겠다.

足下以雄才遭明時 宜卓然有所立者 且文章之衰 未有甚於今日 當賴足下輩三四人 迭唱更和 而振起之 則其功豈細也哉 <東文選 卷五九 與趙亦樂書>

⑤ 皇甫沆

皇甫沆에 대한 著籍이 드물어서 그의 生涯와 思想을 잘 알 수 없겠으나 다만 林椿이 그에게 끼친 書翰 二則이 남아 있다. 林氏는,

足下以名父之子 大振家聲 學精業茂 年又甚少 其濯髮雲漢 垂光虹霓 踐文昌登禁掖者 不旦即夕也……僕略觀當世士大夫 志於遠且大者 甚少 但以科第 爲富貴之資而已 其谽然霈橫然行 闊視綴述之場 可以與西漢之文章者 捨足下誰耶

<東文選 卷五九 與皇甫若水書>

라 하여 그에게 文學運動에 대한 기대가 자못 컸으며, 그는 또 皇甫氏 文學의 全域에 대하여 논평한 것이 있다.

得足下所撰樂章六篇……足下以超卓之才 學博而識精 氣淸而詞雅 今又於樂章推餘刄而爲之 正聲諧韶濩 勁氣沮金石 鏗鋐陶冶 動人耳目……足下文章 誠盡善矣 <同上>

그는 또 皇甫氏에게 近世의 考試가 지나치게 聲律에 拘礙됨을 논평했다.

近世取士 拘於聲律 往往小兒輩 咸能取甲乙 而宏博之士 多見擯抑 故朝野嗟寃 吾恐玆弊已久 <同上>

⑥ 咸 淳

咸淳도 역시 七賢 중의 한 사람이다. 그의 一生은 잘 알 수 없겠고 다만 林椿이 그에게 준 「送序」에 다음과 같은 말이 있다.

今夫士之綴偶屬之文 書方寸之紙 以取科第登朝廷者 多矣 如使之置羽檄奔走之地而無恐 試之繁劇紛冗之事而無擾 爲將而將 爲吏而吏 是皆不可勉强而有者 擧今之世 罕見其比 吾得之於恒陽咸君 其庶幾乎 敦朴質重 與直道爲任 孝敬忠信資乎中 文學辭彩飾乎外 則其施於事業者 又可量耶 <東文選 卷八三 送咸淳赴翼嶺序>

⑦ 李湛之

李湛之도 역시 七賢 중의 한 사람이다. 그의 一生은 상세히 알 수 없겠으나 高麗의 中葉 以後에 가장 많이 流行되던 走筆의 創案者라 했다. 李奎報는 이에 대하여 다음과 같은 記事와 논평을 남겼다.

夫唱韻走筆者 使人唱其韻而賦之 不容一瞥者也 其始也 但於朋伴間 使酒時狂無所洩 遂託於詩 以激昂其氣 供一時之快笑耳 不可以爲常法 亦不可於尊貴之前所爲也 此法李湛之淸卿 始倡之矣 予少狂 自以爲「彼何人予何人 而獨未爾耶」往往與淸卿賦焉 於是乃始之 然若予者 性本燥急 移之於走筆 又必於昏醉中乃作 故凡不慮善惡 惟以拙速爲貴 非特亂書而已 皆去傍邊點畫 不具字體 若其時 不有人隨所下輒問 別書于旁 則吾亦莽莽 不復識也 其格亦於平時所著 降級倍百 然後爲之 不足以章句體裁觀之 實詩家之罪人也 初不意區區此戲之聞于世矣 乃反爲公卿貴戚 所及聞知 無不邀飮 勸令爲之 則有或不得已而賦之者 然漸類倡優雜戲

之伎 或觀之者如堵牆 尤可笑已 <東國李相國全集 卷二二 張17～18 論走筆事略言>

3. 辭賦의 登場

① 辭

「辭」는 「賦」와 비슷하나 대체로 애초에는 詩의 衛星的인 位置에 놓였던 것이 점차로 大國의 役割을 하게 되었다. 예를 들면 漢武帝 劉徹의 「秋風辭」는 비록 詩와 가까우나 「文選」에서는 벌써 詩와 分離시켰다. 그러나 樂府·歌曲 중의 詞의 이름을 가진 것은 이에 넣지 않았다.

1. 和歸去來辭

本辭는 李仁老의 作으로서 晋 陶潛(372～427)의 「歸去來辭」의 和韻이다.

歸去來兮 陶潛昔歸吾亦歸 得隍鹿而何喜 失塞馬而奚悲 蛾赴燭而不悟 駒過隙而莫追 纔握手而相誓 未轉頭而皆非 摘殘菊而爲飡 緝破荷而爲衣 旣得反於何有 誰復動於玄微 蝸舍雖窄 蟻陣爭奔 蛛絲網扉 雀羅設門 臧穀俱亡 荆凡孰存 以神爲馬 破瓠爲樽 身將老於莵裘 樂不減於商顔 遊於物而無忤 在所寓以皆安 鱗固潛於尺澤 翅豈折於天關 肯逐情而外獲 方收視以內觀 途皆觴而無礙 興苟盡則方還 鵬萬里以奚適 鷦一枝而尙寬 信解牛之悟惠 知斲輪之對桓 歸去來兮 問老聃之所遊 用必期於無用 求不過於無求 化蝶翅而猶悅 續鳧足則可憂 閱虛白於幽室 種靈丹於良疇 幻知捕影 癡謝刻舟 保不材於櫟社 安深穴於神丘 功名須待命 遲暮宜歸休 任浮雲之無迹 若枯槎之泛流 已矣乎 天地盈虛自有時 行身甘作賈胡留 遑遑捘淅欲安之 風斤思郢質 流水憶鍾期 尿死灰兮奚暖 播蕪穀兮何耔 第寬心於飮酒 酬遣興於作詩 望紅塵而縮頭 人心對面眞九疑 <東文選 卷一 辭>

이는 실로 우리 文學史 상에 가장 처음 나타난 「辭」이다. 陶潛의 思想은 비록 江左의 七賢들과는 差異가 없지 않겠으나 晋代의 風流를 艶慕하는 麗代 竹林七賢의 盟主인 李仁老로서는 一脈의 相通되는 점이 없지 않으리라 생각된다. 이를 나는 「晋辭」의 遺音이라고 부르고 싶다.

2. 流水辭

本辭는 李穡의 作이다. 李穡의 文章에 대해서는 그의 門人 權近(1352～

1409)의 논평에 의하면,

吾東方牧隱先生 質粹而氣淸 學博而理明 所存妙契於至精 所養能配於至大 故其發而措諸文辭者 優游而有餘 渾厚而無涯 其明昭乎日星 其變驟乎風雨 巋然而崒乎山岳 霈然而浩乎江河 賁若草木之華 動若鳶魚之活 富若萬物各得其自然之妙 與夫禮樂刑政之大 仁義道德之正 亦皆粹然會歸於其極 苟非禀天地之精英 窮聖賢之蘊奧 騁歐蘇之軌轍 升韓柳之室堂 曷能臻於此哉 自吾東方文學以來 未有盛於先生者也 <牧隱文集序 張1>

라 하였고, 그는 또,

凡爲文章 操筆即書 如風行水流 略無凝滯 而辭義精到 格律高古 浩浩滔滔 如江河注海 有集詩三十五卷 文二十卷 自元季至正癸巳 至皇朝洪武己巳 數十年間掌國文翰 多更變故 險難之際 能修詞命 屢見嘉歎 及公貶斥 忌公者典文 始以表辭 見責於帝 則公之文章智識 有補於世如此 惜恭愍 徒知致敬 而不能盡用其言後長百僚 而未幾罷免 遂見詆毀 經濟之學 卒莫大施 天也

<牧隱文集 附 張8 朝鮮牧隱 先生李文靖公行狀>

라 하였으나 鄭麟趾는 다음과 같이 논평했다.

穡天資明敏 博覽羣書 爲詩文 操筆即書 略無凝滯 勉進後學 以興起斯文爲己任學者皆仰慕 掌國文翰數十年 屢見稱中國……然志節不固 無大建白 學問不純 崇信佛法 爲世所譏 有牧隱集五十五卷 行于世 <高麗史 卷一一五 張27~28 列傳 第二八 李穡>

이에 그의 「流水辭」의 原典을 다음에 들어 둔다.

水之趨兮惟下 日百折兮不舍 不入于海兮 何科之停 盈必進兮 誰稅其駕 彼行潦之靡不源兮 尙逞威於大雨之炎夏也 勢暫似兮旋躓 猶足夸於鄙者也 吾寧不食於井之渫兮 大虛日星之倒寫也 剡雜穢之不并兮 夫何滌而何瀉也 毋航斷港兮 恐其窒也 毋踵弱水兮 恐其溺也 迺從而亂之曰

性一兮淑慝之胡形 才一兮取舍之是嬰 澗泉之幽幽 江海之冥冥 我歌其中兮 鬢毛之星星 千載有人兮 有耳其聆 <牧隱詩藁 張3~4>

이는 「楚辭」의 遺響이다. 이 밖에도 「山中辭」·「閔志辭」·「永慨辭」·「東方辭」·「自訟辭」 등이 있다.

3. 思美人辭

本辭는 鄭夢周(1337~1392)의 作이다. 本題의 「思美人辭」는 「東文選」의

것을 따르기로 했다. 「圃隱集」에는 「寄浙東佩玉齋郯士安」이라 되어 있다.

思佳人兮如玉 隔滄海兮共明月 顧茫茫兮九州 豺狼當途兮龍野戰 維余馬兮扶桑 悵何時兮與遊讌 進以禮兮退以義 搢紳笏兮戴華簪 願一見兮道余意 君何爲兮江之南 <東文選 卷一 辭>

그의 詩文은 모두 豪放·峻潔하였으므로 鄭麟趾는,

天分至高 豪邁絶倫 有忠孝大節 少好學不倦 硏窮性理 深有所得……所著詩文豪放峻潔 有圃隱集 行于世 <高麗史 卷一一七 張19~20 列傳 第三〇 鄭夢周>

라 하였고, 權採(?)는 또 다음과 같이 말했다.

發而爲文章者 雄深而雅健 渾厚而和平 愛君許國之意 溢於言詞之表 其有關於人倫世敎爲甚大 豈止辭語之精 聲律之工而已哉 <圃隱文集 卷首 圃隱先生詩卷序>

4. 哀秋夕辭

本辭는 李崇仁(1347~1406)의 作으로서 역시 芳馨·悱惻한 辭이다. 「陶隱詩集」 卷一에 실려 있으나 原典은 이에 생략한다.

② 賦

「賦」는 一種의 有韻的인 散文이다. 이는 오로지 事物을 鋪敍함에 注力하였으며, 漢代 士大夫의 계층에서 가장 많이 流行되었던 文體이다. 漢賦의 取材는 대체로 珍奇的인 史料나, 또는 怪瑋的인 國內外의 進貢物과 自然風景 또는 王公·大人들에 대한 娛樂時의 情狀 등이었나. 이는 애초에 「詩經」의 六義에서 나왔으며, 苟況(?)이 일찌기 「賦」로써 篇名을 삼았으므로 비롯하여 宋玉(?)에 이르러서 더욱 이 體가 많았으나 唐의 以後에는 비로소 律賦가 생겼으되 대체로 四六을 섞어 科擧文으로 썼던 것이다.

1. 啞雞賦

本賦는 金富軾의 作이다. 金氏의 「仲尼鳳賦」와 함께 우리 文學史 상에 가장 처음 나타난 「賦」이다. 이에 그 原典을 다음에 들어둔다. 비록 短篇이지만 㴚㴚한 大家의 風貌를 나타내는 作品이다. 이는 司晨의 구슬을 말

은 닭의 벙어리 노릇을 슬퍼한 것이다.

歲峥嵘而向暮 苦晝短而夜長 豈無燈以讀書 病不能以自强 但展轉以不寐 百慮縈于寸腸 想雞塒之在邇 早晚皷翼以一鳴 挑衾衣而幽坐 見窓隙之微明 遽出戶以迎望 參昴淪其西傾 呼童子而令起 乃問雞之死生 旣不羞於俎豆 恐見害於貍猩 何低頭而瞑目 竟緘口而無聲 國風思其君子 嘆風雨之不已 今可鳴而反默 豈不違其天理 與夫狗知盜而不吠 猫見鼠而不追 校不才之一揆 雖屠之而亦宜 惟聖人之敎誡 以不殺而爲仁 徜有心而知感 可悔過而自新 <東文選 卷一 賦>

2. 春望賦

李奎報는 「畏賦」·「夢悲賦」·「放蟬賦」·「祖江賦」·「春望賦」·「陶甖賦」 등 6篇의 鉅作을 내었다. 그 중에 이 「春望賦」의 한편을 뽑았다.

欣麗日之方酣 聊登高以游目 穀雨始晴兮 濯濯樹容之新沐 遠水蕩漾 麴塵浮綠 鳩鳴拂羽 鶯集珍木 衆花敷兮錦帳張 雜以青林兮一何斑駮 草芊蕪兮碧滋 牛布野兮散牧 女執筐兮採稚桑 援柔枝兮手如玉 俚歌相和 何譜何曲 行者坐者 去者復者 感陽熙熙 其氣可掬 鬱予望之止玆 何區區而齪齪 有若丹禁日長 萬機多簡 感韶光之駘蕩 時登覽乎飛觀 翔鼓聲高 紅杏齊綻 望神州之麗景 宸觀洽兮玉觴滿 此則春望之富貴也 彼王孫與公子 結豪友以尋芳 後乘載妓 茜袂紅裳 隨所駐兮鋪筵 吹瑤管兮吸玉簧 望紅絲之如織 擡醉眼以徜徉 此則春望之奢華也 有美婦人兮守空閨 別宕子兮千里 恨音塵之迢遞 情搖搖其若水 望漆燕之雙飛 倚雕籠而流淚 此則春望之哀怨也 故人遠遊兮送將行 雨浥輕塵兮柳色靑 三疊歌闋 別馬嘶鳴 登崇丘兮望行色 煙花掩冉兮蕩情 此則春望之別恨也 至若征夫 邈寄乎關山 見邊草之再榮 逐客南遷乎湘水 望靑楓之冥冥 莫不翹首延佇 抱恨怦怦 此則春望之羈離也 吾知夫夏之望兮 拘於蒸暑 秋事蕭瑟 多苦凝閉 玆三者之偏兮 若昧變而一泥 唯此春望 隨物因勢 或望而和懌 或望而悲淚 或望而歌 或望而涕 各觸類以感人兮 紛萬端與千緖 若瀧西子者 何爲哉 醉而望也樂 醒而望也哀 窮而望 則雲霧塞 達而望 則天日開 可以喜則喜 可以悲則悲 誠能遇境沿機 與物推移 而不可以一揆測知者乎

<東國李相國全集 卷一 張7~9 古賦>

李奎報는 일찌기 자기 讀書의 程歷과 文學에 대한 自評이 있다.

僕自九齡 始知讀書 至今手不釋卷 自詩書六經 諸子百家史筆之文 至於幽經僻典 梵書道家之說 雖不得窮源探奧 鉤索深隱 亦莫不涉獵游泳 採靑摭華 以爲騁詞摛藻之具……其或操觚引紙 題詠風月 則雖長篇巨題 多至百韻 莫不馳騁奔放 筆不停輟 雖不得排比錦繡 編列珠玉 亦不失詩人之體裁 顧自負如此 惜終與草木同腐

庶一提五寸之管 歷金門 上玉堂 代言視草 作批勅訓令 皇猷帝誥之詞 宣暢四方 足償平生之志 然後乃已 豈琭琭鎖鎖 求斗升祿 謀活其妻子者之類耶

〈東國李相國全集卷二六 張18~19上趙太尉書〉

그 사위인 李需(?)는,

無何名振海外 獨步三韓 翺翔玉堂 出入鳳池 王言帝誥 高文大册 皆出一手

〈東國李相國全集 卷首 張1 東國李相國文集序〉

라 하였고, 鄭麟趾는 다음과 같이 말했다.

性豁達 不營生產 肆酒放曠 爲詩文 不蹈古人畦徑 橫鶩別駕 汪洋大肆 一時高文大册 皆出其手 三掌禮闈 所得多名士 有集五十三卷 行于世

〈高麗史 卷一〇二 張5 列傳 第一五 李奎報〉

그는 비록 한개의 後輩로서 七賢을 따라 竹林高會에 參席한 적이 없지 않았으나 그들이 그를 吳世才의 뒤를 이어서 補缺의 候補者로 推薦했을 때에는 도리어 諷刺詩 한편으로써 婉拒하였다. 이는 그의 文學에 대한 思潮的인 면에서 벌써 七賢의 逃避主義에서는 脫皮하였던 것이다.

3. 玉堂栢賦

本賦는 李仁老의 作으로서 玉堂의 잣나무의 淸枯함을 자기의 高趣·秀句에 비하여 지은 것이다. 그의 「紅桃井賦」와 함께 雙璧的인 作品이라 하겠다. 이 原典은 들지 않는다.

4. 三都賦

本賦는 崔滋의 作으로서 班固(32~92)의 「西都賦」, 張衡(78~139)의 「西京」·「東京」·「南都」의 三賦, 左思(?)의 「三都賦」를 摸擬한 것이다. 이 三都는 「西都」·「北京」·「江都」였으며, 登場된 主客은 西都의 辨生, 北京의 談叟, 江都의 正議大夫라는 假傳的인 人物들이다. 그야말로 漢賦의 遺響으로서 汪洋·浩汗한 鉅篇이었다. 原辭는 이에 割愛하기로 한다.

5. 觀魚臺小賦

李穡의 作으로서 蘇軾(1036~1101)의 「赤壁賦」와 酷似하다는 논평을 받

은 作品이다. 原典은 이에 들지 않는다.

論者謂「牧隱酷似東坡 間有發越處 或過之」有問陽村權先生者 先生笑曰「子歸讀東坡前後赤壁賦 牧隱觀魚臺賦 自當知之矣」予謂「古人以『蘇老前後赤壁賦爲一洗萬古』則非後人 所可議擬也」 <東人詩話 卷下>

4. 樂府의 發展

高麗後期의 樂府는「俗樂」과「詞」의 二種으로서 나누어 보기로 했다. 이에는「詞」가 이때에 이르러서는 어엿이 한 자리를 占有할 수 있는 까닭이다.

① 俗 樂

1. 翰林別曲

元淳文 兪元淳 仁老詩 李仁老 公老四六 李公老 李正言 李奎報 陳翰林 陳澕 雙韻走筆 冲基 劉冲基 光鈞經義 閔光鈞 良鏡詩賦 金良鏡 偉試場 景何如 琴學士 琴儀 玉笋門生 云云 俚語凡歌詞中以俚語不載者倣此

唐漢書 莊老子 韓柳文集 李杜集 蘭臺集 白樂天集 毛詩尙書 周易春秋 周戴禮記云云 俚語 太平廣記 四百餘卷 偉歷覽景何如

眞卿書 飛白書 行書草書 篆籀書 蝌蚪書 虞世南書 羊鬚筆 鼠鬚筆云云 俚語 吳生劉生 兩先生 偉走筆景何如

黃金酒 柏子酒 松酒醴酒 竹葉酒 梨花酒 五加皮酒 鸚鵡盞 琥珀杯云云 俚語 劉伶陶潛 兩仙翁云云 俚語

紅牡丹 白牡丹 丁紅牡丹 紅芍藥 白芍藥 丁紅芍藥 御榴玉梅 黃紫薔薇 芷芝多柏 偉間發景何如 合竹桃花云云 俚語 偉相映景何如

阿陽琴 文卓笛 宗武中笒 帶御香 玉肌香 雙伽倻琴 金善琵琶 宗智嵇琴 薛原杖鼓 偉過夜景何如 一枝紅云云 俚語

蓬萊山 方丈山 瀛洲三山 此三山 紅樓閣 婥妁仙子 綠髮額子 錦繡帳裏 珠簾半捲 偉登望五湖景何如 綠楊綠竹栽亭畔 偉囀黃鶯景何如

唐唐 唐楸子 皂莢木云云 俚語 削玉纖纖云云 俚語 偉攜手同遊景何如

<高麗史 卷二〇 張40~41 志 第二五 樂二>

그 뒤에 짧은 解題가 다음과 같이 붙어 있다.

此曲 高宗時 翰林諸儒所作 <高麗史 卷七〇 張42 志 第二五 樂二>

그 詞의 內面에 흐르는 思潮는 몹시 頹廢的이었으나 당시에 가장 많이 불리어졌으며, 一代의 時體를 이룩하였다. 退溪 李滉(1501～1570)은 이에 대하여 다음과 같이 논평했다.

吾東方歌曲 大抵多淫哇不足言 如翰林別曲之類 出於文人之口 而矜豪放蕩 兼以褻慢戱狎 尤非君子所宜尙 <退溪文集 卷四三 張23 陶山十二曲跋>

2. 三 藏

三藏寺裏點燈去　　有社主兮執吾手
徜此言兮出寺外　　謂上座兮是汝語 <高麗史 卷七〇 張42 志 第二五 樂二>

3. 蛇 龍

有蛇含龍尾　　聞過太山岑
萬人各一語　　斟酌在兩心 <同上>

위의 두편 밑에는 다음과 같은 解題가 붙어 있다.

右二歌 忠烈王朝所作 王狎羣小 好宴樂 倖臣吳祈金元祥 內僚石天補天卿等 務以聲色容悅 以管絃房太樂才人 爲不足 遣臣諸道 選官妓有姿色伎藝者 又選城中官婢 及女巫善歌舞者 籍置宮中 衣羅綺 戴馬鬃笠 別作一隊 稱爲男粧 敎閱此歌與羣小 日夜歌舞褻慢 無復君臣之禮 供億賜與之費 不可勝記 <同上>

4. 雙燕曲

本曲의 作者는 未詳이다. 詞는 傳치 않는다.

二十六年……己巳又詣闕 設扶頭宴 帝命唱高麗歌 王令大將軍宋邦英宋英等 歌雙燕曲 前王執檀板 王起舞獻壽 帝與后悅 <高麗史 卷三一 張30 世家 第三一 忠烈王四>

5. 大平曲

本曲은 姦臣 金元祥(？～1339)의 作이다. 역시 詞는 전치 않는다.

有妓謫仙來 得幸於王 元祥與內侍朴允材 俱爲妓同里閈 相往來 元祥製新調大

平曲 令妓習 一日內宴歌之 王妬且變色曰「此非能文者不能 誰所爲耶」對曰「妾兄弟元祥允材所製」王喜曰「有才如此 不可不用」以元祥爲通禮門祇候
<高麗史 卷一二五 張22 列傳 第三八 金元祥>

6. 紫霞洞

家在松山紫霞洞 雲烟相接中和堂 喜聞今日耆英會 來獻一杯延壽漿 一杯可獲千年算 願君一杯復一杯 世上春秋都不管 池塘生春草 園柳徧鳴禽 三韓元老開宴中和堂 白髮戴花 手把金觴相勸酒 雖道風流勝神仙 亦何傷 月留琴奏太平年 願公酩酊莫辭醉 人生無處似罇前 斷送百年無過酒 杯行到手莫留殘 殷勤爲公歌一曲 是何曲調萬年懽 此生無復見羲皇 願君努力日日飮 太平身世惟醉鄕 紫霞洞 中和堂 管絃聲裏 滿座佳賓 皆是三韓國老 白髮戴花 手把金觴相勸酒 蓬萊仙人 却是末風流云云 俚語 <高麗史 卷七〇 張43 志 第二五 樂二>

그 밑에는 다음과 같은 解題가 붙어 있다.

侍中蔡洪哲所作也 洪哲居紫霞洞 扁其堂曰「中和」日邀耆老極懽乃罷 作此歌令家婢歌之 詞皆仙語 蓋托紫霞之仙 聞耆老會中和堂 來歌此辭也
<高麗史 卷七〇 張43 志 第二五 樂二>

그리고 蔡洪哲(1262～1340)에 대해서는 다음과 같은 기록이 있다.

爲人精巧 於文章技藝 皆盡其能 尤好釋敎 嘗於第北 構栴檀園 常養禪僧 又施藥 國人多賴之 呼爲活人堂 忠宣嘗幸其園 施白金三十斤 又於第南作堂 號中和 時邀永嘉君權溥以下國老八人 爲耆英會 製紫霞洞新曲 今樂府有譜
<高麗史 卷一〇八 張13 列傳 第二一 蔡洪哲>

7. 擬 古

昨日花滿樹 今日花辭枝 東風有何忙 開花無停期 花開亦莫喜 花落亦莫悲 此花雖已落 還復有開時 不見青銅裏 朱顏日日衰 賢愚同歸盡 毁塚空纍纍 置之飮美酒 惻愴終何爲 <東文選 卷四 五言古詩>

本篇은 李混(?)의 作이다. 그는 특히 樂府에 능하였으므로 鄭麟趾의 기록에는 다음과 같은 말이 있다.

混久典銓選 性且不廉 故其家富 務疏散 喜賓客 好琴碁 置別業于城南 號曰「福山莊」數往來……詩文淸便 長短句若干篇 行於世 嘗貶寧海 得海浮査 制爲舞鼓 至今傳于樂府 <高麗史 卷一〇八 張9 列傳 第二一 李混>

8. 春日江上即事 <三首>

多景樓前水接天　　連滄橋外草如烟
和風澹蕩吹難定　　細雨霏微止復連」

昨夜雨晴江水肥　　朝來兩岸柳依依
渡斷一舟橫泛泛　　波閑雙燕掠飛飛」

風定江淸上小舟　　兩兩鴛鴦相對浮
愛之欲近忽飛去　　芳洲日暮謾回頭　<東文選 卷二〇 七言絶句>

역시 李混의 作이다. 鄭知常의 「送友人」과 함께 萬口에 불리어졌다.

9. 關東別曲 <八章>

本曲은 安軸(1283~1348)의 作이다. 그의 形態는 「翰林別曲」體였으며, 그가 忠肅王 17년(1330)에 江陵道存撫使로 있다가 돌아오는 길에 關東의 絶勝을 읊은 것이다. 이제 그 首章만을 들기로 한다.

海千重 山萬疊 關東別境 碧油幢 紅蓮幕 兵馬營主 玉帶傾蓋 黑朔紅旗 鳴沙路 爲 巡察景 幾何如
朔方民物 慕義起風 爲 王化中興景 幾何如　<謹齋集 關東瓦注>

10. 竹溪別曲 <五章>

역시 安軸의 作으로 「翰林別曲」體이며, 그의 貫鄕인 順興의 形勝을 읊은 것이다. 이에 그 首章만을 뽑는다.

竹嶺南 永嘉北 小白山前 千載興亡 一樣風流 順政城裏 他代無隱 翠華峯 天子藏胎 爲 釀作中興景 幾何如
淸風杜閣 兩國頭啣 爲 山水高景 幾何如　<同上>

11. 小樂府 <九篇>

이 「小樂府」 九首는 李齊賢의 作이다. 九首 중 一의 「長巖」, 二의 「居士戀」, 三의 「濟危寶」, 四의 「沙里花」, 六의 「處容」, 八의 「五冠山」, 九의 「鄭瓜亭」 등 七首는 이미 前章 「樂府의 成立」에서 言及되었으므로 이에서는 다만 그의 五·八의 두수를 들어보기로 했다.

脫却春衣掛一肩　　呼朋去入菜花田

東馳西走追蝴蝶　　昨日嬉遊尙宛然」

縱然巖石落珠璣　　纓縷固應無斷時
與郎千載相離別　　一點丹心何改移　<益齋亂藁 卷四 張12~13>

12. 別　曲 <二篇>

역시 李齊賢의 作이다. 그 詞의 本題는 字數가 너무나 길기에 便宜상 그 중의 「別曲」 二字를 떼서 詞名으로 代置했다. 本題는 다음과 같다.

昨見郭翀龍 言「及菴欲和小樂府 以其事一而語重 故未也」僕謂「劉賓客作竹枝歌 皆夔峽間 男女相悅之辭 東坡 則用二妃屈子懷王項羽事 綴爲長歌 夫豈襲前人乎 及菴取別曲之感於意者 翻爲新詞 可也」作二篇挑之　<益齋亂藁 卷四 張13>

그리고 다음의 原詞 二篇의 아래에는 각기 解題가 붙여 있었다.

都近川頹制水坊　　水精寺裏亦滄浪
上房此夜藏仙子　　社主還爲黃帽郎

近者有達官 戲老妓鳳池蓮者曰「爾曹惟富沙門是從 士大夫召之 何來之遲也」答曰「今之士大夫 取富商之女 爲二家 否則妾其婢子 我輩苟擇緇素 何以度朝夕」座者有愧色 鮮于樞西湖曲云 「西湖畫舫誰家女 貪得纏頭强歌舞」又曰「安得壯士擲千金 坐令桑濮歌行露」宋亡 士族有以此自養者 故傷之也 耽羅此曲 極爲鄙陋 然可以觀民風 知時變也

從敎壠麥倒離披　　亦任立麻生兩歧
滿載靑甆兼白米　　北風仙子望來時

耽羅地狹民貧 往時全羅之賈 販甆器稻米者 時至而稀矣 今則官私牛馬蔽野 而靡所耕墾 往來冠蓋如梭 而困於將迎 其民之不幸也 所以屢生變也　<益齋亂藁 卷四 張13~14>

及菴은 閔思平(1294~1359)의 號이다. 李氏의 樂府에 대해서 徐居正은 다음과 같이 논평했다.

樂府勾勾字字 皆協音律 古之能詩者 尙難之 陳后山楊誠齋 皆以謂「蘇子瞻樂詞雖工 要非本色語」況不及東坡者乎 吾東方語音 與中國不同 李相國李大諫猊山牧隱 皆以雄文大手 未嘗措手 唯益齋 備述衆體 法度森嚴 先生北學中原 師友淵源 必有所得者 近世學者 不學音律 先作樂府 欲爲東坡所不能 其爲誠齋后山之罪人 明矣　<東人詩話 卷上>

② 詞의 創作

李齊賢은 前述한 바와 같이 「小樂府」·「別曲」 등의 名家였으며, 그 밖에도 「長短句」 곧 「詞」의 創作者인 동시에 역시 斯學에서의 絕響을 보았다. 이는 우리 나라 歷代의 詩人 중에 오직 그가 中國의 音律에 능통했기 때문이다. 이제 그 「詞」 數十篇 중에서 다음의 두편을 뽑기로 했다.

1. 沁園春 將之成都

堪笑書生謬算狂謀 所就幾何 謂一朝遭遇雲龍風虎 五湖歸去 舟艇烟簑 人事多乖 君恩難報 爭奈光陰隨逝波 緣何事背鄉關萬里 又向岷峨 幸今天下如家 顧去日無多來日多 好輕裘快馬 窮探壯觀 馳山走海 總入淸哦 安用平生㶇黔席暖 空使毛羣欺臥駝 休腸斷聽陽關第四 倒捲金荷 <益齋亂藁 卷一〇 張1 長短句>

2. 人月圓 馬嵬效吳彥高

五雲繡嶺明珠殿 飛燕倚新粧小顰 中有漁陽胡馬 驚破霓裳 海棠正好 東風無賴 狼籍春光 明眸皓齒 如今何在 空斷人腸 <益齋亂藁 卷一〇 張4 長短句>

李穡은 일찌기 그 文學의 전면에 대하여 다음과 같이 말했거니와,

益齋先生 生是時 年未冠 文已有名當世 大爲忠宣王器重 從居輦轂下 朝之大儒搢紳先生 若牧菴姚公 閻公子靜 趙公子昂 元公復初 張公養浩 咸游王門 先生皆得與之交際 視易聽新 摩厲變化 固已極其正大高明之學 而又奉使川蜀 從王吳會 往返萬餘里 山河之壯 風俗之異 古聖賢之遺迹 凡所謂閎博絕特之觀 旣已包括而無餘 則其踈蕩奇氣 殆不在子長下矣……東人仰之如泰山 學文之士 去其靡陋 而稍爾雅 皆先生化之也 <益齋亂藁 卷首 張1~2 益齋先生亂藁序>

任相元은 또 그를 李奎報·李穡과 列擧하여 그의 品格이 二家 중에 솟았음을 말했다.

益齋於麗朝 去李文順 未久也 在李文靖之先 文順之辭宏爽 文靖之辭典勁 二公各極其詣 并稱大家 吾益齋 淸麗雕潤 棟梁一世 綽然有開天之風 其大固遜於二公 其品亦不當處乎其中也 <益齋亂藁 卷首 ·益齋集重刊序>

그리고 鄭麟趾는 또 다음과 같이 말했다.

仁宗……以大尉留燕邸 構萬卷堂 書史自娛 因曰「京師文學之士 皆天下之選 吾

府中未有其人 是吾羞也」召齊賢至都 時姚燧閻復元明善趙孟頫等 咸游王門 齊賢相從 學益進 燧等稱嘆不置 遷成均祭酒 奉使西蜀 所至題詠 膾炙人口 <高麗史 卷一一〇 張21 列傳 第二三 李齊賢>

5. 學蘇의 新傾向

高麗後期의 詩文은 대체로 宋의 蘇軾을 배웠다. 애초에 李仁老는 비록 杜甫(712~770)의 詩를 推仰하여,

> 自雅缺風亡 詩人皆推杜子美爲獨步 豈惟立語精硬 刮盡天地菁華而已 雖在一飯未嘗忘君 毅然忠義之節 根於中而發於外 句句無非稷契口中流出 <破閑集 卷中>

이라 하였으나 그도 점차 蘇·黃을 맛들이는 傾向으로 흘렀으므로,

> 琢句之法 唯少陵 獨盡其妙……及至蘇黃 則使事益精 逸氣橫出 琢句之妙 可以與少陵并駕 <破閑集 卷上>

라 하였고, 崔滋는 또 다음과 같이 말했다.

> 李學士眉叟曰「杜門讀蘇黃兩集 然後語遒然 韻鏘然 得作詩三昧」 <補閑集 卷中>

그리고 林椿은 또 李仁老에게 보내는 편지에,

> 僕觀近世東坡之文大行於時 學者誰不服膺呻吟 然徒翫其文而已 就令有撏撦竄竊 自得其風骨者 不亦遠乎 然則學者但當隨其量 以就所安而已 不必牽强橫寫 失其天質 亦一要也 唯僕與吾子 雖未嘗讀其文 往往句法 已略相似矣 豈非得於其中者 闇與之合耶 <東文選 卷五九 與眉叟論東坡文書>

라 하였고, 崔滋는 또 李仁老·李奎報 등의 詩는 모두 蘇軾의 것을 배웠음을 指摘하였다.

> 林先生椿 贈李眉叟書云 「僕與吾子 雖未讀東坡 往往句法 已略相似矣 豈非得於中者 闇與之合」今觀眉叟詩 或有七字五字 從東坡集來 觀文順公詩 無四五字奪東坡語 其豪邁之氣 富贍之體 直與東坡㫚合 <補閑集 卷中>

뿐만 아니라, 李奎報는 「東坡集」이 당시에 盛行했음에 대하여,

> 夫文集之行乎世 亦各一時所尙而已 然今古已來 未若東坡之盛行 尤爲人所嗜者也 豈以屬解贍富 用事恢博 滋液之及人也 周而不匱故歟 自士大夫 至于新進後學 未嘗斯須離其手 咀嚼餘芳者 皆是 <東國李相國全集 卷二一 張17 全州牧新雕東坡文跋尾>

라 하였고, 그는 더 具體的으로 다음과 같은 말을 强調했다.

且世之學習場屋科擧之文 不暇事風月 及得科第 然後方學爲詩 則尤嗜讀東坡詩 故每歲榜出之後 人人以爲「今年又三十東坡出矣」足下所謂「世之紛紛」者 是已 其若數四君者 效而能至者也 然則是亦東坡也 如見東坡 而敬之可也 何必非哉 東坡近世以來 富贍豪邁 詩之雄者也 其文如富者之家 金玉錢貝 盈帑溢藏 無有紀極 雖爲寇盜者 所嘗攘取而有之 終不至於貧也 盜之何傷耶

<東國李相國全集 卷二六 張5 答全履之論文書>

그리하여 兪升旦(?~1232)은 일찌기 六經・三史와 李・杜・韓・柳 밖의 諸家의 文集은 참고할 것이 없음을 다음의,

文安公常言「凡爲國朝制作 引用古事 於文則六經三史 詩則文選李杜韓柳 此外諸家文集 不宜據引爲用 <補閑集 卷中>

과 같이 외쳤으나 아랑곳이 없고 다만,

近世尙東坡 蓋愛其氣韻豪邁 意深言富 用事恢博 庶幾效得其體也 今之後集 讀東坡集 非欲倣效 以得其風骨 但欲證據 以爲用事之具 <同上>

라 하여 그 末弊를 憂歎할 경지에 이르렀고, 許筠도 이에 대하여 다음과 같이 말했다.

仁老奎報 或淸或奇 陳澕洪侃 亦腴亦艶 而俱不出長公度內耳

<惺所覆瓿藁 卷一○ 文部七 答李生書>

6. 竹林七賢系의 詩歌

高麗後期를 또 둘에 나눈다면 其一은 吳世才를 위시하여 李奎報를 包含한 竹林七賢系의 詩歌였고, 其二는 李齊賢으로부터 李崇仁까지 性理學 擡頭 以後 詩歌의 兩大主潮가 있다고 생각된다.

① 險韻天成의 戟巖

吳世才의 奇才는 前章에서 이미 論及한 바 있거니와 「翰林別曲」에 이른바 「吳生劉生 兩先生 偉走筆」도 역시 吳氏와 劉冲基(?)를 이름이었다. 그리고 險韻天成으로 萬口에 膾炙한 作品은 곳 그의 「戟巖」詩이다.

吳德全 爲詩遒邁勁俊 其詩之膾炙人口者 不爲不多 然未見能押强韻 儼若天成者 及於北山 欲題戟巖 則使人占韻 其人故以險韻占之 先生題曰

北嶺巉巉石　　邦人號戟巖
迴春乘鶴晉　　高刺上天咸
揉柄電爲火　　洗鋒霜是鹽
何當作兵器　　敗楚亦亡凡

其後有北朝使 能詩人也 聞此詩 再三歎美 問「是人在否　今作何官　倘可見之耶」 我國人 茫然無以對　<東國李相國全集 卷二一 張15 吳德全戟巖詩跋尾>

② 雙韻·廻文의 獻時宰

竹林高會의 盟主인 李仁老는 역시 前章에서 論及한 바 있거니와 「翰林別曲」 중에 「仁老詩」를 表章하였음을 보아서도 그가 韻文에 대하여 얼마만큼 精通하였음을 짐작할 수 있겠다. 이제 그의 雙韻·廻文을 든다.

廻文詩起齊梁 蓋文字中戲 昔竇滔妻織錦之後 杼柚猶存 而宋三賢 亦皆工焉 南徐集中所載盤中體 雖連環讀之 可以分四十首 其韻尙諧 然血脈不相聯　本朝學士李知深 感秋作雙韻廻文詩頗工……僕亦効其體 獻時宰云

早學求遊宦　　詩成謾苦辛
老懷春絮亂　　衰鬢曉霜新
倒甑朝炊斷　　飢腸夜吼頻
報恩心款款　　誰是救枯鱗

夫廻文者 順讀則和易 而逆讀之 亦無聱牙艱澀之態 語意俱妙 然後謂之工
<破閑集 卷上>

③ 空門自嘲의 無人識名

林椿도 역시 前章에서 論及한 바 있거니와 특히 그의 「蕭寺」詩가 十分의 本色을 나타냈다.

耆之避地江南 幾十餘載 擕病妻還京師 無托錐之地 偶遊一蕭寺　岸幅巾兀坐長嘯 僧問「君是何人 放傲如是」 即書二十八字

早把文章動帝京　　乾坤一介老書生
如今始覺空門味　　滿院無人識姓名　<破閑集 卷下>

李奎報의 「讀林椿詩」 한편은 가장 그의 恨 많은 詩靈을 慰安할 수 있는 作品이라 생각된다.

一枝丹桂雖無分　　百首淸詩合有聲

英魂如今何處在　　兒童猶解說君名　<東國李相國全集 卷一〇 張18 古律詩>

④ 壯元郞과 門生賀筵

同門生으로 壯元·政堂에 잇달아 오른 것과 그가 老退할 때에 玉筍門生들이 華筵을 벌였을 때에 스승의 스승을 맞이한 勝事는 千古에 드문 일이 아닐 수 없겠다. 그의 主人翁은 곧 琴儀(1153~1230)였다.

崔景文公洪胤 以金榜壯元拜政堂 入中書 寓直房在第四 琴英烈公儀 亦以壯元拜政堂 踵入此房 夜直作詩云

中書第四宰臣房　　幾閱平章與政堂
此日榮華誰得似　　壯元郞代壯元郞

英烈公 掌喉舌 兼三大夫雙學士……二公皆文忠肅克謙之門下壯元也……及英烈公懸車歸老 門生欲獻壽 大設華筵 仍邀崔文二相同燕 英烈公倚酣唱曰「一門下兩龍頭 與宗伯同時爲平章 以至退老 赴此門生之賀筵 實千古未聞也 胡不爛醉以答盛事」門生皆俯伏階下 不勝慶歎 至或有拭淚嗚咽者　<補閑集 卷上>

그는 비록 崔忠獻(1149~1219)에게 아부하여 華要를 지냈다 하나 여러차례 考試를 主宰했으므로 名士를 많이 選拔했다.

崔忠獻當國 求文士 有李宗揆者薦儀 遂諂事忠獻 歷敭華要……屢典貢擧 所選多名士 翰林曲有稱「琴學士」者 是也　<高麗史 卷一〇二 張1~3 列傳 第一五 琴儀>

이는 곧 「翰林別曲」 중의 「琴學士 玉笋門生」을 引用한 것이었다.

⑤ 淳勁·精簡한 穴口寺

地縮兼旬路　　天低去尺隣
雨宵猶見月　　風晝不多塵
晦朔潮爲曆　　寒暄草記辰
胡羌看世事　　堪羨臥雲人　<補閑集 卷中 穴口寺和板上韻>

이는 兪升旦의 作이다. 그의 初名은 元淳이었고, 詩보다도 오히려 文이 勝하였으므로 「翰林別曲」에서 「元淳文」이라 하였으나 詩에서도 語意가 淳勁하고 用事가 精簡하였으므로 李奎報는 일찌기 兪氏에게 자기 詩集의 校勘을 委囑한 적이 있었다.

近者愚息涵 不知乃翁無似 自謂「有子而業文 不集父詩 大類無情者」於是 窮搜貪索 或得於予所交遊儒家釋院 或得於新學兒曹所畜者 凡集一千餘首……以是先以一二帙 奉閣下 求有以潤色之 <東國李相國全集 卷二七 張20~21 興叙侍郞升旦手簡>

⑥ 詩捷과 英雄敍事詩

高麗後期의 詩人羣 중에서 李齊賢·李穡의 以前에는 李奎報가 第一大家가 아닐 수 없겠다. 그는 「翰林別曲」에서 이른바 「李正言陳翰林 雙韻走筆」과 같이 陳澕(?)와 함께 「雙韻走筆」로 이름이 높았으므로 당시 사람들은 그를 「詩捷」이라 일컬었다.

爲詩文 略不蹈古人畦徑 以「詩捷」稱 王公大人 聞其能 邀致之 請賦難狀之物 令每句唱强韻 若古若律 走筆立成 風檣陣馬 不足況其速也
<東國李相國全集 卷首 張1 東國李相國文集序>

그의 雙韻·廻文인 「美人怨」의 한편을 들어보기로 한다.

晴園春好花齊綻 輕吹飄空飛絮散 明鏡臨慵微步緩 英華減損紅顔換 瓊佩整腰寬玉腕 盈盈尙注嬌波眼 箏聲一弄哀曲慢 頳頰雙流珠淚渙 征子宕歸來緩緩 鶯語聞來腸盡斷 淸夢孤飛長夜半 臺榿炤月閑來伴 縈繞深愁千緖亂 情緘織錦紅文爛 行人絶迹無鴻雁 程遠恨長天碧漫
<東國李相國全集 卷一〇 張14~15 古律詩>

그러나 그는 실로 雙韻走筆의 諸作보다도 敍事詩 몇편이 그의 厖大한 詩集 중에서 가장 중요한 價値를 지니고 있다. 이에 첫째 英雄敍事詩로 이름 높은 「東明王篇」을 들지 않을 수 없겠다.

世多說東明王神異之事 雖愚夫騃婦 亦頗能說其事 僕嘗聞之 笑曰 「先師仲尼『不語怪力亂神』 此實荒唐奇詭之事 非吾曹所說」 及讀魏書通典 亦載其事 然略而未詳 豈詳內略外之意耶 越癸丑四月 得舊三國史 見東明王本紀 其神異之迹 踰世之所說者 然亦初不能信之 意以爲「鬼幻」 及三復耽味 漸涉其源 非幻也 乃聖也 非鬼也 乃神也 況國史直筆之書 豈妄傳之哉 金公富軾 重撰國史 頗略其史 意者公以爲「國史矯世之書 不可以大異之事 爲示於後世」而略之耶 按唐玄宗本紀 楊貴妃傳 并無方士升天入地之事 唯詩人白樂天 恐其事淪沒 作歌以志之 彼實荒淫奇誕之事 猶且詠之 以示于後 矧東明之事 非以變化神異 眩惑衆目 乃實創國之神迹 則此而不述 後將何觀 是用作詩以記之 欲使夫天下 知我國 本聖人之都耳

元氣判沍渾 天皇地皇氏 十三十一頭 體貌多奇異 其餘聖帝王 亦備載經史
女節感大星 乃生大昊摯 女樞生顓頊 亦感瑤光暐 伏羲制牲犧 燧人始鑽燧
生蓂高帝祥 雨粟神農瑞 靑天女媧補 洪水大禹理 黃帝將升天 胡髥龍自至
太古淳朴時 靈聖難備記 後世漸澆瀉 風俗例汰侈 聖人間或生 神迹少所示
漢神雀三年 孟夏斗立巳 海東解慕漱 眞是天之子 初從空中下 身乘五龍軌
從者百餘人 騎鵠紛襂襹 淸樂動鏘洋 彩雲浮旖旎 自古受命君 何是非天賜
白日下靑冥 從昔所未眎 朝居人世中 暮反天宮裏 吾聞於古人 蒼穹之去地
二億萬八千 七百八十里 梯棧躡難升 羽翮飛易瘁 朝夕恣升降 此理復何爾
城北有靑河 河伯三女美 擘出鴨頭波 往遊熊心涘 鏘琅佩玉鳴 綽約顏花媚
初疑漢皐濱 復想洛水沚 王因出獵見 目送頗留意 玆非悅紛華 誠急生繼嗣
三女見君來 入水尋相避 擬將作宮殿 潛候同來戲 馬撾一畫地 銅室歘然峙
錦席鋪絢明 金罇置淳旨 蹁躚果自入 對酌還徑醉 王時出橫遮 驚走僅顚躓
長女曰柳花 是爲王所止 河伯大怒嗔 遣使急且駛 告云渠何人 乃敢放輕肆
報云天帝子 高族請相累 指天降龍馭 徑到海宮邃 河伯乃謂王 婚姻是大事
媒贄有通法 胡奈得自恣 君是上帝胤 神變請可試 漣漪碧波中 河伯化作鯉
王尋變爲獺 立捕不待跬 又復生兩翼 翩然化爲雉 王又化神鷹 搏擊何大鷙
彼爲鹿而走 我爲豺而趡 河伯知有神 置酒相燕喜 伺醉載革輿 并置女於輢
意令與其女 天上同騰轡 其車未出水 酒醒忽驚起 取女黃金釵 刺革從竅出
獨乘赤霄上 寂寞不回騎 河伯責厥女 挽吻三尺弛 乃貶優渤中 唯與婢僕二
漁師觀波中 奇獸行駓騃 乃告王金蛙 鐵網投湀湀 引得坐石女 姿貌甚堪畏
唇長不能言 三截乃啓齒 王知慕漱妃 仍以別宮置 懷日生朱蒙 是歲歲在癸
骨表諒最奇 啼聲亦甚偉 初生卵如升 觀者皆驚悸 王以爲不祥 此豈人之類
置之馬牧中 羣馬皆不履 棄之深山中 百獸皆擁衛 母姑擧而養 經月言語始
自言蠅噆目 臥不能安睡 母爲作弓矢 其弓不虛掎 年至漸長大 才能日漸備
扶餘王太子 其心生妒忌 乃言朱蒙者 此必非常士 若不早自圖 其患誠未已
王令往牧馬 欲以試厥志 自思天之孫 厮牧良可恥 捫心常竊道 吾生不如死
意將往南土 立國立城市 爲緣慈母在 離別誠本易 其母聞此言 潸然抆淸淚
汝幸勿爲念 我亦常痛痞 士之涉長途 須必憑騄駬 相將往馬閑 即以長鞭捶
羣馬皆突走 一馬騂色斐 跳過二丈欄 始覺是駿驥 潛以針刺舌 酸痛不受飼
不日形甚癯 却與駑駘似 爾後王巡觀 予馬此即是 得之始抽針 日夜屢加餧
暗結三賢友 其人共多智 南行至淹滯 欲渡無舟艤 秉策指彼蒼 慨然發長喟
天孫河伯甥 避難至於此 哀哀孤子心 天地其忍棄 操弓打河水 魚鼈駢首尾
屹然成橋梯 始乃得渡矣 俄爾追兵至 上橋橋旋圮 雙鳩含麥飛 來作神母使
形勝開王都 山川鬱巋巋 自坐茀蕝上 略定君臣位 咄哉沸流王 何奈不自揆

苦矜仙人後 未識帝孫貴 徒欲爲附庸 出語不愼葸 未中畵鹿臍 驚我倒玉指
來觀皷角變 不敢稱我器 來觀屋柱故 咋舌還自愧 東明西巡時 偶獲雪色麂
倒懸蟹原上 敢自呪而謂 天不雨沸流 漂沒其都鄙 我固不汝放 汝可助我憤
鹿鳴聲甚哀 上徹天之耳 霖雨注七日 霈若傾淮泗 松讓甚憂懼 沿流漫橫葦
士民競來攀 流汗相謂貽 東明即以鞭 畫水水停沸 松讓擧國降 是後莫予訾
玄雲羃鶻嶺 不見山邐迤 有人數千許 斲木聲髣髴 王曰天爲我 築城於其趾
忽然雲霧散 宮闕高㠑嵬 在位十九年 升天不下莅 俶儻有奇節 元子曰類利
得劍繼父位 塞盆止人詈 我性本質木 性不喜奇詭 初看東明事 疑幻又疑鬼
徐徐漸相涉 變化難擬議 況是直筆文 一字無虛字 神哉又神哉 萬世之所韙
因思草創君 非聖即何以 劉媼息大澤 遇神於夢寐 雷電塞晦冥 蛟龍盤怪傀
因之即有娠 乃生聖劉季 是惟赤帝子 其興多殊祚 世祖始生時 滿室光炳煒
自應赤伏符 掃除黃巾僞 自古帝王興 徵瑞紛蔚蔚 末嗣多怠荒 共絶先王祀
乃知守成君 集蓼戒小毖 守位以寬仁 化民由禮義 永永傳子孫 御國多年紀

〈東國李相國全集 卷三 張1～9 古律詩〉

모두 141韻의 瀰瀰한 鉅篇이었다. 原典에 「自注」가 상세히 붙여 있으나 이에 싣지 않는다. 그는 또 이 밖에도 「開元天寶詠史詩」 41首를 지어서 新學弟子에게 보인 것도 있거니와 「次韻吳東閣世文呈誥院諸學士三百韻詩」라는 302韻의 次作이 있으니, 이 吳·李 兩家의 作은 실로 量的으로 우리 文學史 상에 처음 나타난 사실이었다.

濮陽吳公世文 自北使見劾 入洛閑居 一日與金東閣瑞廷 置酒鄭員外文甲林園 予訪之 預飮座末 吳公誇予曰「古今詩集中 無有押三百韻詩者 予嘗著三百二韻詩 呈誥院諸學士 子豈和之耶」因出其詩示之 是日還家 次韻賡和 奉寄吳公 兼東鄭員外金東閣 〈東國李相國全集 卷五 張5 次韻吳東閣世文呈誥院諸學士三百韻詩序〉

그 밖에 또 한편의 재미 있는 敍事詩로서 「老巫篇」이 있다.

그리고 그의 수많은 敍情詩 중에 특히 「續將進酒歌」는 위로는 唐 李賀(791～817)의 것을 이었으며, 아래로는 李朝의 鄭澈(1536～1593)·權韠(1572～1612) 등을 열어 주었다.

李賀將進酒曰「酒不到劉伶墳上土」 此誠達道之言也 故廣其辭 令之曰「續將進酒」云

寄語杯中藍色酒 百年莫厭相逢遇 綠髮朱顏能幾時 此身危脆如朝露 一

朝去作松下墳 千古萬古何人顧 不期而生蒿與蓬 不速而至狐與兎 酒雖平生手上物 肯爭一來霑我味 達哉達哉劉伯倫 載酒自隨長醉倒 請君聽此莫辭飮 酒不到劉伶墳上土 <東國李相國全集 卷一六 張11 古律詩>

끝으로 그의 「夏日即事」 2首 중의 其二를 들어 둔다.

輕衫小簟臥風櫺　　夢斷啼鶯三兩聲
密葉翳花春後在　　薄雲漏日雨中明 <東國李相國全集 卷二 張2 古律詩>

그리고 그에 대한 綜合的인 논평으로서 崔滋는 다음과 같이 말했다.

文順公家集 已行於世 觀其詩文 如日月不足譽……公自妙齡 走筆皆創出新意 吐辭漸多 騁氣益壯 雖入於聲律繩墨中 細琢巧構 猶豪肆奇峭 然以公爲天才俊邁者 非謂對律 蓋以古調長篇 强韻險題中 縱意奔放 一掃百紙 皆不踐襲古人 卓然天成也 <補閑集 卷中>

⑦ 春雨·翳花의 陳·李齊名

「李正言陳翰林 雙韻走筆」은 「翰林別曲」의 名句려니와 그 중의 「陳翰林」은 곧 陳澕를 이름이다. 그는 李奎報와 함께 雙韻走筆로써 齊名하였으며, 李와 함께 唱酬가 가장 많았다. 李는 일찌기 그의 作品에 대하여 많은 논평을 아끼지 않았다. 이에 다음의 一節을 들어 둔다.

某近承盛作多矣 近體短章 誠淸警絕妙 唯未識長篇巨韻中 縱筆放肆處 故以長篇試之 今蒙所和新篇 辭語奔放 固在天地六合之外 甚歎甚歎 更何言哉
<東國李相國全集 卷一一 張8 陳君復和次韻贈之序>

그리고 鄭麟趾는,

澕選直翰林院 以右司諫知製誥 出知公州卒 善爲詩 詞語淸麗 少與李奎報齊名 時號「李正言陳翰林」 <高麗史 卷一〇〇 張21 列傳 第一三 陳俊>

이라 하였고, 徐居正은 陳·李의 詩에 대하여 比較 논평한 적이 있다.

李相國詩 「……密葉翳花春後在 薄雲漏日雨中明」 陳司諫澕詩
小梅零落柳僛垂　　閑踏淸嵐步步遲
漁店閉門人語少　　一江春雨碧絲絲
兩詩淸新幻眇 閑遠有味 品藻韻格 如出一手 雖善論者 未易伯仲也 <東人詩話 卷下>

徐氏의 뒤를 이어서 申緯는 一絕詩로써 논평을 더하였다.

齊名陳李有誰知　　片羽零金恰小詩

密葉翳花雲漏日　　一江春雨碧絲絲　〈警修堂集 第九册 東人論詩絕句 三十五首〉

⑧ 逐臣感淚와 玉筍門生

金仁鏡(?～1133)의 初名은 良鏡이다. 「翰林別曲」 중의 「良鏡詩賦」는 곧 그를 이름이었다. 그에게 대해서는,

文武吏材俱贍 詩詞清新 尤工近體詩賦 世稱「良鏡詩賦」
〈高麗史 卷一〇二 張9 列傳 第九 金仁鏡〉

라는 기록도 있거니와 그 詩詞에 대해서는 다음과 같은 것이 있다. 이는 그야말로 「名不虛傳」이었다.

被讒貶尙州牧使 故舊無一人相送者 唯門生餞于郊 仁鏡有詩云
一鞭幾盡掃胡塵　　萬里南荒作逐臣
玉筍門生多出餞　　感深難禁淚霑巾〈高麗史 卷一〇二 張8 列傳 第一五 金仁鏡〉

⑨ 廢苑秋思의 紅樹篇

李藏用(1203～1272)은 특히 詞律에 밝았으므로 일찌기 中國人에게 尊敬을 받았다 한다.

翰林學士王鶚 邀宴其第 歌人唱吳彥高人月圓春從天上來二曲 藏用微吟其詞中音節 鶚起執手歎賞曰「君不通華言 而解此曲 必深於音律者也」益敬重
〈高麗史 卷一〇二 張24 列傳 第一五 李藏用〉

이제 그의 「紅樹」 한편을 다음에 들기로 한다.

一葉初驚落夜聲　　千林忽變向霜晴
最憐照破青嵐影　　不覺催生白髮莖
廢苑瞞盱秋思苦　　遙山唐突夕陽明
去年今日燕然路　　記得屛風障裏行　〈東文選 卷一四 七言律詩〉

金澤榮(1850～1927)은 이편의 五·六에 대하여 다음과 같이 논평했다.

高麗李文眞公藏用 丹楓詩 「廢院瞞盱秋思苦 淺山搪揬夕陽明」 格調高妙 眞出人意之表　〈韶濩堂集 續 卷四 張4 雜言〉

⑩ 讚佛頌의 妙手

高麗의 一代는 비록 佛教가 隆盛했으나 僧侶의 作品은 많이 전치 않았

다. 이제 그들의 代表로서 讃佛의 妙手인 一然을 推薦하지 않을 수 없겠다. 一然은 곧 「三國遺事」의 作者이다. 그를 누구나 다 아직 詩僧으로 불러본 적은 없으리라 생각된다. 그러나 그의 詩律은 실로 神妙한 경지에 들어갔었다. 이에 그의 수많은 「讃詩」 중에서 두편을 뽑아보기로 했다. 그의 「順道讃」에는,

鴨淥春深渚草鮮　　白沙鷗鷺等閑眠
忽驚柔櫓一聲遠　　何處漁舟客到烟 <三國遺事 卷三 張1 興法 第三 順道肇麗>

이라 하였고, 또 「元曉讃」은 다음과 같다.

角乘初開三昧軸　　舞壺終掛萬街風
月明瑤石春眠去　　門掩芬皇顧影空 <三國遺事 卷四 張18 義法 第四 元曉不羈>

⑪ 倒吹上枝의 落梨花

金坵(1211～1278)의 「落梨花」 一絕은 실로 瑰麗無雙한 作品이었다.

飛舞翩翩去却回　　倒吹還欲上枝開
無端一片黏絲網　　時見蜘蛛捕蝶來 <櫟翁稗說 後集二 張5>

⑫ 敍事詩로서의 帝王韻記

李奎報의 「東明王篇」의 뒤를 이어서 敍事詩로 이름 높은 것은 오로지 李承休(1224～1300)의 「帝王韻記」가 있을 뿐이다. 本書는 上下二卷으로 되었는데 上卷에는 中國歷代의 것을 七言으로 읊었고, 下卷은 韓國歷代의 것을 敍述하였으되 二部로 나누어 其一의 「東國君王開國年代」는 七言으로 읊었으며, 其二의 「本朝君王世系年代」는 五言으로 읊은 것이다. 이에 그 原典은 割愛해 버린다.

⑬ 淡煙·斜日의 永明寺

李混이 특히 樂府에 精通하였음은 前述한 바가 있거니와 七言律詩로서 「西京永明寺」의 한편이 神妙한 粧點에 森嚴한 格律을 지녔다.

永明寺中僧不見　　永明寺前江自流

山空孤塔立庭際　人斷小舟橫渡頭
長天去鳥欲何向　大野東風吹不休
往事微茫問無處　淡煙斜日使人愁　<東文選 卷一四 七言律詩>

⑭ 楊花徒의 楊花辭

「楊花徒」로 이름 높던 韓宗愈(1287～1354)는 그의 未達할 때에 날마다 취하면 반드시 「楊花辭」를 불렀다 한다.

爲文章 務去俗氣 尤致意於詩 又喜談笑樽俎間 和氣油然可愛 其達也 與一時名士相往還羣飮 無虛日 號楊花徒 宗愈醉輒起舞 謌楊花辭曰

待如晦淸風
飛揚到黃閣中

識者異之　<高麗史 卷一一〇 張20 列傳 第二三 韓宗愈>

그리고 그가 漢江 楮子島에 退居했을 때에 읊은 「楮子島」詩는 다음과 같다.

十里平湖細雨過　一聲長笛隔蘆花
却將殷鼎調羹手　閑把漁竿下晩沙　<慵齋叢話 卷三>

⑮ 先進寡女의 細眼長眉

高麗의 一代를 통하여 女流의 文學은 너무나 초라한 느낌이 없지 않다. 이제 金台鉉(1261～1330)을 戀慕하여 投詩한 어떤 先進의 寡女를 든다.

金台鉉 字不器……勤學夙成 風儀端雅 眉目如畫 嘗與儕輩 授業先進家 先進奇愛之 屢引入餉之 家有女新寡 稍解詩 一日從窓隙 以詩投之曰

馬上誰家白面郞　邇來三月不知名
如今始識金台鉉　細眼長眉暗入情

台鉉 自此絶不往　<高麗史 卷一一〇 張3 列傳 第二三 金台鉉>

이에 대하여 李德懋는 다음과 같이 말했다.

高麗五百年 只傳閨人詩一首　<淸脾錄>

⑯ 玉手招君의 動人紅

妓流의 作家로서 動人紅(?)을 들기로 한다.

動人紅 彭原倡妓也 頗知文句 有一兵馬分道 與太守圍棋 因宿醒未解 曰「都護博州千杯酒 醉未分東西」動人紅在傍 曰「太守分營一局棋 蒙不知生死」 嘗從一書生 欲學韓文 書生曰「不作詩 不教授」遂作八韻曰

買酒羅裳解
招君玉手搖

又贈趙舉子曰

幸逢溱洧會
芍藥贈如何

自叙云

倡女與良家　　其心間幾何
可憐栢舟節　　自誓死靡他

自叙之意 似乎貞烈 <補閑集 卷下>

⑰ 廣平鐵腸과 風月芳緣

이에 또 龍城官妓 于咄(?)이 宋國瞻(?)에게 드린 詩 한편을 소개한다.

宋學士國瞻 爲察院時 出佐西北戎幕 龍城官妓名于咄 每爲使客所寵 燕飮中善唱和 共歡樂 宋獨與不遊狎 妓乃作詩呈云

廣平腸鐵早知堅　　兒本無心共枕眠
但願一宵詩酒席　　助吟風月結芳緣 <補閑集 卷下>

그 밖에도 一代의 名家로서 兪升旦·李公老(?~1224)·金克己(?)·金君綏(?)·安淳之(?)·李允甫(?) 등이 있으나 이에서 割愛하기로 하고 다만 崔滋의 기록 一節을 붙여 둔다.

今之詩人 評曰「兪文安公升旦 語勁意淳 用事精簡 金貞肅公仁鏡 凡使字 必欲淸新 故每出一篇 驚動時俗 李文順公奎報 氣壯辭雄 創意新奇 李學士仁老 言皆格勝 使事如新 雖有蹈古人畦畛處 琢鍊之巧 靑於藍也 李承制公老 辭語遒麗 尤長於演誥對偶之文 金翰林克己 屬辭淸曠 言多益富 金諫議君綏 辭旨和裕 吳先生世才 安處士淳之 富贍渾厚 李史館允甫 林先生椿 簡古精雋 陳補闕澕 淸雄華贍 變態百出 此皆一時宗匠也 欲觀其下手之妙 必於巨構 其短章絕句 不足爲大手之工拙也 <補閑集 卷中>

7. 性理學의 擡頭와 詩歌

韓國의 性理學 곧 宋學은 高麗 忠烈王 以後에 宋의 程頤(1033~1107)·

朱熹(1130~1200)의 「集注」가 輸入됨에 따라서 擡頭되는 동시에 文學의 전면에 있어서 宋學의 思潮가 많이 스며들었다.

高麗光顯以後 文士輩出 詞賦四六 穠纖富麗 非後人所及 但文辭議論 多有可議者 當是時 程朱輯注 不行於東方 其論性命義理之奧 紕繆牴牾 無足怪者 蓋性理之學 盛於宋 自宋而上 思孟而下 作者非一 唯李翺韓愈爲近正 況東方乎 忠烈以後 輯注始行 學者駸駸入性理之域 益齋而下 稼亭牧隱圃隱三峯陽村諸先生 相繼而作 倡明道學 文章氣習 庶幾近古 而詩賦四六 亦自有優劣矣 <東人詩話 卷下>

① 山中雪夜와 雞聲軟柳

李齊賢의 詩 중에서 「山中雪夜」는 비록 短章이지만 그의 平生의 詩法은 모두 이에 있다 한다.

益齋山中雪夜詩

紙被生寒佛燈暗　　沙彌一夜不鳴鍾
應嗔宿客開門早　　要看巖前雪壓松

能寫出山家雪夜奇趣 讀之令人沆瀣生牙頰間 崔拙翁嘗曰「益老詩法 盡在此詩」<同上>

그는 또 忠宣王 王璋의 「雞聲似柳」의 句에 대한 用事의 出處를 敏妙하게 밝힌 綺話가 전한다.

凡詩用事 當有來處 苟出己意 語雖工 未免砭者之譏 高麗忠宣王 入元朝 開萬卷堂 學士閻復姚燧趙子昂 皆遊王門 一日 王占一聯云「雞聲恰似門前柳」諸學士問用事來處 王默然 益齋李文忠公 從傍卽解曰「吾東人詩 有『屋頭初日金雞唱 恰似垂楊裊裊長』以雞聲之軟 比柳條之輕纖 我殿下之句 用是意也 且韓退之琴詩曰『浮雲柳絮無根蔕』卽古人之於聲音 亦有以柳絮比之者矣」滿座稱歎 忠宣詩 苟無益老之敎 則幾窘於砭者之鋒矣 <東人詩話 卷上>

이에 대하여 朴趾源은 다음과 같은 評詩가 있었다.

金屋雞聲似柳長　　陪臣牙頰至今香
蘆溝曉月涓涓在　　誰識瀋王萬卷堂 <燕巖集 卷四 張9 絶句四首>

그리고 徐居正은 그의 「黃土店聞上王見譖不能自明」의 詩를 이끌어서 그의 藹然한 忠憤이 杜甫와 같음을 말하였다.

高麗忠宣王 被讒竄西蕃 益齋李文忠公 萬里奔問 忠憤藹然 如

寸腸氷雪亂交加　　一望燕山九起嗟
誰謂鱣鯨困螻蟻　　可憐蟣虱訴蝦蟆
才微杜漸顏宜赭　　義重扶顚鬢已華
萬古金縢遺策在　　未容羣叔誤周家

又……等篇 其忠誠憤激 杜少陵不得專美於前矣　<東人詩話 卷上>

徐氏는 또 그의 詩에 대하여 李仁老·陳澕와 比較 논평하여,

李大諫仁老 瀟湘八景絕句 淸新富麗 工於摸寫 陳右諫澕 七言長句 豪健峭壯 得之詭奇 皆古人絕唱 後之作者 未易伯仲 惟益齋李文忠公 絕句樂府等篇 精深典雅 舒閑容與 得與二老 頡頏上下於數百載之間矣　<同上>

라 하였고, 李德懋는 또 成俔의 논평을 배격하여 李齊賢을 우리 나라 二千年 以來의 名家로 推崇하였다.

詞林鉅公 每推挹翠軒爲詩宗 溯以上之 推佔畢齋爲第一 余嘗讀益齋集 斷然以益齋詩 爲二千年來東方名家 其詩華艶韶雅 快脫東方僻滯之習 雖在中原 優入虞楊范揭之室 成慵齋所謂「益齋能老健 而不能藻」者 非鐵論也 以益齋而不能藻 何者果能藻乎　<淸脾錄>

그러나 性理學의 影響을 깊이 받은 作品으로서 李齊賢의 以前에 벌써 安珦(1243~1306)의 다음과 같은 두귀를 들 수 있겠으나 다만 그의 全篇을 보지 못함이 한스러운 일이 아닐 수 없겠다.

一鳴曉雨草連野
匹馬春風花滿城　<櫟翁稗說 後集 卷二 張4>

② 海外衣鉢과 長嘯風磴

李穡에 대해서는 前述한 바 있거니와 그는 일찌기 元에 들어갔을 때에 歐陽玄(1273~1357)의 衣鉢을 받은 적이 있었다.

牧隱初入元朝 文士稍輕之 嘲曰「持杯入海知多海」牧隱應聲曰「坐井觀天曰小天」嘲者更不續 嘗謁歐陽學士玄 得印可 牧老晩有詩云
衣鉢當從海外傳　　圭齋一語尙琅然
邇來物價皆翔貴　　獨我文章不直錢
蓋嘆晩節之蹭蹬也　<東人詩話 卷下>

그러므로 許筠은 다음과 같이 논평했다.

文靖游學上國 翺翔禁林 久在虞道園歐陽圭齋門下 被其奬詡 至「衣鉢海外傳」之語 圭齋江西人 親事文謝諸公 耳熟石湖誠齋遺訓 而臨川南豐六一山谷四老之烈 尙爾班班 以是學業 而傳授于牧老 吾東文事之稍覷源委者 悉由牧老之東還 豈不韙哉 <惺所覆瓿藁 卷一○ 文部七 答李生書>

그리고 그의 「浮碧樓」詩는 역시 雄偉한 作品이 아닐 수 없겠다.

昨過永明寺　　暫登浮碧樓
城空月一片　　石老雲千秋
麟馬去不返　　天孫何處遊
長嘯倚風磴　　山靑江自流　<牧隱詩藁 卷二 張14>

許筠은 일찌기,

李文靖昨過永明寺之作 不雕飾不探索 偶然而合於宮商 詠之神逸 許𨥤陽見之曰「你國亦有此作耶」 <惺叟詩話>

라 하였고, 徐居正은 또 그 詩의 전면에 대하여 다음과 같이 논평했다.

竊嘗以謂先生之於詩 不凝滯於一 衆體皆備 有雄渾者 有麗藻者 有冲澹者 有峻潔者 有豪以贍者 有嚴以重者 有奧以深者 有典而雅者……先生之詩 雖本經史 法度森嚴 而亦復縱橫出入於蒙莊佛老之書 以至稗官小說 博採不遺 <牧隱集 附錄 張2 牧隱詩精選序>

③ 梅窓春色과 一片丹心

鄭夢周의 辭에 대해서는 이미 前述한 바 있거니와 이에 詩를 논한다면 그의 雄峻·芬郁한 作品은 실로 性理學의 餘事이긴 하나 역시 一家를 이루었다. 그러므로 그의 門人 卞季良(1369~1430)은 다음과 같이 말했다.

詩則餘事也 而其存者 僅若干篇 然皆本之情性 該諸物理 往往有發其胸中之所得 而不能自已者焉 <圃隱集 卷首 圃隱先生詩藁序>

이에 그의 「奉使日本作」 11首 중에서 其四를 들기로 한다.

平生南與北　　心事轉蹉蛇
故國西海岸　　孤舟天一涯
梅窓春色早　　板屋雨聲多
獨坐消長日　　那堪苦憶家　<圃隱集 卷一 張25>

申綽는 이에 대하여 다음과 같은 評詩를 썼다.

眞傳理學冠東邦　　節義堂堂百世降
不謂詞章兼卓犖　　雨聲板屋早梅窓 <警修堂集 第九册 東人論詩絶句 三十五首>

이보다 더 萬口에 膾炙하는 「丹心歌」가 있다. 沈光世(?)의 기록에는 다음과 같이 적혀 있다.

太宗設宴請之 作歌侑酒曰「此亦何如 彼亦何如 城隍堂後垣 頹落亦何如 我輩若此爲 不死亦何如」文忠遂作歌 送酒曰

此身死了死了　　一百番更死了
白骨爲塵土　　　魂魄有也無
向主一片丹心　　寧有改理也歟 <海東樂府 張34>

本歌는 正音譯「時調」로 街童·馬卒들의 입에까지 올랐으며, 그 밖에도 『相思曲』 한편이 전한다.

雲聚散月盈虧　　妾心不移
緘了却開添一語　　世間多病是相思

先生九歲時 在內舅李判書第 有一婢子 欲寄書良人 求代手 先生書給上二句 婢嫌其語少 先生即又開封 書給下二句 一時膾炙云 <圃隱集 續錄 卷一 張8>

④ 下筆雲烟의 桃花關

金九容(1338~1384)의 淸贍한 詩는 일찌기 李穡의 칭도를 입었으므로 許筠은,

金惕若九容詩 甚清贍 牧老所稱「敬之下筆如雲烟」者 是已 嘗以回禮使 致幣于遼東……其咨文馬五十匹 誤塡以五千匹……帝流公大理 作詩曰

死生由命奈何天　　東望扶桑路渺然
良馬五千何日到　　桃花關外草芊芊

武昌詩曰

黃鶴樓前水湧波　　沿江簾幕幾千家
醵錢沽酒開懷抱　　大別山靑日已斜 <惺叟詩話>

라 하였으니 惕若은 그의 號였으며 敬之는 字였고, 申綽는 또 다음과 같이 논평했다.

桃花關外望天涯　大別山靑春日斜
下筆烟雲金惕若　能敎牧老嘆才華 〈齊修堂集 第九册 東人論詩絶句 三十五首〉

⑤ 先李·後鄭의 嗚呼島

> 嗚呼島在東溟中 滄波渺然一點碧 夫何使我雙涕零 祇爲哀此田橫客 田橫氣槩橫素秋 義士歸心實五百 咸陽隆準眞天人 手注天潢洗秦虐 橫何爲哉不歸來 怨血自汚蓮花鍔 客雖聞之爭奈何 飛鳥依依無處托 寧從地下共追隨 軀命如絲安足惜 同將一刎寄孤嶼 山哀浦思日色薄 嗚呼千秋與萬古 此心菀結誰能識 不爲轟霆有所洩 定作長虹射天赤 君不見古今多少輕薄兒 朝爲同胞暮仇敵
> 〈陶隱詩集 卷一 張11〉

이는 李崇仁의 「嗚呼島」詩이다. 齊의 義士 田橫(?)의 故事를 읊은 것이다. 이에 대하여 徐居正은,

> 李陶隱鄭三峯 齊名一時 李淸新高古 而乏雄渾 鄭豪逸奔放 而少鍛鍊 互有上下 然牧老 每當題評 先李而後鄭 一日牧 隱見陶隱嗚呼島詩 極口稱譽 間數日 三峯亦作嗚呼島詩 謂牧老曰「偶得此詩於古人詩隱藁中隱」 牧隱曰「此眞佳作 然君輩亦裕爲之 至如陶隱詩 不多得也」後三峯當國 牧隱屢遭顚躓 僅免其死 陶隱終蹈其禍論者以謂「未必非嗚呼島詩 爲之祟也」 〈東人詩話 卷上〉

라 하였으니, 陶隱은 곧 崇仁의 號이며 三峯은 鄭道傳(?~1398)의 號이다. 權近은 그 文學의 전면에 대하여 다음과 같이 논평했다.

> 學問精博 本之以濂洛性理之說 經史子集百氏之書 靡不貫穿……至於浮屠老莊之言 亦莫不硏究其是否 敷爲文辭 高古雅潔 卓偉精緻 以至古律幷儷 皆臻其妙 森然有法度 韓山牧隱李文靖公 每加歎賞曰「此子文章 求之中國 世不多得 自有海東文士以來 鮮有其比者也」 〈陶隱詩集 卷首 張3 陶隱先生詩集序〉

8. 散文文學의 發達과 著書

高麗後期의 散文文學은 비록 韻文처럼 활발하게 發達되진 못했으나 前期에 비하여 역시 한 걸음을 前進하였음은 사실이었다. 그리하여 그 散文文學 중의 雜錄系 또는 選集系의 著書를 들면 다음과 같다.

① 雜 錄

1. 雙明齋集

李仁老의 著로서 「破閑集」과 함께 雙璧的인 存在이다. 그의 아들 李世黃의 기록에 의하면 다음과 같은 말이 있다.

又撰耆老會中雜著 爲雙明齋集 洪樞府思胤 是雙明太尉公之姻族也 嘗管興王寺受朝旨 付板敎藏堂 傳於世 <破閑集 卷末 破閑集跋>

2. 破閑集

先人始自翰院 至於誥院 凡十有四載 演綸餘暇 遇景落筆 詞若湧泉 略無停滯 時人指之曰「腹藁」日與西河耆之 濮陽世才輩 約爲金蘭 花朝月夕 未嘗不同 世號「竹林高會」倚酣相語曰「麗水之濱 必有良金 荊山之下 豈無美玉 我本朝 境接蓬瀛 自古號爲神仙之國 其鍾英毓秀 間生五百 現美於中國者 崔學士孤雲 唱之於前 朴叅政寅亮 和之於後 而名儒韻釋 工於題咏 聲馳異域者 代有之矣 如吾輩等 苟不收錄 傳於後世 則湮沒不傳 決無疑矣「遂收拾中外題咏 可爲法者 編而次之 爲三卷 名之曰「破閑」又謂齊輩曰「吾所謂閑者 蓋功成名遂 懸車綠野 心無外慕者 又遁跡山林 飢食困眠者 然後其閑 可得而全矣 然寓目於此 則閑之全 可得而破也 若夫汨塵勞 役名宦 附炎借熱 東騖西馳者 一朝有失 則外貌似閑 而中心洶洶 此亦閑爲病者也 然寓目於此 則閑之病 亦可得而醫也 若然 則不猶愈於博奕之賢乎」當時聞者 皆曰「然」 <同上>

3. 白雲小說

李奎報의 著이다. 우리 文學史 상에 「小說」의 二字가 이에서 처음 나타났으나 이는 역시 雜錄을 이름이었다.

4. 補閑集

崔滋의 著로서 一名은 「續破閑集」이었고, 李仁老의 「破閑集」에 대한 補集이다. 그의 「自序」 중에서 다음과 같이 말했다.

古今諸名賢 編成文集者 唯止數十家 自餘名章秀句 皆湮沒無聞 李學士仁老 略集成篇 命曰「破閑」晉陽公以其書未廣 命予續補 强拾廢忘之餘 得近體若干聯 或至於浮屠兒女輩 有一二事 可以資於談笑者 其詩雖不嘉 并錄之 并一部 分爲三卷 <補閑集 卷首 補閑集序>

5. 三國遺事

本書는 僧 一然의 著이다. 이는 실로 金富軾의 「三國史記」에의 闕漏에 대한 反撥에서 이룩된 것으로서 高麗의 一代를 통틀어서 가장 價值 있는

雜錄系의 名書이다. 그의 編制는 「王曆第一」·「紀異第二」·「興法第三」·「塔像第四」·「義解第五」·「神呪第六」·「感通第七」·「避隱第八」·「孝善第九」 등으로 되어 있다.

6. 櫟翁稗說

李齊賢의 著이다. 이는 이른바,

既還 蠢小益煽 齊賢屛跡不出 著櫟翁稗說 <高麗史 卷一一○二 張30 列傳 第二二 李齊賢>

이 곧 그것이다. 「稗說」은 곧 雜說의 의미를 지녔고, 그 編制는 前·後集으로 나누었는데, 각각 「自序」가 붙어 있다.

至正壬午夏 雨連月 杜門無跫音 悶不可袪 持硯承簷溜 聯友朋往還折簡 遇所記書諸紙背 題其端曰「櫟翁稗說」夫櫟之從樂 聲也 然以不材遠害 在木爲可樂 所以從櫟也 予嘗從大夫之後 自免以養拙 因號櫟翁 庶幾其不材 而能壽也 稗之從卑亦聲也 以義觀之 稗禾之卑者也 余少知讀書 壯而廢其學 今老矣 顧喜爲駁雜之文 無實而可卑 猶之稗也 故名其所錄爲稗說云 仲思序 <櫟翁稗說 前集 卷一 自序>

「稗說」로써 「櫟翁」의 對語를 삼았으니 精妙한 考案이 아닐 수 없겠으며 또는 文字學的인 풀이가 더욱 珍奇를 나타내고 있다. 이는 실로 우리 文學史 상에 「說文」學의 처음 登場인 까닭이다.

客謂櫟翁曰「子之前所錄述 祖宗世系之遠 名公卿言行 頗亦載其間 而乃以滑稽之語終焉 後所錄 其出入經史者無幾 餘皆雕篆章句而已 何其無特操耶 豈端士壯夫 所宜爲也」答曰「『坎坎擊鼓』列於風『屢舞傞傞』編乎雅 矧此錄也 本以驅除閑悶 信筆而爲之者 何怪夫其有戲論也 夫子以博奕者 爲賢於無所用心 雕篆章句比諸博奕 不猶愈乎 且不如是 不名爲稗說也」仲思序 <櫟翁稗說 後集 卷首 自序>

이에서는 「稗說」 編纂의 本旨는 역시 「破閑」·「補閑」과 마찬가지로 閑悶의 驅除에 있으므로 滑稽語나 雕篆章句의 誹謗을 헤이지 않았음을 밝혔다. 그 소위 「滑稽語」의 一則을 들어 보기로 한다.

鄭通者 草溪人也 任羅州書記 愛官妓小梅香 至生一兒 見代如京 惘然行迷其所之 言忘其所欲 道至所親家 有僧騎善馬亦至 坐未定 先出竊其馬 走羅州 三日而至 以夜到妓家 妓與母挑燈坐語 喟然歎曰「記室公 今日安在」通即排戶入泣 且

曰「我在此」留數日 知其不可以久處也 以馬載妓 自負兒 相隨北來 其妻旣失良人 又不堪桂玉之憂 率婢僕 將往故鄕 道見一婦人乘馬 負兒漢在後 婢曰「彼來者似是我公」妻曰「乃公雖病風 何至是哉」漸近而視之 則果通也 妻曰「咄 老子胡爲其然耶」通仰視却立曰「我如此遊戲爾」 <櫟翁稗說 前集二 張16~17>

② 選 集

1. 龍樓集

高麗後期의 選集으로서 「龍樓集」을 첫째로 들지 않을 수 없겠다. 이는 忠烈王이 世子로 있을 때에 金坵・李松縉(?) 등과 함께 唱酬한 選集이다.

忠烈王爲世子 與學士金坵李松縉僧祖英唱和 有龍樓集 <櫟翁稗說 前集一 張14>

2. 東國文鑑

金台鉉의 撰이다. 李穡은 일찌기 本書와 崔瀣의 「東人之文」을 列擧 논평하였다.

古今著書者衆矣 吾三韓近世 獨快軒文正公爲傑然 其門人雞林崔拙翁 又其次也 裒輯之富 稱快軒 簡擇之精 稱拙翁 然未能刋行於世 工匠之拙也 簡帙之重也 <牧隱文藁 卷九 張13 贈金敬叔秘書詩序>

君不見快軒先生文正公 文章道德時爭譽 又不見猊山農隱崔拙翁 高才卓絕仍紆餘 兩家類粹儘懃苦 如今流傳安在歟 蒼天蒼天知奈何 白頭牧隱徒欷歔 <牧隱文藁 卷九 張14 贈金敬叔秘書詩>

快軒은 金台鉉의 號였고, 拙翁은 崔瀣의 號이다. 또 鄭麟趾는 다음과 같이 말했다.

言歷代典故 如昨日事 每國有大疑 必就咨決 嘗手集東人詩文 號東國文鑑 <高麗史 卷一一〇 張6 列傳 第二三 金台鉉>

3. 東人之文

崔瀣의 撰이다. 이에 대해서 이미 前述한 바 있거니와 그의 「自序」중에 그 編纂의 緣起와 內容이 더욱 상세하게 실려 있다.

顧以予之疎賤 亦嘗濫竊 掛名金榜 而與中原俊士 得相援也 間有求見東人文字者 予直以未有成書對 退且耻焉 於是始有撰類書之志 東歸十年 未嘗忘也 今則搜出家藏文集 其所無者 徧從人借 裒會採掇 校厥異同 起於新羅崔孤雲 以至忠烈王

時 凡名家者 得詩若干首 題曰「五七」文若干首 題曰「千百」併儷之文若干首 題曰「四六」 摠而題其目曰「東人之文」 於戱 是編本自得之兵塵煨燼之末 蠹簡抄錄之餘 未敢自謂集成之書 然欲觀東方作文體製 不可捨此而他求也 <東文選 卷八四 東人文序>

4. 選粹集

金敬叔(?)의 撰이다. 「敬叔」은 撰者의 字인 듯싶다. 本集은 그의 撰書 「周官六翼」과 함께 李穡의 命名이었다.

> 凡若干家詩文 有關於風化性情者若干篇 釐爲若干卷 某官某又來曰「金敬叔 仕不得行其志 老且至矣 雖吾亦爲之悲焉 幸而博求典章 叢爲一錄 先生名之曰『周官六翼』 又集古今詩文若干卷 先生又名之曰『選粹集』 選取昭明 粹取姚炫 其義則選其粹也 選則粹 粹則選……」 <牧隱文藁 卷九 張10 選粹集序>

그리고 李穡은 또 「選粹集」이 量的으로 數百卷에 이르렀음을 칭도했다.

> 至若處於荒陬 居於冗職 旣無錢財 難於購 又無市肆 難於游 而哀輯之多 至於數百卷者 獨吾敬叔而已 <牧隱文藁 卷九 張12 贈金敬叔秘書詩序>

9. 批評文學의 登場

高麗後期의 以前에도 批評文學이 전혀 없었음은 아니었다. 그의 一例로서 鄭叙의 「雜書」도 그의 內容이 소위 「斧藻裁品」에 지나지 않을 뿐이다. 崔叔精(?~1480)의,

> 吾東方詩學 始於三國 盛於高麗 極於聖朝 其間斧藻裁品者 若鄭中丞嗣文…… 皆有裒輯之勤 然不無疎略細瑣之病 <東人詩話 卷首 東人詩話序>

은 곧 그의 一例이며, 嗣文은 鄭叙의 字이다. 그러나 批評文學의 本格的인 登場은 역시 高麗後期의 일이었다. 그리하여 「破閑集」·「白雲小說」·「補閑集」·「櫟翁稗說」 등은 모두 詩文評品의 著籍이라 하여도 過言이 아닐 것이다. 그러므로 金守溫(1409~1481)은,

> 吾東方 自殷太師 歌麥秀以來 歷三國高麗氏 至于今 作者不啻數百家 其評品 觀破閑稗說諸書 可知也 <東人詩話 卷首 書東人詩話後>

라 하였고, 姜希孟은 또 다음과 같이 말했다.

吾東方詩學大盛 作者往往自成一家 備全衆體 而評者 絕無聞焉 及益齋先生櫟翁稗說 李大諫破閑等編作 而東方詩學精粹 得有所考 〈東人詩話 卷首 東人話詩序〉

이제 詩文의 논평에 대하여 몇 項으로 나누어 보기로 한다.

① 創 意

詩文에는 創意가 가장 重要하므로 李奎報는 일찌기 다음과 같이 주장했다.

古之詩人 雖造意特新也 其語未有不圓熟者 蓋力讀經史百家古聖賢之說 未嘗不熏鍊於心 熟習於口 及賦詠之際 叅會商酌 左抽右取 以相賚用 故詩與文雖不同 其屬辭使字一也 語豈不至圓熟耶 僕則異於是 旣不熟於古聖賢之說 又耻效古詩人之體 如有不得已 及倉卒臨賦詠之際 顧乾涸無可以費用 則必特造新語 故語多生澀可笑 古之詩人 造意不造語 僕則兼造語意 無愧矣 由是世之詩人 橫目而排之者衆矣 〈東國李相國全集 卷二六 張7 答全履之論文書〉

② 體 宜

詩文에는 體의 具備가 결코 쉬운 일이 아니다. 이제 詩體에 대하여 역시 李奎報의 말을 들기로 한다.

純用淸苦爲體 山人之格也 全以姸麗裝篇 宮掖之格也 惟能雜用淸警雄豪姸麗平淡 然後備矣 而人不能以一體名之也 詩有九不宜體 是予所深思 而自得之者也 一篇內 多用古人之名 是載鬼盈車體也 攘取古人之意 善盜猶不可 盜亦不善 是拙盜易擒體也 押强韻無根據處 是挽弩不勝體也 不揆其才 押韻過差 是飮酒過量體也 好用險字 使人易惑 是設坑導盲體也 語未順 而勉引用之 是强人從已體也 多用常語 是村父會談體也 好犯語忌 是凌犯尊貴體也 詞荒不刪 是莨莠滿田體也 能免此不宜體格 而後可與言詩矣 〈東國李相國全集 卷二二 張19 論詩中微旨略言〉

③ 思 潮

詩文에는 思潮가 重要하므로 그 作品 중에서 世道에 걸림이 없는 것은 쓸 곳이 없으므로 李穡은 다음과 같이 말했다.

銀臺集相國集 可見已 然此皆文章爾 傳不傳 非所急也
〈牧隱文藁 卷九 張13 贈金敬叔秘書詩序〉

④ 用 事

詩의 用事에 있어서 自主와 泛他를 각기 주장한 崔滋와 僧 元湛(?)의 論爭이 가장 재미 있는 일이다.

詩僧元湛 謂予云「今之士大夫作詩 遠託異域人物地名 以爲本朝事實 可笑 如李文順公 南遊曰『秋霜染盡吳中樹 暮雨昏來楚外山』雖造語淸遠 吳楚非我地也 未若前輩 松京早發云『初行馬板人烟動 及過駝橋野意生』非特辭新趣勝 言辭甚的」予答曰「凡詩人用事 不必泥其本 但寓意而已 況復天下一家 翰墨同文 胡彼此之有間」僧服之 <補閑集 卷中>

그의 二說은 모두 一理가 없지 않다. 대체로 自主의 末弊는 國粹에 흐르기 쉽고, 泛他의 末弊는 事大에 흐르기 쉬운 것이었다.

⑤ 感 興

詩文은 讀者로 하여금 感動을 일으키게 하는 것이 貴重하므로 李詹(1345~1405)은 다음과 같이 말했다.

風雅可以感鬼神 詞章足以感人心 然必有三百篇之遺音 然後足以感人 而其感人也 有自然之音響節族 而又有和平憂思 愔愉窮苦之異 誠有不可掩者矣
<東文選 卷一〇三 朴判事日本行錄後>

⑥ 比 較

詩文의 比較硏究는 역시 재미 있는 일이 아닐 수 없다. 이제 崔滋의 기록에서 一段을 들기로 한다.

皇龍寺雨花門 是古仙徒所創 風物荒涼 過者無不感傷 學士胡宗旦 乘使軺過其門 見進士崔鴻賓留題

古樹鳴朔吹　　微波漾殘暉
徘徊想前事　　不覺淚霑衣

胡瞿然驚曰「眞不世才也」及復命 上問東都遺事 遂奏此詩以爲警 皇祖以繡衣巡北塞曰

龍城秋日淡　　古戍白烟橫
萬里無金革　　胡兒賀太平

其淡古無痕跡 與崔詩同 彼崔詩 感歎今昔 故情思多 此詩閑吟邊塞 故風力壯
<補閑集 卷上>

⑦ 總 評

끝으로 詩文의 總評에 대하여 역시 崔滋의 一段을 이끌어 놓는다.

文以豪邁壯逸爲氣 勁峻淸駛爲骨 正直精詳爲意 富贍宏肆爲辭 簡古倔强爲體 若局生澀瑣弱蕪淺 是病 若詩 則新奇絶妙 逸越含蓄 險怪俊邁 豪壯富貴 雄深古雅 上也 精雋遒緊 爽豁淸峭 飄逸勁直 宏贍和裕 炳煥激切 平淡高邈 優閑夷曠 淸婉巧麗 次之 生拙野疎 蹇澀寒枯 淺俗蕪雜 衰弱淫靡 病也 <補閑集 卷下>

10. 志怪·假傳系의 小說

高麗後期의 小說은 前期에 비하여 說話系 小說에서 거의 脫皮되었다. 그러나 오히려 前期의 殘存한 形態가 가끔 나타난다. 이에 志怪·假傳의 兩系로 나누어 보았다.

① 志 怪

1. 鬼 交

이편은 崔滋 「補閑集」 중의 一則이다. 承安 3년(1198)에 司天監 李寅甫(?)가 浮石寺에서 姿色絶代의 鬼女를 만나서 사흘 밤을 交驩하던 이야기이다. 이는 비록 短篇이지만 그 敍述이 극히 精緻하였으며, 특히 그 內容에 있어서 李朝初期의 「萬福寺摴蒲記」系에 미친 影響이 적지 않았던 듯싶다. 그 중 「人與神物交」의 뜻을 따서 「鬼交」라는 題名을 붙여 보았다.

2. 虎 語

역시 「補閑集」 중의 一則이다. 그 중 「虎作人語」의 말을 따서 「虎語」라는 題名을 붙여 보았다. 邊山에 살고 있는 어떤 老大師가 高敞縣에서 열리는 燃燈會에 갔다가 한 이상한 靑年을 만나서 그의 뒤를 따랐더니, 그곳은 곧 虎窟이었다. 그들 虎家에는 一母·二甥·一妹의 四口가 살고 있었는데 그 靑年은 妹虎의 變身이었다. 甥虎 둘이 大師를 먹으려 하였으나 母·妹 兩虎에 의하여 면해 주었다. 그 이튿날 妹虎는 高敞縣 陷穽 속에 들어가게 되었을 때에 大師에게 約束하기를 後生에 大師의 弟子가 될 것을 말했다.

그 뒤에 범은 과연 어느 마을 男子의 몸으로 幻生하여 大師의 弟子가 되었다는 이야기이다. 이는 실로 위로 「熊虎說話」의 影響을 입어서 「三國遺事」의 「金現感虎」를 열어준 橋梁的인 役割을 한 作品이라 생각된다.

邊山有一老宿 自言 往時聞高敞縣人 設燃燈會 往觀焉 有一少年 異於尋常者 問諸左右 皆曰「不知誰之子」 及罷去 踵其後 追至于山麓 少年告曰「莫我追 我居陋 不堪寄宿」 師曰「日暮矣 將安適歸」曰「業已俱來 不可辭以僻陋」行 有老嫗出迎曰「咄 爾兒子 若汝兩兄見之 此師其爲食乎」師至是 知其爲虎窟 欲出去 嫗曰「二子已回來 若强去 必殆矣」 因擒持而入 少年曰「吾恐甚 請以師置母之後」須臾二虎將一兎入來 嫗欲其不久滯也 曰「我與汝等 共一兎 其何以療飢 速遠出 更求食來」虎作人語而對曰 「母有食 何更求爲」即出去 良久復來曰「我從山主所乞禱 各得食 小妹可從來 何能忍飢自苦」復出去 俄有來呼者曰 「以若之子女 婆娑於州里問 主命罰之 詰朝 當往入高敞縣檻穽中 就死」少年曰「主命也 不可逃 今幸逢師 亦命也 方我入檻中 衆來制我 恐不忍嗔 師宜來告衆寧却 曰『我能獨斃之』持短槍而前 吾出一言而死 師之惠也」明且至縣 聞檻中有虎 師往 如其言却衆 持短槍以直前 虎曰「我向某村某家 受生爲男子 至年十二三時 往謁師 剃髮以度我」即援刄 自穴其胸而斃 後十五年 師偶出洞門 見一童子拜於道左 問之 曰「我乃某村男子也」 師憶向檻虎之言 而髡爲沙彌 頗穎悟可愛 忽遁去 不知所之 後聞日嚴寺師 修秘呪 以加持力 日服人 承命赴畿內蘭若 師往省之 乃向沙彌也 此說甚怪誕 世謂「讖有虎僧之說 惟日嚴師當之」此亦難憑 <補閑集 卷下>

3. 金現感虎

이는 「三國遺事」 중에서 뽑은 것이다. 「三國遺事」 중에는 실로 小說的인 要素를 지닌 作品이 많은 만큼 이루 다 들 수 없고 이제 다만 이 한편을 다루기로 했다. 우리 나라에는 범의 이야기가 상당히 발전되었음은 말할 것도 없거니와 이편 중에 특히 재미 있는 것은 우리의 것과 中國의 것을 比較해 놓은 점이다.

㉠ 論虎林

新羅俗 每當仲春 初八至十五日 都人士女 競遶興輪寺之殿塔 爲福會 元聖王代 有郎君金現者 夜深獨遶不息 有一處女 念佛隨遶 相感而目送之 遶畢 引入屛處通焉 女將還 現從之 女辭拒 而强隨之 行至西山之麓 入一茅店 有老嫗問女曰

「附率者何人」女陳其情 嫗曰「雖好事 不如無也 然遂事 不可諫也 且藏於密 恐汝弟兄之惡也」把郞而匿之奧 小選有三虎 咆哮而至 作人語曰「家有腥膻之氣 療飢何幸」嫗與女叱曰「爾鼻之爽乎 何言之狂也」時有天唱「爾輩嗜害物命尤多 宜誅一以徵惡」三獸聞之 皆有憂色 女謂曰「三兄若能遠避而自懲 我能代受其罰」皆喜 俛首妥尾而遁去 女入謂郞曰「始吾恥君子之辱臨弊族 故辭禁爾 今旣無隱 敢布腹心 且賤妾之於郞君 雖曰非類 得陪一夕之歡 義重結褵之好 三兄之惡 天旣厭之 一家之殃 予欲當之 與其死於等閑人之手 曷若伏於郞君刄下 以報之德乎 妾以明日 入市爲害劇 則國人無如我何 大王必募以重爵 而提我矣 君其無㤼 追我乎城北林中 吾將待之」現曰「人交人 彝倫之道 異類而交 蓋非常也 旣得從容 固多天幸 何可忍賣於伉儷之死 僥倖一世之爵祿乎」女曰「郞君無有此言 今妾之壽夭 蓋天命也 亦吾願也 郞君之慶也 予族之福也 國人之喜也 一死而五利備 其可違乎 但爲妾創寺 講眞詮 資勝報 則郞君之惠莫大焉」遂相泣而別 次日果有猛虎 入城中 剽甚無敢當 元聖王聞之 申令曰「戡虎者 爵二級」現詣闕奏曰「小臣能之」乃先賜爵以激之 現持短兵 入林中 虎變爲娘子 熙怡而笑曰 「昨夜共郞君繾綣之事 惟君無忽 今日被爪傷者 皆盜興輪寺醬 聆其寺之螺鉢聲 則可治」 乃取現所佩刀 自頸而仆 乃虎也 現出林而詑曰「今玆虎易搏矣」匿其由不洩 但依諭而治之 其瘡皆効 今俗亦用其方 現旣登庸 創寺於西川邊 號虎願寺 常講梵網經 以導虎之冥遊 亦報其殺身成己之恩 現臨卒 深感前事之異 乃筆成傳 俗始聞知 因名論虎林 稱于今 <三國遺事 卷五 張14~15 感通 第七 金現感虎>

㉡ 虎 變

貞元九年 申屠澄自黃冠 調報漢州什邡縣之尉 至眞符縣之東十里許 遇風雪大寒 馬不能前 路旁有茅舍 中有煙火甚溫 照燈下就之 有老父嫗及處子 環火而坐 其女年方十四五 雖蓬髮垢衣 雪膚花臉 擧止姸媚 父嫗見澄來 遽起曰「客甚衝寒雪 請前就火」澄坐良久 天色已暝 風雪不止 澄曰「西去縣尙遠 請宿于此」父嫗曰「苟不以蓬蓽爲陋 敢承命」澄遂解鞍 施衾幃 其女見客方止 修容靚粧 自帷箔間出 有閑雅之態 猶過初時 澄曰「小娘子明慧過人甚 幸未婚 敢請自媒 如何」翁曰「不期貴客 欲採拾 豈定分也」澄遂修子婿之禮 澄乃以所乘馬 載之而行 旣至官 俸祿甚薄 妻力以成家 無不歡心 後秩滿將歸 已生一男一女 亦甚明惠 澄尤加敬愛 嘗作贈內詩云「一宦慚梅福 三年愧孟光 此情何所喩 川上有鴛鴦」 其妻終日吟諷 似默有和者 未嘗出口 澄罷官 罄室歸本家 妻忽悵然謂澄曰 「見贈一篇 尋即有和」 乃吟曰「琴瑟情雖重 山林志自深 常憂時節變 辜負百年心」遂與訪其家 不復有人矣 妻思慕之甚 盡日涕泣 忽壁角見一虎皮 妻大笑曰「不知此物尙在耶」遂取披之 即變爲虎 哮吼拏攫 突門而出 澄驚避之 攜二子 尋其路 望山林 大哭數日 竟不知所之 <三國遺事 卷五 張15~16 感通 第七 金現感虎>

「論虎林」은 金現(?)이 스스로 기록한 「傳」을 俗人들이 「論虎林」이라는 이름을 씌운 것을 一然이 修正收錄한 것이었고, 「虎變」은 唐代의 傳奇를 역시 一然이 刪正收錄한 것이다. 이는 실로 陳繼儒(1558~1639)의 「虎薈」 卷四에 실린 全文을 보아서 그 중에는 상당한 刪修도 있거니와 誤記된 곳이 있음을 알 수 있겠다. 이제 그 중 「即變爲虎」를 따서 「虎變」이라는 題名을 붙였다. 이는 韓·中 作品의 比較的 研究에 있어서 재미 있는 資料인 동시에 前述한 「虎語」와 함께 比較研究할 수 있을 것이며, 또 李朝 柳夢寅의 「虎穽文」이나 朴趾源의 「虎叱」에 끼친 影響이 적지 않으리라 생각된다. 一然은 또 이 두개의 作品을 함께 들고서 이어서 다음과 같이 比較 논평을 전개했다.

噫 澄現二公之接異物也 變爲人妾 則同矣 而贈背人詩 然後哮吼拏攫而走 與現之虎異矣 現之虎不得已而傷人 然善誘良方以救人 獸有爲仁如彼者 今有人而不如獸者 何哉 詳觀事之終始 感人於旋遶佛寺中 天唱徵惡 以自代之 傳神方以救人 置精廬講佛戒 非徒獸之性仁者也 蓋大聖應物之多方 感現公之能致精於旋遶 欲報冥益耳 宜其當時 能受禧佑乎 <三國遺事 卷五 張16~17 感通 第七 金現感虎>

② 假 傳

1. 麴 醇 傳

「麴醇」은 「술」을 擬人化한 林椿의 名作이다. 이는 假傳體의 一種으로서 그 內容은 遊戱的이며, 滑稽的이다. 이러한 假傳體는 이에 앞서 韓愈의 「毛穎傳」·「下邳侯革華傳」, 蘇軾의 「萬石君羅文傳」 등이 상당히 많았으며, 특히 「술」에 대해서는 秦觀(1049~1101)의 「淸和先生傳」이 있다.

麴醇字子厚 其先隴西人也 九十代祖牟 佐后稷 粒蒸民 有功焉 詩所謂「貽我來牟」是也 牟始隱不仕曰「吾必耕而後食矣」乃居畎畝 上聞其有後 詔以安車徵之 下郡縣所在敦遣 命下臣親造其廬 遂定交杵臼之間 而和光同塵矣 薰蒸漸漬 有醞藉之美 牟乃喜曰「『成我者朋友』也 豈不信然」既而以淸德聞 乃表旌其閭焉 從上祀圓丘 以功封中山侯 食邑一萬戶 食實封五千戶 賜姓爲麴氏 五世孫輔成王 以社稷爲己任 致大平既醉之盛 康王即位 漸見疎忌 使之禁錮 著於誥令 是以後世顯著

者 皆藏匿於民間 至魏初 醇父酎 知名於世 與尙書郞徐邈 偏汲引於朝 每說酎不離口 時有白上者「邈與酎私交 漸長亂階矣」上怒 召邈詰之 邈頓首謝曰「臣之從酎 以其有聖人之德 時復中之耳」上乃責之 及晉受禪 知將亂無仕進意 與劉伶阮籍之徒 爲竹林遊 以終其身焉 醇器度弘深 汪汪若萬頃波水 澄之不淸 擾之不濁 其風味傾於一時 頗以氣加人 嘗詣葉法師 談論彌日 一座爲之絕倒 遂知名 號爲麴處士 自公卿大夫 神仙方士 至於厮兒牧竪 夷狄外國之人 飮其香名者 皆羨慕之 每有盛集 醇不至 咸愀然曰「無麴處士 不樂」其爲時所愛重如此 太尉山濤 有鑒識 嘗見之曰「何物老媼 生此寧馨兒 然誤天下蒼生者 未必非此人也」公府辟爲靑州從事 以鬲非所部 改調爲平原督郵 久之歎曰「吾不爲五斗米 折腰向鄕里小兒 當立談樽俎之間耳」時有善相者曰「君紫氣浮面 後必貴 享以千鍾矣 宜待善價而沽之」陳後主之時 以良家子 拜主客員外郞 上乃器異之 將有大用意 因以金甌覆而選之 擢遷光祿大夫禮賓卿 進爵爲公 凡君臣會議 上必使醇斟酌之 其進退酬酢 從容中於意 上深納之曰「卿所謂『直哉惟淸 啓乃心 沃朕心』者也 醇得用事 其交賢接賓 養老賜餔 祀神祇 祭宗廟 醇優主之 上嘗夜宴 唯與宮人得侍 雖近臣不得預 自是之後 上以沈湎廢政 醇乃以箝其口 而不能言 故禮法之士 疾之如讎 上每保護之 醇又好聚歛 營貲產 時論鄙焉 上問曰「卿有何癖」 對曰「昔杜預有博癖 王濟有馬癖 臣有錢癖」上大笑 注意益深 嘗入奏對于上前 醇素有口臭 上惡之曰「卿年老氣渴 不堪吾用耶」醇遂免冠謝曰「臣受爵不讓 恐有斯亡之患 乞賜臣歸于私第 則臣知止足之分矣」上命左右扶出焉 旣歸暴病渴 一夕卒 無子 族弟淸 後仕唐 官至內供奉 子孫復盛於中國焉

史臣曰「麴氏之先 有功于民 以淸白遺子孫 若鬯之在周 馨德格于皇天 可謂『有祖風』矣 醇以挈甁之智 起於甕牖 早中金甌之選 立談樽俎 不能獻可替否 而迷亂王室 顚而不扶 卒取笑於天下 巨源之言 有足信矣」 <東文選 卷一〇〇 傳>

2. 孔方傳

역시 林椿의 作이다. 「孔方」은 「돈」을 擬人化한 것이며, 그 구멍이 모났기 때문이다. 역시 「東文選」 중에 실려있다. 이에 原典은 들지 않는다.

3. 麴先生傳

李奎報의 作으로서 역시 林椿의 「麴醇傳」의 뒤를 이어서 「술」을 擬人化한 것이며, 「東國李相國全集」 중에 실려 있다. 그의 一名은 「麴秀才傳」이었으며, 弱冠 때의 作이라 하나 林氏의 作品에 비하여 한 걸음 더 前進한 듯싶다. 그리고 당시에는 벌써 이에 대한 效作이 많았다 한다.

文順公家集 已行於世……弱冠時 作麴秀才傳 李史館允甫 初登第時效之 亦作無腸公子傳 <補閑集 卷中>

4. 清江使者玄夫傳

역시 李奎報의「東國李相國全集」중에 실린 것으로「거북」을 擬人化한 作品이다. 金時習의「龍宮赴宴錄」중에 나타나는「玄先生」도 이에서 받은 影響이 적지 않았으리라 생각된다. 이에 原典은 들지 않는다.

5. 無腸公子傳

李奎報의 벗인 李允甫의 作이다. 그 原典은 읽지 못했으나 대체「게」를 擬人化한 것이리라 생각된다. 이는「無腸公子」가 蟹의 別號이기 때문이다.「龍宮赴宴錄」중에「郭介士」가 나타나거니와 中國 郭福衡(?)의「吳中介士郭先生傳」도 없지 않다. 李奎報는 일찌기 이 作品을 韓愈의「毛穎傳」·「下邳侯革華傳」에 比較 논평한 적이 있다.

予友李史館允甫……詩挾風人之體 賦含騷客之懷 其若無腸公子傳等 嘲戲之作 若與退之所著毛穎下邳相較 吾未知孰先孰後也
<東國李相國全集 卷二一 張15~16 李史館允甫詩跋尾>

그리고 이편은 일찌기 李奎報「麴秀才傳」의 效作으로서 李奎報에게 칭도를 입었다 한다.

文順公……能謙下於人 凡有一善 必褒奬若出己右 弱冠時 作麴秀才傳 李史館允甫 初登第時效之 亦作無腸公子傳 公見之而甚善 每唱於詞林間曰「近得能文者李允甫 眞良史才也」 <補閑集 卷中>

6. 竹夫人傳

李穀(1298~1351)의 作으로서 漢武帝 劉徹의「대」로 만든 斥暑具의 하나인「竹夫人」의 故事를 쓴 것이다. 이에 조금 앞서 張耒(1052~1112)의 作이 있다.

竹夫人 姓竹名憑 渭濱人篔之女也 系出於蒼筤氏 其先識音律 黃帝采擢 而典樂焉 虞之簫亦其後也 蒼筤自昆侖之陰 徙震方 伏羲時 與韋氏主文籍 大有功 子孫皆守業爲史官 秦之虐也 用李斯計 焚書坑儒 蒼筤之後寢微 至漢蔡倫家客楮生者

頗學文載筆 時與竹氏游 然其人輕薄 且好浸潤之譖 疾竹氏剛直 陰讒而毁之 遂奪其任 周有竿 亦竹氏後 與太公望釣渭濱 太公作釣 竿曰「吾聞大釣無鉤 釣之大小在曲直 直者可以釣國 曲者不過得魚也」太公從之 後果爲文王師 封於齊 擧竿賢以渭濱爲食邑 此竹氏渭濱之所起也 今子孫尙多 若箖箊篔簹筵是已 徙楊州者稱篠簜入胡中者稱篴 竹氏 大槪有文武幹 世爲籧篨笙竽 禮樂之用 以至射漁之微 載在典籍 班班可見 唯笪性至鈍 心塞不學而終 至篔 隱而不仕 有一弟曰「篁」與兄齊名 虛中直己 善王子猷 子猷曰「一日不可無此君」因號此君 夫子猷端人也 取友必端則其人可知 娶盆母女 生一女 夫人是也 總角有貞淑婆 隣有宜男者 作淫辭挑之夫人怒曰「男女雖殊 其抱節一也 一爲人所折 豈可復立於世」宜生慚而去 豈牽牛子之輩 所可覬覦也 旣長 松大夫以禮聘之 父母曰「松公 君子人也 其雅操與吾家相侔」遂妻之 夫人性日益堅厚 或臨事分辨 疾捷若迎刃而解 雖以梅仙之有信 李氏之無言 曾且不顧 而況橘老杏子乎 或値煙朝月夕 吟風嘯雨 蕭灑態度 無得而狀好事者 竊寫其眞 傳之爲寶 若文與可蘇子瞻 尤好焉 松公長夫人十八歲 晩學仙遊穀城山 石化不返 夫人獨居 往往歌衛風 其心搖搖 不能自持 然性好飮 史失其年 五月十三日 移家靑盆山 因醉得枯渴之疾 遂不理 自得疾 依人而居 晩節益堅爲鄕所推 三邦節度使惟　與夫人同姓 以行狀聞 贈節婦

史氏曰「竹氏之先 有大功于上世 其苗裔皆有材抗節 見稱於世 夫人之賢宜矣噫 旣配君子 爲人所倚 而卒無嗣『天道無知』豈虛語哉」 <東文選 卷一〇〇 傳>

7. 丁侍者傳

僧 息影菴(?)의 作이다. 丁字形으로 된 「지팡이」를 擬人化한 것이다. 역시 「東文選」에 실려 있다. 原典은 여기에 들지 않는다.

第八章 儒·佛思潮의 成熟期

<李朝初～壬辰亂의 直前>

1. 外儒·內佛의 思想

李朝 建國의 理念은 高麗에 비하여 아무런 변경이 없이 儒·佛混用이었으나 다만 麗末의 佛敎는 벌써 民衆의 厭症을 자아냈으므로 易姓革命의 初期에 있어서 抑佛의 政策을 쓰지 않을 수 없었던 것이다. 그러나 佛氏의 深奧한 宗旨를 一朝에 揚棄해 버리기에는 주저하지 않을 수 없었음도 사실이었다. 그러므로 李朝 建國의 理念은 역시 儒·佛混成이었던 것이다. 다만 高麗와 조금 차이가 있다면 이는 先儒·後佛 또는 佛에 대하여 陽抑·陰尊의 傾向이 濃厚했던 것이다. 그리하여 太祖 李旦(1335～1408)의 重儒的인 態度는 다음과 같았다.

> 素重儒術 嘗以家門 未有業儒者爲嫌 令殿下惟日孜孜 讀書不倦 太祖嘗謂曰「成吾志者必汝也」妃康氏每聞殿下讀書聲 嘆曰 「何不爲吾出乎」 是年殿下登第太祖拜闕庭 感極流涕 及拜提學 太祖喜甚 令人讀官敎 至于再三 太祖每燕會賓客令殿下聯句 輒謂曰「我之與客儒娛 汝力居多」殿下成就聖德 雖自天性 實惟太祖勸學之勤也 <太祖實錄 卷一 張18～19>

> 素重儒術 雖在軍旅 每投戈之隙 引儒士劉敬等 商確經史 尤樂觀眞德秀大學衍義 或至夜分不寐 慨然有挽世道之志 <太祖實錄 卷一 張21>

그리고 당시 僧尼斥汰運動은 太祖의 元年 壬申(1392) 7月에 大司憲 閔開(?～1397) 등에 의하여 展開되었으나 太祖의 「不可遽行」이라는 題辭에 따라 挫折되었다.

> 「九曰『汰僧尼』佛者夷狄之一法 自漢永平始入中國……爲其徒者 高遁巖穴 蔬食水飮 修鍊精神可也 今乃混雜平民 或以高談微妙 眩惑士類 或以死生罪報 恐喝

愚民 遂使時俗流蕩忘返 甚者乘肥衣輕 殖貨冒色 無所不至 蠹國病民 莫此之甚也 乞聚其徒衆 詳考學行 其學精行修者 俾遂其志 餘悉長髮 各從其業……」 上曰「宦官僧尼斥汰之事 開國之初 不可遽行……」 <太祖實錄 卷一 張42>

同年 9月에 大司憲 南在(1351~1419) 등의 上疏는 더욱 辛辣하였다.

至漢明帝時 佛氏之敎 始入中國 楚王英最先好之 卒被丹陽之死 梁武帝最篤信之 未免臺城之餓 佛圖澄不能存趙 鳩摩羅什不能存秦 指空不能存元 未聞歷代人君 敬其敎而能享其福者也 以我東方言之 新羅惑於浮屠 竭其財力 塔廟半於閭閻 遂至於亡 高麗毅王 歲飯僧三萬 月至佛寺十餘所 卒有臨川之嘆 恭愍王 歲開文殊會 以普虛懶翁爲師 普虛懶翁 俱有捨利 無救於亡 由是觀之 佛氏報應之說 不足信明矣 <太祖實錄 卷二 張4>

그러나 太祖의 佛氏에 대한 態度는 아무런 변화가 생기지 않았다.

壬子上聞楊廣道按廉趙璞 慶尙道按廉沈孝生 禁民服喪者 就寺供佛 乃曰「李穡爲世大儒 亦且崇佛 此輩讀何書 不喜佛若是」 <太祖實錄 卷二 張16>

뿐만 아니라, 太祖는 鄭摠(?)에게 명령을 내려 「印出大藏經願文」을 지어 바치게 하였다.

後十二月庚辰 命僉書中樞府事鄭摠 製印出大藏經願文以進 摠曰 「殿下何拳拳於佛事 請勿信」 上曰「李穡爲儒宗信佛 若不足信 穡豈信哉」 摠對曰「穡爲世大儒而取譏於人者 良以此也」 上曰「然則穡反不及於汝乎 其勿復言」

<太祖實錄 卷二 張20~21>

그렇다고 해서 太祖는 佛氏의 末弊를 默認했던 것은 아니었다.

甲寅上命都堂曰「佛氏之道 當以淸淨寡慾爲宗 今住持各寺者 務營產業 至奸女色 恬不知愧 身死之後 其弟子者 有以寺社及奴婢 稱爲法孫相傳 以至相訟 予自潛邸 思革此弊 京中憲府 外方監司 推究寺社間閣奴婢田地 及大小僧人法孫奴婢之數以聞」 <太祖實錄 卷一一 張1>

그리고 成俔은 太祖 이후 佛敎의 消長에 대하여 다음과 같이 論及하였다.

新羅高麗 崇尙釋敎 送終之事 專以供佛飯僧爲常 逮我本朝 太宗雖革寺社奴婢而其風猶存 公卿儒士之家 例於殯堂 聚經說法 名曰「法席」又於山寺 設七日齋 富家爭務豪侈 貧者亦因例措辦 耗費財穀甚鉅 親戚朋僚 皆持有物往施 名曰 「食齋」又於忌日 邀僧先饋 然後引魂設祭 名曰「僧齋」 <慵齋叢話 卷一>

또 徐居正의 다음과 같은 기록이 있다.

世祖嘗從容語臣曰「汝儒者 自古人君 於佛可拜否 爾毋隱焉」臣對曰 「昔宋太祖幸相國寺 佛像前燒香 問『當拜與否』 僧贊寧曰『拜在佛 不拜過去佛』太祖笑而不拜 然則人君不拜佛正也 拜佛權也」上大笑 <筆苑雜記 卷一>

成俔은 또 다음과 같이 말했다.

成廟崇正學闢異端 凡干佛事 臺諫極言其弊 由是士大夫家 畏憲章物議 雖遭爽忌 俱依法行祭 不供僧佛 其因仍不廢者 惟無賴下民 然不得恣意爲之 又嚴度僧之禁 州郡推刷無牒者 長髮還俗 中外寺刹皆空 物盛而衰 理所然也 <慵齋叢話 卷一>

그러나 太祖는 일찌기 道敎에 대해서는 忠孝의 大道에 어긋난 것이라 하여 排擊하였을 뿐이다.

左散騎常侍劉敬進曰「臣蒙至恩 職居顯秩 無補國家 但糜廩祿 心實卑陋 乞辭本職 退學仙術」上曰「爾之遇知於我 固非一日 臣庶亦謂我相待甚厚 今爾忽然遁去 人將謂何 且學仙者 必遺君父 爾棄我則不忠 棄親則不孝 爾欲學仙何也」 <太祖實錄 卷四 張12>

2. 科擧制度의 變遷

太祖 元年에 비로소 文武의 科制를 정하여 中外에 宣布했다.

今後內而成均正錄所 外而各道按廉使 擇其在學經明行修者 開具年貫三代 及所通經書 登于成均館長貳所試講 所通經書 自四書五經通鑑已上通者 以其所通經多少 見理精粗 第其高下爲第一場 入格者送于禮曹 試表章古賦 爲中場 試策問爲終場 通三場 相考入格者三十三人 送于吏曹 量才擢用 <太祖實錄 卷一 張4~5>

그리고 그 翌年에는 式年法을 정하되 子·午·卯·酉년으로써 式年을 삼아서 文科는 33人을 뽑고 武科에는 定額이 없었으며, 生員·進士科엔 각기 百人씩을 뽑았으니 生員은 곧 高麗의 明經이었으며, 進士는 麗制를 그대로 쓴 것이다. 그 뒤로부터 때를 따라 科制는 점차로 繁雜해졌으니 그들의 이름은 다음과 같았다.

① 增廣試

文·武·生·進의 別이 있으며, 그의 額數는 式年科와 같았다. 나라에 大慶이 있을 때에 設置하였다.

② 重 試

太宗 李芳遠(1367~1422)의 7년(1407)에 設置되었는데, 堂下三品 以下官으로서 被選된 자에게 각기 文·武의 所屬을 따라 六品以上은 堂上三品에 陞進시키고 六品以下는 六品에 陞進시켰다. 10년만에 一次씩 보이었다.

③ 謁聖試

同王 11년에 太學에 거동하여 孔子廟에 拜謁하고 文武科를 親試하여 即日에 放榜하였다.

④ 親 試

同王 16년에 殿庭에 親臨하여 試士하였던 것을 明宗 李峘(1534~1567) 初年에 「庭試」라 改稱하고 文武科를 실시했다.

⑤ 別 試

世祖 李瑈(1417~1468) 6년(1461)에 設置하여 文武科를 並取하되 혹은 外道에서도 보이었다. 만일 平壤에서 보인다면 平安道 사람만이 赴試하였고 咸興에서 보인다면 咸鏡道 사람들이 赴試하였으며, 松都·濟州·水原 등지에서 보인다면 本邑人만이 赴試하게 되었다. 그 뒤에는 늘 丙年에 보이므로 「丙別」이라 일컬었다.

⑥ 拔英試

同王 11년에 보이었는데 文武宰臣으로 하여금 赴試하였다.

⑦ 登俊試

역시 同王 11년에 拔英試의 뒤를 이어서 보이었는데 文武官 從一品以下는 모두 赴試할 資格을 賦與했다. 그 뒤 英祖 李昑(1694~1776)의 50(1744)년에 보이고는 다시금 계속되지 않았다.

⑧ 進賢試

成宗 李娎(1457~1494) 12년(1481)에 設置했다가 곧 廢止되었다.

⑨ 賢良科

中宗 李懌(1488～1544) 28년(1533)에 設置되었다. 國初로부터 成均館과 中·東·南·西 등 四學에 養士하되 館學의 儒生으로서 食堂에 들어오는 이를 「到記」라 하였으며, 그들은 비록 課試는 치렀으나 일찌기 賜第한 일은 없었던 것이 이에 이르러서 「到記」로써 科名을 삼았다. 春秋로 시험쳐서 講製에 居魁한 이는 아울러 殿試에 直赴케 하였다.

⑩ 圓點儒生應製

明宗 17년(1562)에 設置되었다. 館學儒生으로서 「到記」의 日數가 가장 많은 자를 「圓點」이라 일컬었더니 뒤에는 다만 「館學儒生應製」라 일컬었다.

⑪ 黃 柑

同王 19년에 濟州의 黃柑이 進上되자 館學儒生에게 科試를 보이고 黃柑을 頒賜하였는데 그 중 壯元은 殿試에 直赴시켰다.

⑫ 節日製

成宗 3년(1472)에는 3月 3日, 9月 9日에 太學의 선비들을 考試하였으니 令節을 기뻐함이었다. 孝宗 李淏(1619～1659) 9년(1658)에는 7月 7夕에 試士하였고, 英祖 8년(1732)에는 人日에 試士하여 壯元한 자는 殿試·會試에 直赴할 資格을 賦與했다.

⑬ 殿 講

列朝에 臨軒試講한 일이 많았더니 明宗 16년(1561)에 館學儒生에게 落點하여 一經을 試講하여 賜第하였고 英祖 20년에는 每月 一次씩 보이어 通過된 자는 殿試·會試에 直試시켰다.

⑭ 耆老科

英祖 32년(1756)에 보이었다. 文武科에 모두 60歲 以上이 赴擧하였는데

壯元한 자는 곧 通政正三品에 陞進시켰다.

⑮ 宗親科

成宗 18년(1487)에 宗親으로 하여금 經史를 講했고, 高宗 李㷩(1852~1918) 2년(1865)에는 璿派儒生으로 하여금 應製하여 壯元한 자는 殿試에 直赴케 하였고, 同王 5년(1868)에는 또 宗科庭試를 보이었다.

⑯ 忠良科

英祖 40년(1764)에 두었다. 文武를 並試하되 忠烈·顯節祠의 忠臣 子孫을 應試시켜 壯元한 자는 殿試에 直赴케 하였다.

⑰ 殿 試

文宗 李珦(1414~1452) 元年(1451)에 設置했다. 增廣以下 文武科의 被選者는 모두 赴試하되 甲·乙·丙의 三等으로 마련하여 甲科에게는 곧 六品職을 주었고 蔭官 중에서 벌써 六品以上에 오른 자는 곧 通政階에 올렸으며, 放榜하는 날에 紅牌를 주었다. 庭試와 謁聖試는 即日에 放榜하는 것이 殿試와 같으므로 대체 殿試에 直赴할 자가 殿試를 치르기 전 庭試나 謁聖試를 만난다면 곧 殿試의 例에 의하여 應試할 수 있었다. 式年의 文科에도 紅牌를 주었으며, 生·進科의 放榜하는 날에는 白牌를 주었다.

⑱ 式年初試

式年 전 가을에 서울에서 보이되 三所로 나누어 각기 50人을 뽑고 外道에는 道의 大小에 따라 分排하되 三百人의 數를 채웠다. 이에 入格한 자는 會試에 參加시켰다.

⑲ 增廣初試

式年初試와 같으되 다만 會試를 앞두고 施行하였다.

⑳ 別試初試

增廣初試와 같다.

㉑ 監試初試

역시 式年 전 가을에 서울에서 보이되 二所로 나누어서 각기 二百人을 뽑는데 生員初試 百人, 進士初試 百人으로 정했다. 外道에는 역시 道의 大小에 따라 千人을 分排하여 入格者는 會試·增廣監試에 응하되 다만 生·進은 會試 전에 보이었다.

그 밖에도 「陞補」·「武科」·「陰陽科」·「譯科」·「醫科」·「律科」 등이 있으나 이에 생략하기로 했다.

그리하여 이 三場을 통해서 漢文學은 저절로 발전하지 않을 수 없었다.

內而成均正錄之所 外而按廉旬宣之地 擇經明行修者 具年貫及所通經書 登于成均館 試四書五經通鑑 第其高下 是爲第一場 送之禮曹 更試表章古賦 是爲中場 試策問是爲終場 通三場入格者 三十三人 送于吏曹 量才擇用焉 於乎盛哉 試以經書 蓋古明經之意也 試以表賦 博學宏詞之規也 試以對策 直言極諫之義也
<弘齋全書 第六册 卷一一 張32~33 科試引>

그리고 李朝 初期의 科制는 鄭道傳의 詞章의 氣習을 抑制하려는 科制도 卞季良에 이르러서 蔑視되었으므로 당시의 科制는 卞氏에 이르러서 갖추어졌을 뿐더러 詞章에 重點을 두었던 것도 사실이었다.

鄭道傳乃於初場 罷疑義試講論 是蓋抑詞章之習 而務得窮經之士也 其意雖善 行之已久 竟無實效 反爲有弊 非經久可行之常典也……伏望殿下 監歷代之良規 一依高皇帝之詔旨 且以遵我太祖之初科 及我太宗之盛憲 許令初場試以五經中義一題 四書疑一題 中場論表古賦中二題 終場經史時務中 對策一題 永爲恒式 則公道幸甚 斯文幸甚 <春亭集 卷七 張23 科擧試製述上書>

이에 대해서는 李睟光(1563~1628)도 卞氏와 같은 意見을 지녔다.

我國式年及第 專取講經 其意甚美 而但講經之人 旣無致用之實 又或不能屬文 故俗數慢 必曰「實學及第 有以致之也」或以爲「依中朝 專取一經 則可也」
<芝峯類說 卷四 官職部 科目>

그리고 科試의 文體를 「場屋文體」라 불러 왔다. 이는 時代를 따라 平穩·詭奇·浮華 등의 차이점이 생겼다.

國朝以來 科場文體穩平 自癸酉甲戌以來 一二文士詭奇[illegible]強之文 擢魁科 四五六

年之間 文體盡變爲西崑 今國學及科場 擧歐陽公黜劉幾故事 黜其甚者 文體稍稍如舊 然未能盡變也 <筆苑雜記 卷一>

혹은 四韻詩로서 通科한 자도 없지 않았다.

祖宗朝 或以四韻詩取人 中廟朝金安老 以鞦韆律詩 爲壯元

<芝峯類說 卷四 官職部 科目>

또 對句 하나를 맞추고 及第한 이도 없지 않았다.

成廟朝 有嶺南一士人 失其名 來京師 一日入泮宮 欲與諸生同做 諸生不許 士人無聊而歸 過宮墻門 見門內深邃 花木滿苑 因前進周觀 時上以肩輿出來 士人不能隱 出伏於前 上問「汝是何人 敢入此地」士人以實對 上曰「汝能詩乎」士人曰「粗解耳」上出一句 使續對曰「金銀不寶良臣寶」 士人即對曰「日月非明聖主明」上大奇之 謂曰「國家設科 本爲取才 而汝之文才 予既試之 當賜及第」仍給紅牌曰「汝懷此牌 入泮誇之曰『君輩雖不許我 我既登科』 泮儒若不信 出此紅牌以示之」士人如其教 一泮之人 莫不驚歎 <旬五志 上>

그러나 科文은 致用的인 文章이 아니라는 논평은 學者들의 거의 共通된 意見이었다. 李睟光은,

我國科擧之文 其弊甚矣 四六冗長 全似行文 所謂「行文」又似公事場文字 詩賦有入題鋪叙回題等式 尤與文章家體樣全別 故雖得決科 遂爲不文之人 何以致用於世乎 必大變機軸 而後可矣 <芝峯類說 卷八 文章部一 文體>

라 하였고. 李瀷은,

周亡秦興 索性尊君 漢氏因之 友臣之義遂廢 魏之中正閥閱一竊 定作金石 而才德湮屈 至隋詞科之名起 而李唐不變其套 此三孼者 即文勝不反 而弊中增弊 嗚呼天下不復治 聖人不作 孰肯措乎其間 三孼之中 惟詞科爲害道之最

<星湖全集 卷三〇 張33 答權旣明哲身書別紙>

라 하여 詞科가 三孼 중의 가장 害道物임을 指摘했고, 그는 또,

我國之試士 有經義疑問 詩賦論策 四六則表詔制 四字則箴銘頌 凡十二科 將選爲公卿 而取以文詞 已是末計 又多判於半日之功 固不能盡其才 此則置不論 義與問諉以究悉經旨 論策諉以觀其見識事務 箴銘諉以警省 四六諉以事大 詩頌諉以三百篇之遺意 今且置觚之不觚 惟賦何所着落 無用之尤甚 而爲文章之妨 則亦莫甚焉 表賦之盛 詞章亦索然矣 <星湖僿說類選 卷一〇下 論文門 賦>

라 하여 科文의 末弊를 餘地 없이 摘發하였고, 丁若鏞(1762~1836)은 또

다음과 같은 詩를 읊었다.

> 于今識者論 追咎卞季良 詩格本卑陋 流害浩茫洋 村村坐夫子 敎授非漢唐 何來百聯句 吟誦方滿堂 項羽與沛公 支離連篇章 姜栢放豪嘴 盧兢抽巧腸 <與猶堂全書 第一集 第五卷 張2 夏日對酒>

3. 集賢殿과 編纂事業

集賢殿의 制度는 高麗 때부터 시작되었던 것을 定宗 李曔(1357~1419) 元年(1399) 3月에 다시금 열게 되었고 그 翌年에 寶文閣으로 改稱하였다가 太宗 10년(1410)에 集賢殿으로 還元되었다. 世宗 2년(1420) 3月에 이르러서 高麗의 制度를 따라 修文殿·寶文閣·集賢殿 등을 두었으나 弊端이 생기므로 모두 罷하고 다만 集賢殿만을 남겨두어 文臣 중 才行 있고 나이 젊은 一代의 英豪를 뽑아서 오로지 儒典의 講論을 일삼았다. 이에 대하여 徐居正은 다음과 같이 말했다.

> 世宗勵精文治 高出萬古 歲庚子始置集賢殿 選文士十人充之 後增三十員 又改二十員 十人帶經筵 十人帶書筵 專任文翰 討論今古 朝夕論思 文章之士 彬彬輩出 得人甚盛……數年間布列顯要 皆出於集賢 如鄭領相麟趾 李左相思哲 鄭領相昌孫 李領院季甸 安領院止 金判書銚 金叅判墩 金判樞鈞 金判樞末 申領相叔舟 權左相擥 朴叅贊仲孫 崔領相恒 金判書淡 李判樞石亨 尹議政子雲 魚判樞孝瞻 盧叅判叔仝 梁判書誠之 成判書任 李判書克堪 李府尹鳴謙 金判書禮蒙 盧領府思愼 韓西平繼禧 洪贊成應 李叅贊承召 李叅判坡 李判書芮 趙府尹瑾 姜府尹希顔 姜判書希孟 崔府尹善復 朴叅判揵 雖以居正之無狀 亦獲列其間 又如朴仲林朴彭年河緯地成三問李塏柳誠源 一時顯隆 <筆苑雜記 卷一>

그리고 그들의 重要한 工作은 곧 編纂에 관한 事業이었다. 그리하여 政治·經濟·法律·宗敎·文學·儀禮·科學 등의 모든 方面에 널리 손을 뻗쳐 그의 著籍으로서 「龍飛御天歌」·「訓民正音」·「月印釋譜」·「東國正韻」「治平要覽」·「高麗史」·「資治通鑑訓義」·「三綱行實」·「孝行錄」·「五禮儀」「農事直說」·「醫方類聚」·「鄕藥集成方」 등이 있고 그 밖에도 儒·佛 兩典

의 諺解類도 잇달아 出刊되었다. 徐居正은 또 世宗의 好學과 命撰한 著籍에 대하여 다음과 같이 말했다.

> 世宗天性好學 其未出閣 讀書必百遍 於左傳楚辭 又加百遍 嘗違豫 亦不輟讀…… 及即位 日御經筵 無書不讀 緝熙時敏之功 高出百王……命儒臣 分局撰次諸書 曰「高麗史」曰「治平要覽」曰「兵要」曰「韻書」曰「五禮儀」曰「四書五經音解」同時撰修 皆經睿裁成書 一日御覽 可數十卷 其可謂「天行健」「純亦不已」也 <同上>

그러나 世宗의 이러한 事業의 成就는 역시 政治的으로나 經濟的으로나 小康狀態에 놓여 있었기 때문이었던 것이다.

4. 訓民正音의 創製와 漢文學

世宗의 수많은 著籍 중에서 특히「訓民正音」은 漢文學과 걸림이 자못 微妙하므로 이에 論及해야 할 것이다. 「訓民正音」과 漢文學은 여태까지 表面的으로 보아서는 相克的 位置에 놓여 있는 듯싶지만 그 실은 相成的 要素가 스며 있음을 잘 알아야 하겠다. 그리고 一時를 濶步하고 있던 一部 固陋한 民族主義 學者들의 이에 대한 國粹的인 見解를 버려야 할 것이다. 「訓民正音」은 오늘날에 이르러서는 물론 韓民族을 代辯할 수 있는 文字 곧 民族自主的인 모든 思想과 理念을 지닌 神聖한 存在였지만 그렇다고 해서 그 創製의 當時에도 벌써 이러한 崇高·綿遠한 그 眞意를 머금은 것은 아니리라. 이는 곧 世宗의「自序」를 읽어서 족히 把握할 수 있겠다.

> 國之語音 異乎中國 與文字不相流通 故愚民有所欲言 而不得伸其情者多矣 予爲此憫然 新制二十八字 欲使人人易習 便於日用耳 <世宗御製訓民正音 張1~3 訓民正音序>

世宗의 創製한 本旨는 결코 漢文을 全廢하고 正音을 專用하자는 것은 아니다. 왜냐하면 그의 創製의 目的은 오로지 愚民 곧 어린 백성들의 意思를 잘 통하게 하자는 것이다. 이는 곧 下意上達과 上意下達의 行政的인 면에 利用하기 위한 것이기 때문이다. 이는 실로 封建李朝의 中央集權制的인 政策 상 이를 創製하지 않고는 견디지 못했음을 알아야 한다. 高麗

는 실로 有名無實한 中央集權制이었지만 李朝는 建國初에 벌써 土地改革에 따른 中央集權制는 成立되어 高麗의 勳閥들은 각기 小莊園을 가졌으므로 王家의 손이 直接 愚民에게 뻗지 못했으나 李朝는 王家의 손이 直接 愚民에게 뻗게 되었으므로 麗代의 吏讀만으로써는 결코 上下의 意思가 서로 통할 수 없음은 사실이다. 그러고 보면 「訓民正音」은 곧 吏讀의 대신으로 登場되었던 것이다. 만일 그렇지 않다면 어째서 本書의 「自序」를 비롯하여 모든 公私用의 文字를 모두 正音으로써 表記하지 않았던가. 洪起文(?)은 이에 대하여 다음과 같이 말했다.

> 筆者의 見解로는 世宗을 爲始하야 諺文諸儒들부터도 訓民正音의 製作으로써 漢文의 常用을 廢하자는 생각은 絶對로 아니다. 오즉 漢文을 理解치 못하는 愚民들을 爲하야 또 漢文學習의 한 補助的 手段을 삼아서 겨우 그 價値를 認定한 데 지나지 못한다. <正音發達史 卷下 頁5 導說 訓民正音의 評價>

그리고 「正音」과 「諺文」에 대한 解說이 심히 區區하여 「正音」이라면 극히 神聖視되고 「諺文」이라면 극히 侮瀆視되어 있으나 애초에는 전연 그렇던 것은 아니다. 그리하여 世宗 創製의 당시에는 「正音」과 「諺文」이란 말을 兼用했던 것이다. 例를 들면,

> 臣等伏覩諺文制作 至爲神妙……我朝自祖宗朝以來 至誠事大 一遵華制 今當同文同軌之時 創作諺文 有駭觀聽 <世宗實錄 卷一〇三 張19~20>

은 「至誠事大」를 부르짖는 崔萬理(?)의 上疏의 一節인 만큼 立證할 것이 못된다 하더라도,

> 是月 上親制諺文二十八字 其字倣古篆……是謂訓民正音 <世宗實錄 卷一〇二 張42>

이나 또는,

> 世宗設諺文廳 命申高靈成三問等 製諺文 <慵齋叢話 卷七>

등을 보아서도 짐작할 수 있을 것이다. 뿐만 아니라, 柳僖(1773~1873)의 書名인 「諺文志」도 「諺文」의 두 글자를 野鄙하게 생각하지 않은 一例가 되

고도 남음이 있을 것이다. 그리고 「諺」字를 說文學的인 解釋을 돌본다면,

諺傳言也 諺傳疊韵 傳言者古語也 古字從十口 識前言 凡經傳所偁之諺 無非前代故訓 而宋人作注 乃以俗語俗論當之 誤矣 <段氏說文解字注 第三篇上 張5>

그러면 「諺文」의 槪念이 나쁘게 된 것은 아마 燕山君 李㦕(1476~1516) 때 소위 「諺文獄」 이후에 점차로 國民들에게 아름다운 感情을 얻지 못했던 듯싶고 또 그 뒤 一部 固陋한 漢文學者들의 口氣에서 흘러나온 「諺文」·「眞書」라는 말에 이르러서 一般人에게 憎惡感을 샀던 것이다.

先以眞書問之 以不知搖頭 更以諺文問之 又以不知揮手 如是詰難者移時 <純宗實錄 卷一九 張24>

그리고 당시 諸儒의 「訓民正音」 創製에 대하여 贊否를 불구하고 모두들 事大思想을 지닌 것도 사실이어늘 이제 俗學者들은 다만 崔萬理만을 事大主義者로 酷評할 것은 없을 것이다. 鄭麟趾·申叔舟(1417~1475) 등의 官僚學者輩의 事大·崇漢의 思想은 말할 나위도 없을 것이다.

그리하여 正音의 創製와 漢文學의 발전과는 그 結果가 對蹠的인 것이기보다도 오히려 相成的인 要素를 包含했던 것이다. 이는 그 音韻學的인 면으로는 中國의 것을 利用하여 國音과 漢音의 整理를 보았고 또는 黃瓚(?)과 같은 中國人 學者에게 諮問한 것이 頻繁했음도 생각하지 않을 수 없겠다.

5. 口訣과 鑄字問題

正音이 專用되지 못하는 동시에 漢文字로 表記된 모든 古典의 解讀에 있어서 오히려 奇型的인 口訣을 쓰게 된 것이 당시의 특색이었고, 또 鑄字의 問題는 漢文學의 발전에 커다란 動力이 되었던 것이다.

① 口 訣

口訣의 발전에 대한 모든 기록을 다음에 소개하기로 한다.

上語卞季良曰 昔太宗 命權近 著五經吐 <世宗實錄 卷四〇 張14>

그 注에는,

凡讀書 以諺語節句讀者 俗謂之「吐」 <同上>

라 하였고, 成俔은,

至我朝 陽村梅軒兄弟 能明經學 又能於文 陽村定四書五經口訣 <慵齋叢話 卷一>

이라 하였으며, 崔恒(1409～1474)은,

小學光陵時 河東君鄭麟趾 書蓬原君鄭昌孫 禮高靈君申叔舟 論語漢城府尹李石亨 孟子吏曹判書成任 大學中樞府同知事洪應 中庸刑曹判書姜希孟 又中樞府知事丘從直 同知事金禮蒙 工曹衾判鄭自英 吏曹衾議李永垠 戶曹衾議金壽寧 前右承旨朴楗等 論難校正 每遇肯綮 悉稟睿斷 <太虛亭集 書小學口訣跋>

이라 하였고, 徐居正은,

英陵命金汶金鉤 及公等 定小學四書五經口訣 居正與焉 <四佳集 崔太虛亭恒碑>

이라 하였다. 口訣은 그 뒤에 諺解로 발전되어 柳崇祖(1452～1512)를 거쳐 退溪에 이르러서 定本이 이룩되었다.

經書之有諺解 厥惟久矣 而諸家互有同異 至退溪先生 合成釋義乃定 <四書諺解>

이에 口訣의 한 例로서 다음의 글을 들어 둔다.

天地之間萬物之衆厓唯人伊最貴爲尼所貴乎人者隱以其有五倫也羅是故奴孟子伊曰「父子有親爲彌君臣有義爲彌夫婦有別爲彌長幼有序爲彌朋友有信」是羅爲時尼 人而不知有五常則其違禽獸厓不遠矣里羅 <童蒙先習 張1>

그보다도 더 상세한 李森煥(1729～1813)의 說을 소개하기로 한다.

1. 句讀指南

上有若如苟倘設或萬一尸羅 雖縱假ᄒ며 豈安何寧烏惡胡焉盍奈何古五可去 況肯忍敢能牙可寧ᄒ 使俾以令自與乙 使令俾ᄒ於于乙 曩頃昔初嚮先是ᄅ 向使向若ᄒ既已每始方屬厂至及厂 至若至如卩則必將應決ᄃ恐懼ᄒ夫蓋凡大抵ᄉ非尸ᄉ五因當ᄉ吾我余予僕朕ᄒ 曰云謂言聞以爲ᄒ 願請乞ᄉ 早知ᄒ當宜可ᄉ 下有向猶惟獨但只ᄉ況別ᄒ以遂因ᄉ輒必即豈不尸乃方ᄉ更又且復亦五ᄉ 果至及會至及會適後必必至是ᄅ今ᄉ既而已而頃之久之須臾ᄅ所ᄉ故是以由是於是ᄉ 然ᄒ 與ᄒ及卜非五

2. 句讀學要

主客他人相與自己事他人事單擧一人雙擧兩人對偶事連疊事

3. 助辭訓釋

〔助辭在上者〕 蓋 疑未定之辭如「蓋有許由塚」之類 而 反語辭如「而敏於事」之類 也 反語辭如「也自波」之類 其 渠也諺釋「거기」 遂 因也 豈 寧也或也諺釋「아니」 且 又也又將也

〔助辭在中者〕 而 接語辭諺釋「마니이이」 之 如句讀「ㅿ」之類

〔助辭在下者〕 也 如句讀「ᄯᅡ」之類又音故與耶通 之 與物相援之辭如棄去曰「去之」招來曰「來之」之類 爾 與然義同又如句讀「ᄂᆞ」「ᄯᅡ」之類 矣 斷之辭如「亡矣」·「死矣」之類 <百家衣>

柳夢寅은 일찌기 李聖錫(?)의 「自牖篇」을 칭도했으나, 이제 그 原典은 얻어 볼 수 없다.

敎官李聖錫 聞其言 推而演之 作自牖篇 取文字中句訣 作伊尼隱乙厓西莫不類三十字 逆順諺解之法 蓋其意欲使初學易效也 <於于野譚>

② 鑄 字

李朝의 鑄字는 太宗 때부터 시작되었다. 徐居正은 다음과 같이 말했다.

太宗始作鑄字 模樣有未盡善 歲庚子 世宗命李蕆 以中國善書字樣改鑄 比舊尤精 是謂「庚子字」 甲寅世宗命爲善陰隲字樣改鑄 極爲精緻 是謂「甲寅字」 庚子字小甲寅字大 其所印書册極好 世宗末年 用瑢所書樣 及姜希顔所書字樣改鑄 其所印書册 漸不如舊 今則銅字盡爲工匠所盜 而兼用木字 字之大小生熟不同 行列不齊 視舊印册本 逈然不侔矣 <筆苑雜記 卷一>

成俔은 이에 대하여 더욱 상세하게 기록했다.

太宗於永樂元年 謂左右曰「凡爲治 必須博觀典籍 吾東方在海外 中國之書罕至 板刻易以刓缺 且難盡刻天下之書 予欲範銅爲字 隨所得而印之 以廣其傳 誠爲無窮之利」 遂用古注詩書左氏傳字鑄之 此鑄字所由設也 名曰「丁亥字」 世宗又於庚子年 以所鑄之字 大而不整改鑄之 其樣小而得正 由是無書不印 名曰「庚子字」 甲寅年 用爲善陰隲字鑄之 比庚子字差大 而字體甚好 又命世祖書綱目大字 世祖時爲首陽大君 遂範銅爲字 以印綱目 即今所謂「訓義」也 壬申年間 文宗更鎔庚子字 命安平書之 名曰「壬申字」 乙亥年 世祖改鎔壬申字 命姜希顔書之 名曰「乙亥字」 至今用之 其後乙酉年 欲印圓覺經 命鄭蘭宗書之 字體不整 名曰「乙酉字」 成宗於辛卯年 用王荊公歐陽公集字鑄之 其體小於庚子 而尤精 名曰「辛卯字」 又得中朝新版綱目字鑄之 名曰「癸丑字」 <慵齋叢話 卷七>

그리고 李睟光은,

> 鑄字印書 創自本朝 非中國所有也 自變後 以刻板爲難 多用活字 而考校不審 易致訛誤 可恨 聞祖宗朝 凡書籍有誤者 監印官輒杖之 故絕無錯字 且中朝册板 以棗梨雜木爲之 而我國唯用梓木 故板子甚難 刊布不廣 乃我國之拙處也 <芝峯類說 卷三 君道部 制度>

라 하여 鑄字의 創案과 印版에 있어서 韓·中 兩國의 차이점을 말하였고, 正祖는,

> 竹素傳寫 變而爲鏤板 鏤板變而爲活字 始見於宋畢昇 始埏泥爲之 觸手易碎 其後毗陵人 又以鉛爲之 則視埏泥稍勝 而亦不能耐久矣 我朝銅字 始於太宗朝 至于世宗甲寅重鑄 則盡美盡善 予嘗再命開鑄 而悉以甲寅字爲本 他本不取也 <弘齋全書 第九〇册 卷一六三 張22 日得錄三>

라 하여 活字의 歷史的인 발전을 敍述하였다.

6. 古 賦

李朝의 初期에 있어서 辭는 별로 나타난 것이 적으므로 이제 다만 古賦에 대해서만 論及하여 몇편을 소개하려 한다.

① 養蕉賦

姜希孟(1424~1483)의 作으로 당시에 이름 높았다. 許筠의 慧眼으로도

> 姜景醇養蕉賦極好 其詩亦清勁 <惺所覆瓿藁 卷二五 說部四 惺叟詩話>

이라는 讚辭를 아끼지 않았다. 이제 原典은 들지 않는다.

② 擬登樓賦

金宗直의 作이다. 이제 原典은 들지 않고 다만 그 「小序」를 적어 둔다.

> 乙酉二月 余自密陽還京 道出沃川 渡赤登灘 登岸上樓 覽物傷懷 遂擬仲宣登樓之作 <佔畢齋集 卷一 張13 賦>

그 밖에도 李穡의 「觀魚臺小賦」의 和作인 「觀魚臺賦」와 成均館 孔聖以下 四聖·十哲의 塑像이 黯黮함을 슬퍼한 「謁夫子廟賦」 등이 있다.

③ 夢游賦

이 편은 朴祥(1474~1530)의 作이다. 이는 비록 形態的으로 小說이 아닌 「楚騷」系의 賦였으나 그 言外에 흐르는 思潮는 元昊(?)·沈義(?) 등의 「夢游錄」에서 받은 影響이 짙은 듯싶다. 이제 原典은 들지 않는다. 그는 이 밖에도 「黃鍾賦」·「登泰山小天下賦」·「擬自悼賦」 등이 전한다.

④ 底柱賦

李朝에 들어와서 賦家로는 李荇(1478~1534)이 가장 처음 頭角을 나타냈다. 그는 「掛冠東門賦」로부터 「縞素三軍賦」까지 66首나 되는 豐作을 내었다. 量的으로 말하더라도 당할 자 없을 만큼 渢渢한 大家이다. 이제 그 중에서 이 한편을 뽑기로 한다.

余嘗慕司馬之遠游 探禹迹之茫茫 遵大河而窮覽 勢滔天而懷襄 望底柱之偃蹇 截屹立乎中央 非礪石之所擬 豈龍門之可鑿 閱光陰之過隙 亘萬古而如昨 余於是有所感矣 奔流不移者 堅貞之質也 亂世不變者 聖賢之得也 孔所立之卓爾 孟巖巖之氣象 麟經乃萬世之防 泰山爲天下之望 此以道德爲尙者也 登西山以采薇 幽北海而餐雪 耻不義之周粟 杖盡落之漢節 此以忠義爲悅者也 韓起八代之衰微 歐變一時之浮躁 障百川而東之 回狂瀾於旣倒 此以文章爲到者也 嗚呼 古往今來 天地無窮 底柱之功 隨遇不同 若余者 何爲者乎 邈然塊處 反顧厥躬 利名鑠外 私慾攻中 存者幾何 混淪鴻濛 庶將養吾之正 守吾之公 遠利名 窒私慾 以爲庸者乎

<容齋外集 張9 賦>

⑤ 次李白惜餘春賦

絕代의 天才詩人 朴誾(1479~1504)의 作이다. 詩에 비해서 조금도 遜色없는 芳馨·悱惻한 作品이었다.

昔李白 惜餘春將闌 作賦頗道其意 余以爲「白本放曠之人也 而猶吝嗟流猕 歎老惜年 若迫塞者之爲 豈可以爲達也」 余故用其韻爲賦 以廣之云

春兮堂堂 來旣不識其誰使兮 去又向之何方 曾不足以少留兮 竊獨悲此羣芳 收麗日之姸和兮 見綠陰之茫茫 山野淡其若變兮 蜂鳥駭而失行 伊余心之多感兮 怨東流之沅湘 目千里兮欲極 魂上下兮悠揚 歌瓊詞兮紓懷 思糾線兮難展 詞曰「汀有蘭兮佩結 石有湍兮帶剪 臨千尺之幽潭兮 恨孰與之深淺 若有客兮導余言 予苟愁兮何能堪 四時固各有定序兮 比西北與東南 春以生兮夏以長 秋成多實兮物績紛 成功而迭謝兮 若在空之浮雲 矧天地亦有所終窮兮 則何恨夫一時之易改 安得挾子

以登仙兮 睹桑田之變海 予旣聞夫至論兮 怳若愈其沉疾 齊憂喜以泊然兮 悟百年之一日 悔向時之迷道兮 同越鴐而求秦 登東嶽而遐觀兮 招廣成之眞人 酌九霞之瓊觴兮 就東君以爲別 杳茀茀而無聞兮 見羲車之西滅 仍泠風而寄意兮 夫孰云言不可結 忽臨睨夫塵土兮 曾夕零以朝華 吾將泰初以爲隣兮 與求至乎無涯」

〈挹翠軒遺稿 卷一〉

7. 樂　　府

李朝初期의 樂府는 다른 文學의 作品에 비해서 별로 발전된 것이 없는 듯싶으나 역시 時代를 따라 조금 流麗·芊眠해졌음은 사실이었다. 이제 그 代表作 몇 편을 들기로 한다.

① 龍飛御天歌

權踶(1387~1445)·鄭麟趾·安止(?~1464) 등의 奉命共撰이다. 모두 一百二十五章의 宮廷樂章이었으며, 每章마다 韓漢文의 混綴로서 노래를 위에 놓고 그 뒤에 漢體詩를 붙였다. 그 內容은 李朝의 遠祖 李安社(?~1274)로부터 第二世 太宗의 潛邸할 때까지 六代의 聖德을 讚美한 것이니, 이는 실로 阿諛文學의 一種으로서 멀리 中國「詩經」중 三頌을 模擬한 作品이다. 世宗 27년(1445)에 이룩되었다.

海東六龍飛　莫非天所扶
古聖同符」　〈第一章〉

根深之木　風亦不扤
有灼其華　有蕡其實」
源遠之水　旱亦不竭
流斯爲川　于海必達」 〈第二章〉

〈龍飛御天歌 卷一〉

이에 대하여 鄭麟趾는 다음과 같이 말했다.

謹採民俗稱頌之言 撰歌詩一百二十五章 先叙古昔帝王之迹 次述我朝祖宗之事……指陳實德 反復詠嘆 以著王業之艱難 仍繹其歌 以作解詩 庶繼雅頌之遺音 被之管絃 傳示罔極　〈龍飛御天歌 卷首 龍飛御天歌序〉

그리고 李瀷은,

國初命鄭麟趾等 撰龍飛御天歌 就其中上七章下三章 爲與民樂 此因皇風樂腔節叶歌 歌即四言詩也 却與古合也 <星湖僿說類選 卷四下 治道門三 國朝樂章>

라 하여 이 노래가 古歌의 腔調에 맞음을 말하였다. 그러나 洪良浩(1724~1802)의 上疏에는 이것이 信史가 될 수 없음을 指摘하였다.

惟龍飛御天歌一書 備載龍潛勝蹟 而是書也 專以歌頌功烈發凡起目 故逐段設譬遠引古史 有異記事之體 亦無編年之序 先後失次 世代難詳 不足爲信史而傳後也 <正宗實錄 卷五二 張58~59>

② 風入松 <笙歌寥亮·平調>

笙歌寥亮呈玉庭	爲報聖壽萬年萬萬壽
玉殿階前排筵會	今宵秋日到神仙 <時用鄕樂譜 附歌詞別裁>

③ 雙花曲 <俗稱雙花店·平調>

寶殿之傍	雙花薦芳
來瑞我王	馥馥其香
燁燁其光	允矣其祥
於穆我王	俾熾而昌
繼序不忘	率由舊章
無怠無荒	綱紀四方
君明臣良	魚水一堂
黻戒靡遑	庶事斯康
和氣滂洋	嘉瑞以彰
嘉瑞以彰	福履穰穰
地久天長	聖壽無疆 <同上>

④ 東都樂府

金宗直의 作이다. 「會蘇曲」으로부터 「黃昌郞」까지 모두 8首인데 本詞의 몇수는 앞서 이미 소개한 바 있으므로 이에 다시금 들지 않는다.

⑤ 宮 詞

成俔(1427~1460)의 作이다. 이는 「宮詞」이지만 실은 樂府體이다. 그 네수 중에서 第一·第二의 두수를 뽑는다.

依依簾幕燕交飛　　日射晴窓睡起遲
急喚小娃供頮水　　海棠花下試春衣」

碧梧金井換新秋　　斜倚熏籠一段愁
明月滿庭天似水　　起來無語上簾鉤　〈國朝詩删 七言絕句〉

이에 대하여 許筠은 다음과 같이 논평했다.

東詩無效古者 獨成和仲 擬顔陶鮑三詩 深得其法 諸小絕句 得唐樂府體 頗得此君 殊免寥寂　〈惺叟詩話〉

⑥ 和松岡樂府三首

이는 退溪 李滉의 作이며, 松岡은 趙士秀(?)의 號이다. 그 세수 중에 第一首인「武陵春」을 들어 둔다.

屋角鳩鳴春雨細 起晚倚窓櫳 滿目烟花一萬重 好是幾番風 陣陣吹紅香不斷 庭院政薰濃 惆悵閒吟望遠空 淡淡日斜紅　〈退溪文集別集 卷一 張64 和松岡府三篇〉

8. 詩　　歌

① 總　評

李朝初期의 詩歌에 대하여 諸家의 논평이 자못 紛紜했다. 이제 몇가지의 說을 이끌어서 밝혀보려 한다. 許筠은 일찌기 다음과 같이 말했다.

建國初 三峰陽村 獨擅其名 文章至是 始可稱達 追琢炳烺　足曰「否彭」而中興之功 文靖爲鉅焉 中間金文簡 得圃陽之緖 人謂大家 只恨文竅之透不高 其後容齋相詩入神 申鄭亦膛乎 其後蘇相叉力振之 玆數公 使生中國　則詎盡下於康李二公乎　〈惺所覆瓿藁 卷一〇 文部七 答李生書〉

許氏는 또 李朝의 詩學이 모두 蘇·黃으로 主를 삼았음을 밝혔다.

本朝詩學 以蘇黃爲主 雖景濂大儒 亦墮其窠臼 其餘鳴于世者 率啜其糟粕 以造腐牌坊語 讀之可厭 盛唐之音 泯泯無聞 梅月堂詩 淸邁脫俗 然天才逸蕩 自去雕飾 或不經意 率然而成者多 故間有駁雜處 終非正始之音 忘軒李胄之詩 沉著老蒼 仲氏以爲「近於大曆貞元」然自是蘇杜中來 大體不純 冲菴則淸壯奇麗 可謂作家 而生語疊語頗多 厥後無有起頹者　〈鶴山樵談〉

그리고 洪萬宗(?)은,

言大家 則前有四佳佔畢 後有挹翠容齋 <旬五志 上>

라 하였고, 南龍翼(1628~1692)은 더욱 상세·간명하게 每人마다 二字評을 더하였으니, 이는 곧 李朝 詩家의 總評이었다.

本朝之尤者 如鄭三峯道傳之淩厲 姜通亭淮伯之開燁 李雙梅詹之榮茂 卞春亭季良之練達 徐四佳居正之贍大 李三灘承召之妥適 姜晉山希孟之蒼老 金佔畢宗直之勁傑 金梅月時習之神逸 南秋江孝溫之激烈 李忘軒冑之高華 鄭虛菴希良之炯邃 李容齋荇之圓渾 朴訥齋祥之慷慨 金慕齋安國之核激 金冲菴淨之簡峻 奇服齋遵之悲惋 蘇陽谷世讓之舒泰 鄭湖陰士龍之鍊悍 申企齋光漢之葩秀 林石川億齡之飛動 鄭林塘惟吉之夷曠 李退溪滉之純靜 盧蘇齋守愼之淵宏 朴思菴淳之艶潔 李栗谷珥之通明 成牛溪渾之雅正 宋龜峯翼弼之眞活 黃芝川廷彧之典特 李鵝溪山海之姸娟 鄭松江澈之遒緊 高霽峯敬命之穠富 許荷谷篈之超敏 林白湖悌之爽快 崔孤竹慶昌之清淑 白玉峯光勳之瘦朗 李蓀谷達之孤絕 崔簡易岦之沉健 李月沙廷龜之和遠 申象村欽之粹潤 李五峯好閔之穎銳 李芝峯睟光之溫淡 車五山天輅之轟浩 李體素春英之驁蕩 李東岳安訥之混雄 洪鶴谷瑞鳳之警策 金清陰尙憲之恬整 張谿谷維之悒達 李觀海敏求之閑曠 李澤堂植之精緊 李白洲明漢之豪逸 各臻其極 而至於調格之卓邁 當以朴挹翠誾爲主 情境之諧和 當以權石洲韠爲宗 體制之奇拔 當以鄭東溟斗卿爲冠 余欲以企齋敵司諫 石洲敵益齋 東溟敵文順 具眼者以爲如何 <壺谷詩話>

또 任璟(?)은 金錫胄의 우리 나라 諸家에 대한 八字評을 이끌어 다음과 같이 기록했다.

息菴金相公錫胄 甞取東方詩人 自羅麗至我朝 各有品題 其評曰……又曰「四佳徐居正 峨嵋積雪 閬風蒸霞 眞逸齋成侃 鶴飛青田 鳳巢丹穴 佔畢齋金宗直 明月撥雲 芙蓉出水 梅月堂金時習 銀樹霜披 珠臺月瀉 忘軒李冑 瑞芝祥蘭 和風甘雨 挹翠軒朴誾 金湯古險 山海雄關 容齋李荇 夜游金谷 春宴玉樓 訥齋朴祥 爐峯轉霧 石瀨鳴湍 湖陰鄭士龍 飛湍走壁 晴雷噴閣 企齋申光漢 魚游明鏡 花粧層厓」又曰「思菴朴淳 畫棋棲壁 文軒架壑 石川林億齡 山城驟雨 風枝鳴蟬 錦湖林亨秀 幽壑清湍 斷厓層臺 蘇齋盧守愼 懸巖峭壁 老木蒼藤 霽峯高敬命 吟風吹露 譯漢騰霞 芝川黃廷彧 快鶻搏風 健兒射鵰 簡易崔岦 快閣跨漢 老木向春 孤竹崔慶昌 金闕曉鍾 玉階仙仗 玉峯白光勳 寒蟬乍鳴 踈林早秋 蓀谷李達 秋水芙蓉 倚風自笑」又曰「月沙李廷龜 雲捲蒼梧 月掛扶桑 芝峯李睟光 積李縞夜 崇桃絢晝 體素齋李春英 林梢霜月 峽口秋雲 石洲權韠 奇峯雲與 斷壑霞蔚 東岳李安訥 露閣横波 虹橋臥壑 五山車天輅 快鵬橫海 衆馬騰空 九畹李春元 青驄白馬 玉勒朱璎 竹陰趙希逸 絡雲籠月 踈星浥露 澤堂李植 百尺峭巖 十圍孤松 東溟鄭斗卿 長風

扇海 洪濤接天」象村文章 與芝峯伯仲間 而獨漏於此 豈息菴以其外先祖 故不敢評品而然歟 就其詩家 大小體格 各有引譬 而無不的當 <玄湖瑣談>

南·任 兩氏의 評品은 각기 一家의 見을 나타냈으나 다만 人物의 選定중에 滄海遺珠의 感이 없지 않다. 그리고 高麗에서 四六을 崇尙했다면 李朝에서는 短律을 좋아했다고 이를 것이다.

高麗尙四六 今朝尙短律 其間固多彬彬步驟者 <星湖僿說類選 卷一〇下 論文門 四六>

그리고 金萬重은 李韓의 詩體가 여러번 變遷되었음을 말했다.

本朝詩體不啻四五變 國初承勝國之緖 純學東坡 以迄於宣靖時 容齋稱大成焉 中間衆以豫章 則翠軒之才 實三百年一人 又變而反正於唐 則崔白李其粹然者也 夫學嵋山而失之 往日冗陳 不滿人意 江西之弊 尤拗拙可厭 崔白之於唐 五律五絕 僅窺晩季藩籬 沾沾一臠 不足以果腹 其可及人乎 權汝章以布衣之雄 起而矯之 採掇唐宋 融冶雅俗 磨礱刷治 號稱盡美 東岳和之 加以富有 澤堂嗣興 理致尤密 遂使殘膏剩馥 沾丐至今 可謂盛矣 <西浦漫筆>

② 李朝初期의 代表的 作家

前述한 것은 대체 李朝初期의 詩家에 대한 總評이었고 이제 個人의 作品에 스며들어 하나하나 논평하기로 한다.

1. 鄭以吾

李初의 詩는 먼저 鄭以吾(?)의 「次韻寄鄭伯亨」이라는 한편을 들지 않을 수 없겠다. 許筠은 이에 대하여 다음과 같이 논평했다.

國初之業 鄭郊隱李雙梅最善 鄭之

二月將闌三月來　一年春色夢中回
千金尙未買佳節　酒熟誰家花正開

之作 不減唐人情處 <惺叟詩話>

2. 趙云仡

다음은 趙云仡(?)의 佯狂玩世하는 色態를 그의 詩에서 찾으려 한다.

趙石磵云仡 在前朝 已達官 暮年佯狂玩世 求爲沙坪院主 一日見林廉黨與流于外者 相繼于道 作詩曰

柴門日午喚人開　　步出林亭坐石苔
昨夜山中風雨惡　　滿溪流水泛花來 <同上>

3. 柳方善

結茆仍補屋　　種竹故爲籬
多少山中味　　年年獨自知 <國朝詩刪 五言絶句 偶題>

柳方善(1388~1443)의 詩學은 당시의 趙須(?)와 齊名하였으나 作品의 清絶은 趙氏에 비하여 지나쳤다 한다. 徐居正은,

同時有主簿柳方善 亦禁廢不用 學問文章與趙相伯仲 詩句清絶過之 <筆苑雜記 卷二>

라 하였고, 그는 또 韓初의 詩學이 大成한 것은 오로지 柳·趙氏의 指導한 힘이라 하였다.

本朝開國以後 詞學盡廢 歲戊午 始設進士科 中場用詞賦 自此詩學大成 皆二先生訓誨之力也 <同上>

대체 柳氏는 곧 李穡의 得意門人이었으며, 金守溫·成侃·成俔 등이 모두 그의 門人이었고, 父罪로 인하여 禁錮되었으나 白衣로서 「杜詩」撰注에 참가하여 學杜의 傾向을 鼓吹하여 一代를 風靡시켰다.

③ 集賢殿 이후의 諸家

世宗의 集賢殿 學士들은 실로 前古에 드문 魁傑들이다. 그 앞서 비록 鄭道傳·權近·卞季良 등이 있었으나 麗·韓 過渡期의 人物들이었으므로 李穡에게 비해서도 微弱했을 뿐이다.

世稱「牧隱能集大成 詩文俱優」然多有鄙踈之態 准乎元人之律 且不及 其可擬於唐宋之域乎 陽村春亭 雖秉文柄 不能及牧隱 而春亭尤卑弱 世宗始設集賢殿 延文學之士 有如申高靈崔寧城李延城 與朴仁叟成謹甫柳太初李伯高河仲章 皆擅名一時 謹甫文瀾豪縱 而短於詩 仲章長於對策疏章 不知詩 太初天才夙成 而其覽不博 伯高清穎英發 詩亦精絶 然儕輩皆推朴仁叟爲集大成 謂其經術文章筆法 俱善也 然皆被誅 其所著不顯於世 寧城精於四六 延城能爲科擧之文 而惟高靈文章道德 一代尊仰 繼躅者徐達城金永山姜晉山李陽城金福昌 及我伯氏而已 達城文章華美 而其爲詩 專倣韓陸之體 隨手輒艶麗無雙 久掌文衡 永山讀書必誦 故能得文之

體 其文雖雄放豪健 人無與爭其鋒 然性無檢束 故詩之押韻多錯 不中窾曰 晉山典雅 天機自熟 於諸子最爲精絕 陽城詩文俱美 如巧匠雕鐫 自無斧鑿痕 伯氏之詩晩唐體 如行雲流水之無礙 福昌天資早成 以班固爲準 爲文老健 嘗編世祖實錄 大抵叙事 多出其手 此數子皆善鳴 而一代文學彬彬矣 <慵齋叢話 卷一>

그러나 이는 總論에 지나지 않고 그 중에서 그들의 思想的인 系譜를 따져 본다면 대체로 端宗 李弘暐와 世祖 李瑈와의 政治的인 悲·喜劇의 演出에 휩쓸린 文人·學者들은 저절로 兩派로 갈려지게 되었다. 이는 곧 世稱 「死六臣」系의 詩人, 또는 申叔舟系의 詩人들이었다.

世宗의 集賢殿을 中心으로 활약하던 모든 學士들은 世宗의 昇遐를 계기로 하여 政治的인 分裂을 보았으니 그 중 重要한 人物은 곧 朴彭年(?~1456)·李塏(?~1456)·成三問(1418~1456)·河緯地(?~1456)·申叔舟 등이었다. 그들은 諸學士 중 가장 年少하고 재주가 聰敏한 이들이었다.

世宗始設集賢殿 招致文學之士 朝夕延訪 猶慮文學未振 更選其中年少聰敏者上寺讀書 供饋甚豐 正統壬戌 平陽朴仁叟 高靈申泛翁 韓山李淸甫 昌寧成謹甫 赤村河仲章 延安李伯玉 受命讀書于三角山津寬寺 做業甚勤 酬唱不輟 <慵齋叢話 卷四>

그들에 대하여 許筠은 더 具體的으로 이야기했다.

世廟朝 始設書堂 賜暇讀書 爲他日大用地 其時多在山寺 初則權採辛碩祖南秀文 次則成三問申叔舟朴彭年 又次則李石亨崔恒成侃李永瑞河緯地李塏金守溫徐居正李承召姜希孟 相繼爲之 <惺所覆瓿藁 卷二二 說部一 惺翁識小錄上>

이와 같은 世宗의 曠世의 恩遇를 입은 諸學士로서는 世宗의 末命과 端宗의 幼冲을 배반할 수는 없을 것이다. 이것이 곧 死六臣系의 悲憤·慷慨的인 詩人이 登場되지 않을 수 없던 事情이었다.

1. 李弘暐

死六臣系의 詩歌를 논하려면 먼저 端宗王의 作品을 알지 못하고는 아니될 것이다. 그는 실로 李韓의 立國한 뒤 가장 文學에 높은 임금일 뿐 아니라, 羅·麗를 통하더라도 그를 미칠 이가 거의 없으리라 생각된다.

每登觀風樓梅竹樓 夜坐使人吹笛 聲達遠村 詠短句曰

月白夜蜀魄啾 含愁情倚樓頭 爾啼悲我聞苦 無爾聲無我愁 寄語世上苦勞人 愼莫登春三月子規啼明月樓

又曰

一自寃禽出帝宮　　孤身隻影碧山中
假眠夜夜眠無假　　窮恨年年恨不窮
聲斷曉岑殘月白　　血流春谷落花紅
天聾尙未聞哀訴　　何奈愁人耳獨聽 〈莊陵史補 卷一 張15 本紀〉

이는 실로 哀艶·悱惻한 作品들이다. 中國 古代 傳說 중의 望帝(?)나 戰國 때 楚懷王 熊槐(?)의 故事에도 이런 作品을 내었다는 말은 듣지 못했던 것이다.

2. 朴彭年

朴彭年은 死六臣 중에서도 가장 文學이 높았으므로 모든 學士들에게 推仰을 받았었다.

光廟爲領議政 宴於府中 彭年有詩曰

廟堂深處動哀絲　　萬事如今摠不知
柳綠東風吹細細　　花明春日正遲遲
先王大業抽金櫃　　聖主鴻恩倒玉巵
不樂何爲長不樂　　賡歌醉飽太平時 〈生六臣集 卷七 張39 秋江 六臣傳〉

3. 成三問

世祖의 政權에 대하여 가장 열렬하게 反抗한 이는 곧 死六臣의 하나인 成三問이다. 그는 일찌기 「訓民正音」의 創製를 위하여 遼東을 열세번이나 往返하였다.

世宗製訓民正音 時明翰林學士黃瓚 謫遼東 命三問見瓚 質問音韻 往返者十三 〈東閣雜記〉

그리고 세속에 가장 많이 流行되는 그의 「夷齊廟」는 다음과 같다.

當年叩馬敢言非　　忠義堂堂白日輝
草木亦霑周雨露　　媿君猶食首陽薇 〈野史〉

그러나 그의 最後의 作品인 다음의 一絕이 가장 그의 代表作인 듯싶다.

食君之食衣君衣　　素志平生願莫違
一死固知忠義在　　顯陵松柏夢依依　<生六臣集 卷七 張42 秋江 六臣傳>

4. 李 塏

李塏는 역시 死六臣 중의 하나이다. 그는 李穡의 曾孫이었으며, 刑車에 실릴 제, 다음의 詩를 읊었다 한다.

禹鼎重時生亦大　　鴻毛輕處死猶榮
明發不寐出門去　　顯陵松柏夢中青　<同上>

5. 河緯地

河緯地도 역시 死六臣의 하나이다.

魯山幼沖嗣位 八公子強盛 人心危疑 朴彭年嘗借蓑衣於緯地 以詩答寄曰
男兒得失古猶今　　頭上分明白日臨
持贈蓑衣應有意　　五湖烟雨好相尋　<生六臣集 卷七 張42～43 秋江 六臣傳>

6. 兪應孚

兪應孚(?～1456)도 역시 死六臣의 하나이다. 그는 비록 武人이었으나 詩韻이 豪壯했다. 그가 咸吉道 節制使로 있을 때 읊은 詩는 다음과 같다.

將軍特節鎭夷邊　　紫塞無塵士卒眠
駿馬五千嘶柳下　　良鷹三百坐樓前　<生六臣集 卷七 張44 秋江 六臣傳>

7. 金時習

이에 死六臣과 조금 다른 位置에 놓여 있던 生六臣의 한분인 金時習을 들지 않을 수 없겠다. 그는 生・死 十二臣들 중에서 文學으로서는 가장 代表的인 人物이다. 그는 一種의 才子・奇人・狂人・不羈人이었고 또는 間世의 民族思想家였다. 그는 벌써 3歲에,

桃紅柳綠三月暮
珠貫青針松葉露　<梅月堂集 卷六 上柳襄陽自漢陳情書>

의 天才的인 詩句를 내었고 5歲에 世宗의 分附에 의하여 承政院 知申事 朴以昌(?)의,

童子之學　　白鶴舞靑松之末　<朝野會通>

이라는 對句로서 그는,

聖主之德　　黃龍翻碧海之中　<同上>

하고 應口輒對하였으므로 才名이 一世를 驚動시켜 「金五歲」라는 美號를 얻었던 것이다. 柳夢寅은 일찌기 다음과 같은 기록이 있었다.

梅月堂金時習 遁世爲僧 道號雪岑 嘗游京城 過相國權擥家 自稱「永詩衲子干謁」擥使候諸書堂 久不出 時習見壁上掛一障子 畵渭川釣魚圖 濃墨題一絶曰

風雨蕭蕭拂釣磯　　渭川魚鳥盡忘機
如何老作鷹揚將　　空使夷齊餓採薇

題罷即遁 擥出觀之「惜哉 梅月堂來矣」使人追之不及 或曰「非權擥 韓明澮也」
<於于野譚>

그러나 그의 七絶 중의 得意作은 곧 「山行即事」의 한수인 듯싶다.

兒捕蜻蜓翁補籬　　小溪春水浴鸕鷀
靑山斷處歸程遠　　橫擔烏藤一箇枝　<梅月堂詩集>

8. 曹尙治

端宗의 遺臣으로서 「子規詞」를 奉和한 曹尙治(?)의 作品은 金時習을 제외하고는 누구에게도 比肩을 허치 않을 것이다.

子規啼子規啼 夜月空山何所訴 不如歸不如歸 望裏巴岑飛欲度 看他衆鳥摠安巢 獨向花枝血謾吐 形單影孤貌憔悴 不肯尊崇誰爾顧 嗚呼人間寃恨豈獨爾 義士忠臣激不平 屈指難盡數　<莊陵史補 卷二 張48>

9. 申叔舟

世宗의 顧命을 받은 重臣으로서 世祖를 推戴하는 데 가장 前驅의 役割을 맡은 文士의 代表者는 곧 申叔舟였다.

虜中霜落塞垣寒　　鐵騎縱橫百里間
夜戰未休天欲曉　　臥看星斗正闌干　<保閑齋集>

이 一絶은 그가 일찌기 江原·咸吉道 都察使로 凱還할 때 幕僚를 불러

놓고 口號한 것이다. 才氣가 潑剌하는 作品이 아닐 수 없다.

10. 金守溫

金守溫은 비록 申叔舟와 같은 不義의 깃발을 높인 이는 아니겠으나 역시 世祖의 政權에 協力했던 것은 사실이었다. 許筠은 일찌기 그의 詩가 豪放·閑遠하다고 평했다. 이제 그의 「述樂府辭」의 한편을 들기로 한다.

十月層氷上　寒凝竹葉栖
與君寧凍死　遮莫五更雞　<國朝詩刪 五言絶句>

그리고 그는 文鑑이 밝기로 이름 높았다.

佔畢齋金宗直 嶺南人也 年十六應擧京師 作白龍賦 見屈 時金守溫爲大提學 分與落榜試券 其中有佔畢齋落試之賦 讀而奇之曰「此眞他日典文衡之手……時漢江濟川亭柱上 有題詩曰「雪裏寒梅雨後山 看時容易畫時難 早知不入時人眼 寧把臙脂寫牧丹」後守溫遊濟川亭 見其詩 歎曰「此眞前日白龍賦之手也 他日代我文衡者 非此人乎」蹤跡尋問 果佔畢之作也 其文鑑如神　<於于野譚>

11. 徐居正

徐居正은 비록 申叔舟와 같은 이는 아니겠으나 당시 士林에게 好評을 입지는 못했던 官僚學者의 하나이다.

徐四佳居正 秉文衡至二十六年之久 故如金佔畢宗直 姜晉山希孟 李三灘承召 皆不得爲之 當時言者 以「公不宜久專文柄」公聞之曰「我遞則誰當爲此任」或言「公與金佔畢姜晉山不相悅 恐衣鉢歸於二公 故不遞」云 未知信否

<芝峯類說 卷四 官職部 學士>

許筠은 그의 詩에 대하여 다음과 같이 논평했다.

英廟朝人才輩出 一時文章鉅公甚多 古詩殊愧於前人 而律絶亦無警策 唯徐四佳雖曰「漫衍飮綏」而春容艶麗 時有好處 如

遊蜂飛不定
閑鴨睡相依」
月色蛩音外
河聲鵲影中」

更欲乘鸞吹鐵笛

夜深明月過江南
等句 亦有佳趣 <惺叟詩話>

그러므로 申緯는 다음과 같이 評詩를 썼다.

四佳繁富孰窺藩
閑鴨遊蜂寫景渾 <警修堂集 第九册 東人論詩絕句 三十五首>

그러나 그 「春日」一絕이 가장 그의 詩境을 代表했던 듯싶다.

金入垂楊玉謝梅　小池春水碧於苔
春愁春興誰深淺　燕子未來花未開 <四佳文集>

그리고 申緯는,

中宣後進開天是
徐四佳如四傑前 <警修堂集 第九册 東人論詩絕句 三十五首>

이라 하여 徐氏와 金宗直·成俔을 初唐의 四傑에게 비하였고, 또 그의 「自注」에는 中·宣朝의 諸家에 대하여 다음과 같이 總評했다.

我朝詩 至中廟朝大成 又至宣廟朝大備 李容齋倡始 而如朴訥齋申駱峯鄭湖陰朴挹翠 并生一時 足稱千古 盧蘇齋黃芝川 迭相代興 崔白法唐 而李蓀谷闡其流 崔簡易險勁矯健 自闢門戶 權石洲晚出 而可與容齋肩隨 至如初葉大家 當推徐四佳爲第一 而金佔畢成虛白次之 比之於唐 則四佳諸公 其初唐之四傑 而中宣諸名家 其猶盛唐開天諸家 <同上>

④ 金宗直 一派의 詩人

金時習·徐居正의 이후에는 金宗直이 가장 大家였고 그의 門人에서는 曺伸(1450～?)·李冑(?) 등이 역시 代表的인 名家가 아닐 수 없겠다.

1. 金宗直

金氏의 詩에 對하여 車天輅는 특히 그의 放達을 칭도하여,

佔畢詩稱冠冕 實非夸翔 每誦其
　風飄羅代蓋
　雨敲佛天花
則未嘗不服其放達 <五山說林>

이라 하였고, 許筠은,

前輩讀畢齋驪江所詠
十年世事孤吟裏
八月秋容亂樹間
之句 然不若神勒寺所作
上方鍾動驪龍舞
萬竅風生鐵鳳翔
之句 洪亮嚴重 此眞撑柱宇宙句也 其寶泉灘即事 曰
桃花浪高幾尺許　　銀石沒項不知處
兩兩鸕鷀失舊機　　啣魚却入菰蒲去
此最佻高 東京樂府 篇篇皆古 〈惺叟詩話〉

라 하였으니 이는 모두 가장 適切한 평이었다. 그러므로 申緯는 다음과 같이 評詩를 썼다.

萬竅風生鐵鳳翔　　孤撑宇宙格沉蒼
佛天花雨羅時盖　　又見駸駸入盛唐 〈警修堂集 第九册 東人論詩絕句 三十五首〉

그리고 許筠은 또 다음과 같이 그를 中國의 詩人들과 比較 논평했다.

我國金季昷金悅卿朴仲說李擇之金元沖鄭雲卿盧寡悔等製作 雖不及何李王李 而豈有愧於吳徐以下人耶 然不能與七子 周旋中原 是可恨也 〈鶴山樵談〉

그리고 그의 筆禍는 一代의 士禍로 변했으니 이는 곧 「吊義帝文」이었다. 柳子光(?)이 이 글을 句解하여 士禍를 構成하였다.

丁丑十月日 余自密城 道京山 宿踏溪驛 夢有神 披七章之服 頎然而來 自言「楚懷王孫心 爲西楚覇王所弑 沉之郴江」因忽不見 余覺之愕然曰 「懷王南楚之人也 余則東夷之人也 地之相距 不啻萬有餘里 而世之先後 亦千有餘載 來感于夢寐 玆何祥也 且考之史 無沉江之語 豈羽使人密擊 而投其屍于水歟 是未可知也」遂爲文以吊之

惟天賦物 則以予人兮 孰不知尊四大與五常 匪華豐而夷嗇 曷古有而今亡 故吾夷人又後千載兮 恭吊楚之懷王 昔祖龍之弄牙角兮 四海之波殷爲衁 雖鱣鮪鰍鯢曷自保兮 思網漏而營營 時六國之遺祚兮 沉淪播越僅媲夫編氓 梁也南國之將種兮 踵魚狐而起事 求得王而從民望兮 存熊繹於不祀 握乾符而面陽兮 天下固無大於芊氏 遣長者而入關兮 亦有足覩其仁義 羊狠狼貪擅夷冠軍兮 胡不收而膏齊斧

嗚呼勢有大不然者兮 吾於王而益懼 爲醢腊於反噬兮 果天運之踸踔 郴之山磝以觸天兮 景晻曖以向晏 郴之水流以日夜兮 波淫泆而不返 天長地久恨其可旣兮 魂至今猶飄蕩 余之心貫于金石兮 王忽臨乎夢想 循紫陽之老筆兮 思螴蜉以欽欽 擧雲罍以酹地兮 冀英靈之來歆 <燕山君日記 卷三〇 張9~10>

柳成龍(1542~1607)은 일찌기 이에 대하여 다음과 같이 논평했다.

佔畢齋作弔義帝江中文 吾不知其何意 禍自己作 安可咎人 <西厓別集 卷四 張1雜著 佔畢齋>

2. 曹 伸

曹伸은 金宗直의 文人으로, 曹偉(1450~1503)의 庶弟로서 黃·陳을 배워서 遒切·簡重하였으며, 당시 詩壇에서 가장 巨擘으로 推崇되었다. 이제 그의 作品은 들지 않는다.

當宣靖二廟之時 文化大振 館閣諸老先生 稱巨公者甚多 皆以伸爲巨擘 南止亭朴挹翠李文愍金頤叔金文敬李浩叔金文貞諸人 皆質問辯析 取衷於伸 其推尙可知也 <惺所覆瓿藁 卷五 文部二 題適菴遺稿序>

3. 李 胄

李胄는 역시 金宗直의 門人으로 詩名이 一代에 높았다. 柳成龍은,

余不能詩 然略解詩意 大槩當以淸遠冲澹 寄意於言外爲貴 不然則只是陳腐語耳 古今絶句中 如李白「洞庭西望楚江分 水盡南天不見雲 日落長沙秋色遠 不知何處弔湘君」眞有千萬里不盡之意 卓乎不可及 其次如劉禹錫詩 「春江月出大堤平 堤上女郞連袂行 唱盡新詞懽不見 紅霞映樹鷓鴣鳴」亦絶唱 讀之令人神氣敍暢 而大堤風景 若在眼前 吾東人詩 氣象局促 難可議此 惟李胄題忠州自警堂詩

池面沉沉水氣昏　　夜深魚擲枕邊聞
明宵泊近驪江月　　竹嶺橫天不見君

語頗自然 而有遠致 非他人學詩所及也 <西厓文集 卷一五 張22~23 雜著 詩意>

라 하여 그가 李白·劉禹錫(772~842)의 遺意를 얻었다 하였고, 許筠은 또 그가 盛唐風格을 지녔음을 말했다.

李忘軒胄詩 最沉着 有盛唐風格 如

朝日噴紅跳渤澥
晴雲拖白出巫閭

甚有力

凍雨斜連千嶂雪
飢烏驚叫一林風

老蒼奇杰 <惺叟詩話>

⑤ 海東의 江西派

당시에 능히 한개의 詩派를 이룩한 것은 朴誾을 中心으로 한 소위「海東江西派」이다. 麗代에도 學蘇의 傾向이 一代를 風靡한 적도 있었지마는 李韓의 金宗直 一系도 역시 蘇·黃을 숭상했고 朴誾의 一系에 이르러서는 蘇·黃을 거쳐서 江西派의 宗主인 陳師道(1053~1101)를 배웠던 것이다.

1. 李 荇

李荇은 李韓 前半期의 詩人 중에 第一의 大家로 推崇하지 않을 수 없었다. 그의「八月十五日夜」에 대하여 다음과 같은 논평이 있다.

我國詩 當以李容齋爲第一 沉厚和平 澹雅純熟 其五言古詩 入杜出陳 高古簡切 有非筆舌所可讚揚 吾平生所喜詠一絕

平生交舊盡凋零　　白髮相看影與形
正是高樓明月夜　　笛聲凄斷不堪聽

無限感慨 讀之愴然 <惺叟詩話>

또 金昌協은 이에 대하여 다음과 같이 논평했다.

容齋詩 雖格力不及挹翠 而圓渾和雅 意致老成 足爲一時對手 其五言古詩 往往有絕佳者 非東岳所及也 <農巖集 卷三四 張10 雜識 外篇>

이에 그의 古詩「與仲說士華遊北園」의 한편을 붙여 둔다.

春風喧百鳥 草木漸和柔 勝事不覺懶 更作今日游 可人與同好 一笑豈待謀天公有老眼 爲悶山水幽 邂逅落吾輩 短筇寄冥搜 醉罷得眞趣 詩淸仍暗投 俗子但聞此 蟪蛄論春秋 三歎謝主人 樂地非外求 <容齋集 卷三 張41 五言詩>

2. 朴 誾

朴誾은 곧 이른바「海東江西派」의 盟主이다. 그의「福靈寺」한편은 실로 萬口에 膾炙했다.

伽藍却是新羅舊　　千佛皆從西竺來
從古神人迷大隗　　至今福地似天台

春陰欲雨鳥相語　　老樹無情風自哀
萬事不堪供一笑　　青山閱世只浮埃　<挹翠軒遺稿 卷三 七律言詩>

이에 대하여 許筠은,

南止亭 嘗言「金馹孫之文 朴誾之詩 不可易得」此語誠然　朴之詩雖非正聲 嚴鎭勁悍 如「春陰欲雨鳥相語 老樹無情風自哀」之句 學唐纖麗者 安敢劘其壘乎 <惺叟詩話>

라 하였고, 申緯는 일찌기 그를 李荇과 合評하여,

學副眞才一代論　　容齋正覺入禪門
海東亦有江西派　　老樹春陰挹翠軒　<警修堂集 第九册 東人論詩絶句 三十五首>

이라 하고, 또 뒤를 이어 南龍翼의 말을 이끌어서 結論을 내렸다.

壺谷詩話「國初以來 文體專尙東坡 而翠軒忽學山谷　儕流皆屈服」余見翠軒詩「春陰欲雨鳥相語 老樹無情風自哀」最是警策 而兼學黃陳也　<同上>

그리고 李荇은 그의「挹翠軒遺稿」뒤에,

天欲斯文喪　　時如疹瘁章
百身人莫贖　　萬古夜還長
翰墨餘三昧　　風流盡一場
忍將湖海酒　　空酹菊花傍　<容齋集 卷二 張7 五言律>

이라 썼고, 鄭斗卿(1597~1673)은,

少時嘗聞「崔簡易權石洲兩公 推挹翠文章 東國第一」 後見良然 其詩氣格放逸 可與黃太史雁行……噫噫天下奇才也　<東溟集 挹翠軒遺稿序>

라 하였고, 金昌協은 또 다음과 같은 논평을 썼다.

挹翠軒 雖學黃陳 而天才絶高 不爲所縛　故辭致淸渾 格力縱逸　至其興會所到 天眞爛漫 氣機淨溢 似不犯人力 此則恐非黃陳 所得囿也 <農巖集 卷三四 張9 雜識 外篇>

⑥ 性理學派의 詩歌

1. 鄭汝昌

風蒲獵獵弄輕柔　　四月花開麥已秋
看盡頭流千萬疊　　孤舟又下大江流　<國朝詩刪 七言絶句 遊頭流山到花開縣作>

이는 鄭汝昌(1450~1504)의 作이다. 이는 비록 第一句에 參寥(?)의 것

을 그대로 利用했으나 별로 부자연함 없는 首尾가 渾成한 作品이다. 그러므로 李瀷은 다음과 같이 논평했다.

一蠹堂鄭先生詩云……宋釋參寥詩亦云「風蒲獵獵弄輕柔 欲立蜻蜓不自由 五月臨平山下路 藕絲無數亂汀洲」其起句 意到不妨相襲 收殺得完 好是白獺補臉手 參寥則第二句卑劣 不脫胡釘鉸張打油套中 東坡所謂「詩似儲光羲 洗去蔬筍氣」者未必是的論 <星湖僿說類選 卷一〇下 論文門 鄭一蠹詩>

그리고 鄭氏의 전에도 金宗直이 벌써 經術과 文學이 二致가 아님을 말했다. 이는 실로 性理學派의 傳統的인 見解이다.

「經術之士 劣於文章 文章之士 闇於經術」世之人有是言也 以余觀之 不然 文章者 出於經術 經術乃文章之根柢也…… 人徒見其今之所謂經術者 不過句讀訓詁之習耳 今之所謂文章者 不過雕篆組織之巧耳 句讀訓詁 奚以議夫黼黻經緯之文 雕篆組織 豈能與乎性理道德之學 於是乎遂歧經術文章爲二致 而疑其不相爲用 嗚乎其見亦淺矣 <佔畢齋文集 卷一 張46 尹先生祥詩集序>

그러나 性理學派의 詩歌는 鄭氏로부터 시작된다. 이는 비록 寥寥한 一絕을 낳았을 뿐이었지만 性理學派의 냄새를 잘 풍겨냈기 때문이다.

2. 徐敬德

徐敬德(1489～1546)은 비록 性理學者로서는 널리 알려졌으나 그 詩가 平澹·淵永한 境地에 이르렀음을 아는 이가 극히 적었다. 이제 그의 「山居」 두수 중에서 其二를 들기로 한다.

花潭一草廬 瀟灑類僊居
山簇開軒面 泉絃咽枕虛
洞幽風淡蕩 境僻樹扶疎
中有逍遙子 淸朝好讀書 <花潭集 卷一 張6 山居>

그리고 「有物」의 二絕은 그의 「物質不變論」의 참된 意義가 깊이 스며져 있는 듯싶다.

有物來來不盡來 來纔盡處又從來
來來本自來無始 爲問君初何所來」

有物歸歸不盡歸　　歸纔盡處未盡歸
歸歸到底歸無了　　爲問君從何所歸」 <花潭集 卷一 張5 有物>

3. 李彦迪

당시의 性理學者는 徐敬德을 제외하고는 거의 嶺南의 出身이다. 李彦迪(1490~1553)도 역시 그 중의 한분이다.

我東儒先之從祀文廟者 崔文昌薛弘儒安文成鄭圃隱金寒暄鄭一蠹趙靜菴李晦齋李退溪 凡九人 而趙靜菴外 皆嶺南人 可謂盛矣 世稱嶺南爲人材府庫 豈不信哉 <芝峯類說 卷一九 宮室部 祠廟>

李氏는 비록 스스로 「不賦詩」를 標榜했으나 그의 作品은 역시 不凡物이었다. 이제 그 「無爲」 一絕을 소개하기로 한다.

萬物變遷無定態　　一身閑適自隨時
年來漸省經營力　　長對青山不賦詩 <晦齋文集>

申緯는 이에 대하여,

晦齋不屑學操觚　　長對青山一句無
好向先生觀所養　　一身還有一唐虞 <警修堂集 第九册 東人論詩絕句 三十五首>

라 하고, 그는 또 「自注」를 붙였다.

晦齋有「長對青山不賦詩」之句 又曰
待得神清眞氣養
一身還有一唐虞
非操觚家可及 <同上>

당시의 盧守愼(1515~1590)과 같은 學問·文章을 갖춘 이로서도 性理學派의 見地에서는 優體라는 譏謗을 면치 못할 만큼 純粹한 것도 사실이었다.

盧蘇齋謫眞島時 有詩曰「天地之東國以南 沃州城外數間菴 有難赦罪難醫病 爲不忠臣不孝男 客日三千四百幸 生年乙亥丙辰慚 汝盧守愼將無醉 補得公私底事堪」一時稱誦 不啻膾炙 而句語未免優體 詩可易言哉 <芝峯類說 卷一三 文章部六 東詩>

4. 李滉

退溪의 詩는 陶·杜·歐·蘇의 四家를 숭상했으나 儒家詩教의 嫡訣인

「溫柔敦厚」에서 벗어나지 않았다.

我東方歌曲 大抵多淫哇不足言 如翰林別曲之類 出於文人之口 而矜豪放蕩 兼以褻慢戱押 尤非君子所宜尙 惟近世有李鼈六歌者 世所盛傳 猶爲彼善於此 亦惜乎其有玩世不恭之意 而少溫柔敦厚之實也 〈退溪文集 卷四三 張23 陶山十二曲跋〉

金富倫(1531～1598)은 그의 「野池」에 대하여 다음과 같이 기록했다.

先生少時 偶遊燕谷 谷有小池 水甚清淨 先生作詩曰

露草夭夭繞水涯　　小塘淸活淨無沙
雲飛鳥過元相管　　只怕時時燕蹴波

謂「天理流行 而恐人欲間之」 〈退溪言行錄 卷一 張1 類編 學問〉

또 李德弘(1541～1586)은 다음과 같이 말했다. 이는 그의 學杜에 대한 기록이었다.

辛酉三月晦 先生步出溪南齋 率李福弘德弘等 往陶山 憩冢頂松下 時山花盛開 煙林明媚 先生詠杜詩「盤渦鷺浴底心性 獨樹花發自分明」之句 德弘問「此意如何」曰「爲己君子無所爲而然者 暗合於此意思 學者須當體驗 正其誼不謀其利 明其道不計其功 若少有一毫爲之之心 則非學也」到玩樂齋 坐節友社梅下 有僧進南冥詩 先生吟詠數遍曰「此老之詩 例甚奇險 此則不然 因次以贈 又作一絕云

花發巖崖春寂寂　　鳥鳴澗樹水潺潺
偶從山後攜童冠　　閒到山前看考槃

德弘問「詩有沂上之樂 樂其日用之常 上下同流 各得其所之妙也」先生曰 「雖略有此意思 推言之太過高耳」 〈退溪言行錄 卷三 張6 類編 樂山水〉

그리고 許筠은 그의 「湖堂曉起用東坡定惠院月夜偶出韻」과 「湖堂梅花暮春始開用東坡韻二首」에 대하여 다음과 같이 논평했다.

非惟理學 詩亦壓倒諸公 〈國朝詩刪〉

이라 하였고, 曺兢燮(1873～?1933)은 또 許筠의 評語를 이끌어서 다음과 같이 말했다.

退陶文 如許筠說得自是 其爲李朝詩評曰「先生詩 不斷高而自高 乃所以爲高」 〈深齋集 卷三一 張26 雜識〉

그 「湖堂梅花暮春始開用東坡韻二首」의 其一은 다음과 같다.

我昔南遊訪梅村 風烟日日銷吟魂 天涯獨對歎國艶 驛路折寄悲塵昏 邇來京輦苦相憶 清夢夜夜飛丘園 那知此境是西湖 邂逅相看一笑溫 芳心寂寞殿殘春 玉貌綽約迎初暾 伴鶴高人不出山 辭輦貞姬常掩門 天敎晩發壓桃杏 妙處不盡騷人言 媚嫵何妨鐵石腸 莫辭病裏携罍罇 <退溪文集 卷一 張20 詩>

그리고 權應仁(?)은 그가 蘇詩를 좋아했음을 말했다.

今世詩學 專尙晩唐 閑東蘇詩 湖陰聞之笑曰「非卑也 不能也」退溪亦曰「蘇詩果不逮晩唐耶」愚亦以爲「如坡詩……不可謂之卑也 若薄其爲人 則晩唐詩人 賢於蘇者 幾何人耶 唯退溪相公 好讀坡詩 常誦『雲散月明誰點綴 天容海色本澄淸』之句 其所著詩 使坡語者多矣」 <松溪漫錄 下>

그러나 權氏는 일찌기 退溪에게 「납작 글씨」·「다닥 風月」이라 하였으므로,

「權松溪應仁 居星州 退溪先生弟子也……能文章 七入燕京 三使馬島 嘗言于退溪曰『先生少止澹薄風月 濃黑草書 則先生之道德益高』風月者 東俗所謂詩也」庇安金進士得厚云 <靑莊館全書 卷六八 寒竹堂涉筆上 權松溪>

李瀷은 이 權氏의 說에 대하여 반박 논평한 것이 있다.

退溪喜作詩 今見於集中者 人多稱欠體裁 當時權松溪應仁謂 「先生不爲詩若草差強人意」殊不知其不爲也 非不能也 昔退之銘樊紹述 子長傳司馬長卿 皆似其人 古人作詩文 必心準意想 精神遇會 然後方下筆 如畵其人 則必似其人也 詩文之摸寫亦何異哉 退溪贈林錦湖亨秀二律云

捭闔奇謀漢子房　　當年曾受石公方
未翻巢窟龍庭界　　先作長城鰈海疆
絶域病攻天拂亂　　荒城雷鬪鬼驚忙
豪吟白首淩雲氣　　妙句何妨鐵石腸」

狂胡射月遼東塞　　壯士披兵樂浪墟
指顧威靈驅虎豹　　風流談笑發詩書
海航病得龍王藥　　江閣吟窺帝子居
唾手功名歸鸞額　　太半容我老樵漁

句句飛動 俊爽可掬 雖華岳峯尖 寒飇睇野 無以逾此 彼錦湖之平生豪吟 未必逮及也 要是非錦湖 退溪亦終不露圭角 松溪何足以知之 <星湖僿說類選 卷一〇下 論文門 退溪詩>

그는 또 退溪의 詩에 대하여 다음과 같이 말했다.

其泛濯纓潭詩云

水月蒼蒼夜氣淸　　風吹一葉泝空明
匏尊白酒飜銀酌　　桂棹流光掣玉橫
采石顚狂非得意　　落星占弄最關情
不知百歲通泉後　　更有何人續正聲

卽無論義理眞境 不煩繩削 鏗鏘可誦 輕壓度水生瀾 羚角無痕 則之於藝苑雖黃又何所歉 近世洪司諫汝河 注解退詩 亦深好云 <同上>

그리고 申緯는,

夢牽白鶴靑松棲　　詩好丹山碧水題
摹寫江光橫匹練　　空中明月近堪梯 <警修堂集 第九册 東人論詩絶句 三十五首>

라 하고, 또 이어서 「自注」를 내었다.

退溪先生 求靑松不諧 得除丹山郡 有詩曰
　　靑松白鶴元無分
　　碧水丹山儘有緣
練光亭詩有
　　空中明月近堪梯 <同上>

또 柳夢寅은 退溪와 鄭士龍(1490~1570)의 관계에 대한 기록을 남겼다.

鄭士龍凡作詩示人 人或言其疵 輒欣然虛受 改之如流 又有所述 多示李退溪 退溪 或摘示瑕纇 鄭卽下筆改之 略無難色 退溪亦嘉其弗咈 <於于野譚>

朴胤源(?)은 또 退溪와 崔岦과의 관계를 말하였다.

昔崔簡易年十三 作文質于退溪 退溪曰「童子何爲用佛語」 簡易自是愧悔 終身不復用佛語爲文 <近齋集 卷二五 張33 眞智錄>

또 李植은 退溪의 生涯・思想의 一端에 대하여,

明宣之際 豪傑繼起 復振己卯之緖 退溪爲之冠 明懲往轍 一味謙退 當時羣小流俗固有不悅 而指摘者矣 退溪深戒朋徒 專意退修 其學專以明道衛辟異端 著述編輯爲務 故世議無所加 而儒風丕變 國家有賴矣 <澤堂別集 卷一五·張6 雜著 示兒代筆>

라 하였고, 그는 또,

書曰「詩言志 歌永言」記曰「溫柔敦厚 詩之敎也」此周詩三百篇宗旨也 韓子曰「詩正而葩」朱子取之 此詩之體格也 反是而志尙頗僻流蕩 詞意粗濁險怪 皆詩之外道也 今當以三百篇爲宗主 熟讀而諷詠之 此詩學之本也

<澤堂別集 卷一四 張15 雜著 學詩準的>

라 하여 儒家의 詩學은 「溫柔敦厚」에 있음을 말했으니 이는 역시 退溪의 遺訣을 받은 것이었고, 그는 또 退溪와 曹植(1501~1572)의 學派에 대하여 그 同異를 논했다.

嶺南則退溪南冥門脉頗異 退溪門下 西厓鶴峯栢潭 最有名 而仕宦出入 不復講學 奥德溪健 學行最高 遊於兩先生門 早卒無傳 趙月川閑退老壽 而士心不附 亦無弟子 南冥高弟寒岡東岡爲最 而聲價皆不及鄭仁弘 兩岡兼宗退溪 故稍貳於仁弘 仁弘之惡 不待其誅戮而日彰 其門徒皆陷於㯳杌 由是 嶺之下道 亦無學者 唯寒岡爲完人 旅軒爲高弟 旅軒歿 而亦無徒弟傳述者 嶺南之學 亦止於是

<澤堂別集 卷一五 張7 雜著 示兒代筆>

5. 曹 植

退溪와 같은 때의 性理學派 學者로서 曹植을 들지 않을 수 없다. 申欽(1566~1628)은 일찌기 그의 詩에 대하여 다음과 같이 논평했다.

曹南溟名植 字楗仲 尙節義 有壁立千仞之氣 隱遯不仕 爲文章 亦奇偉不凡 如

請看千石鍾　　非大叩無聲
萬古天王峯　　天鳴猶不鳴

不徒詩韻豪壯　　亦自負不淺也 <象村雜錄>

또 李瀷은 이 詩에 대하여,

此何等力量氣魄 雖不可比論於退溪之一月春風 令人心膽 爲之壯浪

<星湖僿說類選 卷一〇 論文門 南冥詩>

이라 하였고, 李睟光은 그의 詩에 대하여 또 다음과 같이 논평했다.

曹南冥詩曰

人之愛正士　　愛虎皮相似
生前欲殺之　　死後方稱美

此言必有激而發 正中時病矣 <芝峯類說 卷一三 文章部六 東詩>

그리고 혹은 당시 山林 處士는 現實逃避의 思想이 充滿한 듯이 생각하는 이가 있으나 그는 그릇된 觀察이었다. 朴趾源은 다음과 같이 말했다.

昔曹南冥之還山也 歷訪成大谷于報恩 時成東洲以邑倅在座 與南冥初面也 南冥戱之曰 「兄可謂耐久官也」 東洲指大谷 笑謝曰 「正爲此老所挽 雖然今年八月十五

日 當待月海印寺 兄能至否」南冥曰「諾」至期南冥騎牛赴約 道大雨僅渡前溪 入寺門 東洲已在樓上 方脫簑 噫南冥處士也 東洲時已去官 而晝夜相語 不離於生民休戚 寺僧至今爲山中故事 <燕巖集 卷一 張8 煙湘閣選本 海印寺唱酬詩序>

⑦ 其他의 諸家

1. 南孝溫

南孝溫(1454~1492)은 世稱「生六臣」의 하나이었으나 그는 그 중에서 가장 後輩이다. 이제 그의 寓言作인「曳履商歌」한 수를 들어 둔다.

累我以利名 辱我以爵位 與君改初服 寧守我弊屣 曾聞一貫語 豈充東周意 方圓知不周 商歌徹天地 <國朝詩刪 五言古詩>

2. 魚無迹

杜甫의「朱門酒肉臭 路有凍死骨」의 遺意를 지닌 것은 곧 魚無迹(?)의「流民歎」이 있을 뿐이다.

蒼生難蒼生難 年貧爾无食 我有濟爾心 而无濟爾力 蒼生苦蒼生苦 天寒爾无衾 彼有濟爾力 而无濟爾心 願回小人腸 暫爲君子慮 暫借君子耳 願聽小民語 小民有語君不知 今歲蒼生皆失所 北闕雖下憂民詔 州縣傳看一虛紙 特遣京官問民瘼 馹騎日馳三百里 吾民無力出門限 何暇面陳心內事 縱使一郡一京官 京官无耳民无口 不如喚起汲長孺 未死孑遺猶可救 <國朝詩刪 七言古詩>

許筠의 이에 대한 批語는 다음과 같았다.

當爲司牧者之鑑砥 不特詩工而已 <同上>

그는 庶流라는 계층에 태어나서 一生을 不遇하였으므로 또 朴趾源은 다음과 같이 말했다.

嗚呼儒宗文師 磊落相望 一轉而局於名分之論 再轉而屈於門地之尙…… 魚無迹魚叔權楊士彦李達辛喜季梁大樸朴淲之文章……上可以黼黻大猷 下可以標準一世 而老死於蓬蓽之下 <燕巖集 卷三 張25 孔雀館文稿 擬請疏通疏>

魚氏는 애초에 金海의 官奴로서 免賤하였더니 本倅의 貪縱함을 譏弄한 詩를 읊었으므로 逮捕하려 하매 池郡으로 逃避했다가 客死하였다 한다.

3. 李希輔

李希輔(1473～1548)는 讀破萬卷한 書淫이었고 그의 詩는 스스로 陳師道보다 용하다 했으나 燕山君의 愛姬를 위하여 輓詩를 지어 誹謗을 입고 마침내 그로 인하여 坎坷되었다.

李希輔讀書萬卷 自少至老 手不釋卷……燕山有愛姬死 使朝中文士詩之 希輔有詩曰

宮門深鎖月黃昏　　十二鍾聲到夜分
何處靑山埋玉骨　　秋風落葉不堪聞

燕山見之垂淚 以此時議薄之 官多滯 〈於于野譚〉

4. 蘇世讓

蕭蕭孤影暮江潯　　紅蓼花殘兩岸陰
謾向西風呼舊侶　　不知雲水萬重深 〈國朝詩刪 七言絶句 題尙左相震畵雁軸〉

이는 蘇世讓(1486～1562)의 作이다. 그는 일찌기 그의 옛 僚友인 尙震(1493～1564)이 左相이 되자 畵雁軸을 보내기에 써준 詩이다. 李睟光은 그가 淸閑의 優福을 누렸음을 흠선했다.

蘇陽谷與申企齋鄭湖陰同時 而李容齋於陽谷 最所稱許 屢言於上前曰「蘇世讓當爲主文之人 不可置在下位」……厥後蘇與申鄭 皆典文衡至崇品 年俱八十先後 而陽谷雖爲士論所斥 早退家居 享淸閑之福者 殆二十年 近世詞人 考終富貴 無出其右者 〈芝峯類說 卷四 官職部 學士〉

5. 鄭士龍

鄭士龍은 비록 唐을 배우지 않았으나 盧守愼·黃廷彧(1532～1607)과 함께 三大家로 幷稱되었으며, 그 奇傑·渾重은 당시 騷壇의 老將이 아닐 수 없었다. 退溪의 「送林士遂以迎詔使從事赴義州三首」 중의 「仡仡騷壇兩老臣」은 곧 鄭氏와 申光漢(1484～1555)을 가리킨 것이었다. 그리고 許筠은,

李益之少時 學杜詩於湖陰……嘗問「平生得意句」則曰

山木俱鳴風乍起
江聲忽厲月孤懸

人以爲「峭厲」

　　峯頂星搖爭缺月
　　樹頭禽動竄深叢

亦巧思 而終不若

　　雨氣壓霞山忽暝
　　川華受月夜猶明

似有神助也　<惺叟詩話>

라 하였으나 이에 대하여 李睟光은 反對의 意見을 陳述했다. 그러다가 그 뒤 金得臣(?)에게 이르러서 참된 定評을 보았다.

李芝峯所著類說 評鄭湖陰 後臺夜坐詩一聯「山木俱鳴風乍起 江聲忽厲月孤懸」以「月孤懸三字 與江聲不相屬」云 許筠所撰國朝詩刪中 選入此詩 而評之曰「此老此聯 當壓此卷」許筠以藻鑑名世 則宜有所深解 芝峯之有此貶論者 豈未嘗細究而然耶 余曾過淸風 抵宿黃江驛　夜半聞灘聲甚駛 開戶視之　落月孤懸矣 因憶湖陰「江聲忽厲月孤懸」之句 一詠三歎 始覺古人寫景逼眞 其詩價對景益高　<終南叢志>

그러므로 申緯는 또 다음과 같은 評詩를 썼다.

江聲忽厲月孤懸　　早許湖陰壓卷篇
實賤眞知金栢谷　　黃江一夜不成眠　<警修堂集 第九册 東人論詩絶句 三十五首>

그리하여 그의 七律은 居然히 당시 第一의 大家였다. 그리고 그의 奇話는 正陽寺의 金佛을 盜得한 일이었다.

世傳 湖陰慕平城 善爲竊狐白裘手段 嘗爲江原監司 巡游入金剛山　夜宿正陽寺 偸金佛 遂大致富厚 及旣老甚悔之 有詩云

　　正陽寺裏燒香夜
　　蘧瑗方知四十非

余嘗游正陽 壁間果有此題　<燕巖集 卷一四 別集 張62 熱河日記 避暑錄>

6. 林亨秀

林亨秀(1504~1547)는 豪逸·感慨한 詩人이다. 그는 일찌기 吏曹佐郞으로 있을 때에 正郞이 下官에 대한 檢束이 甚하였으므로,

憎憎此物孰胚胎　　生長偏長虐下才
絶穀當年故不死　　旣經僉正又重來　<錦湖遺稿 張5 無題>

를 책상 위에 써놓았다가 더욱 노염을 입었다 한다. 그러나 그의 浻瀛한 鉅篇으로서 「鰲山歌」가 代表作이 아닐 수 없겠다. 너무 長篇이므로 이에 割愛하기로 하고 다만 이에 대한 數家의 논평을 들기로 한다. 柳夢寅은,

林亨秀 早年能文章 爲時輩所推 爲文操筆立成 一揮數千言 爲人豪逸使氣 羣小側目 時陳復昌 挾權肆毒 網打賢流 惡亨秀出己上 陰中之 竄之嶺北 除會寧判官 會寧別號鰲山 有鰲山歌 其地人至今傳咏之……其歌瞻雄奇麗 押韻無窘束 可傳於後 惜乎以如此之才 竟死不辜 遺言子孫 勿令讀書 <於于野譚>

라 하였고, 申欽은,

鰲山歌 乃林錦湖通判會寧時作 讀其歌 可想其英風爽槩 眞可以葢一世 此直咳唾之餘爾 而譬如球琳琅玕 入手皆寶 吁亦才矣 <錦湖集 附錄 張15 書林錦湖鰲山歌後>

라 하였다. 그리고 許筠은 林氏와 退溪와의 관계를 말하여,

林錦湖亨秀 風流豪逸 其詩亦翩翩
花低玉女酣觴面
山斷蒼虬飮海腰
之句 至今膾炙人口 退溪先生酷愛之 晩年輒思之曰「安得與林士遂相對乎」 <惺叟詩話>

라 하였다. 이제 退溪가 그에게 준 편지의 一段을 들면 다음과 같다.

惠來行錄後題詩 得之自以爲雙金之贈 百朋之錫 無以過也…… 凡足下之引物連類 極褒揚之美者 以吾觀之 可擬於僕者 十無二三 而可擬於足下者 十居八九 如春苑之紅綠 昆陽之貔虎 五陵之繡緶 九折之駿馬 駕海之舠 沖漢之鵠 酥也蘭也鶚也 皆足下之能事 雖謂之足下 自述而陳之可也 至於崑玉之璀璨 僕無其色 而況其德乎 安期之絕世 僕有其願 而迷其方也 氷出萬壑 寒則寒矣 清激則吾未也 瘦如絕粒 哀如鵬哭 淨如鷗泛 僕固嘗辛苦而莫之近者 <退溪文集 卷一二 張1~2 與林士遂書>

그 밖에도 또한 다음과 같은 기록이 있다.

退溪先生 每歎林亨秀之爲人曰「眞奇男子也 死非其罪 寃哉」咄咄不已…… 嘗與退溪 同入書堂 醉輒呼歌賦詩 呼退溪字曰 「君亦知男子奇壯事乎 我則知之矣」先生笑曰「第言之」曰「大雪滿山 被黑貂裘 腰帶白羽長箭 掛百斤角弓 乘鐵驄馬 揮鞭馳入澗壑 則長風生谷 萬木震動 忽有大豕驚起 迷路而走 輒發矢引滿射殪 下馬拔劍屠之 仍斫老櫟焚之 長串貫其肉煮之 膏血點滴 踞胡床 切而啗之 以大銀碗

滿酌快飮 飮至釀然 仰看壑雲成雪 片片如綿 飄泊醉面 此中之味 君其知之 君之所能者 只是翰墨小技耳」 遂擊節大笑 先生每稱其爲人 必誦其言如此
〈錦湖集 附錄 張2~3 諸家雜記〉

7. 尹 潔

尹潔(?)의 代表作으로서 「飯筒投水詞」를 들지 않을 수 없다. 이는 中國 屈平(前343~前290)의 故事를 읊은 것이다.

沅有茝兮湘有芷 九疑山高皆相似 芳洲五月發芙蓉 風吹香氣動南紀 滿船竹枝楚國人 且將飯筒投江水 云是離騷屈大夫 五月五日沉水死 祗今猶有未招魂 萬里寒潮朝夕至 芰荷香盡木蘭空 生別美人長已矣 江潭日暮採杜蘅 楓岸蕭條誰 空將幽怨動郢人 舊俗傳來成往事 沙棠舟上客倚槳 一曲悲歌數行淚 人生何必醒自苦 一罇爲爾臨江醉 〈國朝詩删 七言古詩〉

8. 盧守愼

盧守愼은 世稱 「湖」·「蘇」·「芝」의 하나이다. 許筠은 일찌기,

盧蘇齋黃芝川 近代大家 俱工近體 盧之五律 黃之七律 俱千年絕調 然大篇不及此 未知其故也 〈惺叟詩話〉

라 하여 특히 그의 五律이 千年絕調임을 말했고, 또 金昌協은,

盧蘇齋詩 在宣廟初 最爲傑然 其沈鬱老健 莽宕悲壯 深得老杜格力 後來學杜者莫能及 蓋其功力深至 得於憂患者爲多 〈農巖集 卷三四 張11 雜識 外篇〉

라 하여 그가 學杜의 雄임을 말했고, 金氏는 또 「湖」·「蘇」·「芝」의 三家중에서 盧氏가 가장 우수했음을 比較 논평했다.

世稱「湖蘇芝」 然三家詩實不同 湖陰組織鍛鍊 頗似西崑 而風格不如蘇 芝川矯健奇崛 出自黃陳 而宏放不及蘇 蘇齋其最優乎 〈同上〉

9. 休 靜

休靜(1520~1578)은 당시 禪林에서 가장 大家이다. 그의,

嚗然放杖天魔走　古路分明脚不差
生死去來爲一貫　囉囉哩哩哩囉囉」 〈淸虛堂集 卷一 張42 還鄕曲〉
伏羲數理三才主　孔子綱常萬世師

忠恕敬誠公已達　　海東天地一男兒　〈淸虛堂集 卷一 張43 書退溪卷〉

등은 異彩를 띤 禪家詩였으며, 또 柳成龍은 다음의 詩에 대하여 논평했다.

今世僧人中 有休靜頗解禪家學 有聲於緇流 且善詩 自號淸虛子 嘗在香山有一絕云

萬國都城如垤蟻　　千家豪士若醯雞
一窓明月淸虛枕　　無限松風韻不齊

有高蹈物外 俯視塵寰之意 亦一時意會作也　〈西厓別集 卷四 張1 僧人能詩〉

李瀷은 그의 思想과 生涯에 대하여 다음과 같이 말했다.

爲禪敎兩宗判事 旣而歎曰「何以保祿爲哉」即解歸金剛山 登香爐峰 有詩云…
…年八十五將化 題其影曰

八十年前渠是我
八十年後我是渠

此爲東方釋祖 觀其詩 傲視一世 苞蓄英雄氣像 恨其不遇時 不生華胄 無可藉手 故托身於空門者歟　〈星湖僿說類選 卷九 論史門 休靜〉

9. 隨筆·評論·選學

李朝初期의 散文文學은 麗朝에 비하여 그 組織的인 면으로 보아서 前進되었으나 역시 中國의 文章에 비하여 不及되는 점이 있을 뿐더러 오히려 麗氏의 舊習을 면치 못하는 점도 없지 않았다.

竊嘗論本朝文章 其離於中國者有三 曰「膚率而不精也」曰「淺近而不深也」曰「隨俗而不雅也」不精則無法 不深則無氣 不雅則無趣 無法無氣無趣 而文道失矣 國初薦紳先生能文者 最取春亭四佳二公之文 樸實敦厚 固有材力之可取 而猶未免因襲麗氏之舊 謂之「才擅衆長 體兼羣徵」則未知尙論者 以爲如何也

〈金陵居士集 卷一一 張28~29 四君子文鈔序〉

그러나 소위 中國의 것에 위반됨이 많다는 것은 결코 나쁜 것이 아니라, 오히려 自主獨立의 氣風을 지닌 것이었고, 麗氏의 舊型에 脫皮를 철저히 못했다는 것도 역시 民族的인 傳統에 젖은 그 무엇을 일렀음이 아닌가 생각된다 李睟光은 일찌기 洪暹(1504~1585)의 詩를 이끌어서 李朝初期로

부터 文衡을 잡은 文人·學者羣을 소개했다.

洪忍齋詩曰

李淮踶趾舟恒正　　魚達成勘漑袞容

老讓國昌申鄭忍　　吉忠淳愼貴無窮

蓋國初以來主文者　卞季良尹淮權踶鄭麟趾申叔舟崔恒徐居正魚世謙洪貴達成俔金勘申用漑南袞李荇金安老蘇世讓金安國成世昌申光漢鄭士龍洪暹鄭惟吉朴忠元朴淳盧守愼金貴榮 凡二十六人 而繼之者　李珥李山海柳成龍李陽元黃廷彧李德馨尹根壽沈喜壽李廷龜李好閔柳根也 拜而辭遞者 李退溪洪聖民李恒福也 再除者 李德馨李廷龜也 以議政兼者 申叔舟魚世謙李荇金安老柳成龍也 所謂容即容齋 李荇號也 忍即忍齋 洪暹自號也　<芝峯類說 卷四 官職部 學士>

그리고 徐命膺(1716～1787)은 文苑에 들기가 극히 어려움을 밝혔다.

三館爲職 握詞章之權衡 爲多士之宗匠　凡一代之文風士趨 以之升降…… 至我朝尤重斯選 三百餘年之間 薦入文苑者僅百人而止耳 亦皆當時之詞宗

<保晩齋集 卷五 張15 再辭大提學疏>

이 역시 彬彬하지 않은 것은 아니었다. 그리하여 散文文學의 作品 혹은 著書 중에 隨筆·評論 등의 文學的인 要素를 지닌 것을 列擧한다면 곧 姜希顔(1419～1464)의 「養花小錄」, 徐居正의 「筆苑雜記」·「東人詩話」, 李陸(1438～1498)의 「靑坡劇談」, 成俔의 「慵齋叢話」, 崔溥(1454～1504)의 「漂海記」, 南孝溫의 「秋江冷話」, 曹偉의 「梅溪叢話」, 曹伸의 「謏聞瑣錄」, 李荇의 「容齋隨筆」, 李耔(1480～1533)의 「陰崖日記」, 申光漢의 「企齋記異」, 金正國(1485～1541)의 「思齋摭言」, 金安老(? ～1537)의 「龍泉談寂記」, 金淨(1486～1521)의 「濟州風土記」, 柳希春(1513～1577)의 「眉巖日記」, 盧守愼의 「蘇齋日記」 沈守慶(1516～1599)의 「遣閑雜錄」, 魚叔權(?)의 「稗官雜記」, 등이 있으나 이루 다 들수 없겠다.

그리고 文選에 있어서는 다만 徐居正의 「東文選」과 金宗直의 「東文粹」 등을 代表的으로 들 수 있겠으나 모두 「循私不公」의 譏評을 면치 못했다.

佔畢先生 以東文選「循私不公 擇焉而不精」 淘沙揀金 更拔其尤 文曰「東文粹」

詩曰「青邱風雅」可謂「極精」矣 然其先大夫之作 非超羣拔萃 而亦在選中 可謂「公無私」者乎 <松溪漫錄 下>

10. 小 説

「翰林別曲」중에 벌써 「太平廣記」가 소개되었음을 보아서 麗末·韓初의 小說은 실로 「太平廣記」의 影響을 많이 받았으며, 그리고 당시 韓國人은 벌써 軟文藝에 대한 修養과 嗜好가 상당하였으므로 陳繼儒의 다음과 같은 기록이 있었다.

朝鮮人最好書 凡使臣入貢 限五六十人 或舊典新書 稗官小說 在彼所缺者 日出市中 各寫書目 逢人徧問 不惜重直購回 故彼國反有異書藏本 <太平清話>

그리고 다음에는 「剪燈新話」의 摸擬作이 盛行되었다. 이제 韓初로부터 壬辰倭亂 直前까지의 稗官文學은 다음과 같았다.

東國少小說…… 本朝姜仁齋希顏養花小錄 徐四佳居正太平閑話 筆苑雜記 東人詩話 姜晋山希孟村談解頤 金東峯時習金鰲新話 李青坡陸劇談 成虛白堂俔慵齋叢話 南秋江孝溫六臣傳 秋江冷話 曹梅溪偉梅溪叢話 崔校理溥漂海記 鄭海平眉壽閑中啓齒 金冲菴淨濟州風土記 曹適菴伸謏聞瑣錄 行于世 <稗官雜記 卷四>

그러나 이에서 말한 小說은 퍽 廣汎해서 經書 이외의 隨筆·評論등의 모든 것을 가리켰다. 이제 韓國 小說的인 要素를 지닌 作品들을 「寓言」·「假傳」·「滑稽」·「傳記」등 四類로 나눌 수 있겠으나 그들은 제각기 한편이 몇 類의 要素를 지닌 것도 없지 않았다. 이에 특히 思潮的인 면으로 따진다면 다음과 같다.

① 寓 言

1. 萬福寺摴蒲記

이 글은 金時習의 作으로서 「金鰲新話」중의 한편이다. 그 形態的으로 보아서는 「艶情」·「志怪」에 해당할 것이었으나 思潮的인 면에서는 「寓言」이 아닐 수 없겠다. 南原에 살고 있는 老總角 梁生이 부처와 함께 摴蒲

놀이를 시작하여 勝負에 따라 아름다운 배필을 접지해 주기로 약속하여 所願을 成就한 이야기이다. 이는 金氏 自身이 일찌기 44歲의 老總角의 身勢가 되었음도 掩置할 사실이 못되거니와 梁生의 喪妻·破産 등의 장면도 역시 金氏 自身의 일과 흡사함을 보아서 「寓言」에 속하는 作品임을 짐작할 수 있는 것이다.

2. 李生窺牆傳

역시 「金鰲新話」 중의 한편이다. 어떤 失志한 大學生인 李生은 流浪하던 끝에 처녀 崔娘과 異緣을 맺은 風流才子와 窈窕佳娘의 이야기이다. 李氏 封建社會에 있어서 門閥의 貴賤 곧 身分的인 問題가 重要視되어 당시 소위 不合法的인 戀愛를 承認하지 않는 그 父公의 嚴命을 拒逆하지 못한 李生은 머나먼 蔚山으로 귀양 갔다가 終末에는 破鏡復圓의 佳緣을 맺은 이야기이다. 이 편은 역시 形態的으로서는 「艷情」·「志怪」에 가까울 것이다. 이에 그 原典을 붙여 둔다.

松都有李生者 居駱駝橋之側 年十八 風韻淸邁 天資英秀 嘗詣國學 讀詩路傍 善竹里有巨室處女崔氏 年可十五六 態度艷麗 工於刺繡 而長於詩賦 世稱「風流李氏子 窈窕崔家娘 才色若可餐 可以療飢腸」李生嘗挾册詣學 常過崔氏之家 北牆外垂楊裊裊數十株環列 李生憩於其下 一日窺牆內 名花盛開 蜂鳥爭喧 傍有小樓 隱映於花叢之間 珠簾半掩 羅幃低垂 有一美人 倦繡停針 支頤而吟曰「獨倚紗窓刺繡遲 百花叢裏囀黃鸝 無端暗結東風怨 不語停針有所思」「路上誰家白面郞 靑衫大帶映垂楊 何方可化堂中燕 低掠珠簾斜度牆」生聞之 不勝技癢 然其門戶高峻 庭闈深邃 但怏怏而去 還時以白紙一幅 作詩三首 繫瓦礫投之曰「巫山六六霧重回 半露尖峯紫翠堆 惱却襄王孤枕夢 肯爲雲雨下陽臺」「相如欲挑卓文君 多少情懷已十分 紅紛牆頭桃李艶 隨風何處落繽紛」「好因緣耶惡因緣 空把愁腸日抵年 二十八字媒已就 藍橋何日遇神仙」崔氏命侍婢香兒 往取見之 即李生詩也 披讀再三 心自喜之 以片簡又書八字 投之曰「將子無疑 昏以爲期」 生如其言 乘昏而往 忽見桃李一枝過牆 而有搖裊之影 往視之 則以秋千絨索 繫竹兜下垂 生攀緣而踰 會月上東山 花影在地 淸香可愛 生意謂已入仙境 心雖竊喜 而情密事秘 毛髮盡竪 回眄左右 女已在花叢裏 與香兒折花相戴 鋪罽僻地 見生微笑 口占二句 先唱曰

「桃李枝間花富貴 鴛鴦枕上月嬋娟」生續吟曰「他時漏洩春消息 風雨無情亦可憐」女變色而言曰「本欲與君 終奉箕帚 永結歡娛 郞何言之若是遽也 妾雖女類 心意泰然 丈夫意氣 肯作此語乎 他日閨中事洩 親庭譴責 妾以身當之 香兒可於房中賫酒果以進」兒如命而往 四座寂寥 闃無人聲 生問曰「此是何處」女曰「此是北園中小樓下也 父母以我一女 情鍾甚篤 別構此樓于芙蓉池畔 方春時名花盛開 欲使從侍兒遨遊耳 親闈之居 闔閤深邃 雖笑語啞咿 亦不能卒爾相聞也」女酌綠蟻一巵勸生 口占古風一篇曰「曲欄下壓芙蓉池 池上花叢人共語 香霧霏霏春融融 製出新詞歌白紵 月轉花陰入氍毹 共挽長條落紅雨 風攪淸香香襲衣 賈女初踏春陽舞 羅衫輕拂海棠枝 驚起花間宿鸚鵡」生卽和之曰「誤入桃源花爛漫 多少情懷不能語 翠鬟雙綰金釵低 楚楚春衫裁綠紵 東風初拆並蔕花 莫使繁枝戰風雨 飄飄仙袂影婆娑 叢桂陰中素娥舞 勝事未了愁必隨 莫製新詞敎鸚鵡」吟罷女謂生曰「今日之事 必非少緣 郞須尾我 以遂情款」言訖女從北窓入 生隨之 樓梯在房中 緣梯而昇 果其樓也 文房几案 極其淸楚 一壁展煙江疊嶂圖 幽篁古木圖 皆名畵也 題詩其上 詩不知何人所作 其一曰「何人筆端有餘力 寫此江心千疊山 壯哉方壺三萬丈 半出縹緲烟雲間 遠勢微茫幾百里 近見崒嵂靑螺鬟 滄波淼淼浮遠空 日暮遙望愁鄕關 對此令人意蕭索 疑泛湘江風雨灣」其二曰「幽篁蕭颯如有聲 古木偃蹇如有情 狂根盤屈惹莓苔 老幹夭矯排風雷 胸中自有造化窟 妙處豈與傍人說 韋偃與可已爲鬼 漏洩天機知有幾 晴窓嗒然淡相對 愛看幻墨神三昧」一壁各貼四時景各四首 亦不知爲何人所作 其筆則摹松雪眞字 體極精硏 其一幅曰「芙蓉帳暖香如縷 窓外霏霏紅杏雨 樓頭殘夢五更鍾 百舌啼在辛夷塢」「燕子日長閨閤深 懶來無語停金針 花底雙雙飛蛺蝶 爭趁落花庭院陰」「嫩寒輕透綠羅裳 空對春風暗斷腸 脉脉此情誰料得 百花叢裏舞鴛鴦」「春色深藏黃四家 深紅淺綠映窓紗 一庭芳草春心苦 輕揭珠簾看落花」其二幅曰「小麥初胎乳燕斜 南園開遍石榴花 綠窓工女幷刀響 擬試紅裙剪紫霞」「黃梅時節雨簾纖 鶯啼槐陰燕入簾 又是一年風景老 楝花零落筍生尖」「手拈靑杏打鶯兒 風過南軒日影遲 荷葉已香池水滿 碧波深處浴鸂鶒」「藤牀筠簟浪波紋 畵屛瀟湘一抹雲 懶慢不堪醒午夢 半窓斜日欲西曛」其三幅曰 「秋風策策秋露凝 秋月娟娟秋水碧 一聲二聲鴻雁歸 更聽金井梧桐葉」「牀下百蟲鳴喞喞 牀上佳人珠淚滴 良人萬里事征伐 今夜玉門關月白」「新衣欲裁剪刀冷 低喚丫兒呼熨斗 熨斗火銷全未省 細撥秦箏又搔首」「小池荷盡芭蕉黃 鴛鴦瓦上粘新霜 舊愁新恨不能禁 況聞蟋蟀鳴洞房」其四幅曰「一枝梅影向窓橫 風緊西廊月色明 爐火未銷金筯撥 旋呼丫鬟換茶鐺」「林葉頻驚半夜霜 回風飄雪入長廊 無端一夜相思夢 都在氷河古戰場」「滿窓紅日似春溫 愁鎖眉峯著睡痕 膽甁小梅腮半吐 含羞不語繡鴛鴦」「剪剪霜風掠北林 寒烏啼月正關心 燈前爲有思人淚 滴在穿絲小挫針」一偏別有小室一區 帳褥衾枕 亦甚整麗 帳外爇麝臍燃蘭膏 熒煌映徹 恍如白晝 生與女極其情歡 遂

留數日 生謂女曰「先聖有言『父母在 遊必有方』而今我定省已過三日 親必倚閭而望 非人子之道也」女惻然而頷之 踰垣而遣之 生自是以後 無夕而不往 一夕李生之父問曰「汝朝出而暮還者 將以學先聖仁義之格言 今昏出而曉還 當爲何事 必作輕薄子 踰垣牆折樹檀耳 事如彰露 人皆譴我敎子之不嚴 而如其女 定是高門右族 則必以爾之狂狡 穢彼門戶 獲戾人家 其事不小 速去嶺南 率奴隷監農 勿得復還」即於翌日 謫送蔚州 女每夕於花園待之 數月不還 女意其得病 命香兒密問於李生之隣 隣人曰「李郞得罪於家君 去嶺南已數月矣」女聞之 臥病在牀 輾轉不起 水醬不入於口 言語支離 肌膚憔悴 父母怪之 問其病狀 喑喑不言 搜其箱 得李生前日唱和詩 擊節驚訝曰「幾乎失我女子矣」問曰「李生誰耶」至是女不能復隱 細語在咽中 告父母曰「父親母親 鞠育恩深 不能相匿 竊念男女相感 人情至重 是以『摽梅迨吉』咏於周南『咸腓之凶』戒於羲易 自將蒲柳之質 不念桑落之詩 行露沾衣 竊被傍人之嗤 絲蘿托木 已作娼兒之行 罪已貫盈 累及門戶 然而彼狡童兮 一偸賈香 千生喬怨 以眇眇之弱軀 忍悄悄之獨處 情念日深 沉痾日篤 濱於死地 將化窮鬼 父母如從我願 終保餘生 倘違情款 斃而有已 當與李生重遊於黃泉之下 誓不登他門也」於是父母已知其志 不復問病 且驚且誘 以寬其心 復修媒妁之禮 問于李家 李氏問崔家門戶優劣 曰「吾家豚犬 雖年少風狂 學問精通 身彩似人 所冀捷龍頭於異日 占鳳鳴於他年 不願速求婚媾也」媒者以言返告 崔氏復遣曰「一時朋伴 皆稱令嗣才華邁人 今雖蟠屈 豈是池中之物 宜速定嘉會之辰 以合二姓之好」媒者又以其言 返告李生之父 父曰「吾亦自少 把冊窮經 年老無成 奴隷逋逃 親戚寡助 生涯踈濶 家計伶俜 而況巨家大族 豈以一人寒儒 留意贅郞乎 是必好事者 過譽吾家 以誣高門也」媒者又告崔家 崔家曰「納采之禮 裝束之事 吾盡辦矣 宜差穀旦 以定花燭之期」媒者又返告之 李家至是稍回其意 即遣人告生問之 生喜不自勝 乃作詩曰「破鏡重圓會有時 天津烏鵲助佳期 從今月老纏繩去 莫向東風怨子規」女聞之 病亦稍愈 又作詩曰「惡因緣是好因緣 盟語終須到底圓 共輓鹿車何日是 倩人扶起理花鈿」於是擇吉日 遂定婚禮 而續其絃焉 自同牢之後 夫婦愛而敬之 相待如賓 雖鴻光鮑桓 不足言其節義也 生翌年捷高科登顯仕 聲價聞于朝著 辛丑年紅賊據京城 王移福州 賊焚蕩室廬 臠炙人畜 夫婦親戚 不能相保 東奔西竄 各自逃生 生挈家隱匿窮崖 有一賊拔劒而逐 生奔走得脫 女爲賊所虜 欲逼之 女大罵曰「虎鬼殺啗 我寧死於豺狼之腹中 安能作狗彘之匹乎」賊怒 殺而剮之 生竄于荒野 僅保餘軀 聞賊已滅 遂尋父母舊居 其家已爲兵火所焚 又至女家 廊廡荒凉 鼠啣鳥喧 悲不自勝 登于小樓 收淚長噓 奄至日暮 塊然獨坐 許思前遊 宛如一夢 將及二更 月色微吐 光照屋梁 漸聞廊下 有跫然之音 自遠而近 至則崔氏也 生雖知已死 愛之甚篤 不復疑訝 遽問曰「避於何處 全其軀命」女執生手 慟哭一聲 及敍情曰「妾本良族 幼承庭訓 工刺繡裁縫之事 學詩書仁義之方 但識閨門之治 豈解境外之

修 㷀然而一窺紅杏之牆 自獻碧海之珠 花前一笑 恩結平生 帳裏重遇 情逾百年 言至於此 悲慚曷勝 將謂偕老而歸居 豈意橫折而顚溝 終不委身於豺虎 自取磔肉於泥沙 固天性之自然 匪人情之可忍 却恨一別於窮厓 竟作分飛之匹鳥 家亡親沒 傷殘魄之無依 義重命輕 幸殘軀之免辱 誰憐寸寸之灰心 徒結斷斷之腐腸 骨骸暴野 肝膽塗地 細料昔時之歡娛 適爲當日之愁寃 今則鄒律已吹於幽谷 倩女再返於陽間 蓬萊一紀之約綢繆 聚窟三生之香芬郁 重契闊於此時 期不負乎前盟 如或不忘 終以爲好 李郎其許之乎」生喜且感曰「固所願也」相與款曲抒情 言及家產被寇掠有無 女曰「一分不失 埋於某山某谷也」又問「兩家父母骸骨安在」女曰「暴棄某處」叙情罷 同寢極歡如昔 明日與生俱往尋[illegible]處 果得金銀數錠及財物若干 又得收拾兩家父母骸骨 貿金賣財 各合葬於五冠山麓 封樹祭獻 皆盡其禮 其後生亦不求仕官 與崔氏居焉 幹僕之逃生者 亦自來赴 生自是以後 懶於人事 雖親戚賓客賀弔 杜門不出 常與崔氏 或酬或和 琴瑟偕樂 荏苒數年 一夕女謂生曰「三遇佳期 世事蹉跎 歡娛不厭 哀別遽至」遂嗚咽 生驚問曰「何故至此」女曰「冥數不可躱也 天帝以妾與生 緣分未斷 又無罪障 假以幻體 與生暫割愁腸 非久留人世 以惑陽人」命婢兒進酒 歌玉樓春一闋以侑生 歌曰「干戈滿目交揮處 玉碎花飛鴛失侶 殘骸狼籍竟誰埋 血污遊魂無與語 高唐一下巫山女 破鏡重分心慘楚 從玆一別兩茫茫 天上人間音信阻」每歌一聲 飮泣數下 殆不成腔 生亦悽惋不已曰「寧與娘子 同入九泉 豈可無聊獨保殘生 向者喪亂之後 親戚僮僕 各相亂離 亡親骸骨 狼籍原野 倘非娘子 誰能奠埋 古人云『生事之以禮 死葬之以禮』盡在娘子 天性之純孝 人情之篤厚也 感激無已 自媿可勝 願娘子淹留人世 百年之後 同作塵土」女曰「李郎之壽 剩有餘紀 妾已載鬼錄 不能久視 若固眷戀人間 違犯條令 非唯罪我 兼亦累及於君 但妾之遺骸 散於某處 倘若垂恩 勿暴風日」相視泣下數行云「李郎珍重」言訖漸滅 了無踪跡 生拾骨附葬于親墓傍 既葬 生亦以追念之故 得病數月而卒 聞者莫不傷歎 而慕其義焉 <金鰲新話譯注 頁226~245>

3. 醉游浮碧亭記

開城에 살고 있는 富商 洪生이 平壤 故都의 廢墟 중에 잠긴 浮碧樓에서 物故한지 오랜 古朝鮮 시대의 箕氏女와 唱酬하던 이야기이다. 역시 「金鰲新話」의 한편으로서 形態的으로는 「志怪」에 가까운 作品이다. 金氏의 行裝이 關西의 방방 곡곡에 이르지 않은 곳이 거의 없었음은 그 「關西錄」의 모든 吟咏을 통하여 짐작할 수 있거니와 특히 平壤의 浮碧樓에 題咏이 많았으며, 廢墟의 밝은 달을 맞이하여 感古·傷今의 슬픔을 진정하지 못

합은 한많은 그로서 어찌할 수 없는 일이었다. 그리고,

先考敗績匹夫之手 遂失宗社 衛滿乘時竊其寶位 而朝鮮之業墜矣

<金鰲新話譯注 頁55 醉遊浮碧亭記>

라는 말에 이르러서는 隱然히 端宗의 失位와 世祖의 簒奪을 통탄함인 듯싶다.

4. 南炎浮洲志

역시「金鰲新話」중의 한편이다.「志怪」·「理想」에 가장 가까운 作品이다. 佛敎의 俗弊를 痛斥하던 書生 朴君이 꿈에 閻羅國에 가서 閻摩王과 問答을 마친 뒤에 禪位를 받은 이야기이다. 이는 실로 宇宙를 達觀하는 金氏로서 그의 哀艶한 才思와 明快한 理論으로 陰陽·鬼神의 道와 君子·小人의 辨과 古今 治亂의 자취를 究明하되 鬼神에 대한 결론은 無神論에 歸着시켰고 儒·佛 兩敎의 差異點은 正直과 誕妄에 있는 것이며, 古今의 治亂은 爲政者의 賢·不肖에 매여 있다는 것을 確言·明證함은 당시 君主主義의 腐敗性과 세속 宗敎의 惑世·誣民的인 罪惡을 指摘한 것이다.

5. 龍宮赴宴錄

역시「金鰲新話」중의 한편으로서「志怪」에 가까운 作品이다. 高麗時代의 文士 韓生이 龍宮의 잔치에 招待를 받아 龍女의 結婚을 妝飾하기 위한 佳會閣의 上梁文을 짓고 潤筆宴을 마친 뒤에 龍宮의 모든 建設과 儀器를 구경하고 돌아온 이야기이다. 이는 곧 그의 自敍傳인 듯싶다. 이제 그 둘을 서로 비교해 본다면 韓生의「少而能文」은 곧 金氏의「五歲能詩」,「靑衫幞頭郞官」은「黃門」,「含仁之門」은「興仁之門」,「神王」은「世宗」,「水晶宮」은「景福宮」,「龍女」는「文宗」·「端宗」,「上梁文」은「壁畫山水圖」,「蛾眉」는「宮妓」,「總角」은「廣大」,「朝元之樓」는「慶會樓」,「氷綃二匹」은「明紬五十匹」을 이름이었고, 그 밖의「郭介士」·「玄先生」·「木石罔兩」·

「山林精怪」·「江河君長」 등은 朝廷에 列立한 百官을 이름이요, 「掃雲器」·「電母鏡」·「雷公鼓」·「哨風橐」·「灑水箒」 등은 世宗의 創造한 「天文儀器」·「測雨器」·「自擊漏」 등과 같은 科學的인 製作品과 그를 맡은 「四神」·「十二神」·「鼓人」·「鍾人」·「司晨」·「玉女」 등의 科學者를 이름이었고, 名利를 버리고 名山에 들어갔음은 그의 放浪生活을 自敍한 것인 듯싶다.

위와 같은 5篇은 비록 逸書의 殘簡이었으나 그의 該博한 知識과 哀艶한 文辭는 실로 古今에 드문 天才的인 作品이었으며, 또는 韓國 傳奇文學 특히 「新話」系·「夢游」系의 劃期的인 作品이었다. 이제 「金鰲新話」와 「剪燈新話」와의 관계를 밝히기로 한다.

「剪燈新話」는 곧 中國文學의 主潮인 宋·元 白話文學이 明代에 들어와서도 많은 作品이 產出되었는데도 불구하고 특히 晋·唐의 志怪體를 모방한 文語體로 이루어졌던 것이다. 그 艶情의 哀戀과 幻怪의 搜尋에 專力을 기울여 당시 復古運動의 文藝精神에 조화를 보았기 때문에 그 세속에 流行되던 口語體인 白話小說을 白眼視하였으며, 그의 餘韻이 海外에 傳播되어 그가 이 땅에 들어온지 약 半世紀만에 이 「金鰲新話」가 誕生되었다. 이에 대하여 作者는,

矮屋青氈暖有餘　　滿窓梅影月明初
挑燈永夜焚香坐　　閑著人間不見書」
玉堂揮翰已無心　　端坐松窓夜正深
香揷銅甁烏几淨　　風流奇話細搜尋」 <梅月堂集 題咏類 題金鰲新話>

이라 하였고, 金安老는 또 다음과 같이 말했다.

東峯金時習 自齠齔已有能詩聲 遂擺落科紛 祝髮爲僧 改名雪岑 爲詩典重 少疏筍氣 入金鰲山 著書藏石室曰「後世必有知岑者」 其書大抵述異寓意 効剪燈新話等作也 <龍泉談寂記>

6. 夢游錄

元昊의 作으로서, 역시 「新話」系의 하나로서 「志怪」에 가까운 作品

이다. 세속에선 「元生夢游錄」이라고도 한다. 元氏는 곧 端宗 때 生六臣으로 이름 높았으며, 그는 일찌기 꿈 속에서 당시 死六臣인 朴彭年·成三問·河緯地·李塏·柳誠源·俞應孚 등, 또는 그의 莫逆의 벗 崔德之(?)와 함께 端宗을 모시고 錦江에서 놀 제, 詩를 읊어 서로 唱酬하고 꿈이 깨자 곧 이 글을 써서 「夢游錄」이라 이름했다 한다. 이는 비록 形態的으로 「志怪」에 가까우나 역시 「寓言」으로 보아야 할 것이다.

先生嘗於夢中 陪端廟與六臣及崔烟村 游於江上 作詩賡和 覺而起感 文以記之 名曰「夢游錄」 蓋寓言也深矣 先生之前後著述 親傳諸火 而惟獨歎世夢游二簡 幸得免焉 <觀瀾遺稿 卷一 張4~5>

7. 睡鄕記

世稱 「生六臣」의 하나인 南孝溫의 作으로서 「夢游」系의 異彩로운 作品이다. 그는 자기가 곧 夢游者가 되어서 詩城·醉鄕을 지나 睡鄕에 이르러서 華胥·槐安 등의 나라와 陽臺·湘江·羅浮·棻園 등의 땅을 밟아 中國 歷代의 모든 夢游의 大家를 歷訪하고 돌아와서 天君에게 復命하였다. 그 「注」에 金宗直의 批評이 붙어 있었다.

佔畢齋批 「昔韓退之作毛穎傳 王績作醉鄕記 此其流亞歟」
<生六臣集 卷七 張38 秋江 睡鄕記>

8. 大觀齋夢游錄

沈義의 作으로서 「夢游」系의 중요한 作品의 하나이다. 이는 本錄의 作者가 직접 夢游者가 되어 富貴를 누리던 일을 기록한 것이다. 이는 실로 위로 唐代傳奇로 이름 높은 「枕中記」·「南柯太守傳」·「三夢記」·「秦夢記」 등에서 받은 바 있는 듯싶고, 또 그보다 조금 전인 金時習·元昊 등과 思想的으로 서로 통하는 점이 없지 않으리라 생각된다.

② 假 傳

1. 楮生傳

李詹의 作으로서 「종이」를 擬人化한 것이다. 中國에 있어서도 겨우 1676년 頃에 在世했던 「虞初新志」의 編者 張潮(?)가 비로소 「楮先生傳」을 썼고 또 張氏의 뒤를 이어서 閔文振(?)의 「楮待制傳」이 발표되었음을 보아서 약 二世紀나 앞선 擬人體 곧 假傳的인 小說로서 이 「楮生傳」은 실로 당시 文壇에 있어서 벌써 世界的인 높은 位置를 雄占하였음은 자못 높이 평가하지 않을 수 없겠다.

生姓楮名白 字無玷 會稽人也 漢中常侍尙方令 蔡倫之後 生之生也 浴蘭湯 弄白璋 藉白茅 故濯濯也 其同母弟 凡十九人 皆與之親睦 造次不失其序 性本精潔 不喜武人 樂與文士遊 中山毛學士 其契友也 每狎之 雖點其面 不拭也 學而通天地陰陽之理 達聖賢性命之源 以至諸子百家之書 異端寂滅之敎 無不記識 徵之班班可見 漢策士 以方正應科 遂上言曰「今古書契 多編竹簡 兼用縑帛 并不便 臣雖不腆 請以心胃代之 如其不效 請墨之」和帝使驗 果能強記 百無一失 方策可不用也 於是褒拜楮國公白州刺史 統萬字軍 遂以封邑爲氏 樹膚麻頭魚網口根四人 亦同奏 率以不完如奏免 旣而學是生之術 不衝風雨 不食壁魚 每於春七日 吸陽精 祛塵埃 薰其衣而靜勝焉 晉左冲 作成都賦 生一見記誦 人競傳寫 雖雅相知 罕得援見 後受王右軍墨蹟 而其楷法妙天下 仕梁 臣太子統 同撰古文選 以傳于世 承詔與魏收 同修國史 以收好惡不公 謂之「穢史」 請辭 願與蘇綽 同考計張 詔許之 於是朱出墨入 綜覈明白 人稱其能 其後得幸於陳後主 常與狎客安學士輩 賦詩於臨春閣 及隋軍渡京口 陳將密啓告急 生秘不開封 以此陳敗 大業間 與王冑薛道衡事煬帝 共吟「庭草燕泥」之句 尋以帝不欲人出其右 遂見踈略 則卷而懷之 唐興 置弘文館 生以本官兼學士 與褚遂良歐陽詢 講論前古 商確政事 以致貞觀之治 及宋興 濂洛諸儒 共闡文明之治 司馬溫公 方編資治通鑑 謂生爲博雅 每與資焉 會王荊公用事 不喜春秋之學 指謂「破爛朝報」生不可 遂斥不用 逮于元初 不務本業 惟商賈是習 身帶錢貫 出入茶坊酒肆 校其分銖 人或鄙之 元亡仕于皇明 方見寵任 其子孫甚重 或世史氏 或門詩家 草封禪錄 登庸在官者 知錢穀之數 從戎者 記用兵之功 其職事 雖有貴賤 而皆無曠官之誚 自以爲大夫之後 擧皆帶槖云

太史公曰「武王克殷 封弟叔度於蔡 相紂子武庚 治殷遺民 武王崩 成王少 周公輔之 蔡叔流言於國 周公放之 其子胡改行率德 周公擧爲鄕士 成王復封胡於新蔡 是爲蔡仲 其後 楚共王 虜哀侯以歸 以其不敬息夫人也 蔡人立其子肹 是爲繆侯 齊桓公 以其不絕蔡女 而他適 虜繆侯以歸 繆侯卒 子甲午立 楚靈王 以靈侯父仇 故伏甲 醉而殺之 圍蔡滅之 乃求景侯少子廬立之 是爲平侯 徙居下蔡 楚惠王 復

滅蔡齊侯 其後遂微 嗚呼 王者之後承 世積厚德 以有國家 而其盛衰 氣化使然也 蔡本周之同姓 介於強國 橫被侵伐 延綿能不墜遺緖 至于漢末 遂以封邑易其姓 國變而爲家 家大而子孫滿天下者 吾惟蔡氏之後 見焉」 <東文選 卷一〇一 傳>

2. 抱節君傳

丁壽崗(1454~1527)의 作으로서 「대」를 擬人化한 것이며, 「竹夫人傳」이후 唯一의 奇作이다. 그의 「月軒集」 중에 실려 있다.

③ 滑 稽

1. 太平閑話滑稽傳

徐居正의 作이다. 短篇 滑稽談을 모은 四卷이다. 그의 「自序」 중에 다음과 같은 말이 있다.

居正嘗謝事居閑 游戲翰墨 乃書朋友所嘗戲談者 曰「滑稽傳」…… 齊諧志於南華 滑稽傳於班史 居正之作是傳 初非有意於傳後 只欲消遣世慮 <太平閑話滑稽傳 卷首 自序>

그리고 梁誠之(1415~1482)는 이 글이 「櫟翁稗說」과 함께 萬世에 傳할 것을 말하여,

至於稗官小說 亦儒者以文章爲劇談 或資博聞 或用破閑 皆不可無者也 前史有滑稽傳 宋太宗命李昉 撰造太平廣記 即此意也 今四佳徐相國 雄文巨筆 獨步東方……凡朝野士大夫間 一言一事 聞耳輒書 伸筆爲文 于以贊名教 于以助談笑 非湖海歸田者新話也 乃國老東軒之筆談也 …… 豈不與益齋稗說 永流傳於海東萬世也哉 <太平閑話滑稽傳 卷首 東國滑稽傳序>

라 하였고, 姜希孟은 그 중에 자기의 添錄이 있음을 덧붙여 말했다.

吾同年達城徐侯剛仲氏 居閑數月 因衆賓之來話 取其言可解頤而警人者 作太平閑話滑稽傳四卷示余 而因請添錄 景醇添錄十餘條還之 <太平閑話滑稽傳 卷首 滑稽傳序>

2. 朱將軍傳

宋世琳(?)의 「禦眠楯」 중의 한편이다. 이는 形態的으로 보아서는 男子의 玉莖을 擬人化한 「假傳」系의 가장 異彩를 띤 作品이었으나 그 思潮的으로 보아서는 역시 「滑稽」系에 넣어야 될 것이라 생각된다.

이 밖에도 「村談解頤」·「閑中啓齒」·「古今笑叢」 등이 있으나 이루 다 들 수 없겠다.

④ 傳 記

1. 六臣傳

역시 南孝溫의 作이다. 그는 生六臣의 하나로서 死六臣의 傳記를 쓴 것이다. 이는 실로 「新話」·「夢游」 兩系와 더불어 思潮的인 면에서는 서로 떠나지 못할 만큼 緊한 걸림이 있으니 이는 그 裏面에 愛國·憐民的인 思想이 스며들어 있는 까닭이다.

이제 綜論的으로 말한다면 당시 文壇에서 小說은 오히려 傳奇體의 草創期인 만큼 너무 지나치게 評價하기는 어려울 것이다.

> 我朝二百年間 著書傳世者甚罕 而小說之可觀者亦無幾 如徐居正筆苑雜記 東人詩話 李陸靑坡劇談 金時習金鰲新話 南孝溫秋江冷話 曹伸謏聞瑣錄 成俔慵齋叢話 金正國思齋摭言 申光漢企齋記異 魚叔權稗官雜記 李耔陰崖日錄 沈守慶遣閑雜錄 權應仁松溪漫錄 李濟臣俟鯖瑣語 許筠海東野言 李廷馨東閣雜記 黃兎記事 車天輅五山說林 其未刊行者亦多 恐久而泯沒也 今錄于此 以備考云
> 〈芝峯類說 卷七 經書部三 著述〉

그러나 中國小說의 輸入·翻譯·注釋 등에 있어서 상당히 활발하였던 것은 사실이었다. 「剪燈新話」의 輸入은 적어도 「金鰲新話」 이전이었음은 말할 것도 없거니와 「三國志演義」의 輸入도 元昊의 「夢游錄」 이전에 벌써 들어왔음은,

> 有頃蘆花深處 閃出一個好男兒 幅巾野服 神淸眉秀……子虛疑其爲小精水魅 愕然無以應 然其容貌俊邁 擧止閑雅 不覺暗暗稱奇 〈觀瀾遺稿 卷一 夢游錄〉

의 用語들을 보아서도 짐작할 수 있을 것이다. 金台俊은 다음의,

> 宣祖之世 上敎有「張飛一聲走萬軍」之語 奇大升進曰 「三國衍義 出來未久 臣未之見 後因朋輩聞之 甚多誕妄」云云 蓋此書始出 而上偶及之 高峯之啓 眞得體矣
> 〈星湖僿說類選 卷九上 三國衍義〉

를 이끌어서,

> 더욱 朝鮮에 가장 널리 愛讀된 「三國演義」가 또한 壬亂前後에 들어왔으니…
> 〈朝鮮小說史 頁68 壬亂當時에 輸入된 中國小說〉

라 하였으나 그릇된 것인 듯싶다. 그리고 柳夢寅은 中國의 新刊小說 70種

이 輸入되었음을 밝혔다.

今年春新刊中原書 七十小說 目曰「鍾離葫蘆」自西伯所來 淫褻不忍視聞 <於于野談>

그리고 翻譯에 있어서는 中宗 때 「列女傳」의 諺翻이 가장 처음인 듯싶고,

嘉靖癸卯 中廟出劉向列女傳 令禮曹翻以諺文 禮曹啓請申珽柳沆翻譯 柳耳孫寫字 舊本本顧愷之畵 而歲久刻訛 殊失筆格 令李上佐 略倣古圖 而更畵之 <稗官雜記 卷四>

注釋에 있어서는 林芑(?)의 「剪燈新話」 卷首의 이른바 「垂胡子集釋」이 가장 처음인 듯싶다.

剪燈新話二卷……明宗朝判書尹春年 及吏文學官林芑注 所謂滄洲 即春年也 芑頷下有垂肉 故自號垂胡子 <順菴文集 卷一三>

그는 退溪의 門人이었으므로,

林芑挽先生詩「曾蒙目擊開迷惑」 <陶山及門諸賢錄 卷四 張18>

이라 하였고, 그의 生涯와 思想에 대해서는 李圭景(1788～?)이 가장 상세하게 辨證했다.

新話之注 但書「垂胡子注」云 故人多未識爲我東林知樞芑也 宣廟時人 能文章詩文豪放 注剪燈新話 按林芑一作茂 官卿奏廳 白衣从事 號垂胡子 松溪漫錄云「吾友林茂 博洽羣書 善屬文 尤長於詩」李公徽之 嘗聞于嶺南人云「林芑父某 李直學�童友也 壇被六臣之禍 只有一女 托於芑之父 受而養之爲妾 生芑 能文章 赈隨使之京 以製進別奏賚一品 早世」林芑父與六臣李直學壇友 則在於端廟朝 其時生女 故托於芑父 則假如其父 其時爲數歲 至宣廟初服 則年已過百許載矣 雖五十餘年前生芑 芑於宣廟中葉 已過六七十矣 芑之歿何稱早世耶 嶺人之傳李公徽之語似是謬也 并及之 <五洲衍文長箋散稿 卷四七 剪燈新話辨證說>

第九章　復古運動과 經世文學

<壬亂以後>

1. 黨爭과 動亂과 反省

宣祖朝에 이르러서 政局은 더욱 安定되지 않고 社會는 더욱 混亂하였다. 이에서 가장 重要한 原因은 곧 黨爭이었다. 이는 실로 李韓의 中央集權制가 確立됨에 따라 政治的·經濟的인 면으로 보아서 그 좁은 벼슬의 窠를 決死的인 競爭이 아니면 얻어 앉기가 어려운 일인 까닭이다. 그리하여 外敵의 侵入을 깨닫지 못한 채 壬辰倭亂이라는 振古에 없는 動亂을 勃發시켰다.

嗚呼壬辰之禍慘矣 浹旬之間 三都失守 八方瓦解 乘輿播越 其得有今日天也

<懲毖錄 卷首 懲毖錄自序>

당시 動亂을 象徵하는 詩 곧 抒事·抒情의 錯雜한 悲哀는 宣祖王과 李好閔(1553～1634)의 읊음을 통해서도 想像할 수 있겠다.

國事蒼黃日　　誰能郭李忠
去邠存大計　　恢復仗諸公
痛哭關山月　　傷心鴨水風
朝臣今日後　　寧復更西東　<列聖御製 龍灣書事>

干戈誰着老萊衣　　萬事人間意漸微
地勢已從蘭子盡　　行人不見漢陽歸
天心錯莫臨江水　　廟筭凄凉對夕暉
聞道南兵近乘勝　　幾時三捷復王畿

<五峯集 卷四 張1～2 龍灣行在聞下三道兵進攻漢城>

그리는 동시에 文學의 作風은 國土奪還의 擧族的인 課業과 함께 急速度로 復古主義 곧 儒家思想에 의한 復興運動은 당시에 있어서 실로 主潮이

었던 것이다. 그들의 沉鬱과 痛苦·流涕는 昨日의 黃金時代를 假裝했던 모든 反撥에서 이루어진 黑灰 속에서 反省의 길을 摸索하였다. 이에 外夷排擊의 問題, 儒學恢復의 問題 등에 그들은 專力을 傾注하지 않을 수 없었던 것도 사실이었다. 그리하여 그 終末에는 소위「穆陵盛際」를 이룩했던 것이다. 이에 대하여 金昌協은,

世稱「本朝詩 莫盛於穆廟之世」余謂「詩道之衰 實自此始 蓋穆廟以前爲詩者大抵皆學宋 故格調多不雅馴 音律或未諧適 而要亦疎鹵質實 沈厚老健 不爲塗澤艶冶 而各自成其爲一家言 至穆廟之世 文士蔚興 學唐者寢多 中朝王李之詩 又稍稍東來 人始希慕倣效 鍛鍊精工 自是以後 軌轍如一 音調相似 而天質不復存矣 是以讀穆陵以前詩 則其人猶可見 而讀穆廟以後詩 其人殆不可見 此詩道盛衰之辨也
<農巖集 卷三四 張10~11 雜識 外篇>

라 하였으니 이는 宣祖代가 劃期的인 韻文의 大轉換期로 보았고, 金正喜(1786~1856)는 또,

東人騈作 自壬辰以後 忽變爲宋元後風氣 遂爲一功令之雄 此近今之所不免 而雖文苑大手筆 擧皆如是矣 大抵我國之壬辰 不知是何等百六大運 而上自朝家典章至於閭巷風俗 無不大變 至今未復舊 文章書畫之小道 亦皆從以遷謝 竟未有挽回如明宣以上 渢渢大雅之風 不可得見 常所嘆惜 今因東文 漫及如此
<阮堂全集 卷五 張29 與人書>

라 하여 壬亂 이후의 文運의 低下를 慨歎하였다. 그러나 그들은 오히려 貴古賤今的인 俗儒者의 懷古思想에서 나온 말들이었다. 다만 南龍翼은,

國朝文章之士 莫盛於成宣兩朝 而詩才之盛 宣廟朝爲最 比諸皇明 其嘉隆之際乎
<壺谷詩話>

라 하였고, 또 金澤榮(1850~1927)은 宣·仁代의 豐雄·高華의 風趣를 禮讚하였다.

本朝宣仁之間 繼而作者最盛 有李五峯車五山白玉峯許夫人權石洲金淸陰鄭東溟諸家 大抵皆主豐雄高華之趣 自英廟以下 則風氣一變 <紫霞詩集 卷首 紫霞詩集序>

이들은 오로지 韻文에 대한 논평에 지나지 않는 기록이겠지만 散文文學

에 있어서도 역시 그렇다고 보아야 할 것이다.

2. 辭　賦

당시의 辭賦는 李朝初期에 비해서 더 발전되지 못했다. 이제 그 代表作 몇편을 들어 둔다.

① 蓬萊山辭

白光弘(1522~1556)의 作이다. 그의 「岐峯集」 중에 실려 있으나 군데군데 缺文이 있으므로 이에 原辭를 소개하지 않는다.

② 玉河館和李白愁陽春賦次韻

紛四時兮若逝川 乍湍激以流湲 胡余當此春日 懷忽感夫秋天 若登山臨水 送將歸兮 況余去故國之四千 于時日轉空館 墻高易沒 晨起瞻瓦 疑霜是月 時假寐而得夢 渺關山之獨越 邑無煙兮歲無秋 問家室兮塗謬悠 恶復在夫三韓 是方丈及瀛洲 擧援目之如妓 孰非秋使余憂 歸去來兮 帝鄉不可以懷些 吾將歸骨於狐丘
〈簡易集 卷六 張74 癸巳行錄〉

이편은 崔岦의 作이다. 이 밖에도 白光弘의 「會朝清明賦」, 李山海(1539~1609)의 「滿招損賦」 등이 있으나 여기에서 割愛하기로 한다.

3. 樂　府

당시의 樂府는 唐體로 된 것이 극히 적었다. 이는 우리 나라 사람들이 애초에 音律에 익숙하지 못했을 뿐더러 이때에 이르러서는 벌써 正音文學에서의 歌辭가 눈부시게 발전되었던 까닭이다.

我國歌詞雜以方言 故不能與中朝樂府比並 如近世宋純鄭澈所作最善 而不過膾炙口頭而止 惜哉 長歌則感君恩翰林別曲漁父詞最久 而近世退溪歌 南冥歌 宋純俛仰亭歌 白光弘關西別曲 鄭澈關東別曲 思美人曲 續思美人曲 將進酒詞 盛行於世 他如水月亭歌 歷代歌 關山別曲 古別離曲 南征歌之類甚多 余亦有朝天前後二曲 亦戲耳 〈芝峯類說 卷一四 文章部六 歌詞〉

이제 斯學에 대하여 代表作 몇편을 들기로 한다.

① 滄洲의 詞學

尹春年(1534～?)은 樂府의 作家이기보다도 理論家이다. 그와 鄭士龍과의 關係에 대하여 洪萬宗은 다음과 같이 상세히 논평했다.

我東不解音律 自古不能作樂府歌詞 頃世湖陰鄭士龍 作歌詞一闋 滄洲尹春年素知音律 見而笑之曰「此不合五音六律」湖陰憮然 退取韻會五聲集韻等書 倣「洞庭西望楚江分」一絕 字字較其淸濁高低 作一絕以示尹春年 春年數三吟咏曰「此稍叶律」湖陰曰「然則可方古何樂章」春年暫若沉思曰「此與李白淸平調詞『洞庭西望楚江分』音韻相似」湖陰大驚 終不復作樂章 按東坡自言「平生有三不如」人謂「着碁吃酒唱曲」也 故詞雖工而多不入腔……余謂以中華之人 其詞或不入腔 或不叶律 況我偏邦 寧望其能爲詞曲耶 湖陰之字字強究 希合古律者 不亦勞乎哉

〈旬五志 下〉

尹氏는 일찌기 中國 楊仲弘(?)이 傳한「詩法源流」에다가「體」·「意」·「聲」의 三者로 나누고는「注解」를 붙여「詩法源流體意聲三字注解」를 지었으니 이는 곧 漢·唐의 諸體詩에 대하여 音律的인 면을 硏究한 가장 아름다운 旨訣이었다.

② 白湖의 詞

林悌(1549～1587)의 詞는 그의「白湖集」중에 실린 것이 겨우「憶秦娥」·「巫山一段雲」의 두편이 있을 뿐이다.

鄕心絕 烏貂弊盡關山雪 關山雪 寒生翠幕 塞笳聲咽 玉爐香灺殘宵徹 瑤池路阻人傷別 人傷別 琴徽塵滿 驛樓明月 〈白湖集 卷三 張51 憶秦娥一闋〉

③ 鐵嶺宿雲詞

本詞는 李恒福(1556～1618)의 作이다. 혹은「鐵嶺歌」라고도 했다. 그리고 또「時調」로서 널리 流行되었다.

謫北靑登鐵嶺 作歌曰

鐵嶺高處宿雲飛 飛飛何處歸 願帶孤臣數行淚作雨 去向終南白岳間 沾灑瓊樓玉欄干

此歌播都下 宮人皆習唱 一日 光海遊宴後苑 酒酣聞此曲 問誰所作 宮人以實對 光海愀然泣下 而罷酒 其聲詩之感人也如是 終不能放還 <白沙集 附錄>

또 金萬重의 기록에는 다음과 같은 말이 있었다.

白沙李公之竄北青 行過鐵嶺 作鐵嶺宿雲詞 有「帶得孤臣寃淚 往灑九重宮闕」之語 一日光海遊宴後庭 宮娥有唱是詞者 主曰「大是新聲 何處得來」對曰「都下傳唱云『是李某所作』」主使之復歌 凄然泣下 詩之能感人如此 然若光海者 亦豈不可與爲善哉 <西浦漫筆>

그리고 李氏의 絕世의 詼諧는 古今을 통해서 자못 이름 높았다.

林白湖悌 氣豪不拘檢 病將死 諸子悲號 林曰「四海諸國 未有不稱帝者 獨我邦終古不能 生於若此陋邦 其死何足惜」命勿哭 又嘗戱言「若使吾値五代六朝 亦當爲輪遞天子」一世傳笑 及壬辰之變 漢陰李相伴接天將 天將奬許之 至有不敢言之說 事雖非情 亦不自安 李白沙善詼諧 一日夜對 巷閭俚俗 無不奏陳以爲樂 仍及林事 上爲之發笑 白沙又白云「近世更有可笑之人」上曰「誰也」對曰「李德馨擬於王矣」上大噱 白沙又仍白曰「非聖上之大德深仁 渠安敢容貸覆載之間乎」上曰「吾豈置諸懷耶」遂促召錫爵 盡歡而罷 詩云「善戱謔兮」白沙有焉

<星湖僿說類選 卷九下 論史門 善戱謔>

뿐만 아니라, 그는 晩年에도 詼諧性은 減退되지 않았다.

李鰲城退居鄕墅 嘗微服遊淸平寺 至昭陽江 同舟少年輩 不知相公也 多所侵侮 且詰其來由 公辭曰「聞此地名山水 欲棲託而來」少年益驕傲 背指一山曰「世傳『此山浮來 故移來者多致富』你能來往 則幸甚」仍附耳語曰「此人鬢着玉圈子 必是納粟堂上官也」言訖而去 公戱作詩曰「晩計昭陽下 同君老一竿 莫憂生事薄 自有浮來山」聞者捧腹 <芝峯類說 卷一六 言語部 諧謔>

④ 解愁絲詞

역시 李恒福이 당시에 流行되던 노래를 漢譯한 것이다.

李鰲城爲天將接伴使 天將聞我國人唱歌 問其旨意 鰲城書示曰

昔日苟如此 此身安可持 愁心化爲絲 曲曲還成結 欲解復欲解 不知端在處

天將稱好 按康伯可閨情詞曰「此度相思 寸腸千縷」蓋思與絲字同音故也 李義山詩「春蠶到死絲方盡」亦此義 <芝峯類說 卷一四 文章部七 歌詞>

4. 詩 歌

① 三唐派의 崛起

三唐은 白光勳(1537~1582)·崔慶昌(1539~1583)·李達(?) 등의 三家를 이름이다. 任相元(1638~1697)은,

> 當穆陵朝 有稱三唐集者 謂「崔孤竹慶昌 白玉峯光勳 李蓀谷達」也 是三子者 刻意摹唐 間有絕相肖者 <蓀谷集 卷首 蓀谷集序>

라 하였고, 李睟光은,

> 我東詩人 多尙蘇黃 二百年間 皆襲一套 至近世 崔慶昌白光勳 始學唐 務爲淸苦之詞 號爲崔白 一時頗效之 殆變向來之習 然其所尙者 晚唐耳 不能進於盛唐 豈有所局耶 <芝峯類說 卷九 文章部二 詩>

라 하여 그들의 詩가 겨우 晚唐을 배웠음을 애석하게 여겼고 許筠도,

> 崔白李三人 皆法正音 崔之淸勁 白之枯淡 皆可貴重 然氣力不逮 稍失事厚 李則富艷 比二氏家數頗大 皆不出島郊之藩籬 崔白早世 李晚年文章大進 自成一家 斂其綺麗 歸於平實 仲氏亟稱曰「可與隨州比肩 亦不多讓」 <鶴山樵談>

이라 하여 崔·白 二家의 氣力이 미약함을 말했으나 다만 金萬重은 다음과 같이 好評을 아끼지 않았다.

> 今人論詩 率以篇什富盛 酬應不窮爲貴 故車天輅柳夢寅之徒 得以稱雄 而崔白寂寥之篇 往往見輕於人 詩道本不如是 <西浦漫筆>

그러나 이는 評家의 각기 嗜好하는 바에 따라 다를 것이다. 이제 三家에 대하여 個別的인 논평을 들기로 한다.

1. 白光勳

> 白光勳以能詩善草書 名於湖南爲第一 其過扶餘縣 縣監方船載酒 借公州妓樂以要之 至則布衣一儒士 貌寢少風采 妓中有一人名將本善俳諧 曰「曾聞白光勳之名大於山 及得觀之 釣龍臺耳」 扶餘白馬江 有釣龍臺 名爲蘇定邦白馬餌龍之地 而不過塊然一小石而已 故當時以妓言爲善形容 光勳有一小詩 亦鳴於時
>
> 青山重疊水空流　　不是金宮即玉樓

全盛只今無處聞　　月明潮落倚孤燈

以余觀之 詩亦釣龍臺也 <於于野譚>

이는 柳夢寅의 白氏에 대한 논평이다. 그러나 許楚姬(1563~1589)·許筠의 姊弟는 다음과 같은 기록이 있었다.

白光勳字彰卿……過弘慶寺題詩曰

秋草前朝寺　　殘碑學士文

千年有流水　　落日見歸雲

壬午病卒京邸 蘭雪姊氏感逝詩有曰「近者崔白輩 攻詩軌盛唐 寥寥大雅音 得此復鏗鏘」 <鶴山樵談>

그리고 당시의 사람들은 그를 李賀(791~817)의 鬼才에 비했다.

白玉峯者 以詩名於湖中 尤工於絕句……咸謂長吉復出 <月沙文集 玉峯稿序>

2. 崔慶昌

그의,

門前車馬散如烟　　相國繁華未百年

深巷寥寥過寒食　　茱萸花發古墻邊 <孤竹集 張6 大隱巖>

도 이름 높았거니와 다음의,

錦繡烟花依舊色　　綾羅芳草至今春

仙郎去後無消息　　一曲關西淚滿巾 <孤竹集 張14 箕城聞白評事別曲>

은 실로 芳馨·悱惻한 調子가 아닐 수 없겠다. 白評事는 李裕元(1814~1888)의「林下筆記」나 金台俊의「朝鮮漢文學史」에 모두 白光勳이라 하였으나 그릇된 것이다.

崔斯文慶昌……贈白光弘舊妓曰……白光弘曾任平安評事而卒 其所製關西別曲至今傳唱 梨園諸妓聞輒下淚 故云 錦繡煙霞綾羅芳草 乃其曲中語也

<芝峯類說 卷一三 文章部六 東詩>

그 밖에도,

水岸悠悠楊柳多　　小紅遙唱采蓮歌

紅衣落盡秋風起　　日暮芳洲生白波　<孤竹集 張16 泗江樓紅題詠>

轔轔雙車輪 一日千萬轉 同心不同車 別離時屢變 車輪尙有跡 相思不見人
<孤竹集 張48 古意二首 其一>

등은 모두 警絕·流麗한 作品이었으며, 그는 또 당시 「八文章」의 이름을 얻었으므로 朴世采(1631~1695)는 다음과 같은 기록이 있다.

少與玉峯白光勳 游學松川梁公 青蓮李公之門 未弱冠與栗谷李先生 龜峯宋翼弼 東皐崔岦諸才子 脩稧唱酬于武夷洞 世號八文章 又與松江鄭澈 萬竹徐益諸名流 同遊三淸洞 人譬之二十八宿 <孤竹集 附錄 孤竹詩集後敍>

3. 李 達

그들 三家 중에서 李達이 가장 大家이었으며, 그에 대해서 누구보다도 그의 詩弟子인 許楚姬·許筠의 姊弟가 가장 잘 알 수 있을 것이라 생각된다.

從崔孤竹慶昌 白玉峯光勳遊 相得懽甚 結詩社 達方法蘇長公得其髓 一操筆輒寫數百篇 皆穠贍可咏 一日思菴相謂達曰「詩道當以魏唐爲正 子瞻雖豪放 已落第二義也」遂抽架上太白樂府歌吟 王孟近體以示之 達矍然知正法之在是 遂盡捐故學 歸所隱蓀谷之庄 取文選太白及盛唐十二家 劉隨州韋左史 暨伯謙唐音 伏而誦之……乃出而咏之諸公間 諸公嗟異之 崔白皆以爲不可及 而霽峯荷谷 一代名爲詩者 皆推以爲盛唐 其詩淸新雅麗 高者出入王孟高岑 而下不失劉錢之韵 自羅麗以下爲唐詩者 皆莫及焉 <惺所覆瓿藁 卷六 文部三 蓀谷山人傳>

許筠은 또 다음과 같이 논평했다.

其詩本源供奉 而出入乎右丞隨州 氣溫趣逸 芒麗語滄 其艶也若南威西子 袨服而明粧 其和也若春陽之被百卉 其淸也若霜流之洗巨壑 其響亮也若九霄笙鶴 彷像乎五雲之表 引之霞綺風淪 鋪之璧坐璣馳 鏗而厲之 則瑟悲而球戛 抑而按之 則驥頓而龍蟄 徐行其所無事 則平波滔滔然千里朝宗 而泰山之雲觸石 爲白衣蒼狗 置在開天大曆間 詎不厠王岑之列 而較諸國朝諸名家 其亦瞠乎退三舍矣
<蓀谷集 卷首 蓀谷集舊序>

그의 作品에 있어서 各體의 代表作을 소개한다면 五言絕句로서,

桐花夜烟落　　海樹春雲空

芳草一杯別　　相逢京洛中　〈蓀谷集 卷一 別李嗣長〉

은 李韓을 통틀어서 五言絶句의 第一이라는 評도 없지 않거니와,

問嘗閱本朝諸公詩 僭謂五言絕 當以李蓀谷「桐花夜烟落」爲第一　〈西浦漫筆〉

그 밖에도 七言絶句로서,

白犬前行黃犬隨　　野田艸際塚纍纍
老翁祭罷田間道　　日暮醉歸扶小兒　〈蓀谷集 卷二 祭塚謠〉

蓮葉參差蓮子多　　蓮花相間女郎歌
來時約伴橫塘口　　辛苦移舟逆上波　〈蓀谷集 卷二 採蓮曲次大同樓船韻〉

등은 萬口에 膾炙하였고, 다음의,

商胡賣錦江南市　　朝日照之生紫烟
佳人正欲作裙帶　　手探粧奩無直錢　〈蓀谷集 卷二 錦帶曲贈孤竹使君〉

은 曠世의 奇人·佳話가 이에서 벌어졌다.

李益之從崔嘉運游靈光 有所眄妓 欲買紫錦 而未得價布 益之乞以詩曰……嘉運曰「蓀谷之詩 一字千金 敢惜其費乎」乃逐字各直三匹 以需其求 其愛才如此　〈鶴山樵談〉

그보다 더 神秘로운 風流綺話는 다음과 같았다.

嬋娟洞在平壤府北 自古妓墳纍纍 古人有「願作嬋娟洞裏魂」之句 李蓀谷達 薄遊西京 過嬋娟洞 時山花飄騷 濕雲如夢 徘徊惆悵 賦一詩曰

牡丹峯下嬋娟洞　　洞裏埋香草自春
若爲借得仙翁術　　喚起當年第一人

吟罷醉臥旅館 有羣妓艶粧炫服 冉冉而步 擁髻而言曰「妾乃嬋娟洞裏人也 昨蒙惠然 瓊草燁燦 幽骨增輝 鳴感珍重」曉鍾殷床 蘧然一夢 明日入洞 奠以茶酒 侑之以詩

不是鄒生律　　能回幽谷春
香魂猶彷彿　　重見李夫人　〈清脾錄〉

그는 비록 學唐의 大家였으나 역시 學蘇로 흐를 때도 없지 않았다.

東坡詩「惆悵沙河十里春 一番花老一番新　小樓依舊斜陽裏　不見當時垂手人」蓀谷悼亡詩 亦襲坡語 詩曰

羅幃香盡鏡生塵　　門掩桃花寂寞春
依舊小樓明月在　　不知誰是捲簾人

穠麗稱情 不覺用前人語 益之以花柳之失 見謗於人 而乃爾牽情如此耶 <鶴山樵談>

그리고 七律로서는,

東湖停棹暫經過　　楊柳悠悠水岸斜
病客孤舟明月在　　老僧深院落花多
歸心黯黯連芳艸　　鄕路迢迢隔遠波
獨坐計程雲海外　　不堪西日聽啼鴉 <蓀谷集 卷四 題衍上人軸>

가 이름 높았으므로 申緯는,

才擅三唐崔白李　　溯源風調始冲菴
後來深院孤舟句　　突過杏花微雨簾 <警修堂集 第九册 東人論詩絕句 三十五首>

이라 하고, 또 이어서 「自注」를 내었다.

崔孤竹白玉峯李蓀谷 世所稱三唐者 唐調倡自金冲菴詩「江南殘夢晝懨懨 愁逐年芳日月添 燕鶯不來春又暮 落花微雨下重簾」最得意 三唐中蓀谷 跨崔越白 其詩有……之句 <同上>

그러나 그의 全體的인 代表作으로는「斑竹怨」·「漫浪歌」의 두편을 들지 않을 수 없겠다. 이제 그 중에서「漫浪歌」한편만을 뽑기로 한다.

奇乎哉漫浪翁 海山中 棲霞弄月神想雲鴻 說劍白猿學舞靑童 蓬山謁金母脚下乘天風 瓊筵寶幄敞華堂 綉衫鈿帶羅綺香 鳳吹簫兮鼉鼓簧 翁欲舞神飄揚 一拍手始擧 鵬搴兩翼擊海波 遠控扶搖勢 再拍衫袖旋 驚雷急電飛靑天 三拍四拍變轉不可測 龍騰虎攫相奮搏 倏若箭離絃 疾若駒過隙 前傾後倒若不支 左盤右蹬如不持 神之出兮鬼之沒 出沒無時 霹靂揮斧風雨聲怒 東海上金剛一萬二千多少峯 丘陵騰擲巖壑巃嵸 最高毗盧峯揷空 層厓倒掛藏九龍 懸流萬丈洗玉壁 噴石三百曲 此翁得之毫髮盡移胸中 獨奪造化妙 長袖翩躚性所好 向來筵前千萬狀 會與此山爭豪壯 奇乎哉漫浪翁 渾脫何時窮 恨不與公孫大娘生同時 舞劍器決雌雄 世上无張顚誰能學奇字 縱使公孫大娘生同時 公孫大娘未必能勝此 <國朝詩刪 七言古詩>

이에 대하여 許筠은 다음과 같은 기록을 남겼다.

外史氏曰「朱太史之蕃 嘗觀達詩 讀至漫浪舞歌 擊節嗟賞曰『斯作去太白 亦何

遠乎』 權石洲韠 見其斑竹怨曰「置之青蓮集中 具眼者不易判也」 此二人者 豈妄言者耶 噫達之詩信奇矣哉」 <惺所覆瓿藁 卷八 文部五 蓀谷山人傳>

4. 鄭之升

당시의 사람들은 鄭之升(?)을 「三唐」이라 일컬었다. 具樹勳(?)은 다음과 같은 기록을 남겼다.

蓀谷李達 出於庶孽 以詩名世 尤長於七絕 殆逼唐調 孤竹崔慶昌 叢桂子鄭之升 並驅騷壇 時人以三唐稱之 <二旬錄>

鄭詩의 才氣가 蕩溢함은 거의 李達을 凌駕할 만큼 되었다.

鄭之升幼時 未有室家 有所私娼女 父母憂其妨業 奪冠履囚之密室 其友以女簡通之 之升以詩答之曰

梨花風雨掩重門　　青鳥飛時見淚痕
一死可能忘此別　　九原猶作斷腸魂

之升隨其舅如德川 始與魚川察訪論交 以折簡相問 用俗書辭爲詩曰

謹承書問慰難勝　　保拙無非下念仍
細柳營中初識面　　生陽館裏更挑燈
孤雲落日同相憶　　斗酒長篇獨不能
餘祝萬安懷縷縷　　伏惟尊照鄭之升

其發言成詩 才氣蕩溢……惜乎之人也 以如此之才 而不成一名而早夭也 <於于野譚>

그 「傷春」의 一絕은 당시에 絕唱으로 이름 높았다.

草入王孫恨　　花添杜宇愁
汀洲不見人　　風動木蘭舟　<國朝詩刪 五言絕句>

許筠은 「芝峯類說」과 「霽湖詩話」를 이끌어서 다음과 같이 논평했다.

芝峯類說 「此詩混書唐詩集中 以示崔慶昌諸人 皆不能辨云 而細味之 有不似唐者矣」 霽湖詩話 「林白湖誦此絕句 爲近世絕唱 自以爲不可及」 是則果然矣
<國朝詩刪 五言絕句 傷春注>

② 八文章系의 詩人

金台俊은 그의 「朝鮮漢文學史」 중에서 宋翼弼(1534~1599)의 「墓誌銘」과 李德懋의 「耳目口心書」 등에 의하여 곧 宋翼弼・李山海・崔慶昌・白光

勳·崔岦·李純仁(1533~1592)·尹卓然(1539~1595)·河應臨(1536~?) 등을 「八文章」으로 認定하고 「所謂八文章의 玉石同架」라고 評했다. 그러나 「孤潭遺稿」의 附錄에 실린 「東史八文章」의 순서는 李山海·崔岦·李純仁·宋翼弼·崔慶昌·尹卓然·白光勳·河應臨 등으로 되어 있다. 이제 前述한 白光勳·崔慶昌과 作品이 전치 않은 尹卓然을 제외하고 「東史」의 순서로 다음의 五家를 소개하기로 한다.

1. 李山海

그의 詩에 대하여 許筠은,

近代館閣 李鵝溪爲最 其詩初年法唐 晚年謫平海 始造其極 <惺叟詩話>

이라 하였고, 南龍翼은,

李鵝溪之詩過於軟娟 或以「死楊妃臥花下」爲譏 而絶句則妙矣 如
白雨滿船歸棹急
數村門掩豆花秋
之句 眞是詩中有畫 <壺谷詩話>

라 하였으므로 申緯는 다음과 같은 評詩를 썼다.

詩到鵝溪軟媚求　　江村門掩豆花秋
死楊妃臥海棠下　　勝似說玄宗白頭　　<警修堂集 第九册 東人論詩絶句 三十五首>

2. 崔 岦

崔岦은 당시에 「五峰詩」·「簡易文」이라는 높은 이름을 얻었으나 실은 그의 詩가 오히려 文보다 勝한 편이다. 그러나 당시의 評家들도 그의 詩가 拘牽을 면치 못했음을 말했다. 그의 平生 得意作이라는 「三日浦」의 一絶은 다음과 같다.

晴峯六六斂螺蛾　　白鳥雙雙弄鏡波
三日仙遊猶不再　　十洲佳處始知多　　<簡易集 卷八 張47 東郡錄>

李睟光은 이 詩와 「海山亭」에 대하여,

崔簡易岦 於詩酷好後山 常言「詩須以用意爲工 我國人詩無意味 所以未善也」其三日浦詩曰……海山亭詩曰

四仙未有留名迹
應復憑虛暫往還

自以爲「平生得意句」也 然語意似晦 而且未免拘牽 具眼者當知之

<芝峯類說 卷九 文章部二 詩>

라 하였고, 朴趾源은 또 이렇게 말했다.

崔簡易三日浦詩……余嘗登四仙亭 沈伯修書此詩 刻揭亭上 而此殊非佳作耳

<燕巖集 卷一四 別集 張57 熱河日記 山莊雜記>

그리고 崔氏는 일찌기 權韠의 물음에 대하여 자기의 詩를 誇張하였다.

宣廟朝 諸名士會於崔簡易宅 酒半權汝章 起而問曰「當今海東文章 公固其人 但未知風雅之業 當屬何人」蓋自許也 簡易答曰「老漢死後 公等任自爲之」

<西浦漫筆>

그러나 이는 權氏의 마음을 항복시키지 못했을 것이다. 그리고 崔氏의 詩는 許筠의 이른바 「實勝其文」이 참으로 適評이 아닐 수 없겠다.

東皐詩時出廬黃上 許筠謂「實勝其文」象村所稱

劍能射斗誰看氣
衣未朝天已有香」

終南渭水如常見
武德開元得再攀

之句 信奇語也 <同上>

그리하여 金昌協은,

簡易文章名世 人謂「詩非本色」而要亦蘇芝之流 其風格豪横 質致深厚 不及蘇齋 而鑱畫矯健過之 其警絶處 聲響鏗然 若出金石 <農巖集 卷三四 張11 雜識 外篇>

이라 하였고, 申緯는 다음과 같은 評詩를 썼다.

膚淺爲詩東俗陋　　蘇齋簡易寡同儔
現成脚跡徒遵奉　　不復深從裏許求 <警修堂集 第九册 東人論詩絶句 三十五首>

3. 李純仁

그의 「漢江送退溪先先」과 「雪中偶吟」에 대하여 李睟光이 가장 상세하게 논평했다.

退溪先生南歸日 一時名士 出餞于漢江 別章甚多 而李純仁詩最佳 其詩曰

江水悠悠日夜流　　孤舟不爲客行留
家山漸近終南遠　　也是無愁還有愁　〈芝峯類說 卷一三 文章部六 東詩〉

李承旨純仁有詩名 與崔慶昌相友 每言「嘉運之詩 千篇一律 所以不及古也」其所爲絶句曰

市郭人聲絶　　蒼茫凍樹昏
還如去年雪　　寂寞臥江村　〈同上〉

4. 宋翼弼

許筠은 그의 詩에 대하여,

宋翼弼者亦能詩 山雪詩曰

連宵寒雪壓層臺　　僧在他山宿未廻
小閣殘燈靈籟靜　　獨看明月過松來

句格淸絶 烏可以人廢言哉　〈鶴山樵談〉

라 하였고, 당시의 評家들은 그를 金時習·南孝溫과 함께 「山林三傑」이라 일컬었다.

宋龜峯以擊壤之理學 兼盛唐之風韵 誠不可當 如

日午千花正
池淸萬象形」

花欲開時纔有色
水成潭處却無聲

等句甚奇 評者謂「鄭湖陰盧蘇齋黃芝川 館閣三傑 金梅月南秋江宋龜峯 山林三傑」
〈壺谷詩話〉

그러나 이는 適評은 아닌 듯싶다.

5. 河應臨

그의 詩에 대하여 柳夢寅은 다음과 같이 논평했다.

河應臨 年甫十歲 以奇童稱 有長者指竹笥爲題呼韻 應聲而答曰

平地忽生黃犢角　　巖間初展蟄龍腰

安能折爲長者遂　　吹作太平行樂調

及其少年登第 一時言才者 以應臨爲首 嘗送客西郊 有詩云

草草西郊別　　秋風酒一杯

靑山人不見　　斜日獨歸來

當時以「山中相送罷」並稱 而識者或知其年命不延 未幾歿 <於于野譚>

6. 李 珥

그러나 「八文章」에는 李珥(1536~1584)를 包含시킨 朴世采의 기록도 없지 않다.

少與玉峯白光勳 游學松川梁公 靑蓮李公之門 未弱冠 與栗谷李先生 龜峯宋翼弼 東皐崔岦諸才子 脩稧唱酬于武夷洞 世號八文章 <孤竹集 附錄 孤竹詩集後叙>

그는 詩人이라기보다도 學者인 만큼 退溪와 唱酬한 詩가 가장 아름다운 듯싶다.

春謁退溪李先生于禮安之陶山 時先生自星州向江陵 遂歷謁 仍呈一律云

溪分洙泗派　　峯秀武夷山

活計經千卷　　生涯屋數間

襟懷開霽月　　談笑止狂瀾

小子求聞道　　非偸半日閒

退溪先生和云

病我牢關不見春　　公來披豁醒心神

始知名下無虛士　　堪愧年前闕敬身

嘉穀莫容稊熟美　　遊塵不許鏡磨新

過情詩語須刪去　　努力功夫各自親

留二日而去 退溪與趙士敬穆書曰「……曾聞其太尙詞華 欲抑之 不令作詩 去日朝雪作 試使吟咏 倚馬出數首詩 則不如其人 然亦可觀」

<栗谷全書 卷三三 附錄一 張15 年譜上>

7. 鄭 澈

鄭澈도 역시 「八文章」系의 한 자리를 차지할 수 있는 存在이다. 朴世采의 기록에 의하면 다음과 같다.

又與松江鄭澈 萬竹徐益諸名流 同遊三淸洞 人譬之二十八宿
〈孤竹集 附錄 孤竹詩 集後叙〉

鄭氏는 歌辭·詩調의 大家였으나 漢體詩에도 名家가 아닐 수 없겠다. 李睟光은,

鄭松江於退溪先生還鄕日 追餞不及 有詩曰

追至廣陵上　　仙舟已杳冥
春風無限意　　斜日獨登亭

時以爲佳　〈芝峯類說 卷一三 文章部六 東詩〉

라 하였고, 또 그의,

秋盡關河候雁哀　　思歸且上望鄕臺
慇勤十月咸山菊　　不爲重陽爲客開　〈松江遺稿 張16 咸興客館對菊〉

는 衆口에 膾炙되었으며, 또 그는 일찌기 어떤 宴席에서 李潑(1544～?)이 농조로 그의 수염을 뽑았을 때에 그는,

數個殘髥君拔去
老夫風彩更蕭條　〈桐巢漫錄〉

라 하고 몹시 속에 합감했다 한다. 그의 曠世的인 風流에 대하여 다음과 같은 논평과 詩篇이 있었다.

鄭松江善俗謳 其思美人曲 及勸酒辭 俱淸壯可聽 雖異論者斥之爲邪 而文采風流 亦不可掩 比比有惜之者 汝章過其墓 作詩曰

空山木落雨蕭蕭　　相國風流此寂寥
惆悵一杯難更進　　昔年歌曲即今朝

子敏江上聞歌詩曰

江頭誰唱美人辭　　正是孤舟月落時
惆悵戀君無限意　　世間唯有女郞知

二詩皆爲其歌而發也　〈惺叟詩話〉

그리고 李明漢(1595～1645)은 또 다음과 같은 詩를 읊었다.

十年湘浦採江蘺　　望斷瑤臺怨別離
兒女不知時世態　　至今空唱美人辭」

七娥巳老石娥死　　今代能歌號阿玉
高堂試唱美人辭　　聽之不似人間曲<白洲集 張16 聞玉娥歌故寅城鄭相公思美人曲二首>

8. 徐 益

徐氏의 詩는 다음의 一絕을 소개한다.

南湖士女採蓮多　　曉日靚粧相應歌
不到盈裳不回權　　有時遙渚阻風波 <孤竹集 張16 浿江樓紅題詠 附>

③ 湖南派의 詩人

당시의 詩人들은 특히 湖南에서 輩出하였다. 그러므로 李睟光은 다음과 같이 말했다.

頃世詩人 多出於湖南 如朴訥齋祥 林石川億齡 林錦湖亨秀 金河西麟厚 梁松泉應鼎 朴思菴淳 崔孤竹慶昌 白玉峯光勳 林白湖悌 高苔軒敬命 皆表表者也
<芝峯類說 卷一四 文章部七 詩藝>

이에 前述한 諸家는 제외하는 동시에 빠진 몇 분을 넣어서 그 代表的인 作家를 들기로 했다.

1. 林億齡

林億齡(?)의 作品으로는 다음의 一絕이 가장 아름다운 듯싶다.

古寺門前又送春　　殘花隨雨點衣頻
歸來滿袖淸香在　　無數山蜂又趁人 <國朝詩刪 七言絕句 示友人>

2. 白光弘

白光弘의 作品은 唐體詩보다도 우리 歌辭文學으로서 「關西別曲」이 많이 알려졌다. 그러므로 崔慶昌은 다음의 詩를 읊었다.

錦繡烟花依舊色　　綾羅芳草至今春
仙郎去後無消息　　一曲關西淚滿巾 <孤竹集 張14 箕城聞白評事別曲>

그러나 白氏의 唐體詩의 水準이 도리어 韓體의 歌辭에 비하여 높았었다.

關西名勝大江三　　處處花亭駐客驂
君到百祥樓下問　　碧窓應有夢江南　〈岐峯集 卷二 張14~15 題崔孤竹扇〉

그 밑에는 또 다음과 같은 「注」가 붙어 있다.

公爲評事時 眷安州妓 以病遞還 路逢交承孤竹 題此詩於扇 孤竹以扇贈妓 妓慘然 已而訃至　〈同上〉

그리고 李睟光은 이에 대하여 더욱 상세히 말했다.

白光弘湖南人 爲平安評事 風情不節 眷週邊妓 因病遞還 後送人遊關西詩曰「君到百祥樓下問 弃中應有夢江南」 未久而卒　夫以不羈之士 而惑於尤物　惓惓若此 與「十年一覺楊州夢」者 亦異矣 至今關西妓生　慕其風流 必曰「白書記白書記」云 詩中弃字未穩　〈芝峯類說 卷一四 文章部七 麗情〉

3. 朴 淳

朴淳(1523~1589)은 李達에게 學唐을 提示한 斯學의 先覺者이다.

達方法蘇長公得其髓 一操筆輒寫數百篇 皆穠麗可咏 一日思菴相謂達曰 「詩道當以魏唐爲正 子瞻雖豪放 已落第二義也」 遂抽架上太白樂府歌吟　王孟近體以示之 達矍然知正法之在是 遂盡捐故學　〈惺所覆瓿藁 卷六 文部三 蓀谷山人傳〉

그리고 그는 다만 理論的으로 學唐의 깃발을 날린 것만이 아니라, 作品까지도 그대로 곧 唐이었다.

亂流經野入江沱　　滴瀝猶殘檻外柯
籬掛簑衣簷曬網　　望中漁屋夕陽多　〈國朝詩删 七言絶句 湖堂口號〉

鄕心不斷若連環　　一騎今朝出漢關
寒勒嶺梅春未放　　留花應待老仙還　〈國朝詩删 七言絶句 送退溪先生南還〉

등은 一時에 膾炙했거니와 또 다음의 기록들에 의하면 그는 「朴宿鳥」·「宿鳥知先生」이라는 美號를 얻었다 한다.

朴思菴白雲洞詩曰

醉睡仙家覺後疑　　白雲平壑月沈時
翛然獨出脩林外　　石逕笻音宿鳥知

時人謂之「朴宿鳥」云 〈芝峯類說 卷一三 文章部六 東詩〉

朴思菴宿白雲洞曹氏草堂詩曰……人謂「宿鳥知先生」 〈松溪漫錄〉

그러므로 申緯는 다음과 같은 評詩를 썼다.

石逕笻音宿鳥知　　白雲平壑月沈時
淸修苦節無人及　　想見詩中絶俗姿 〈警修堂集 第九冊 東人論詩絶句 三十五首〉

4. 高敬命

高敬命(1533~1592)의 作品은,

蘆洲風颭雪漫空　　沽酒歸來繫短篷
橫笛數聲江月白　　宿鳥飛起渚烟中 〈國朝詩刪 七言絶句 漁舟圖〉

도 있거니와 任璟의 기록에는 다음과 같은 風流韻事가 있었다. 이는 실로 「春香傳」 중의 「제봉을 어분 듯」이라는 名語를 聯想하지 않을 수 없겠다.

高霽峯少時 精彩丰茸 才華飄逸 嘗狎海西妓 妓爲方伯所昵 臨別書贈一律於妓裳內幅曰

立馬江頭別故遲　　生憎楊柳最高枝
佳人緣薄含新態　　蕩子情深問後期
桃李落來寒食節　　鷓鴣飛去夕陽時
草長南浦春波闊　　欲採蘋花有所思

妓別霽峯之後 在方伯前 行酒 忽風飄裳幅 微露墨跡 方伯諦視之 詰其由 妓不敢諱 告以實 方伯歎曰「誠奇才也」後見霽峯之父大諫公 謂曰「君有令子 才貌雖美 行檢則虧矣」其父笑曰「吾子貌類其母 行若其父」方伯哂之 〈玄湖瑣談〉

그러나 그의 作品으로서는 다음의 一絶이 가장 得意作이라 생각된다.

桃花晴浪席邊多　　搖蕩蘭舟送棹歌
醉倚紅粧應不忘　　小風輕颺幕生波 〈孤竹集 張16 浿江樓紅題詠 附〉

5. 林 悌

湖南派의 詩人 중에는 林悌를 가장 大家로 推崇하지 않을 수 없겠다. 그의,

十五越溪女　　羞人無語別
歸來掩重門　　泣向梨花月 〈白湖集 卷一 張2 無語別〉

은 宛然히 崔國輔(?)의 小詩였고,

胡虜曾窺二十州　　當時躍馬取封侯
如今絕塞烟塵靜　　壯士閑眠古驛樓 〈白湖集 卷二 張11 驛樓〉

元帥臺前海接天　　曾將書劍醉戎氈
陰山八月恒飛雪　　時逐長風落舞筵 〈白湖集 卷三 張1 送黃景潤爲鏡城判官〉

江漢風流四十春　　淸名嬴得動時人
如今鶴駕超塵網　　海上蟠桃子又新 〈白湖集 卷二 張2 自挽〉

등은 豪逸함이 짝이 없다. 이에 대해서는 다음과 같은 기록이 전한다.

東溟弱冠 已成文章 嘗對白沙問曰「世以林白湖『文章爲遒古』 而小子所見 尋常矣」相國驚歎曰「少年何爲此語 君之文章地步雖大 而尙不解門戶 何敢妄論先輩 余少也謁北評事林公 林公方病革 使五女奴 左右扶護 垂頭閉目 氣息奄奄 余不暇出言 告別欲起去 林公僅能微語 聲不出口曰『不可無別語 而吾不能書 子其把筆』口呼曰『元帥臺前海接天……』書畢辭出 纔及大門 已出招魂聲 幾死口號之詩 尙健如此 君可悔之乎」鄭公咄舌屈膝 平生以此自警 且戒後生 勿妄論先輩之文 〈荷潭破寂錄〉

그리고,

浿江兒女踏春陽　　江上垂楊政斷腸
無限烟絲若可織　　爲君裁作舞衣裳」〈其六〉
妾貌似花紅易減　　郎心如絮去何輕
願移百尺淸流壁　　遮却蘭舟不放行 〈其七〉
〈白湖集 卷二 張22~23 浿江歌 十一首〉

莫怪隆冬贈扇枝　　爾今年少詎能知
相思夜半胸生火　　猶勝鑠金五月時 〈白湖集 卷二 張32 贈妓〉

羸驂載倦客　　日晚踆黃州
堪恨踏靑節　　未登浮碧樓
佳人金縷曲　　江水木蘭舟
寂寂生陽館　　相思夜似秋 〈白湖集 卷一 張11 戲題生陽館〉

爾貌秀於人 爾德出於天 膝下十五歲 于歸今十年 事親我所知 事姑姑曰賢 天乎鬼神乎 此女何咎愆 一病遽玉折 玆事豈其然 我病不能去 呼慟氣欲塡 爾今入長夜 見爾知無緣 爾母在漢北 爾外祖母前 若使聞爾死 殘命恐難全 聞訃第四日 望奠錦水邊 薄以酒果設 滿盂汲新泉 母遠父在此 魂兮歸來焉 泉以濯爾艶 酒果沃爾咽 哭罷一長慟 爾死重可憐 秋空葬九萬 此恨終綿綿 <白湖集 卷一 張35 亡女奠詞>

등은 모두 哀艶·芳馨·芊眠한 作品이었으며, 그 曠世의 風流는 다음의 기록과 같았다.

林白湖悌 羅州人 能文章 豪宏不羈之士也 將向湖南 時當仲春 路傍有鄕生輩作煎花會 方呼酌賦詩 白湖着蔽陽衣藍褸 直趍而進曰「行人飢甚 適値賊會 願霑餘瀝 諸措大辛苦吟咏 若有所思 未知甚事」諸生曰「吾輩方作風月 汝何唐突 亂我佳思」白湖曰「所謂『風月』者何謂也」曰「風月乃觸物起興 寫出即景者也 汝亦解字否」白湖曰「文字則余何敢解 當對以俚語 措大須以文字記之」 隨言隨書 便成一絕 其詩曰

鼎冠撑石小溪邊　　白粉青油煮杜鵑
雙箸挾來香滿口　　一年春色腹中傳

諸生相顧異之 問其姓名 白湖曰「我乃林悌也」諸生大驚 迎之上座 <旬五志 上>

그보다도 더 絕世의 綺語는 곧 黃眞伊(?)의 이름을 듣고 松都를 갔다가 그의 무덤에서 時調를 읊어서 슬픔을 표하고 또 글월을 지어 祭奠을 드렸으므로 마침내 朝評을 입었다.

今松都大路邊 有眞伊墓 林悌爲平安都事 過松都 爲文祭于其墓 卒被朝評 <於于野譚>

그리고 그의 愛國的인 思想은 벌써 그 당시에 있어서 自主獨立을 부르짖었다.

林白湖悌 氣豪不拘檢 病將死 諸子悲號 林曰「四海諸國 未有不稱帝者 獨我邦終古不能 生於若此陋邦 其死不足惜」命勿哭 又嘗戱言「若使吾値五代六朝 亦當爲輪遞天子」一世傳笑 <星湖僿說類選 卷九下 論史門五 善戱謔>

④ 其他의 諸家

위에서 敍述한 諸家의 밖에도 오히려 각기 一家의 風貌를 지닌 作家들은 실로 「穆陵盛際」라는 일컬음이 부끄럽지 않을 것이다.

1. 黃廷彧

黃廷彧은 당시 「湖」·「蘇」·「芝」로 幷稱하던 詩人이었으며, 그의 詩에 대해서는 먼저 許筠의,

> 蓋余少日 及見芝川翁 其持論甚倨 談古今文藝少所許 而至我國詩 則尤不齒論 如容齋 而目爲太猥 李達 而指爲摸擬 其下槩可知矣 唯推朴訥齋祥 爲不可及 而湖陰蘇齋 稍合作家 余聞而心駭……其近律百餘篇 余始寓目 則其矜持勁悍 森邃汎寥 寔千年以來絕響 覈所彭化 蓋出於訥齋 而出入乎盧鄭之間 殆同其派而杰然者
>
> <惺所覆瓿藁 卷四 文部一 題黃芝川詩卷序>

를 들지 않을 수 없겠다. 이제 그의 近體詩 한편을 들어 둔다.

> 午憩東樓卸馬鞍　　窮陰忽作暮天寒
> 青春謾說歸田好　　白首猶歌行路難
> 天或試人聊自遣　　雨還留客蹔求安
> 明朝刮目鄕山碧　　且費今宵一夢闌　<國朝詩刪 七言律詩 官罷向芝川坐樓院>

2. 鄭 礥

鄭礥(?)은 그의 여러 兄弟 중에서 詩才가 가장 높았다. 그의 代表作으로서는 「海州芙蓉堂」의 一絕을 들지 않을 수 없겠다.

> 鄭礥爲海州牧使 見芙蓉堂懸板 盡取之付客舍幫子曰「斫而爲薪 以爨淨後之水 自作一絕 傅之梁上
>
> 荷香月色可淸宵　　更有何人吹玉簫
> 十二曲欄無夢寐　　碧城愁思正迢迢
>
> 其詩膾炙當時 而或深惡之驕也 後壬辰之亂 倭寇入海州 盡破芙蓉堂板上之題 獨留鄭礥金誠一兩詩 誠一雖不能詩 爲日本信使時 以強直取知日本 故留其詩 則倭亦知其絕唱 故留之 <於于野譚>

3. 柳成龍

柳成龍은 詩人이기보다도 政治家였으나 그의 詩는 자못 淸遠·冲澹했다.

桂樹生高岡 幽蘭在空谷 碧乾困藤蘿 芳心蔽荊棘 我欲往採之 遠寄長相憶 王孫去不返 楚客無消息 竟歲人不識 淸香徒馥郁 <西厓文集 卷一 張1 古意>

그리고 다음의,

老去猶存報國心　　空山歲暮一悲吟
衰年觸事多成感　　危涕無端忽滿襟　<西厓文集 卷二 張29 感事>

은 그 暮境의 愛國·憐民的인 一端을 엿볼 수 있을 것이다. 그러므로 그는 일찌기 다음과 같이 말했다.

余不能詩 然略解詩意 大槩詩當以淸遠沖澹 寄意於言外爲貴 不然 則只是陳腐語耳 <西厓文集 卷一五 張22 雜著 詩意>

金萬重은 그의 詩評에 대하여,

自古評詩者 未必能詩 而能詩者 又未必善評 李芝峯負詞壇重望 類說二十卷 論詩者居半 而其言殊無開發人意處 柳西厓經世之文 何嘗數數於小技 而其論李白洞庭湖 劉禹錫大堤詩 見識之超卓 求之類說 不可得也 洞庭固人所共喜 若大堤 則實公之獨見 亦可見才智之出人也 <西浦漫筆>

라 하여 李睟光과 比較 논평하였고, 金氏는 또 「養兵十萬」의 說에 대하여 明覈히 辨證했다.

李文成公請養兵十萬 柳豐原以爲不可 而追思於壬辰 豐原目見當時 無兵可用 無食可食 其追思固宜 然以已然者策之 則豈盡然…… 唐之全盛 鎭兵四十餘萬 而民窮力殫 致有天寶之亂 宋亦以禁兵自病 以蕞爾小國 養兵十萬 而災不及民者 未之有也 壬辰之不亡 獨國無刻核之政 民心不絶於李氏耳 文成公卒於甲申 距壬辰未十年 以我國十年間簽括訓閱 未必能當秀吉之鐵劍火銃 而民心一離之後 楊李援師 何以餉餽 湖嶺義旅 何以糾合 未食養兵之效 而已受養兵之害必矣 今俗爲象棊之戲者曰「只看三手 勿爲宮包」此言可以喩大 <同上>

4. 李舜臣

李舜臣(1555～1598)은 역시 詩人이 아닌 將軍이었으나 그의 詩는 慷慨·悲惻하여 熱烈한 愛國思想을 鼓吹했다.

誓海魚龍動
盟山草木知　<亂中日記>

水國秋光暮　　驚寒雁陣高
憂心輾轉夜　　殘月照弓刀　<李忠武公全書 卷一 閑山島夜吟>

閑山島月明夜　　上戍樓
撫大刀深愁時　　何處一聲羌笛更添愁　<李忠武公全書 卷一 閑山島歌>

5. 李好閔

李好閔은 당시 詩壇에서 가장 이름 높은 분이다. 그의 代表作으로서 다음의 一律을 들어 둔다.

干戈誰着老萊衣　　萬事人間意漸微
地勢已從蘭子盡　　行人不見漢陽歸
天心錯莫臨江水　　廟筭凄凉對夕暉
聞道南兵近乘勝　　幾時三捷復王畿 <五峯集 卷四 張1~2 龍灣行在聞下三道兵進攻漢城>

南龍翼은 이에 對하여,

李五峯以天才鳴世 晩年才盡 多窘於應待華使時 而盛年作 如
　「東南間氣金臺盡
　宇宙英風易水長」
　天心錯莫臨江水
　廟筭凄凉對夕暉
等語 一時儕友 皆莫敢望焉　<壺谷詩話>

이라 하였으나 申緯는 다음의 評詩를 썼다.

天心錯莫臨江水　　廟筭凄凉對夕暉
休說江郎才欲盡　　五峯壁壘一時稀　<警修堂集 第九册 東人論詩絶句 三十五首>

그리고 金澤榮은 또 다음과 같이 논평했다.

李五峯龍灣詩……兩句 橫絶古今 雖李杜 亦當斂衽　<韶濩堂集 卷一〇 張26 雜言>

뿐만 아니라, 그의 散文인「敎書」의 一段도 역시 韻文에 가까왔다.

壬辰大駕行在龍灣 李五峯好閔 製敎書諭士庶 有曰「凉秋乍動 邊地早寒 地維已盡 予將何歸 瞻彼長江 亦流于東 思歸一念 如水滔滔」辭意懇到 聞者莫不流涕 文字之感人 其易如此　<芝峯類說 卷八 文章部一 東文>

6. 車天輅

車軾(1517～1575)·車天輅·車雲輅(1559～？)의 三父子는 실로 蘇軾의 三父子에 비할 수 있는 存在였으며, 그 중 특히 天輅는 瀰漫한 大家였다. 이제 먼저 許筠의 논평을 들기로 한다.

車五山復元 時號雄文 而文以氣爲主 復元則掇拾敗碎 四六以典雅爲貴 復元則駁雜麤疎 詩則又下於是 其日本行稿 多至千餘首 而無一句可咏 然明川時
天外怒聲聞渤海
雪中愁色見陰山
之句意 自是雄渾 而全篇不逮 使復元少加以理 而不務富速 則古人不難到矣 〈鶴山樵談〉

그러나 金得臣은,

宣廟丙戌謁聖 五山車天輅 以四館爲擧子呂繼先代述 事覺杖竄北裔 及北兵使辭朝 上招差備門外 敎曰「車天輅雖以罪被謫 予嘗愛其才 爾可善視之」兵使赴任 待天輅極款 天輅怪問之 兵使曰「辭朝之日 自上有善視之命 安敢不爾」天輅聞之感泣 未久放還 宣廟愛惜人才之盛意 吁其至矣 天使朱之蕃嘗奉使我國 歸時以東方事實回奏于皇帝 其中一款曰「朝鮮有車天輅者 文章奇壯 嘗謫北關 有詩一句曰……」云云 其見重於中國 亦至於此「戊午年間 許筠赴京師 有一星官曰『靑丘分野 奎星晦彩 當有一文章亡』筠欲自死以當之 及渡鴨綠江 聞天輅死 憮然自失」云 〈終南叢志〉

이라 하였고, 南龍翼은,

五山之詩 滔滔不渴 一夜或作百餘篇 成一集 或入屛中 袒裼跳踊 作詩投屛外 則俄頃紙與屛齊 嘗使日本 倭人例設白紋障蚊之帳 廣可數間 而一宿之間製各體揮灑遍帳 倭人易之 則又如之至三 而翌日取觀之 頗有悔語 蓋其疵纇之多故也 自言「貼紙於萬里長城 使我走筆 則城有盡 而我詩不窮」云 蓋五山自是宇宙間氣 有如項王喑啞叱咤 獨當萬人 夫誰與敵 但蛟螭少 而螻蚓多 傳後則實難 如「愁來徙倚仲宣樓」一篇 人所膾炙 而疵病亦多 瑕瑜不相掩 他皆類此 〈壺谷詩話〉

라 하였으며, 任璟은,

車五山才調極高 東溟對人輒誦其所作
華山北骨盤三角　漢水東心出五臺
無端歲月英雄過　有此江山宇宙來

之句曰「天下奇才」栗谷嘗在江郊 五山適在座 栗谷呼韻 五山應口對曰

風健牙檣千尺直

月明漁笛數聲圓

栗谷擊節稱賞 金淸陰亦稱「五山詩高處 雖老杜無以過之 如『餘寒氷結失江聲』之句 今人何嘗道得」云 <玄湖瑣談>

이라 하였고, 金澤榮은 더욱 상세하게 기록하고 이어서 논평을 붙였다.

於是高文大册 用李廷龜崔岦 書檄詞翰 用車天輅韓濩權韠金玄成 天輅遂以製述官 常充選以行 如松之破平行長於平壤也 問「誰可作露布者」皆曰「無逾車天輅」天輅應召入 如松見其矮短 戱曰「小子能文乎」天輅意氣自若曰「惟小子能辦此 然必張一幕左右几 置如意其傍 然後乃可」如松笑而許之 諸將士無不釋兵 觀落筆天輅於幕中 高踊大唱 几皆爲如意碎 俄頃文成而進 如松見之歎曰「天下奇才也」……顧其天才英逸 有遠過人者 如騏驥馳騁 前無萬馬 鸞和水曲 勢不能一一合度 然至欲以此 而輕用謗傷 亦後世末學之不自量也 <韶濩堂集 卷一四 張16～17 崧陽耆舊傳>

또 그보다도 다른 기록이 전해지고 있다.

宣廟末 明使朱之蕃 是江南才子 所到之處 詞翰輝耀 膾炙人口 朝廷極選儐使 李月沙爲伴援使 李東岳爲延慰使 其幕佐亦皆名家巨匠 沿路唱酬至平壤 朱使抵夕送箕都懷古五律百韻於儐幕 命趁曉製進 月沙大懼 會諸人議之 皆曰「時方短夜非一人所能 若分韵製之 合爲一篇 庶可及矣」月沙曰「人各命意不同 湊合成編 文理難續 不如專委一人 惟車復元 可以當之」天輅曰「此非旨酒一盆 大屛風一座兼得韓景洪執筆 不可」月沙命具之 設大屛風於廳中 飮數十鍾酒 入於屛內 韓濩於屛外展十張聯幅華箋 濡筆臨之 天輅於屛內 以鐵書鎭連扣書案 鼓動詩思 而已高聲大唱曰「景洪書逸句峻語」濩隨呼隨書 俄而叫呼震動 跳蕩踴躍 出沒於屛風之間 迅鷹驚猿 不足比之 而口唱詩句 水湧風發 以濩之速筆 猶未暇及 夜未半而五律百韵已就矣 天輅大呼一聲 醉倒屛風後 諸公取其詩 聚首一見 莫不奇快 雞未鳴而進呈 朱使即起秉燭讀之 讀未半 所把之扇鼓盡碎 諷詠之聲 浪出門外 平朝對儐使 歎賞嘖嘖不已 <大東奇聞 卷二 張32 車天輅夜未半百韵已就>

7. 李睟光

당시 稀世의 著述家 곧 「芝峯類說」의 作者인 李睟光을 이제 들지 않을 수 없겠다. 그는 특히 博學多識으로서 詩文諸體에 瑕疵를 찾을 수 없을 만큼 雅正하였다. 金萬重은,

自古評詩者 未必能詩 而能詩者 又未必善評 李芝峯負詞壇重望 類說二十卷 論

詩者居半 而其言殊無開發人意處 <西浦漫筆>

라 하여 그의 詩評이 不足함을 말했으나 역시 詞壇의 重鎭으로 손꼽지 않을 수 없었다. 그리고 李德懋는 다음과 같이 말했다.

李芝峯晬光字潤卿 官判書 人物無疵 詩學唐中晚 而淹博東國之升菴 其詩如

紅梅影下文書靜
綠橘陰邊几席香」

盧橘香邊山鹿睡
石榴花下海禽來」

盤中玉尺登魚婢
席上金丸走木奴

……皆清姸堪詠 <清脾錄>

끝으로 李氏가 鄭仁弘(?～1623)을 諷刺하던 詩 한편을 들어 둔다.

庚戌從祀五賢于文廟 斯文之盛擧也 鄭仁弘上疏毁晦退不合從祀……諸生皆捲堂而去 李晬光以知事到館 詠一絕云

絃歌聲撤讀書齋　　碧殿陰風響古街
微雨一庭芳草綠　　夕陽無語下空階 <梅山小說>

8. 黃眞伊

階級社會의 身分制度에 얽혀서 呻吟하는 階層의 하나로서 妓流가 存在되고 있는 만큼 그들의 知識水準은 대체로 낮았다. 그러나 이따금 萬綠의 叢中에 一點紅이 現身되어 傾國走世의 人氣를 이끈 자도 없지 않았다.

李朝의 一代를 통해서 閨房詩人의 代表로서 許楚姬를 追崇하지 않을 수 없다면 妓流詩人의 代表로서 이제 黃眞伊를 推薦하지 않을 수 없겠다. 黃氏는 실로 漢詩人이기보다도 時調詩의 大家였다. 그러나 漢詩에 있어서도 名家가 아닐 수 없다. 黃氏에 대해서는 綺談·異話가 많이 있으나 이루 다 기록할 수 없겠고 다만 몇 가지를 이에 소개하기로 한다.

嘉靖初 松都有名娼眞伊者 女中之倜儻任俠人也 聞花潭處士徐敬德 高蹈不仕學問精邃 欲試之 束絛帶挾大學 往拜曰「妾聞禮記曰『男鞶革女鞶絲』妾亦志學 帶鞶絲而來」先生笑而誨之 眞伊乘夜相昵 如摩登之捫摩阿難者累日 而花潭終不少

撓 眞伊聞金剛山 爲天下第一名山 欲一辦淸遊 無可與偕 時有李生者 宰相子也 爲人佚宕淸疏 可共方外之遊 從容謂李生曰「吾聞『中原人 願生高麗國 親見金剛山』況我國人 生長本國 去仙山咫尺 而不見眞面目可乎 今吾偶配仙郞 正好共做仙遊 山衣野服 探討幽勝而還 不亦樂乎」於是使李生 止童僕勿隨 布衣草笠 親荷衣糧橐 眞伊自戴松蘿圓頂 穿葛衫 帶布裙 曳芒鞋 杖竹杖 而隨入金剛山 無深不到 乞食諸寺 或自賣其身 取糧於僧 而李生不之尤 兩人遠步山林 飢渴困悴 非復舊時容顔 行到一處 有村儒十餘人 會宴於溪上松林 眞伊過拜焉 儒曰「女舍長亦解飮乎」勸之酒 不辭 遂執爵而歌 歌聲淸越 響震林壑 諸儒心異之 餉以盃肴 眞伊曰「妾有一僕飢甚 請餽餘瀝」呼李生與酒肉 時兩家各失所往 不得尋影響者 殆歲餘 鶉衣黧面而返 隣里見之大驚 宣傳官李士宗善歌 甞出使過松都 卸鞍天壽院川邊 脫冠加腹而臥 高唱數三曲 眞伊有所如 亦歇馬于院 側耳聞之曰「此歌調甚異 必非尋常村歌俚曲 吾聞京都有風流客李士宗 當代絶唱 必此人也」使人往探之 果士宗也 於是移席相近 致其款 引至其家留數日 曰「當與子六年同住」翌日盡移家産三年之資于士宗家 其父母妻子 仰事俯育之費 皆辦自自家 親着臂韝 盡妻妾禮 使士宗家 不助錙銖 旣三年士宗餉眞伊一家 一如眞伊餉士宗 以報之者適三年 眞伊曰「業已遂約 期滿矣」遂辭而去 後眞伊病且死 謂家人曰「吾生時 性好紛華 死後勿葬我山谷 宜葬之大逵邊」今松都大路邊 有黃眞墓 林悌爲平安都事過松都 爲文祭于其墓 卒被朝評 <於于野譚>

이는 艶情系의 한편의 短篇小說이었고, 許筠은 또 이에 대하여,

恭憲朝 有士人李彦邦者善謳 發調淸越 人莫敢較其藝 甞唱崔得霏女子歌 滿座皆感涕 游西京 坊妓幾二百人 方伯列坐之 勿揀能否 自都上至童妓 一人每唱 彦邦輒和之 發聲皆恰同無窮已 松京娼眞娘 聞其善唱 來訪其家 彦邦佯作其弟 以給之曰「家兄不在 然吾亦能歌也」遂謳一腔 眞握手曰「毋欺我爲 擧世何有此聲 君眞其人也 未知綿駒秦靑 去此奚遠哉」眞娘開城盲女之子 性倜儻類男子 工琴善歌 甞遨遊山水間 其自楓岳 歷太白智異至錦城 州官方宴節使 聲妓滿座 眞娘以弊衣垢面 直坐其上 捫蝨自若 謳彈無小怍 諸妓氣懾 平生慕花潭爲人 必攜琴䣯酒 詣潭墅 盡驩而去 每言「知足老禪 三十年面壁 亦爲我所壞 唯花潭先生 昵處累年 終不及亂 是眞聖人」將死命家人曰「愼勿哭 出葬以鼓樂導之」至今歌者能謳其所作 亦異人也 <惺所覆瓿藁 卷二四 說部三 惺翁識小錄下>

眞娘甞白于花潭曰「松都有三絶」先生曰「云何」曰「朴淵瀑布及先生暨小的也」先生笑之 此雖善謔 亦有是理 蓋松都山水鬱然盤紆 人才輩出 花潭之理學 爲國朝最 而石峯筆法 振耀海內外 近日車氏父子兄弟 亦有文名 眞娘亦女中翹楚 即此可知其言不妄 <同上>

이라 하여 松都의 三絶을 夸張하였고, 任埅(?)은,

蘇陽谷世讓 少時以剛腸自許 每曰「爲色所惑者 非男子也」 聞松都娼眞才色絶世 與儕友約曰「吾與此姬同宿三十日 即當離絶 不復一毫係念 過此限 若更留一日 則汝輩以吾爲非人也」 行到松都見眞 果名姝也 仍與交懽 限一月留駐 明將離去 與眞登南樓飲宴 眞少無悵別之色 只請曰「與公相別 何可無一言 願呈拙句可乎」 蘇公許之 即書進一律曰

月下梧桐盡　　霜中野菊黄
樓高天一尺　　人醉酒千觴
流水和琴冷　　梅花入笛香
明朝相別後　　情與碧波長

蘇吟咏 嘆曰「吾其非人哉」 爲之更留 <水村漫錄>

라 하였으며, 金澤榮은,

黃眞者 中宗時人 黃進士庶女也 母陳玄琴 飲水於兵部橋下 感而孕眞 及擧室中有異香者三日 眞既長有絶色 通書史 方年十五六時 隣有一書生窺而悅之 欲私不果 遂因緣成疾死 柩發至眞門 不肯前 先是書生病 其家頗聞其事 乃使人懇眞 得其襦覆之柩 然後柩始乃前 眞大感動 於是遂稍稍以娼行 眞喜遠遊 詩翰清逸 當一時樓臺山水 悲歡盛衰之際 援筆命詞 無不曲其情……嘗登滿月臺 悽愴懷古 其詞曰

古寺蕭然御溝傍　　夕陽喬木使人愁
烟霞冷落殘僧夢　　歲月崢嶸破塔頭
黃鳳羽歸飛鳥雀　　杜鵑花發牧牛羊
神崧憶得繁華日　　豈意如今春似秋

……眞將死 囑其家人曰「我爲天下男子 不能自愛 以至於此 即我死勿衾棺 擧曝尸於古東門外沙水交 螻蟻狐狸 得食我肉 令天下女子以眞爲戒」 家人如其言 有一男子 收而瘞之 今長湍口井峴南 有黃眞墓 <韶濩堂集 卷一四 張11 開城雜事傳 名媛傳>

라 하였다. 이에 그보다도 더 재미 있는 기록이 있다. 이는 黃氏의 故事를 利用하여 제가끔 자기의 黨益을 도모한 이야기이다.

松都妓珍伊 姿色傾國 文藝尤奇 與徐花潭并時 世謂「松岳精神 分爲男女」 花潭則更無可言 珍伊則惜乎其出於賤女也 珍伊嘗題品當時人物曰「今世有三大人 乃栗谷松江西厓 栗谷眞聖人 松江是君子 西厓乃小人」 人問其故 對曰「吾閱人萬數 絶無可意者 惟此三大監 聲望藹菀 爲冠一世 故平生所願者 只是三人 而栗谷大監則養德山林 尤無得侍之路 嘗以爲恨 嘗於天使之行 大監以遠接使出疆 將過松都

雖草草措身之士 不援娼妓 循例工夫 故初不生謁現之計 行次入館 意外相見 使之近坐賜顔 退歸茶啖 又當食時 亦賜祭飯 及當昏黑 欲爲出來 則又命勿退 談話疊疊 事機若將侍寢 心中十分喜幸 一邊且怪曰『以此大監之正身如此 他尙何說』及夜深命退出曰『身當遠役 路憊甚多 如汝名物 未免空送 可惜可悵 明早更即入來』承此分付 愕然失心 然无可奈何 終夜耿耿 待曉入來 未起寢 故彷徨窓外矣 知已到 招命逼坐臥內 其賜顔與昨一般 及當行次啓發 拜辭馬首 以來時更逢 殷勤爲敎 果於回路 一如前者 然終不許寢 見余者屢日如是眷愛 而終不犯者 獨於栗谷見之 蓋其招見 非愛我也 乃愛我才也 此眞聖人也 其後松江 亦以使相過去 心謂『此大監 素稱悭剛 必不見余』亦非意相見 而第別無愛恤之色 余自謂『雖幸蒙招見 望斷侍寢矣』夕命薦枕曰『見汝名物 豈可空度耶』其還歸亦如之 見吾者不使虛送男兒之例事 其處事極甚光明 此乃君子也 西厓又以使星過行 亦招見之 其賜顔眷注 一如栗谷大監 夕後亦命退去 余私謂『見余而空送者 當世惟以栗谷大監一人知之 此大監亦能如此 亦聖人也』及夜深 送通引招致侍寢 早曉命退去 其處事極不明快 以此知其小人也」其評論可謂的當矣 <破睡錄>

다만 金萬重은 이에 대하여,

妓女黃眞詩 選入續風雅者頗拙 以其婦女之詩 故人或傳誦 <西浦漫筆>

과 같이 貶評했으나 그는 역시 끝까지 眷戀하는 語調를 숨기지는 못했다.

眞言「朴淵瀑布花潭先生 與己爲松都三絶」其自高如此 厥後崔東臯之文章 車五山之詩 韓石峯之筆法 并世蔚興 又稱三絶 何松都之獨多絶也 自三君之死 七八十年之間 人物衰謝 文風湮滅之後 山童川渴 龍去水渾 瀑流潺潺 不能直射 地靈之與人傑相關如此 眞眞知言也哉 若眞者亦豈謝孟所謂「山川之氣鍾於婦人」者耶 <同上>

그리고 安鼎福(1712~1791)은,

娼女眞娘 松都才妓也 甞云「松都有三絶 朴淵瀑布及徐花潭 一則余也」世謂「信然」欲試花潭 千般獻媚 留旬日 而先生終不汚焉 眞甞騎驢過先生門 先生戲占一句云「心逐紅粧去 身空徒倚門」眞即對云

驢嗔疑我重
添載一人魂

其才敏如此 <順菴雜書 第四一册 三餘漫錄>

라 하였고, 李德懋는,

本朝松都妓黃眞 艶色工詩 自言「花潭先生及朴淵瀑布與我 爲松都三絶」甞避

雨黃昏入士人家 士人於燈影旖旎之中 見其妖冶 心知爲鬼魅狐精 端坐誦玉樞經不絕口 眞眄睞匿笑 雞鳴雨止 眞嘲士人曰「君亦有耳 天壤間聞有名妓黃眞者乎 卽我是也」因拂衣而起 士人悔恨不可及 眞於松都有詩曰

雪月前朝色　寒鍾故國聲
南樓愁獨立　城郭暮烟生

或曰「此權草樓韐詩也」 <淸脾錄>

라 하여 모두 戀戀한 情懷를 붙였다. 끝으로 그와 碧溪守(?)와의 관계에 대해서는 徐有榮(?)의 기록을 들어 둔다.

黃眞松都名妓也 色藝俱絕 名播一國 宗室有碧溪守者 思欲一眄 而眞高自標致 非風流名士不得親 乃謀於蓀谷李達 達曰「公一眄眞娘 能如吾言乎」碧溪守曰「當從君言」達曰「君使小童挾琴隨後 乘小驢過眞娘之家 登樓賖酒而飮 彈琴一曲 則眞娘必來坐君傍矣 君視若無見 卽起乘驢而行 則眞娘卽當隨後而來 若行過吹笛橋而不顧 則事可諧矣 若不然 則必不成矣」碧溪守從其言 乘小驢 使小童挾琴 而過眞娘家 登樓賖酒 而彈琴一曲 卽起乘驢而去 眞娘果追後而來 當吹笛橋 問於童子 知其碧溪守也 乃曼聲而歌曰

青山裏碧溪水 莫誇去未休 一到滄海難再見 那得不少留 明月滿空山 臨去願一游

碧溪守聞此歌 不能去 過溪邊回顧 遂落馬 眞娘笑曰 「此非名士 乃風流郎也」卽徑還 碧溪守慚恨不已 <錦溪筆談>

5. 散文文學과 著書

李睟光은 일찌기 우리 나라 사람은 散文에 대하여 著力하지 않았다고 譏評했다.

我國之人 用功於詩學者衆矣 至於散文 則全不着力 故鮮有可觀 如容齋湖陰 亦不能工於文 佔畢齋號爲東方之巨擘 而多用俗下文字 其他何說焉

<芝峯類說 卷八 文章部一 文評>

그러나 이는 특히 古文家의 見地에서 나온 散文에 대한 槪念에 不過한 것이었다. 그리고 古文學的인 見地에 의하더라도 李韓의 散文文學이 王麗에 비해서 前進된 것은 역시 否認할 수 없을 것이다.

高麗之詩詞騈儷章疏 皆勝於韓朝 惟韓歐古文之體 至其末季始出 故韓人受而昌

之爾 <韶濩堂集續 卷四四 張4 雜言>

그러나 李韓의 散文은 國初에서부터 「文選」을 버리고 「史略」·「古文眞寶」 등을 愛讀하는 데에서 눈부신 발전을 보지 못했던 것이다. 그러므로 許筠은,

> 曾先之史略初卷 我國成文戴公 得而酷好……國初諸公 皆讀古文眞寶前後集 以爲文章 故至今人士 初學必以此爲重 然以余觀之 史略是通得全史者 核覽之不忘記 而眞寶 則一人偶然猝會者 其去就殊不可曉 雖不讀可也 蒙學文理之明 論孟通鑑亦可 何必作法於凉乎 <惺所覆瓿藁 卷二四 說部三 惺翁識小錄下>

라 하였고, 그는 또 具體的으로,

> 趙斯文纘韓嘗言「中國人忌我人文 軼於中華 故撰史略眞寶二書送之于東 此書來後 文章陋阨 不及於古 可恨也」此乃戲謔之言 不足信也 然余有所徵 余十二始學 耻讀史略 先學通鑑及論語 未一年文理該通 隣有李生 自七歲誦史略 從頭至尾無一字漏者 凡十年 能讀通鑑一行 權汝章李子敏 俱不讀眞寶 其詩自好 持世之言亦自有理 <同上>

라 하였다. 그러나 그들의 文章은 著籍을 精選하지 못한 데도 起因되었겠지만 특히 科程에 汲汲하여 斯學에 努力하지 못했던 것이 가장 커다란 原因이라 생각된다.

> 往間篤學之士 或廢擧業 而專功於文者 其卒必有成 如具鳳齡 與同志約十年讀書而應擧 其所與約者 或二年或三年 遠不過四五年而止 鳳齡獨九年而後赴試 捷科第二名 其文閎放譎狂 不專出一書 <於于集 卷五 張34 與尹進士彬書>

그리고 古文辭를 倡導했다는 것으로 讚揚을 받은 尹根壽(1537~1616)는 겨우 中國의 것을 戀慕했다는 業績에 지나지 않았음도 사실이었다.

> 尹月汀根壽 性喜中原 倡爲古文辭 朝鮮士大夫文章 能具體裁者 月汀之力也 其所纂雜錄中原事頗詳 記一條曰「癸酉以宗系奏請使赴京 到瀋陽 値操鍊兵部侍郎汪道昆 其後見南冥所著 而弇州四部藁 盛稱汪伯玉 始知汪侍郎 即近日文章大家 若知其天下文章士 則便當出往路旁 仰望眉宇 而未及知也 至今爲恨」……夫中原文獻之淵藪 生於外國 不深喜中原 雖自名爲豪傑 文學畢竟孤陋寡聞而止也 如月汀專心好之 顚倒傾瀉 末由自已 其所以爲東方開古文之門路者 豈無所由哉 <清脾錄>

그리고 또 한개의 沈滯性을 띤 것은 곧 崔岦을 너무 推崇하여 文體가 險僻·奇澀을 면치 못한 것이었다. 南龍翼은 일찌기,

宣祖朝詩文之秉備 當以簡易爲首…… 簡易自許以天下文章 不可草草自奉 以荏飼牛而食之 平居必錦帳繡袍 接待朝士極傲 而其時文人 皆受以不忤 多有受業者亦多推轂 至除槐院提調 此由於眞知其文章之可貴故也 <壺谷詩話>

라 하여 극히 崔氏를 칭도했으나 이는 다만 南氏 個人의 意見이 아니라, 실은 당시 文壇의 全般的인 推崇이었다. 그러나 벌써 張維에 이르러서는,

我朝之文 大不如前麗 稱名家者三 乖崖佔畢及近代崔簡易 三家短長 余於簡易集序 略論之 佔畢似最優 以其詞理備耳 簡易文高處 往往揜前人 下者底蘊畢露 令人易厭 <谿谷漫筆 卷一 張33>

이라 하였고, 金昌協은 또,

簡易文 谿谷論之悉矣 今以擬於谿谷 其高處谿谷所不能 而低處谿谷所不爲 要當爲雁行也 <農巖集 卷二四 張17 雜識 外篇>

라 하였고, 朴趾源에 이르러서는,

世傳「簡易謁王弇州 研朱點閱 手不停筆 簡易大驚服 問侍者曰『老爺往常如此否』侍者云『今適坐閒少間耳 老爺往日已得詩萬首 著書千卷』簡易默然心死 袖出所著文請教 弇州曰『有意於作者 但讀書不多 聞見未廣 可歸讀昌黎文中獲麟解五百遍 當識作文蹊逕耳』簡易大慚恨 諱見弇州一事 而爲文務爲僻澀奇崛者 學李于鱗 于鱗爲弇州所畏 故欲以此雄壓耳」 <燕巖集 卷一四 別集 張57 熱河日記 避暑錄>

라 하여 그의 隱賊을 發露시켰으며, 李德懋는 더욱 여지 없이 논평했다.

世傳「崔簡易堂岦入燕 謁元美 王時任劇務 文案山積 賓客滿堂 判決應對 滾滾如流 崔已茫然自失 及出其所爲文一卷 以求教 元美閱一篇曰『有意於作者之體但讀書不多 聞見未廣 才力不逮 歸讀原道五百遍 宜有益耳』及歸館有人來傳李于鱗之文 奇健不能句 心已畏恸 又聞于鱗秦關所作『蒼龍遠掛秦天雨 石馬長嘶漢苑秋』益歎其雄」簡易之遇弇州 千古奇事 然 今考四部藁及簡易集 元無相逢 或者王則侮之 崔則耻之 不之記耶 無乃齊東之言歟 尹月汀入燕 持滄溟集 招車天輅詑之 車一讀不能開口 因收其集 投之于地 以車君何敢唐突於于鱗 不如簡易之且恸且歎也 <清脾錄>

또 卞榮晩은 崔氏의 險僻·庸淺한 詞旨는 斷然코 排棄하여야 함을 말했다.

李氏中葉 簡易最號能文 國中大篇章 多出其手 如月沙李公 亦嘗倚爲奇材矣 今觀此集 相濶甚矣 文不一道 要歸於意奇而辭穩 簡易之爲之 以險僻之詞 載庸淺之旨 幾於倒用其術矣 凡物雖於其未善者 人不能一棄而無顧 或誠有所取之 而若此文有棄之道而已 〈山康齋文鈔 張26 題崔簡易集後〉

그렇다면 당시의 散文文學은 主로 平易·溫麗한 經世의 文編을 主潮로 삼지 않을 수 없을 것이다. 그리하여 隨筆·評論으로서는 鄭琢(1526~1605)의 「龍灣見聞錄」, 權文海의 「草澗雜記」, 李珥의 「經筵日記」, 李濟臣(1536~1583)의 「淸江詩話」·「侯鯖瑣語」, 尹根壽의 「月汀漫筆」, 柳成龍의 「懲毖錄」, 李舜臣의 「亂中日記」, 李廷馨(1549~1607)의 「東閣雜記」, 許篈(1551~1588)의 「海東野言」·「朝天錄」, 車天輅의 「五山說林」, 李恒福의 「白沙雜記」, 黃愼(1562~1617)의 「日本往還日記」, 李睟光의 「芝峯類說」, 南鵬(?)의 「奮忠紓難錄」, 李萬秋(?)의 「唐山義烈錄」, 逸名氏의 「壬辰錄」 등과 小說로서는 林悌의 「愁城誌」, 李恒福의 「柳淵傳」 등과 韻書로는 權文海의 「大東韻府羣玉」을 들 수 있을 것이다.

그 중 특히 「懲毖錄」은 經世의 文章으로 愛國·憐民的인 思想이 깊이 스며 있었다. 혹은 이를 「나 我字의 文章」이라 譏刺했으나 그릇된 논평이다. 이제 그의 「自序」 한편을 들어 둔다.

懲毖錄者何 記亂後事也 其在亂前者 往往亦記 所以本其始也 嗚呼壬辰之禍慘矣 浹旬之間 三都失守 八方瓦解 乘輿播越 其得有今日天也 亦由祖宗仁厚之澤 固結於民 而思漢之心未已 聖上事大之誠 感動皇極 而存邢之師屢出 不然則殆矣 詩曰「予其懲 而毖後患」此懲毖錄所以作也 若余者 以無似受國重任於亂離板蕩之際 危不持顚不扶 罪死無赦 尙視息田畝間 苟延性命 豈非寬典 憂悸稍定 每念前日事 未嘗不惶愧靡容 乃於閑中 粗述其耳目所逮者 自壬辰至于戊戌 總若干言 仍以狀啓疏箚文移及雜錄 附其後 雖無可觀者 亦皆當日事蹟 故不能去 旣以寓畎畝惓惓願忠之意 又以著愚臣報國無狀之罪云 〈懲毖錄 卷首〉

그리고 그의 散文文學은 許筠에게도 미친 影響이 자못 컸었다.

仲兄自謫還 始敎以古文 文從厓相學 詩從蓀谷學 方知文章之逕 在是不在彼

〈惺所覆瓿藁 卷九 文部六 答李生書〉

또 申欽은 그의 吏才에 驚歎하였다 한다.

吏才乃刀筆之業 不足貴 然爲宰相 而有吏才者難得 余少通籍朝端 以郞僚遊巨公間 惟柳西厓成龍 李漢陰德馨 李白沙恒福三相國 優於吏才 方壬辰癸巳 倭寇充斥 天兵滿城之日 羽書方午 文移動如山積 西厓到省 則以余疾書 必命余執筆 口呼成文 聯篇累牘 迅如風雨 而筆不停寫 文不加點 煥然成章 雖咨奏之文亦然 詞臣奉敎撰進者 不得有所加減於其間 眞奇才也 漢陰白沙其亞也 〈象村雜錄〉

그 다음「芝峯類說」은 百科辭典식인 類書로서 劃期的인 鉅作이 아닐 수 없다. 그 중에 收錄된 自國의 政治·經濟·文學 등은 勿論이요, 北學·西學 등의 外國에 관한 知識은 실로 曠世의 長才偉識이었다. 그의 1614년에 쓴「自序」는 다음과 같다.

我東方以禮義 聞於中國 博雅之士殆接迹焉 而傳記多闕 文獻鮮徵 豈不惜哉 夫歷代之有小說諸書 所以資多聞證故實 亦不可少也 如前朝補閑集 櫟翁稗說 我朝筆苑雜記 慵齋叢話等編 不過十數家而止 其間事蹟之可傳於世者 率皆泯泯焉 余以謏啓劣識 何敢妄擬於述作之林 略記一二 以備遺忘 寔余志也 若事涉神怪者 一切不錄 而於古人詩文 間或參以臆見 則固知僭越之甚 然非敢以己意爲是 惟具眼者擇焉 〈芝峯類說 卷首〉

그의「凡例」에 의하면 全篇에 收錄된 것이 모두 三千四百三十五條, 引用된 書籍이 三百四十八家, 人名이 二千二百六十五人이나 되는 방대한 著書이다. 다음의 洪大容(1731~1783)의 말과 같이,

東方文獻 自來疎略 萬曆間 七年倭亂 典籍盡亡

〈湛軒書 外集 卷一 張21 杭傳尺牘 與秋庫書別紙〉

의 事情에 이런 著書는 더욱 거룩하기 짝이 없다. 그리고 柳成龍·李睟光은 실로 우리 나라 소위「實學派」의 先驅者로 追崇하지 않을 수 없겠다.

그리고 韻書로서「大東韻府羣玉」은 역시「韻府」식인 辭書의 一種으로서 이때까지 보지 못하던 科學的인 著書이었다. 丁範祖(1723~1801)는 이에 대하여 다음과 같이 논평했다.

公早遊退老之門 大有薰襲之美 及登朝序 秉持直道 與世齟齬 斂其需世之學 而

壹寓之是書 法例實倣陰氏 而運用頗出衡量 蓋自檀君以後至國朝 貫穿數千餘歲事實 而旁搜悉摭 山川郡國 風謠土物之靡不臚列 而韻書之夏貢也 人道順逆 國政善敗之靡不記載 而韻書之魯史也 名儒碩輔 言行事業之靡不提綱 而韻書之名臣錄也 公私實錄 大小家集 與夫它國文字事涉東方者之靡不考據 而韻書之藝文志也…… 若夫詞垣之會 拈韻受簡 而開卷乍閱 則奇思登湧 沙境旁會 押韻愈多 而俶語愈新 有滾滾百篇之勢 其助發鴻藻之力何如哉 竊嘗論是書之作 有三難 東俗荒陋 文獻多闕 則採摭之廣一難也 覃思揣摩 積歲成秩 則工力之專二難也 去冗存醇 默寓勸懲 則見識之精三難也 苟非聰明博達絕人之藝 則烏能如是哉

<大東韻府玉 卷首 張1~2 大東韻府羣玉序>

6. 小　說

당시 小說의 代表作으로서는 「寓言」에 속하는 林悌의 「愁城誌」, 尹達善(?)의 「達川夢游錄」과 「傳記」에 속하는 李恒福의 「柳淵傳」 등의 세편을 소개하기로 한다.

① 愁城誌

天君이 即位한지 2年만에 主人翁이라는 老翁이 天君에게 疏를 올려서 天君이 지나치게 翰墨에만 專心함을 諫하였다. 天君은 그의 말을 잘 받아들였으나 오히려 嘯咏에 優游하였으므로 主人翁은 또 와서 諫하였다. 天君은 그의 말에 惻然히 느낀 바 있어서 主人翁을 半畝塘 가에 앉히고 詔文을 내렸다. 그해 8月에 天君이 無極翁으로 더불어 主一堂에 좌기하고 일을 의논하는 즈음에 哀公이란 자가 나타나서 監察官과 採聽官이 合疏를 올려 「愁」라는 것이 侵入함을 여주었다. 天君은 기뻐하지 않고 無極翁은 어딘지 가버렸다. 天君은 그제야 意馬를 타고 八極을 周流할 제, 主人翁의 諫함을 만나서 잠깐 지체했다. 그때 鬲縣 사람이 와서 胷海 중에 風浪이 일어남을 告했다. 天君은 곧 磊磈公 등을 派遣하여 愁城을 쌓고 孔方을 시켜 그의 무리 百文과 함께 穀城에 살고 있는 麴生의 아들 將軍 麴襄을

綠楊村 紅杏墻頭에서 맞아다가 雍·幷·雷 三州의 大都督과 驅愁大將軍을 除授하여 糟丘에 올라 愁城을 征服하고 그 舊址에다가 그의 湯沐邑을 設置하고 懽伯을 封하였다.

이는 曠世의 風悰을 지닌 林氏의 가장 得意作이다. 실로 그 笑罵·悲咤的인 모든 不平을 이 한편에 붙인 것이다. 그 原典은 너무 長篇이어서 이에 들지 않는다. 이에 대하여 李睟光은,

林悌爲愁城誌 其言別離曰「欲避之於天上 遇牽牛織女而返」佳矣 〈芝峯類說 卷八 文章部一 文評〉

라 하였고, 許筠은,

林子順自號笑癡……其文不多見 所謂愁城志者 結繩以來 別一文字 天地間自欠此文字不得 〈鶴山樵談〉

이라 하였으며, 또 金台俊은 다음과 같이 말했다.

또 그는 乘馬佩劒을 좋아하야 일쩍 北評事로부터 西評事로 옮길 적에 일부러 犯譯하고 「愁城誌」를 지었다. 「愁城誌」는 後代에 지은 「天君衍義」와 「心史」와 同一한 體裁를 가진 短篇이니 迂遠한 譬喩로 自己의 不遇를 歎息한 것이다. 〈朝鮮小說史 頁76〉

② 達川夢游錄

本錄은 읽어본 적이 없으므로 상세한 內容은 알 수 없으나 다음의 기록에 의하여 「寓言」·「志怪」를 겸한 「夢游錄」系의 作品임을 짐작하겠다.

尹達善夢游錄 雖出於寓言 而語涉鬼怪 非生人所可道也 不數年而夭 亦異矣 〈芝峯類說 卷八 文章部 文評〉

③ 柳淵傳

宣祖 40년 丁未(1607)에 李恒福이 지은 것이다. 大邱에 살고 있던 柳淵(?)이 그의 兄을 죽였다는 誣獄으로 冤死한 이야기를 敍述한 것이었다. 「傳記」系의 小說로서 가장 流麗한 敍述이었으며, 「白沙集」 중에 실려 있다.

第十章 社會問題의 發生

〈光海朝〉

1. 革命思想의 煽揚

戰亂이 아닌 社會的인 騷亂은 李韓의 一代를 통하여 光海朝의 前後가 으뜸이었다. 그 중의 指導的인 役割을 맡은 重要한 人物은 곧 韓國의 李贄(?)인 許筠이었다. 許筠은 일찌기 다음과 같은 두가지의 戰略을 마련하여 俠盜的인 革命行爲를 果敢하게 實踐하였다.

① 階級意識의 鼓吹

許氏의 階級意識의 鼓吹·煽動은 主로 庶孽階層의 쌓인 不平을 利用한 것이다. 이 庶孽의 禁錮는 李朝初에 徐選(?)의 提案으로 實施되어 당시 世界 어떤 民族에서도 볼 수 없는 惡法이었다. 許氏에게 따르는 당시 名家 庶孽의 出身으로서 錚錚한 羣像은 소위 「江邊七友」·「竹林七賢」·「驪江七賢」 등의 別號를 가진 朴應犀(?~1613)·沈友英(?~1613)·徐羊甲(?~1613)·許弘仁(?~1613)·朴致義(?~1613)·李耕俊(?~1613)· 金慶孫(?~1613) 등이었다.

> 癸丑春 朴應犀徐羊甲沈友英李耕俊朴致仁致義 結爲死生之友 同居於昭陽江上 號其堂曰「無倫」 詩酒自娛 或稱「江邊七友」 或稱「竹林七賢」 結黨爲盜 殺京商于鳥嶺 被捉於捕廳 〈荷潭破寂錄〉

또 逸名 柳氏(?)의 기록에도 다음과 같은 말이 있다.

> 癸丑四月 死囚朴應犀 告永昌叛狀 初自號驪江七賢 應犀思蓭之孽 沈友英徐羊甲許弘仁朴致毅李耕俊金慶孫等 皆名家庶孽 習于文藝禪學兵家 而平日交遊 則乃筠與再榮也 〈梅山小說〉

그리고 李廷龜(1564~1635)는 당시의 事件을 目擊한 이로서 許筠을 곧

奸賊으로 보았다.

奸賊許筠金闓 與金佑成元悰李莊辛光業玄應旻等 嘯聚無賴之徒 設疏廳於中路譯官韓彥博家 以廢大妃事謀議 招納口口雜類如禹經邦黃廷弼朴時俊朴夢俊李國良李國獻尹惟謙金大河李乾元河仁浚等 不記其數 迭相上疏 或請廢囚 或請誅殺
<月沙別集 卷二 張2 雜著 戊午聞見錄>

李氏는 비록 당시의 儒學者로 이름 높았으나 革命思想에는 理解가 전연 없는 이인 만큼 그의 논평이 다음과 같을 것은 의당한 일일 것이다.

朴應犀徐羊甲沈友英李耕俊等 皆以名家妾子 素豪橫狂悖 與五六同輩 結爲死友自稱俠士 或結廬山中 或晝聚夜散 橫行嶺外 處處作賊 殺人於鳥嶺 盡奪其寶貨死家跡之 竟皆就捕「此賊之捕 大將韓希吉也 指揮從臾者 金闓」云 應犀等 旣皆西人之子 又國內 方以大君爲憂 應犀自知不免於死 乃爲死中倖生之計 獄中上疏遂以逆賊自首 竟成罔極之禍 <月沙別集 卷二 張11 雜著 戊午聞見錄>

또 李植은 다음과 같이 말했다.

是日 驪江南岸僑居 徐羊甲朴應犀沈友英等 以殺越被捕 應犀誣告「與徐沈共爲逆謀 欲聚財結客 非爲盜也」大獄遂起……沈友英本石洲甥 爲弟子 能書善詩
<澤堂別集 卷一七 張10 雜著 叙後雜錄>

② 讖記의 僞造와 匿名書

당시의 社會는 不安한 氛圍氣 속에 잠겨 있었다. 이 때에는「鄭鑑錄」類의 讖記가 가장 未開된 人民의 마음을 煽動시키기 쉬운 방법이다. 許筠은 재빨리 이를 利用하였다.

奇俊格上疏告許筠大逆不道事三件 一則丁巳正月 慶運投檄 筠之所作也 一則李耕俊癸丑年檄書 筠之所作也 一則今上在東宮時 謀害東宮 與李弘老通書事也 其所手書 粘付以進 許筠亦上疏自卞 上兩不問 <月沙別集 卷二 張3 雜著 戊午見聞錄>

革命家의 運命이 奇薄하여 갖은 戰略을 썼으나 마침내 失敗에 돌아가 몸을 희생시키곤 말았다.

許筠草堂曄之子也 早年作讖記 秘傳于世 皆兇慘之語 文章獨步一時 而輕薄無行 見棄於士論 沈滯下僚 光海政亂 附會爾瞻 幾夙宮禁 驟躋衆貲 遂生不饜之心戊午年間 虜警初作 天下兵動 我國逼近建州 人心洶懼 筠詐作告急邊書 又作匿名書言「某地有逆賊 某日當發」恐動城中 每夜使人登南山 呼曰「西賊已渡鴨綠 琉

球之人 來藏海島 城中人 能出避 則可免池魚之殃 又作謠曰「城不如野 野不如越」又懸燈間 呼曰「欲生者出避」人心驚懼 莫保朝夕 都下人戶 十空八九 使其黨河仁俊 曉見持平韓明勗曰「有匿名書 粘崇禮門 必有兇賊俟隙者 時天尙未曉難見文字」明勗心疑之 俟天明詣闕 到崇禮門 見壁書 則果如仁俊所言 乃請鞫仁俊 仁俊與其黨玄應旻 一一引服 筠及黨與皆就獄 爾瞻恐鞫筠 則辭連於渠 以爲仁俊等皆就服 更無可問之情 直斬于市 <荷潭破寂錄>

그리하여 光海主 李琿의 政治는 混亂에 빠졌으며, 光海主는 비록 聰明하였으나 女樂의 游衍에 잠기곤 말았다.

光海宮人之流落者 至老皆誦「梨花桃花杏花發 南里北里西里春 不寒不熱好時節 半醉半醒無事人」之詩 余問「何以能誦此」則曰「光海主 深喜此詩 常於上林賞春之日 必令諸姬 吟咏以聽 故能久而不忘耳」仍泣下沾襟 <公私見聞錄>

그리고 「春香傳」에 실린 「金罇美酒」·「玉飯佳肴」와 大同·小異한 名句도 이 때의 일을 諷刺한 作品이라 한다.

明都司來京 有詩曰「淸香旨酒千人血 細切珍羞萬姓膏 燭淚落時民淚落 歌聲高處怨聲高」蓋以光海政亂人困也 <靑野漫錄>

이런 混亂의 틈을 타서 虛僞의 上變으로서 요행의 공로를 希願하는 자가 많았다.

曾見柳夢寅小說 記其事曰「見飯匙稍鉅於人 則必上變」蓋實錄也 <公私見聞錄>

2. 道·天主의 混合思想

당시의 主流的인 思潮는 곧 道와 天主의 混合的인 思想이다. 그의 代表人物로서 許筠을 들 수 있겠다. 許筠의 家學을 溯考해 보면 그 伯兄 許篈은 退溪의 門人인 만큼 儒學을 崇拜하였음은 사실이다. 許篈의 愛弟子인 琴恪(1571~1588)의 다음과 같은 기록이 있다.

其後數十年 恪學許荷谷 荷谷乃自鳴者也 又嘗親承謦欬於退陶 則遂退陶未遂之志者 捨荷谷伊誰也 <釣臺寃稿 日洞記>

그리고 그는 佛敎에도 깊어서 일찌기 侫佛로 糾彈을 만나 罷職된 적도

없지 않다.

丁未夏 余在三陟 憲司以佞佛 叅論革職歸田 <惺所覆瓿藁 卷四 文部一 詞翰傳芳序>

그러나 그는 儒·佛의 兩敎에 또 道敎와 天主敎의 思想을 加味하였다.

① 道 敎

許筠의 道敎의 思想은 역시 그의 家學이라 하여도 過言이 아닐 것이다. 그의 아버지 許曄(1517~1571)이 일찌기 徐敬德에게 受業하였기 때문이다. 그리고 許筠은 또 당시 道客 南宮斗(?)에게 道訣을 배워서 거의 悟境에 들어갔었다. 이는 그의 「南宮先生傳」과 「蔣生傳」 중에 잘 나타내었다.

② 天主敎

이에 앞서 李睟光이 이미 「天主實義」에 대한 논평이 있었으나 그 실은 許筠이 비로소 信奉했고 柳夢寅이 이에 대하여 기록한 바 있었다.

有利瑪竇者 生于仇羅婆 大於中國四之 其南方極熱 獨不能窮 而其敎已行東南諸夷 頗有尊信者 獨我國未及知 許筠到中國 得其地圖 及偈十二章而來 其書蓋因老子道德經及周易 爲別一端 而語極有理 西域旣有釋氏 東方豈無其對 此眞所謂天下無不對者也 <於于野譚>

李圭景은 또 「澤堂集」을 引用하여 다음과 같이 말했다.

此敎之入我東 則按李澤堂植澤堂集 自許筠始 <五洲衍文長箋散稿 卷五三 斥邪敎辨證>

그리고 그는 또 그 밑에 注脚을 달았다.

澤堂集「許筠始得天主敎之書 學習 曰『男女情慾 則天也 倫紀之分 則聖人也 天且高聖人一等 我从天 不敢从聖人』云 其漸已著」 <同上>

男女의 性慾問題에 대하여 역시 進步的이었으나 당시의 軟骨苛禮的인 兩班官僚輩들은 浮文小節에만 힘쓸 뿐이었으므로 이에 대한 惡評만 남겼던 것이다.

萬曆壬辰 唐將征倭者 至義州 謂我人曰「汝國禮樂文物 動遵中華 而軍民皆無樂生之心者 皆骨軟禮苛之致」 蓋唐將審知我國風氣柔弱 人心脆薄 而徒以浮文小節爲務 故民不堪命 而至於此耳 <公私見聞錄>

3. 辭 賦

당시의 辭賦도 역시 發展하였으나 여느 韻文·散文에는 미칠 수 없을 것이다. 이에 각기 代表作 몇편을 들기로 한다.

① 毁璧辭

本辭는 許筠이 그의 亡姊 許楚姬를 슬퍼하여 지은 것이다. 실로 芳馨·悱惻한 作品이었으나 이에 割愛하고 다만 그 「小序」를 적어 둔다.

余亡姊賢 而有文章 不得於其姑 又喪二子 遂齎恨而沒 每念 則盡傷不已 及讀黃太史辭 其痛黃氏妹之情 悲切怛忉 千載之下 同氣之慟 若是其相類 故效其文而抒哀也 <惺所覆瓿藁 卷三 賦部 毁璧辭序>

② 竹西樓賦

역시 許筠의 作이다. 이 밖에도 그의 「東征賦」와 許楚姬의 「恨情一疊」이라는 古賦도 있으나 이편이 더욱 이름 높았다.

筠四部稿 士夫間 頗有傳之者 體格不甚高 而才情有過人處 如宮詞絕句 竹西樓賦等諸篇 洲岳諸公 不能爲也 使筠生於晋宋間 范蔚宗殷仲文之流也 <西浦漫筆>

4. 樂 府

① 漁家傲

許楚姬의 作이다. 許筠의 기록에 다음과 같은 말이 있다.

姊嘗自稱「作詞 則合律」喜爲小令 余意其誑人 及見詩餘圖譜 則句句之傍 盡圈點以某字 則全淸全濁 某字 則半淸半濁 逐字注音 試取所作符之 則或有五字之誤 或有三字之誤 其大相舛謬者 則無一焉 乃知天才俊邁 俯而就之 故其用功約而成就如此 其漁家傲一篇 總合音律 而一字不合 詞曰

庭院東風惻惻 牆頭一樹梨花白 斜倚玉欄思故國 歸不得 連天芳草萋萋色
羅幙綺窓扃寂寞 雙行粉淚霑朱臆 江北江南烟樹隔 情何極 山長水遠無消息

朱字當用半濁字 而朱字 則全濁 才如蘇長公者 亦強不中律 況其下者乎 <鶴山樵談>

② 臨江仙

玉似肌膚雲似鬢 紅樓坐惜容華 尙書風彩也堪誇 不勞靑鳥使 芳信託荷花

我亦三生香案吏 夢中曾到小家 翻英艶麗本無差 玄霜成藥後 騎鳳上烟霞
<石洲集 卷八 張3 題尹晴詩卷二首>

이 一闋은 權韠의 作이다. 그는 許筠의 이른바 「前五子」의 第一人이었다. 이 二闋 중에 其一을 뽑고 그 「小序」를 붙인다. 그의 「青春曲」도 몹시 아름다우나 이에 割愛하기로 한다.

晴龍灣娼也 五峯公鍾愛甚 自叙奇遇首末 繼以五絕句 東槎諸學士 皆和之 余作小詞二闋 題于卷尾 <同上>

5. 詩　　歌

光海朝의 詩歌는 실로 柳夢寅·許筠 兩系로 나누어 볼 수 있겠다. 그들의 作風은 역시 그들의 思想的인 면을 따라 宣祖朝의 諸家와는 急速度로 새로운 한 時代를 創造했던 것이다. 이제 柳·許 兩系에 대하여 作家의 羣像을 列擧하기로 한다.

① 柳夢寅

柳夢寅은 許筠에게 비하여 11년의 先輩였으며, 그들 文學에 대한 作風도 조금 다름이 없지 않아 許氏가 主로 羅本(?)·施子安(?)을 본받았다면 柳氏는 主로 柳宗元(773~819)을 崇拜하였던 것이다. 그러나 思想的인 면은 별로 차이가 없었던 것이요, 다만 政治的인 면에서 許氏와 다른 점이 있어서 許氏를 「老奸」으로 指目한 적이 있었던 것이다.

時許筠 首倡其論 而安處仁誣告之獄起 余方春遊南麓 聽栢舟鹿鳴之唱 而自公召之急 余於途中 醉占一絕 於公廳上 索紙筆書之 其詩曰

滿城花柳擁春遊　　玉手停盃詠栢舟
壯士忽持長劍起　　醉中當斫老奸頭

時當局者怨之 筠自知指己以老奸 爾瞻推之於承宗 承宗讓之於爾瞻 權奸皆怒 爲惡言上聞 匿眹從兄李時亮 乘釁上章 將成詩案之獄 會蒙天神所扶護 幸而免
<於于集 卷五 張43 與楡岾寺僧靈運書>

그리고 그는 일찍부터 一代를 傲視하였으므로 그의 親友인 李廷龜가 그를 大提學의 職에 推薦했을 때에 그는 편지를 보내어 「羣兒로 더불어 코 묻은 떡을 다투지 않겠다」 하여 거절했다.

昨大諫送書來 稱「月沙發論備局 太學士將缺 柳某以提學 在散中 宜及時處之」 夢寅得書 竊笑之 是閤下 慜當時文墜 欲振之 且憐夢寅 久滯擯籍 此起其廢也 感激感激 夢寅罪人也 而帶職名猶昔 啓劄疏請免 三者俱非席藁者事 悶默已四載矣 況太學士 於夢寅何哉 今人亦古人也 自古文人 有人與骨不朽 而遇知己者乎 不意今世 有我揚子雲也 雖然 去歲年饑 羣兒爭餠 而歸察之 鼻液糊矣 夢寅處江湖閑無事 前年讀左氏 今年誦杜詩 此眞臨年者伴也 以此餞餘生足矣 如與羣兒 爭鼻液之餠 非所願也 玆者 備局諸老 皆夢寅年相若 而先後生者 幸閤下以此辭焉
<於于集 卷五 張15~16 奉月沙書>

그는 또 그의 조카 柳活(?)에게 답하는 편지에 당시의 소위 文學에 대한 公論은 저 鼠虱의 公論에 지나지 않음을 諷刺하였다.

汝獨不聞之鼠虱之事乎 「鼠與虱皆自大 各較其勝負 兩不決 虱謂鼠曰『爾不能吾大 而強自大 吾與爾 聽公論於路上人可乎』於是乎鼠陽死 仆于逵 虱亦從焉 路人過者咸曰『大哉鼠如革履 大哉虱如麥甕』虱乃謂鼠曰『履與甕孰大』 鼠卒不能勝虱」 吁鼠虱之勝負 路人之公論 吾已掩耳焉久矣 汝休矣
<於于集 卷五 張18 答柳正字書>

그의 作品으로는 寶蓋寺 벽에 쓴 「孀婦詩」가 가장 이름 높아서 萬口에 膾炙되었다.

七十老孀婦 單居守空壼 慣讀女史詩 頗知妊姒訓 傍人勸之嫁 善男顏如槿 自首作春容 寧不愧脂粉 <於于集 卷二 張50 題寶蓋山寺壁>

그리하여 그는 한결같이 西山의 절개를 지키다가 종말에는 仁祖의 勳臣 金瑬(1571~1648)의 손에 죽게 되었다.

「我有所作孀婦詩 以見己志 以此爲罪 死無所恨」 即誦告曰……掌鞫大臣李完平義而欲釋之 諸相國 亦有傅生之議 勳臣金瑬獨曰「當此危疑之時 若不殺此人 則效尤而不欲立朝者必多 堤防之道 不可不嚴」 又曰「若使此輩 奉舊君而來 吾屬固無噍類 其時諸君 何以當之」 諸相國 應以無 <於于集 附錄 張24 年譜>

그는 일찌기 자기의 詩에 대하여 다음과 같이 논평했다.

惟其薄才 稍長於斯 間有得意之作 如哭車五山律二百韻 遊頭流律一百韻 其餘惟政及東岳廟長短句 山水行等篇 則自謂稍勝於文 <於于集 卷五 張29 重答南都憲書>

正祖는 그의 「孀婦詩」에 대하여 다음과 같이 논평했다.

此乃故叅判柳夢寅老婦詞 深得離騷遺意 與時習之詩 爲伯仲 而可使若臣若女之懷二心者 顔發騂也 <弘齋全書 第一八册 卷三四 張14 故叅判柳夢寅贈職賜諡敎>

② 成汝學

成汝學(?)은 柳夢寅과 詩酒의 벗을 맺었었다. 任璟은 다음과 같이 말했다.

雙泉成汝學 工於詩律 與柳於于夢寅 爲詩酒友 年過六十 未得一命之官 時李月沙廷龜秉銓 於于薦成于月沙曰「『露草蟲聲濕 風枝鳥夢危』之成汝學 豈可使空老乎」月沙即擬除詩學敎官 <玄湖瑣談>

그리고 그 警句로서,

雨意偏侵夢
秋光欲染詩 <鶴泉集>

가 있으므로 申緯는 다음과 같이 논평했다.

白首苦吟成進士　　微官不及右文時
直將郊島爭寒瘦　　一段秋光欲染詩 <警修堂集 第九册 東人論詩絶句 三十五首>

③ 許 筠

許筠은 실로 絶代의 才情과 風悰을 지닌 天生의 汗血駒이다. 그의 詩歌는 諸體가 俱備하였으며, 「黃州艶曲」을 위시하여 「宮詞」에 이르기까지의 모든 作品에 어떤 것이 婉亮·贍麗하지 않은 것이 없었다. 이제 그의 「楓嶽紀行」 47篇 중에서 「老客婦怨」 한편을 뽑아 보았다.

東州城西寒日曛 寶蓋山高帶夕雲 皤然老嫗衣藍縷 迎客出屋開柴戶 自言京城老客婦 流離破產依客土 頃者倭奴陷洛陽 提攜一子隨姑郎 重研百舍竄窮谷 夜出求食晝潛伏 姑老得病郎負行 蹠穿崢巖不遑息 是時天雨夜深黑 坑滑足酸顚不測 揮刀二賊從何來 闖暗躡蹤如相猜 怒刄劈脰脰四裂 子母幷命流寃血 我挈幼兒伏林藪 兒啼賊覺驅將去 只餘一身脫虎口 蒼黃不敢高聲語 明朝來視二骸遺 不辨姑屍與郎屍 烏鳶啄腸狗噬骼 藁裹欲掩

憑伊誰 辛勤掘得三尺窖 手拾殘骨閉幽坎 榮榮隻影終何歸 隣婦哀憐許相依 遂從店裏躬井臼 餽以殘飯衣弊衣 勞筋煎慮十二年 面黧髮禿腰脚頑 近者京城消息傳 孤兒賊中幸生還 投入官家作蒼頭 餘帛在笥囷倉稠 娶婦作舍生計足 不念阿孃客他州 生兒成長不得力 念之中宵涕橫臆 我形已瘁兒已壯 縱使相逢非相識 老身溝壑不足言 安得汝酒澆父墳 嗚呼何代無亂離 未若妾身之抱冤 <惺所覆瓿藁 卷一 詩部一 老客婦怨>

그 밑에 李達의 논평이 붙어 있다.

蓀谷云「四十七篇 俱古雅淸麗 高者漢魏 下亦開于大曆間 不意晩季 有此正始之音 楓嶽之曇無竭 亦當抃喜也」 <同上>

그는 또 자기의 詩文에 대하여 받아온 곳을 밝혔다.

仲兄自謫還 始敎以古文 文從匡相學 詩從蓀谷學 方知文章之逕 在是不在彼 <惺所覆瓿藁 卷九 文部六 答李生書>

그의 詩에 대하여 諸家의 논평이 많으나 이에 다만 南龍翼의 말을 적기로 한다.

百體俱備 妙解旁通 雖盛代 無出筠右者 <壺谷詩話>

④ 權 韠

權韠은 李安訥(1571～1637)·趙緯韓(?)·許𥛚(?)·李再榮(?) 등과 함께 許筠의 이른바 「前五子」이다.

余覊於世 不能締交於公卿當路者 惟以薄technically見知於文盟二三兄弟 惟日夕過從 或倡酬 或談讌 以相切磋 以優游卒歲 其人即權韠汝章 李安訥子敏 趙緯韓持世 而余再從兄許𥛚子賀 暨少時昵友李再榮汝仁 五人者 文章俱稀世 而窮於時亦同 豈文人結習 例厄於命也歟 遂作五子詩 以揚風雅 以述交情 而時觀之自釋焉 其按次則年以記之 終以地云 <惺所覆瓿藁 卷二 詩部二 前五子詩序>

그 「嬋娟洞」의,

年年春色到荒墳　　花似新粧草似裙
無限芳魂飛不散　　至今爲雨更爲雲 <石洲集 卷七 張17>

도 哀艶하기 짝이 없거니와 「聞任茂叔削科」 등은 더욱 이름 높았다.

辛亥別試擧人任叔英 字茂叔號疎菴 庭策曰「當除日未下之前 必物色而數之 其

也中殿之某親也 後宮之族 某官闕員 某必爲 某邑闕倅 某必得之」及除目下 則踋不符於其言 考官朴承宗取之 光海怒削科 因羣議甚爭止 屬校書 石洲權韠作詩曰

宮柳青青鶯亂飛　　滿城桃李媚春暉
朝家共賀昇平樂　　誰遣危言出布衣

以此庭鞫受刑而卒 識者謂「石洲有詩史」曰

細雨鶯聲滑　　空江柳色深
如何與君別　　悄悄動悲吟

以此勝於彼云 <梅山小說>

그는 비록 許筠과 莫逆이었으나 許筠의 잘못에는 微諷을 아끼지 않았다.

別殿試官 朴承宗子自興 曹倬弟佶 許筠姪寀卞獻 以退俗得參 時以爲「門中洞內婚姻交席 山僧何以參於其間哉」石洲詩曰

假令科第用私情　　子壻弟中姪最輕
獨使許筠當此罪　　世間公道果難行 <同上>

그는 最後의 瞬間까지도 奇人·不羈人의 奇事·不羈事를 演出하였다.

被訊遠竄 出慤青門外 人饋以酒 韠飲醉 翌日將逝 撤主人家門扉爲尸牀 其門扉上 有題曰

正是青春日將暮　　桃花亂落如紅雨
權君終日酩酊醉　　酒不到劉伶墳上土

時三月之晦 主家墻外 桃花半落 且以勸作權 尤如巧合 豈非前定乎

<芝峯類說 卷一七 徵驗>

그리고 그의 「過鄭松江墓有感」은 실로 悲凉感慨的인 調子였다.

空山木落雨蕭蕭　　相國風流此寂寥
惆悵一杯難更進　　昔年歌曲即今朝 <石洲集 卷七 張4>

南龍翼은 權氏를 李安訥과 비교하여 다음과 같이 논평했다.

權之「空山木落雨蕭蕭」李之「江頭誰唱美人詞」皆爲鄭松江作 而俱是絕響 世不敢輕重 蓋權之首句 有如雍門琴聲 忽然驚耳 使人無不零涕 李之末句 有如赤壁簫音 不絕如縷 猶含無限意思 雖難優劣 然格調則權勝 <壺谷詩話>

南氏는 또 許筠의 말을 이끌어서 그의 全體的인 면을 논평했다.

許筠評石洲詩曰「汝章之詩 如絕代佳人 不施鉛朱 以遏雲聲 唱羽調界面調於燭下 曲未終而起去」蓋指詩語 自然可愛 久而愈不忘也 <同上>

金萬重은 또 다음과 같은 논평을 아끼지 않았다.

蘇齋自謂「七律不如湖陰 而五律勝之」此言甚公 近代東溟之於東岳亦然 石洲却兼有兩長 而斤兩亦似少減 南士華稱翠軒詩爲本朝第一 許筠以容齋爲第一 近來洲岳溟三家 相繼而興 談藝者 各有所主 而右祖石洲者 居多云 <西浦漫筆>

또 申緯는 다음과 같이 評詩를 썼다.

白衣妙選稱從事　　何異將身到鳳池
樂府至今傳絶唱　　松江歌曲石洲詩 <警修堂集 第九册 東人論詩絶句 三十五首>

⑤ 李安訥

李安訥은 역시 許筠의 이른바 「前七子」의 하나이다. 그 作品으로는 鄭澈의 「思美人曲」을 부르는 소리를 듣고 읊은,

江頭誰唱美人詞　　正是孤舟月落時
惆悵戀君無限意　　世間惟有女郞知 <東岳集 聞歌>

가 가장 膾炙하였으므로 南龍翼은 일찌기 前述한 바와 같이 權韠의 「過鄭松江墓有感」과 比較 논평하였다. 南氏는 또 車軾의 말을 빌어서 그의 全體的인 면을 논평하였다.

車滄洲 評東岳詩曰「子敏之詩 如衡岳無雲 洞庭不波」蓋謂「詩格雄拔鉅麗 而差少奇巧造化之意也」 <壺谷詩話>

⑥ 任叔英

任叔英(1576~1623)은 역시 許筠의 이른바 「後五子」의 하나인 동시에 그들의 代表的인 人物이었다. 許筠은 일찌기 任氏의 詩文에 대하여 다음과 같이 논평하였다.

吾謂人曰「茂叔之四六 過於孤雲也」人皆怪罵之 又語人曰「茂叔之文似弇州也」人不甚訝之 是無他 貴遠而賤近也 其實弇州之文 遠踵漢兩司馬 俯視孤雲 奚啻儀鳳於燕雀乎 君可自信 毋撓於人可也 <惺所覆瓿藁 卷二一 文部一八 與任茂叔書>

그가 李安訥에게 보낸 詩 七百韻은 실로 空前絶後의 鉅篇이었으므로 南龍翼은 다음과 같이 논평했다.

疎菴任叔英 爲七百韻 寄東岳李安訥 其詩廣博奇僻 眞千載杰作也 雖以老杜大手 尙止百韻 後世詩人 亦無如此大作 而疎菴始創之 可見其囷廩之富也 <終南叢志>

⑦ 琴 恪

琴恪은 許筠의 愛弟子요, 許筠의 莫逆한 벗이었다. 그는 稀世의 天才總角으로서 18歲를 一期로 하여 한많은 生涯를 마쳤다. 혹은 이르기를 「그는 荷谷 곧 許篈의 딸과 戀愛關係로 말미암아 병을 얻었다」 한다. 그의 「楊柳詞」나 「佳人行」은 모두 哀麗·悱惻한 情緖가 얽혀 있다.

送君心逐狂風去　　去掛江頭綠柳枝
綠柳能知心裏事　　烟絲強欲繫郎衣 <約齋遺稿 楊柳詞>

佳人一笑重千金 萬呼千喚猶背立 秋波未回翠鬟低 含態含嬌情不一 貞心豈是陌上羅 背面故似圖中昉 路傍知有眼寒客 欲語躊躇空斷腸 <約齋遺稿 佳人行>

그보다도 「箜篌怨」 한편은 더욱 價値 있는 作品이 아닐 수 없겠다.

黃河觸龍門 白日驚濤喧 霹靂相豗 雷奔電擊 魚龍愁憑夷泣 箜篌怨怨何人 被髮叟狂而癡 其險也如此 拂衣臨流欲奚爲 人不止兮妻止之 公無渡兮苦渡之 搏猛虎尙可 憑河應溺死 公流海之湄 妾在河之涘 河之涘海之湄 一曲箜篌無限悲 箜篌箜篌寫哀怨 哀怨曲中長相思 離鸞獨雁酸嘶夜 失雄孤鸞哀其聲 河水爲之靜其波 河雲爲之陰且晴 長河尙可捧土塞 此怨何時有終極 <約齋遺稿 箜篌怨>

⑧ 朴 燁

朴燁(?~1623)은 詩人이 아닌 悍將이었으나 그는 詩歌에도 天才的이어서 詩格과 筆法이 모두 許筠을 본받아서 거의 區別하기 어려울 만큼 酷肖하였다.

近世士人 以禮爲蘧除 非徒談誦虛無而已 乘醉結駟 出入平康 不復拘忌 以至莊人雅士 亦染其迹 時有朴燁叔夜者 能詩文 薄倖秦樓 嘗放僕之字跡與詩法 到處書壁 後人來看 則必曰「某之書也」 其傷春曲曰

妖紅軟綠含朝陽　　鶯吟燕語愁人腸
苔痕漬露翡翠濕　　杏花樑雪臙脂香

洞仙謠曰

靑鳥翩翩錦字通　　玉簫吹咽廣寒宮
情知洞裏如花女　　笑指風流許侍中

詩格與余劈齡 而字畫莫辨眞贋 人固惑也 余因是得出入花街之名 可笑 古人茶肆酒坊 義亦不入 況有甚於此者乎 西晋之末 士尙淸談 而五胡亂華 唐亡之際 俗喜烟花 而七姓爭立 兼斯二者 而國之不亡者 未之有也 <鶴山樵談>

6. 女流作家의 活躍

당시 女性界의 作家들은 앞서 보지 못했을 만큼 눈부시게 활발히 움직였다. 이도 역시 許筠의 革命思想에 의한 女性의 解放問題도 暗暗裏에 모색할 수 있을 것이다. 그의 一例로서는 前述한 性慾에 관한 問題 등이 있다. 許筠은 일찌기 당시 閨房詩人의 活躍에 대하여 다음과 같이 말했다.

東方婦人 能詩者鮮 所謂「惟酒食是議 不當外求詞華」者耶 然唐人詩 以閨秀稱者 二十餘家 文獻足可徵也已 近來頗有之 景樊天仙之才 玉峯亦大家 不足議爲……如此等作 不可僂指 文風之盛 不愧唐人 亦國家之一盛事也 <鶴山樵談>

① 許楚姬

李朝의 一代를 통해서 妓流作家의 代表로 黃眞伊를 追崇한다면 閨房作家의 代表로선 許楚姬를 推薦하지 않을 수 없을 것이다. 그의 天才的인 詩境은 비단 당시 뿐만이 아니라, 거의 空前絶後의 存在가 아닐 수 없겠다. 柳成龍은 그에 대하여 다음과 같이 논평했다.

近歲女子 能詩者數人 其一許氏號蘭雪軒 監司曄之女 旣長歸于正字金誠立 才調出羣 今錄二詩

錦帶羅衣積淚痕　　一年芳草怨王孫
瑤琴彈罷江南曲　　雨打梨花晝掩門」

月樓秋盡玉屛空　　霜打蘆洲下暮鴻
瑤瑟一彈人不見　　藕花零落野塘中

皆脫洒可愛 絕似唐韻 他篇多類此 <西厓別集 卷四 張1 雜著 女子能詩>

柳氏는 또 그의 全體的인 면에 대하여 다음과 같이 높이 평가하였다.

立言造意 如空花水月 瑩澈玲瓏 不可把玩 鏗鏘則珩璜相觸也 挺峭則嵩華競秀也 秋葉擢水也 春雲霧空也 高處出漢魏 其餘步驟乎盛唐 至其感物興懷 憂時閔俗 往往有烈士風 無一點世間葷血 栢舟東征 不得專美於前矣 <西厓別集 卷四 張33 跋蘭雪軒集>

다만 李睟光은 許氏에 대하여 褒·貶이 相半되는 기록을 내었다.

蘭雪軒許氏 正字金誠立之妻 爲近代閨秀第一 早夭 有詩集行世 平生琴瑟不諧 故多怨思之作 其采蓮曲曰

秋淨長湖碧玉流　荷花深處繫蘭舟
逢郞隔水投蓮子　遙被人知半日羞

中朝人 購其詩集 至入於耳談 <芝峯類說 卷四 文章部 閨秀>

金誠立少時 讀書江舍 其妻許氏寄詩云

燕掠斜簷兩兩飛　落花撩亂撲羅衣
洞房極目傷心處　草綠江南人未歸

此兩作近於流蕩 故不載集中云 <同上>

李氏는 또 이보다도 前進하여 許氏의 作品 중에는 點化·剽竊이 많음을 辨證했다.

蘭雪軒集中 金鳳花染指歌 全取明人 「拂鏡火星流夜月 畫眉紅雨過春山」之句 而點化爲之 遊仙詞中二篇 即唐曹唐詩 送宮人入道一律 則乃明人唐震詩也 其他樂府宮詞等作 多竊取古詩 故洪参議慶臣 許正郞樀 乃其一家人 常言「蘭雪軒詩二三篇外 皆是僞作 而其白玉樓上梁文 亦許筠與李再榮所撰」云 <同上>

그러나 너무 지나친 貶辭이다. 許氏의 作品 중에서 비록「金鳳花染指歌」등을 제외한다 하더라도,

精金明月珠　贈君爲雜佩
不惜棄道傍　莫結新人帶 <明詩綜 雜詩>

碧海浸瑤海　青鸞倚彩鸞
芙蓉三九朶　紅墮月霜寒 <蘭雪軒集>

등도 모두 點化·剽竊이라 하겠는가. 다만 南龍翼은 다음과 같이 논평했다.

蘭雪軒之詩 或云「筠自作 假稱以欺世」而調格又高於荷谷 筠所不及 余於玉堂觀一唐册 名曰「亘史」而末端盡載蘭雪集 至比諸謫仙 <壺谷詩話>

이에 대해서는 金萬重·洪大容·朴趾源·李德懋 등의 大家로서도 모두 誤謬를 범한 듯싶다. 金萬重은,

蘭雪軒許氏詩 出自李蓀谷 及其仲荷谷 其工夫不及玉峯諸公 而慧性過之 海東閨秀 惟此一人 獨恨其弟筠 頗採元明人佳句麗什 人所罕見者 添入於集中 以張聲

勢 以此欺東人可矣 乃復傳入中國 正如盜賊竊人牛馬 而轉賣於其里中 可謂痴絶 又不幸遇着錢牧齋雙眼 如陶公之識武昌官柳者 發奸追賊 底蘊畢露 使人大慨 惜哉 柳絮執扇之擅名千古者 本不在多 如許氏之才 自足爲一代慧女 而用此自累 使人篇篇致疑 句句索疵 亦可歎也 蘭雪軒一號景樊堂 蓋有慕於樊夫人之夫妻俱仙也

〈西浦漫筆〉

라 하였으니 과히 헐뜯은 것은 없었으나 洪大容은,

蘭公曰「貴國景樊堂 許篈之妹 以能詩名 入中國選詩中 豈非幸歟」湛軒曰「此婦人 詩則高矣 其德行遠不及其詩 其夫金誠立 才貌不揚 乃有詩曰『人間願別金誠立 地下長從杜牧之』即此可見其人」蘭公曰「佳人伴拙夫 安得無怨」

〈靑莊館全書 卷六三 天涯知己書 筆談〉

이라 하였으니, 이는 許氏에 대한 커다란 侮辱이 아닐 수 없겠다. 李德懋는 그 뒤를 이어서,

炯菴曰「嘗聞景樊非自號 迺浮薄人 侵譏語也 湛軒亦未之辨耶 中國書分許景樊蘭雪軒爲二人 且曰『其夫死節於倭亂 許氏爲女道士 以終身』其誣亦已甚矣 蘭公若編詩話 載湛軒此語 豈非不幸之甚者乎 且其詩 爲錢受之柳如是 指摘瑕纇 無所不至 亦薄命也 世所傳許氏詩 云皆孟浪 如『妾身非織女 郎豈是牽牛』亦中國詩也」

〈同上〉

라 하여 약간의 辯護는 되었으나「織女」의 一聯은 李玉峰(?)으로 된 기록은 있으나 許氏의 作으로는 일컫는 이가 없었던 것도 사실이다. 그리고 朴趾源의「景樊」에 대한 해석도 억지에 지나지 않는다.

余曰「……許篈之妹許氏 號蘭雪軒 其小傳以爲女冠 敝邦元無道觀女冠 又錄其號曰「景樊堂」此尤謬也 許氏嫁金誠立 而誠立貌寢 其友謔誠立『其妻景樊川也』閨中吟咏 元非美事 而以景樊流傳 豈不冤哉」尹奇兩公 皆大笑

〈燕巖集 卷一一 別集 張73 熱河日記 太學留館錄〉

「景樊」은 金萬重의 이른바와 같이 號도 아니었으며, 혹은「景樊」이 그의 이름이라 하였으나 역시 그릇된 것이다. 許氏의 이름은「楚姬」, 字가「景樊」입은 許筠의 기록에 明確히 나타나 있다.

蘭雪名楚姬 字景樊 草堂曄之女 西堂金誠立之妻 〈鶴山樵談〉

② 李玉峰

趙瑗(?)의 愛妾이었으며, 이름은 전치 않는다. 玉峰은 그의 號이다. 이제 그의 代表作 한편을 뽑는다.

千里長關三日越　　哀歌唱斷魯陵雲
妾身亦是王孫女　　此地鵑聲不忍聞　　<國朝詩刪 寧越途中>

③ 李 氏

鄭文榮(?)의 아내이다. 그의 남편을 위해서 代作한 詩 한수가 남아 있다.

風露瑤臺十二層　　步虛聲斷彩雲稜
松間欲寄相思字　　多病長卿臥茂陵　　<鶴山樵談 代良人贈人>

④ 申純一妻

申純一(?)의 아내로서 詩文에 모두 능했다 한다.

雲險天如水　　樓高坐似飛
無端長夜雨　　芳草十年思　　<鶴山樵談>

⑤ 楊士奇妾

楊士奇(1531～1586)의 妾으로 특히 詩에 능했다 한다.

西風摵摵動梧枝　　碧落冥冥雁去遲
斜倚綠窓仍不寐　　一眉新月上西池　　<國朝詩刪 閨怨>

⑥ 鄭澈妾

鄭澈의 愛妾으로서 鄭氏의 好色에 대하여 깊이 경계하는 詩 한수가 남아 있다.

都憲官非下　　忠誠聖主知
徒將經國手　　日日對蛾眉　　<鶴山樵談 規良人好色>

⑦ 曹 氏

이에서는 逸名氏였으나 「國朝詩刪」에는 曹氏(?)로 되었으므로 이를 따르기로 했다.

近世婦人 不知誰氏 有夜行詩曰

幽澗泠泠月未生　　暗藤垂地少人行
村家知在前峯外　　淡霧疎星一杵鳴

又剪刀詩曰

有意雙胷合　　多情兩股開
動搖於我在　　深淺任君裁

語巧而太褻 <芝峯類說 卷一四 文章部七 閨秀>

7. 隨筆·評論·選學

당시 散文의 主流도 역시 柳夢寅·許筠의 兩系의 것이 있을 뿐이었으며, 評論에 있어서도 그러할 것이다. 그리하여 隨筆·評論集을 겸한 著書로는 柳夢寅의 「於于野譚」, 成汝學의 「續禦眠楯」, 許筠의 「漕官紀行」·「丙午紀行」·「己丑西行紀」·「惺翁識小錄」·「惺叟詩話」·「屠門大嚼」·「鶴山樵談」·「國朝詩刪」, 琴恪의 「風窓浪話」·「日洞錄」 등이 많아서 이루 다 들 수 없겠으나 그 중 특히 許筠은 詩文의 評論에나 選才에 있어서 空前絕後의 慧眼을 지녔으며, 柳夢寅도 역시 眼空一代한 批評家임은 틀림 없으리라 생각된다. 그러므로 柳氏는,

> 鄭士龍雖稱騷將 而其詩 傅會成篇 疵病自露 獨李荇渾然成章 而調格甚卑 有類應科之文 每作暫時仰屋 應手沛然 其詩宛轉無疵……蘇世讓李希輔 雖見屈於當世詞宗 不可與今世讀東文習四韻 如柳根者齒論 文章之漸下 如流水之逝 可歎也已
> <於于野譚>

라 하였고, 許氏는,

> 稍長任以文事 于今二十年矣 其所記覽 不可謂不富 而亦嘗妄有涇渭乎中 丁未歲刪東詩訖 又著詩評 其於東人稍以詩 見於傳記者 及所嘗耳聞目擊者 悉博採并羅 無不雌黃 而評隨之 凡二卷 其所品藻 或乖大雅 而搜訪之殷 足備一代文獻也
> <惺所覆瓿藁 卷二四 說部三 惺叟詩話引>

라 하였고, 또 그의 「余以病火動不克燕行姨譴巡軍作長句贈奇獻甫以抒懷」의 長篇은 대체 前段은 崔致遠으로부터 奇獻甫까지 諸家의 詩文에 대한 總評詩였고 後段은 自敍傳이었다. 그 理論이 銳利하기 짝이 없으며, 奇獻

甫는 곧 許氏의 이른바 「後五子」의 하나인 奇允獻(?)이었다.

吾東文章天下聞 羅季始稱崔孤雲 益齋牧隱鳴麗末 降及我朝多絶羣 二百年來俊民出 燦如衆緯羅天闕 中間縱許湖蘇芝 毋奈劌刃遭磨鈌 手提旗鼓登將壇 蓀谷老人才尤杰 王孟高岑力未工 直與造化爭其功 神交早定權與李 屬於左右誰雌雄 幽燕沉鬱自年少 步波洛襪眞淸妙 縱有寶肆陳木難 未免魚目混珠詒 鍾鏞在序迭唱酬 含宮咀徵鳴琅璆 晩得奇郞氣突兀 落章片語驚千秋 奇郞立身何骯髒 傲視不肯在草莽 頃從吾儕角拳勇 吾儕三人力難當 上苞盧駱與崔李 下掩空同大復子 南宮不樂還水曹 何遜子瞻俱作是 未解從俗且浮沈 莫恨世上少知音 高文自足映千代 羣兒謗滿徒相淫 余也歷落可笑人 不肯歛板拜車塵 是以時宰欲殺之 譴訶斥逐何紛繽 官則可奪氣肯奪 二竪雖強難我殺 金吾席藁汗沫肌 白簡生風足濯熱 平生文字結怨仇 諸姪爭勸且姑休 我自樂此不知惡 何物人間萬戶侯 長安閉門三日雨 凉風蕭蕭生竹樹 苦念奇郞胡不來 有酒徑欲持勸汝 可憐寂寞身後名 何補生前抱辛苦 但當寫詩盡千紙 吐盡胸中不平氣 奇郞見之當大笑 古來賢達皆如此 <惺所覆瓿藁 卷二 詩部二 病閑雜述>

그리고 金得臣은 許筠의 藻鑑이 一代에 이름 높았음을 再確認하여 깊이 感歎한 바 있었다.

李芝峯所著類說 評鄭湖陰後臺夜坐詩一聯「山木俱鳴風乍起 江聲忽厲月孤懸」以「月孤懸三字 與江聲忽厲不相屬」云 許筠所撰國朝詩刪中 選入此詩 而評之曰「此老此聯 當壓此卷」許筠以藻鑑名世 則宜有所深解 芝峯之有此貶論者 豈未嘗細究而然耶 余曾過淸風 抵宿黃江驛 夜半聞灘聲甚駛 開戶視之 落月孤懸矣 因憶湖陰「江聲忽厲月孤懸」之句 一詠三歎 始覺古人 寫景逼眞 其詩價對景益高 <終南叢志>

뿐만 아니라, 그는 選學에 있어서도 古今에 미칠 자 드물었다. 洪萬宗은 다음과 같이 논평했다.

知詩難於作詩 自古能詩者 咸以選詩爲難 余聞之先輩「趙石磵所選三韓龜鑑 多所缺略 柳夢窩大東詩林 未免固詖 徐四佳東文選 即一類聚 亦非選法 蘇陽谷續東文選 取舍不公 頗因愛憎 金佔畢靑丘風雅 只取精簡 遺其發越 柳西坰續靑丘風雅 與奪不明 未得其要領 惟許筠國朝詩刪 澤堂諸公 皆稱善揀 詩刪之盛行於世 蓋以此也」 <證正>

8. 小 說

光海朝의 小說은 역시 柳·許 兩系가 主潮를 占有하였다. 이제 너무 지

나친 細分일는지는 모르겠으나 「艶情」·「寓言」·「狹邪」·「假傳」·「滑稽」·「理想」·「傳記」 등의 七類로 나누어 보았다.

① 艶 情

1. 紅 桃

「紅桃」는 柳夢寅의 「於于野譚」 중의 한편이다. 南原에 살고 있는 鄭生이 같은 시골 처녀 紅桃와 議婚했으나 紅桃의 아버지는 鄭生이 不學無識한 탓으로 거절했다. 紅桃는 父母에게 말씀 드려 鄭生과 結婚하여 그 다음 해에 아들 夢錫을 낳았다. 宣祖 壬辰年 倭亂에 鄭生이 從軍하여 南原을 지킬 제, 紅桃는 男粧으로 남편을 따랐고 夢錫은 그의 祖父를 따라 智異山으로 들어갔다. 鄭生과 紅桃는 서로 흩어졌다가 中國에서 만나 浙江에 살다가 아들 夢眞을 낳아 中國 女子에게 장가들였다. 그 뒤에 난리를 만나 鄭生은 故國으로 돌아오다가 夢眞의 장인을 만나서 함께 南原으로 돌아와 夢錫과 함게 모였다. 紅桃는 夢眞의 夫妻를 데리고 濟州島를 거쳐 南原으로 돌아와 한 집이 團欒하였다는 이야기다.

柳氏는 思想的으로 벌써 당시 俗流를 超脫하였으며, 그의 文學的 作品 중에서 小說이 가장 아름다왔음도 사실이었다. 그는 벌써 史料에 대하여 慧眼을 가졌으며, 그의 作品의 하나하나는 모두 世道와 人心에 걸림 있는 것이었으므로 그의 知己인 成汝學은 일찌기 그에게 小說 쓰기를 권한 적도 있거니와 그의 作品에 대하여 贊語를 아끼지 않았다.

古人雖文章大手 至於記事 咸不滿人意 若子厚之龍城錄 子瞻之東坡志林 皆不逮他文 以我朝言之 如松溪漫錄稗官雜記等書 直平平耳 默好公以詞壇老將 一代文宗 著成於于野譚若干卷 其中可驚可怪非一二 而片言隻字 莫非有關於世敎

<於于野譚跋>

그러나 思想的으로 지나치게 固陋하지 않다는 張維(1587~1638)까지도 이에 대한 理解가 극히 薄弱했음은 슬퍼하지 않을 수 없겠다.

柳夢寅 著於于野談 多記閭巷鄙事 間以詩話 或及國朝故實 余偶得一卷觀之 其文俚甚 <谿谷漫筆 卷一 張51>

2. 眞 伊

역시 「於于野譚」 중의 한편이다. 松都三絕의 하나이라고 스스로 일컫던 이름난 妓生 黃眞伊가 당시 이름 높은 學者 徐敬德을 매혹시켰으나 徐氏는 그에게 끝내 흔들리지 않던 이야기, 당시 宰相의 아들 李生(?)과 金剛山에 구경갔던 이야기, 서울에 살고 있는 風流客 李士宗(?)과 함께 여섯해 동안을 살림살이하던 이야기 등을 쓴 것이다. 이 밖에도 「江南德」·「賣綾買」 등이 있으나 이에 割愛하기로 한다.

② 寓 言

1. 虎 穽

이편은 「於于集」 중에서 뽑은 것이다. 「寓言」이 한걸음 더 前進되면 「諷刺」가 되곤 만다. 이편 중에도 諷刺가 스며 있음을 발견했다. 그리고 全篇을 살펴보면 朴趾源의 「虎叱」에 미친 影響이 가장 컸음도 사실이다. 朴氏의 범은 「叱」임에 비하여 柳氏의 倀은 「嘯」·「哭」이었으며, 殘心·暴性이 범보다 사람이 지나치다는 論調는 두 作品의 共通된 焦點이었던 것이다. 당시 黨人들의 相殘은,

有長老之及見光海朝者 爲余言「其時僞獄甚多 上變希功者無虛日 有一人被逮而至 乃無知村氓也 掌鞫者問『汝何爲而作不軌之事乎』 其人曰『不軌者何謂也』獄官曰『謂謀逆也』曰『謀逆者何謂也』曰『圖爲王耳』其人愕然起立曰『窮巷賤民 賣柴糊口 常恐不及 何敢有圖王得國之心乎』遂仰天誓之曰『我有斯心 則狗子猫子也』聞者悲之」云 曾見柳夢寅小說 記其時事曰「見飯匙稍鉅於人 則必上變」蓋實錄也 <公私見聞錄>

를 보아서도 짐작할 수 있을 것이다. 이는 다만 남의 밥술이 커도 謀逆의 罪로 몰아쳤다는 것이다. 그리고 柳氏의 詩文 중에는 「寓言」이 가장 많았

으므로 成汝學은 그를 莊周(?)에게 비하여 다음과 같이 말하였다.

默好公 以絕世文章著成於于野談 其中可驚可怪非一二 而片言隻字 莫非有關世敎 筆端鼓舞之妙 直與漆園老仙 雀躍於九萬之上 並駕齊驚 眞雄偉不常矣

<於于野譚跋>

라 하였다. 이제 「虎穽文」에서 文을 버리고 序만을 떼어서 「虎穽」이라 이름하기로 한다.

蓋自天開子 地闢丑 人生寅 而三才者立 人於其中 叅天地爲萬物靈 則天之生是人 必異觀于物 不以物害于人 是天之心也 然而殘心㬥性 以害生人 莫虎之甚 而受天之降 承地之育 終古爲人患 是果天之心乎 非耶 夫天地至大 無物不容包荒之量 不分善惡 使各賦其性遂其生 咸囿於化育之內 是則天之心也 惟在人 自謀其身而自違其害耳 何者 邃古之初 人民少而草木多 四海九州 莽莽榛榛 人與衆獸 戲嬉林藪間 乃至剽而掎之 狎而擾之 漸至爲禽獸之害 衆獸乃作 角者觸 爪者攫 牙者咬 以貽害於人 人相與穴土巢木 以違其害 而又不得免焉 構室屋 圍藩垣 以遠其害 而不得免焉 甚至運智設巧 爲矛爲戟 爲劍爲弩 爲網罟 爲陷穽 防患之具權輿焉 於是 天欲袪其害 特降洪水于堯之時 使草木茂而禽獸橫 堯乃命益烈山澤 而禽獸去 命禹平水土 而生民粒 其後聖王不作 闢園囿 廣汚澤 荒田畝 蕪草樹 而禽獸復至 周公作焉 驅而出之四海之外 令鳥跡獸蹄 不復交於中國六路 自是 民各業其業室其室 山林川澤 可得以入 而深山幽藪 盡爲樵牧之場焉 我東僻在海隅 處中國九州外 方數千里 隱隱然皆高山峻嶽 當益之焚之 周公之驅之 禽獸之歸四裔者 至斯而止 民之居斯地避斯患 蓋亦難矣 然自箕子受封 而東國之土 已中國之矣 禮制法度 政敎器械 一如中國 環四域而耕鑿室廬之 以迄我聖朝 民自民物自物 各安其生二百年于玆 惟連之爲邑 在兩湖之交 東與俗離爲鄰 北與雞龍爲界 逕連智異 遡接大芚 皆名山巨嶽 林密而谷深 虎之巢窟 產育于斯 固其所也 是故 國家爲民除患 盡厥規畫 春而蒐 秋而狩 網以打圍 牢以設機 又命馮婦之徒 揕刃于負隅之猛 毛皮齒革 以充庭實 節目之貢 上國之幣 方伯連帥之獻 守令公私之需 無時或已 而佃獵之役 包山而絡野 虎之畏人 有甚於人之畏虎 其日久矣 及至海寇作孽 兵燹禍慘八路蕭然 化成蓬荻 十里一家 百里一村 原隰莽蒼 人迹幾絕 陽道消沮 陰沴自旺 虎之爲災 比今姑酷 彼民之流離轉徙者 披荊棘 掃灰燼 以自庇風雨 繩樞棬牖 柴援不固 虎乃伺其鼾睡 偵其起居 摶而挐之 電鶩風邁 雖賁育中黃 未暇措手足 嗚呼慘矣 而況自非上古登巢啄蠡之時 營營人事 憧憧往來 自不可已也 商旅負且戴 不知日暮路遠 逴逴蹊隧之間 而遇害者有之 村童野豎 窮樵遠牧於幽蔚之處 而遇害者有之 輸租應役 以昏夜而遇害者有之 採於山釣於水 以需朝夕而遇害者有之

遇害於耕 遇害於耘 遇害於汲 以捐性命於窮山草萊 而血肉狼藉 寃鬼夜哭者 不知其幾許 則苟有一毫惻怛之心 寧不有泚于其顙 於是 武人洪公 義夫也 遂奮然唾手斫山木以爲穽 長一丈 廣五尺 攢柵爲四壁 開一面爲戶板 引繩擧板 着牙于穽中係狗于奧 以爲陷虎之機 功訖 手戟以伺 疲極而睡 夢一偎鬼 騎大虎 且嘯且哭而前 揖洪而言曰「吾將軍何辜 而子讐之甚耶 子謂『將軍 殘心暴性』 而不知殘心暴性者 莫人之甚 凡物之寓於兩間 皆天之所生殖也 而人必害之 夫石有何辜 而必椎之磨之 磋之琢之 碎而爲礫而百之 糜而爲沙而萬之 木有何辜 而必鉅之斧之 斲之削之 爨于竈而灰之 斷于溝而腐之 魚何辜 筌而罛網而罾 割其鬐脫其鱗 而鱠之鳥何辜 矰而弋羅而黏 拔其羽折其翼而炙之 獸何辜 取以罟嬰以鏃 又陷以穽 刲腸割肚 盡其毛皮而鼎俎之 非特此也 人是同類 抑何負之有 而心以中焉 舌以傷焉兵以剋焉 劓焉刖焉 絞焉斬焉 甚至族滅焉 凡人之暴 倍將軍百千之 子徒知設機以陷將軍 而不知人間平地 一步百千穽也」洪曰「不然 天於人爲天 非人不成天 汝違天 宜死」言訖 洪夢覺 驚起視之 大虎已落於穽中矣 <於于集 卷五 張59~61 虎穽文>

2. 野鼠婚天

前述한 「鼠虱公論」도 역시 「寓言」이어니와 이 「野鼠婚天」은 당시 國婚으로서 取禍하는 소위 勳戚輩들을 諷刺한 것이다. 野鼠의 父母가 사랑하는 아이를 길러서 장가들이게 되었다. 그리하여 가장 높은 하늘에 交涉했더니 하늘은 구름에게, 구름은 바람에게, 바람은 果川 거리에 있는 돌미륵에게, 돌미륵은 野鼠에게로 서로 讓步했다. 野鼠는 종말에 同族인 野鼠에게 成婚했다는 이야기이다. 이것이 소위 「仁祖反正」 이후 與黨들의 主要政策의 하나인 「國婚을 野黨에게 주지 말 것」을 諷刺한 作品이다. 이편은 역시 「於于野譚」 중에 실려 있으며, 이제 原典은 들지 않는다.

③ 狹 邪

1. 南宮先生傳

이편은 許筠의 作으로서 「惺所覆瓿藁」 중에 실려 있다. 全羅道 臨陂에 살고 있는 富豪家 南宮斗는 나이 서른에 進士에 合格하여 서울에 살고 있어 다만 愛妾 하나를 시골집에 두어 農庄을 간검했다. 愛妾은 그의 異姓

堂姪과 奸通하게 되었다. 南은 활로 그 둘을 쏘아 죽여 벼논 속에 묻고 서울로 돌아왔다. 일이 발견되자 南을 逮捕하여 갖은 惡刑을 다했으나 그 아내가 지키는 자에게 술을 먹이고 빼어 놓았다. 南은 金臺山으로 들어가 茂朱 雉裳山에 옮겨서 한 長老를 만나 修鍊의 秘訣을 받아서 道를 통하였다. 그는 長老의 소개로 모든 鬼酋를 接見할 때에 朝鮮은 外敵에게 兵禍를 입어서 7년 동안을 소란했으나 다행히 나라가 망친 않았다. 이는 暗暗裏에 壬辰의 倭亂을 가리킨 것이다. 南은 스승의 命令에 의하여 다시금 俗世로 돌아와 장가들어 살림살이를 했다. 때마침 作者 許筠은 公州에서 罷職을 당코 扶安에 살고 있었다. 南은 許를 찾아서 仙家의 秘訣을 주었다 한다. 이는 許氏의 漢文小說「蔣生傳」·「蓀谷山人傳」등 중에 가장 긴 作品이었으며, 세속에 전하는「洪吉童傳」과 雙璧的인 存在이다. 이 두편을 함께 읽는다면 許氏의 文藝思潮의 흐름을 엿볼 수 있을 것이다. 原典이 너무 길므로 이에 들지 않는다. 許筠은 小說에 대한 認識이 깊으므로 그는 일찌기 林悌의「愁城志」에 대하여,

> 林子順自號笑癡……其文不多見 所謂愁城志者 結繩以來 別一文字 天地間自欠此文字不得 <鶴山樵談>

이라 하였고, 그는 또 親히 狹邪들과 狎游하였음을 말했다.

> 余少日 狎游狹邪 與之諧謔甚親 悉覩其技 噫其神矣 <惺所覆瓿藁 卷八 文部五 蔣生傳>

그러나 小說이 무엇인 줄을 모르는 이들은 이를 排擊하기에 汲汲했을 뿐이다.

> 世傳「作水滸傳人 三代聾啞 受其報應 爲盜賊 尊其書也」許筠朴燁等 好其書 以其賊將別名 各占爲號 以相謔 筠又作洪吉同傳 以擬水滸 其徒徐羊甲沈友英等 躬蹈其行 一村虀粉 筠亦叛誅 此甚於聾啞之報也 <澤堂別集 卷一五 張22 雜著 散錄>

2. 蔣生傳

이편도 역시 許筠의 作이다. 비렁뱅이 행세하는 蔣生이 기생집 외입장

이로 풀려서 노래 잘 부르며 술이 취하면 눈먼 점장이, 술취한 巫堂, 게으른 선비, 소박맞은 여편네, 밥비렁뱅이, 늙은 젖어미 등의 시늉을 하기도 하려니와 또는 입을 찌푸리며 모든 樂器와 鳥獸들의 소리를 모방했다. 그는 일찌기 樂工 李哥의 집에 몸을 붙였는데, 하루는 그집 여종이 머리꽂이를 잃고서 울기에 그는 그날 저녁에 여종을 데리고 景福宮 담을 뛰어넘어 慶會樓 위에 올라 두 靑年을 불러서 여종의 머리꽂이를 돌리게 했고, 그는 뒤에 술에 취하여 수표다리 위에서 죽었는데 시체가 썩어서 벌레로 화하여 날아가 버렸다. 그 뒤 그의 친구 洪世熹(?)가 鳥嶺을 넘다가 그를 만났는데, 그는 洪에게 「내가 실은 죽은 것이 아니었고, 저 東海 속에 있는 한 理想的인 섬나라를 찾으러 간다」 하였다. 이는 더우기 「洪吉童傳」 중의 硉島國의 발견과 좋은 對照的인 이야기이다. 그는 洪에게 몇 가지의 豫言을 남겼던 것이 모두 맞히고 말았다는 것이다. 이편은 비록 量的으로 보아서 대단치 않으나 許氏의 文學을 硏究하는 데 있어서는 가장 중요한 資料임을 다시금 말해 둔다. 金鑢(?)의 「丹良稗史」 중에도 蔣生傳이 李鈺(?)의 作으로 실려 있으나 그 內容이 이에 비하여 大同 小異的임을 보아서 역시 이에서 잇받은 것임을 알겠다.

蔣生不知何許人 己丑年間 往來都下 以乞食爲事 問其名 則曰「吾亦不知」 問其父祖居住 則曰「父爲密陽座首 生我三歲而母沒 父惑婢妾之譖 黜我作奴家 十五奴爲娶民女 數歲婦死 因流至湖南西數十州 今抵洛矣」 其貌甚都秀 眉目如畵 善談笑捷給 尤工謳 發聲凄絶動人 常被紫錦袂衣 寒暑不易 凡倡店姬瞓 靡不歷入慣交 遇酒輒自引滿發唱 極其懽而去 或於酒半 效盲卜醉巫 懶儒棄婦 乞者老奶所爲種種逼眞 又以面孔 學十八羅漢 無不酷似 又蹙口作笳簫箏琶 鴻鵠鵝鶩鷄鶴等音 難辨眞贋 夜作雞鳴狗吠 則隣犬雞皆鳴吠焉 朝則 出乞於野市 一日所獲 幾三四斗 炊食數升 則散他丐者 故出則羣乞皃尾之 明日又如是 人莫測其所爲 嘗寓樂工李漢家 有叉鬟學胡琴 朝夕與之熟 一日失綴朱紫花鳳尾 莫知所在 蓋朝自街上來 有俊年少 調笑猥倚 因而不見 啼哭不止 生曰「唉小皃 何敢乃爾 願娘無泣 夕當袖來」 翩然而去 及夕招叉鬟出 迤從西街傍景福西墻 至神虎門角 以大帶縮鬟之腰 纒於左臂 奮迅一踊 飛入數重門 時曛黑 莫辨逕路 倏抵慶會樓上 有二年少 秉燭相迓相視大噱 因自梁上鑿措中 出金珠羅絹甚多 叉鬟所失鳳尾 亦在焉 年少自還之 生

曰「二弟愼行止 毋使世人 瞰吾蹤也」遂引還 飛至北城 送還其家　未明詣李家謝之 則醉臥齁齁 人亦不知夜出也 壬辰四月初吉 賒酒數斗 大醉攔街以舞 唱歌不掇殆夜倒於水標橋上 遲明人見之 死已久矣 屍爛爲蟲 悉生翼飛去 一夕皆盡 唯衣襪在 武人洪世熹者 居于蓮花坊 最與之昵 四月從李鎰防倭 行至鳥嶺 見生芒屩曳杖握手甚喜曰「吾實非死也 向海東 覓一國土去矣」因曰「君今年不合死 有兵禍 向高林勿入水 丁酉年愼毋南來 或公幹 勿登山城」言訖如飛而行　須臾失所在 洪果於琴臺之戰 憶此言 奔上山得免 丁酉七月 以禁軍在直 致有旨於梧里相 都忘其戒回至星州 爲賊所迫 聞黃石城有備 疾馳入 城陷併命 余少日 狎游狹邪　與之諧謔甚親 悉覩其技 噫其神矣 即古所謂「劒仙」者 非耶 <惺所覆瓿藁 卷八 文部五 蔣生傳>

이 앞서도 柳夢寅의「林巨正」이 있어서 후세　洪命熹(?)의「林巨正」을 낳게 되었으나 너무 짧으므로 이에 따로 소개하지 않는다.

④ 假　傳

1. 楓嶽奇遇記

이편은 역시 柳夢寅의 作이다. 一種의「金剛山游記」였으며, 그 構成은 李羿의「三友傳」에서 받은 것이 많은 듯싶다.

於于柳先生 棲楓嶽之表訓寺 病三月始起 常夜登南樓 以自遣 忽有異人 狀貌魁傑嶄巖 使童子通名曰「堅白主人 請見先生」令童子 扶而再拜　撤席坐定 主人曰「余本斯嶽之主 姓石 自開闢 吾石氏 封於斯地者 一萬有二千 皆尙堅白 嘗爲公孫乞子同異之學 今先生 見客累月 請乘暇日 爲奇遇」俄而復有客通刺　自號淸溪道流 字仲深 揖先生而言曰「我出自雁門　引仙派淸流 循洞府 游于樓下　聞主人翁奉先生作佳會 敢來與席」下復有客 身長十丈 垂蒼胡披赤甲　欣然而來 問之童子曰「此會稽張丈人 擧族專住此嶽 不知幾千萬」先生奇其儀表 倒屣而迎之 復有客不知自何所 無語而來 倏爾而入 坐曰「我出此嶽 上下四方 隨所往而遊 今夜靜山寂 尋根而歸」訪其姓名 只曰「無心過客」 又有丹冠老仙 長頸聳身　翩躚而至曰「東峯之外有臺 號金剛 有窟淸且深 非但人蹤不到 翔隼仰而不逮　余世栖其中 三十年前 與先生有舊 敢來拜」又有客　颯然來過 使人肌骨淸冷 訊之　乃青蘋逸士雄其名者也 未幾 萬壑俱明 衆峯呈態 瑞光自東而來　主人驚喜曰「此我至明正素極圓元晦太淸太夫人 自東海 從日出峯之左 穿松林來莅焉」 主人移席而請曰「今者日吉辰良 諸異畢會 會柳先生 久疴而蘇 盍屬一觴 慰諸」太夫人曰「甚可 唯主人焉」於是 主人翁 使香城眞仙 進靑桂子各一盤 松林菴道釋 進茯苓糕各一器 萬瀑洞主 供紫葡萄蜜漿 九井洞靈 奉五味香餌 命廬峯 摘石芝 令彌坡 採紫芝 摩訶神人 呈松芽鬱黃酒 陳獅吼鯨鳴梵唄錚鼓之樂 以娛之 復展紅霞爲綵牋 挖東溟爲硯

池 偃五老峯爲筆穎 請先生賦詩 先生放筆而題之 山鬼林夔皆泣焉 酒數行 太淸太夫人 先起而辭曰「今將趁未曙 歷崑崙過玄圃 與西瀛仙子 相期於若木之墟」遂下樓而去 滿座廻遑如失 已而 陰氛四合 山氣溟濛 主人翁 蹙然變色曰「花山白居士復來矣」先生徙倚而四顧 堅白主人 已成皤皤老叟 淸溪道流 匿跡於深壑底 無心過客 歸於巓上 而會稽張丈人 支體下垂 蒼髥盡爲皓鬚 無復昔日容顔 丈人顧謂靑蘋逸士曰「今我困矣 願逸士 釋我重負 看我萬舞」先生乃攝衣下樓 丹冠老仙從之山無蹊徑 地上之白 五尺矣 〈於于集 卷六 張39～41 雜著 楓嶽奇遇記〉

이에 登場된 假傳的 人物로서 「堅白主人」은 돌을, 「淸溪道流」는 시내를, 「會稽張丈人」은 솔을, 「無心過客」은 구름을, 「丹冠老仙」은 학을, 「靑蘋逸士」는 바람을, 「至明正素極圓元晦太淸太夫人」은 달을, 「香城眞仙」은 계수나무를, 「萬瀑洞主」는 萬瀑洞을, 「九井洞靈」은 九龍淵을, 「盧峯」은 毗盧峯을, 「彌坡」는 彌勒坡를, 「摩訶神人」은 摩訶衍을, 「花山白居士」는 눈을 각기 가리킨 것이었다.

2. 灌夫人傳

이편은 成汝學의 「續禦眠楯」 중의 한편이다. 「灌夫人」은 곧 玉門을 이름이니, 男主人公 朱將軍에 對備하기 위한 女主人公의 託名이다. 本典은 너무 지나치게 猥褻하므로 이에 들지 않는다. 그는 다만 자기만이 小說 짓기를 좋아했을 뿐 아니라, 柳夢寅에게도 小說 짓기를 권하였으므로 柳氏의 「於于野譚」은 그의 권고에 의하여 이룩된 것이라 한다.

余觀東方子集多矣 無若公之大家 雖然今之世 孰知文章 詩文雖工 衆莫之貴 不若著小說叢話 非但裨補世敎 衆亦樂觀」余然其言 隨聞見 著於于野談 〈於于野譚〉

3. 郭索傳

이편은 權韠의 作이다. 그의 「酒肆丈人傳」도 역시 假傳的인 小說이었으나 이편이 더우기 아름답다. 「郭索」은 곧 無腸公子 「게」를 擬人化한 것이다.

郭索者 吳人也 其先曰「匡」佐神農氏 得治胃氣理經絡之術 嘗客游秦 秦人多病瘧者 匡至門 瘧輒已 自是郭氏 重於秦 匡子曰「散」散干越王勾踐 是時越王方委國政於鬪蛙 蛙素習知郭氏 小之不爲禮 乃去 自散歷九代至索 索生而性躁 然有物外高致 避世亡在澤中 甃躅勃窣於蘆葦間 務滅其跡 不欲上人齒牙間 江湖人往往知其處 造而請 索不得已而與之游 人雖盛設杯盤以待 然非其好也 有薦索於上者 上

曰「昔者太史 奏『井鬼之分 必有異人』豈索邪」遣使強致之 欲授以喉舌之任 索兩擧手加額而謝曰「陛下有命 臣雖赴湯鑊 所不敢辭 然臣介士也 薄於世味 寧游戲汚瀆之中自快 無爲有國者所羈」因洙涕飮泣 上憐其志 且以其家世有橫草之功 詔以九江二湖松江震澤 爲索食邑 郭氏散處江湖間者甚衆 而獨索能以風致自顯 所與游率韻人佳士 最與醴泉曹醇善 相許以氣味 人或請醇 索時時與俱往 雖有悲愁鬱悒者 索與醇在其左右 則必欣然樂也 漢將彭越之後 有曰「蜞」者 學優孟之術 能像索形貌 人視之不能別也 然蜞外托君子 而內實陰賊「士大夫莫肯待以腹心」云 漢武帝時有郭解者 任俠行權 丞相公孫弘以法誅之 或曰「解即索之先也」 或曰「非也」世莫知其然否

太史公曰「郭索佳公子也 剛外而黃中 其學易者耶 觀其被堅執銳 凜然有橫草之氣 而卒死於草澤 悲夫 世或以無腸譏索 豈不過也」 <石洲外集 卷一 張13 郭索傳>

⑤ 滑 稽

1. 金仁福

역시 柳夢寅의「於于野譚」중 한편이다. 「史記」「滑稽傳」중의 優孟(?)보다 못지 않은 大諷刺家인 金仁福(?)의 말을 敍述한 것이다. 이제 原傳은 생략하고 後世의 이에 대한 논평을 붙여 둔다.

於于野談 述金仁福語 文勝滑稽傳優孟銅歷之說 <夢囈集>

⑥ 理 想

1. 周流天下記

이편은 琴恪의 作이다. 그는 主人公 大觀子라는 理想的인 人物을 登場시켜서 中國의 天下를 舞臺로 삼아 聖哲·賢豪·英雄·烈士·才子들의 遺蹟을 따라 勝地·福州의 歷覽을 마치고 그의 벗 冲虛子에게 誇張하고 당시 師表인 無極翁에게 批評을 받았다. 그는 家學으로서 그의 아버지 琴蘭秀(1530～?)는 退溪의 門人이었고 또 그의 外師인 許篈은 역시 花潭·退溪의 兩系에 出入하였던 만큼 그는 思想的으로 兩系의 混成的임이 틀림없었다. 그리하여 이편은 退溪의「登樓歌」에서 많은 影響을 받아서 滔滔한 大篇으로 발전하였다. 原典은 길어서 이에 들지 않고 다만,

批觀此文 不出戶庭 而知天下 眞傑作也 當於古人中求之 今不敢以世俗之品題品題之也 然溫厚謹勅之意少 而輕揚傲誕之態多 殊非所以求益 切宜戒之

〈釣臺寃稿 周流天下記 後評〉

의 許筠의 評語를 붙인다. 그리고 그의 同學인 許筠은 다음과 같은 哀惜의 눈물을 금치 못했다.

所著周流天下記 風窓浪話 日洞錄 專意讀書文等文 一時談秋者 皆左祖傳誦之 京師紙價頓高 仲兄大加奬詡……余泣而曰 當白甕之日 吾三人仰君 猶蓬艾之於高松 使其在世 必主文盟 爲國之瓌寶 吾安敢以文自鳴於世乎……」

〈惺所覆瓿藁 卷一七 文部一四 琴君彦恭墓誌銘〉

爲文典重溫麗 已成作家 其釣臺記 周流天下記 早甦問等篇 傳于世 十六游學於外 得復蟲之症 家居著風窓浪話以自遣 歲戊子秋卒 將易簀之日 自銘曰「鳳城人琴恪 字彦恭 九歲而學 十八而逝 志遠年夭 命矣也夫」又輓曰「父兮母兮 莫我哭兮」有釣臺集四卷 〈鶴山樵談〉

⑦ 傳 記

1. 蓀谷山人傳

역시 許筠의 作이다. 당시 「傳記」類의 小說로서는 柳[illegible]의 「劉希慶傳」과 許氏의 「嚴處士傳」·「張山人傳」 등이 있으나 이편이 그들의 代表作이다. 蓀谷은 곧 李達의 號이다. 許筠은 일찌기 李達에게 詩를 배웠으므로 그의 詩境이나 또는 그의 生涯를 누구보다 깊이 알 수 있었다. 당세에 三唐으로 이름 높던 李達이언만 그는 본시 李氏의 庶孼로서 그 어머니가 妓生의 몸이어서 淸宦의 길이 막혔었다. 이는 실로 李氏封建社會의 制度에서 起因된 悲劇의 하나이었던 것이다. 그리고 그는 世俗의 禮法에 얽매이지 않고서 時政에 抵觸되는 言論을 삼가지 않았으므로 그때 사람들은 그에게 대한 질투심과 증오감이 극도에 달하였다. 그러나 그들은 李達을 마침내 죽이지는 못했다. 詩弟子인 許筠으로서는 그의 不遇한 一生을 못내 슬퍼하지 않을 수 없겠으며, 또는 그의 奇嶇·悲凉한 자취를 湮滅시키기에는 차마 못할 일이었다. 그 銳利한 筆致와 哀切한 情懇은 千古 文人·學士의 눈물을 자아내고 있다.

第十一章 浪漫主義

〈仁祖反正 以後〉

1. 勳戚의 跋扈와 國難

李韓의 全代를 통틀어서 國家的인 大失策은 다음과 같은 세 가지의 일이 있었다고 생각된다.

① 太祖의 西北人에 대한 廢棄政策　　② 太宗의 庶孽枳塞

③ 仁祖의 野黨禁錮

그리하여 소위「仁祖反正」이란 表面的으로 보아서는 의젓하였으나 그들의 人物은 모두 無能에 偏隘를 겸하여 無慈悲한 野黨에의 彈壓으로 勳戚의 勢力을 굳게 심고 一黨의 獨裁로 不義를 恣行하였으나 그들은 이에 아무런 反省이 없었으므로 얼마 아니되어서 丙子胡亂이 터져서 百世難湔의 恥를 招來했고, 孝宗에 이르러서는 아무런 實踐도 없이 北伐을 假裝하여 欺君·誤國의 文人·學者輩이 登場되었던 것이다. 그러므로 許筠은,

> 西人之扶松江 亦各守渠所見 本不可盡非 至於成李門人 滯才甚多 官爵是國家公器 而天地四時 亦有循環 詎可專授一邊人 使賢才虛老於下僚耶 若此不止 則恐乖上天生才之仁 而國非其國也 〈惺所覆瓿藁 卷九 文部六 上完城李相國惪國 第七〉

라 하였고, 李重煥(1690～?)은,

> 新羅時 北阻大漠及契丹 專以海路朝唐 冠蓋相續 聲明文物 慕效中國 頗斐然可尙 自高麗至我朝 又將千年 上下數千年間 一道之內 多出將相公卿 文章德行之土與夫樹勳立節之人 仙釋道流 號爲「人材府庫」 我朝則宣廟以前秉國者 皆是道人 四賢從祀文廟者 又是道人 仁廟興栗谷李珥 牛溪成渾 白沙李恒福 門生子弟靖亂 自是偏用京城世家 〈擇里志 張15 慶尙道〉

라 하였으며, 安鼎福은,

> 金淸陰尙憲 臨終時 其儕流往見 則屛人密語曰「國婚愼勿與南人」 〈順菴雜書 第三六册 雜錄〉

이라 하였고, 그는 또 다음과 같이 具體的으로 말했다.

洪生員境言「嘗與申致勤 爲酒伴 一日醉中 申語之曰『丈知西人之學有淵源 世世國婚事乎』曰『不知』申曰『此栗谷臨沒時遺訓也 謂世世學問 可以爲士類 世世國婚 可以執權 主張世道 莫過于此』」蓋淸陰之言 亦出于此 而至今堅守其言<同上>

이에 대해서는 安氏보다 더 앞서 李縡(1680～1746)의 기록에도 다음과 같은 말이 있다.

昔淸陰先生 當癸亥反正之初 建議 謂「東人亦當盡歸大北之流 而一切廢錮」他議以爲「如此則人心不服 不可不稍存區別」淸陰之議不行 <三官記 耳上>

그리하여 仁祖反正의 이후로부터 英·正代의 實學派가 登場되기 이전의 文學主潮는 대체로 浪漫的이며, 頹廢的인 傾向을 띠지 않을 수 없었다.

2. 辭 賦

당시의 辭·賦는 거의 千篇一律的이어서 아무런 새로운 境地를 開拓하지 못했다. 만일 斯學에 대해서 業績을 말한다면 金錫胄의 「海東辭賦」의 選定일 것이다.

余於前夏 解職居閑 仍爲諸從輩所要 遂遍閱東人古今諸家辭賦 就揀其聲韻諧雅能不詭於作者之旨者 爲一帙 人自麗朝李文順 至我春沼舅氏 爲二十有七 文自祖江至夢喩 爲五十有八……總名之曰「海東辭賦」以見夫左海文明之區 數千里之遠數百代之下 尙有宗依屈宋 踵躡班揚 非楚而楚 有足觀者

<息菴遺稿 卷八 張26～27 海東辭賦序>

그러나 이는 選學에 속하는 일인 만큼 長提할 것 없겠고 다만 代表的인 作品 몇수를 들기로 한다.

① 辭

1. 和歸去來辭

이는 申欽의 作으로서 陶潛의 「歸去來辭」에 대한 和韻이다. 이에 原辭는 들지 않는다.

2. 續天問

屈平의 「天問」에 대한 擬續篇이다. 이제 原辭는 들지 않고 다만 作者 張維의 「自序」 一段을 들어 둔다.

昔者 屈原旣放 彷徨山澤 作爲天問之篇 蓋託於問天 以自紓其憂思感古之懷 其事怪 其理淫 而其文特奇甚 其志又可悲也 故先儒亦不以其淫怪 而斥之 余嘗讀之 喜其文 而賞其志 未嘗不慨然以歎 端居覽物 迺益有所感發 遂效其體 作一篇
<谿谷集 卷一 張3 續天問序>

② 賦

1. 次韻幽通賦

이편은 역시 張維의 作이다. 이는 張氏가 班固의 「幽通賦」를 愛誦하던 나머지에 次韻한 것이다. 그의 「自序」는 다음과 같다.

班孟堅 作幽通賦 蓋效屈子離騷 其造語之奇奧 託意之深遠 非詞人之賦 所能及也 余少而喜讀焉 旣久益有所感 漫爲次韻 首擧性命之原 次及古今世變 中叙己志 感慨乎世道之溷濁 禍福之舛錯 而終之以天定之常 修身俟命之道焉 命辭託物 頗用其體 蓋欲自紓鬱抑 雖蒙效矉之誚 不暇恤也 <谿谷集 卷一 張12 次韻幽通賦序>

그 밖에도 李廷龜의 「次愁陽春賦」, 金昌協의 「東征賦」 등을 들 수 있으나 이에 다 割愛해 버리기로 한다.

3. 樂 府

당시의 樂府는 크게 발전하지는 못했으나 다만 面目은 그대로 갖추었다.

① 詩

1. 將進酒長曲

本曲은 申欽의 樂府體 「東飛伯勞西飛燕」으로부터 「山中相」까지 49首 중의 한편이다. 그는 당시 樂府에 있어서 가장 大家였으며, 李白·鄭澈 등의 浪漫的인 思潮를 받아서 이룩된 作品이었다. 그는 이 밖에도 또 樂府體 149首가 전한다.

今日非昨日 今年非去年 君看明鏡裏 素髮無由玄 床頭金屈巵 有酒如流川 堂中窈窕人 有色如花妍 此夕不肯飮 明朝應悵然 道傍朱戶宅 行馬施門

前 當時將與相 翕赫俱機權 如今安在哉 飄風過耳邊 壠上石麒麟 秋草埋荒阡 所以將進酒 日日同醉眠 <象村集 卷一 張2>

그의 樂府에 대한 理論은 다음과 같을 뿐이었다.

樂府詩之類 而歌之祖 亦風雅之餘也 唐宋以後 爲詞曲者 皆從樂府而演之 蓋樂府者 古人用之於郊祀 用之於軍旅 漢之隸時日鐃歌諸調是已 魏晋及唐代 各殊製以而閭巷謳謠 抒思舒悲 或長或短 不局彀的 忼慨怊悵者有之 嬌嬈婉麗者有之 其體固然也 顧其防也 不唯音 唯其事也 流之遠也 則有其音 而無其事 雖無其事 音自可貴 擬而肖之者 昔人譬之新豐 貴其音也 余竊不自揆 倣而爲之 間雜耳目所覩記 附以爲篇 非謂音與事備 抑傷世之一端云爾 <象村集 卷三 張1 樂府體四十九首序>

그리고 그가 鄭澈의 詩風을 가장 艶慕하였음은 다음의 기록으로서도 족히 엿볼 수 있겠다.

斯詩乎 淸而秀矣 峭而拔矣 長言雋永 短語高邁 翩翩霞擧 有玉宸橐珠之遺 總而論之 價自連城 當公之世 而秉觚墨者 其瞠乎後矣 <象村集 卷二二 張29 松江詩集序>

2. 海東樂府

「海東樂府」는 沈光世의 作으로서 「借地恨」으로부터 「相公來」까지 44首였다. 그의 「自序」는 다음과 같다.

吾東雖曰「好學」 學者所習 惟在中國書籍 東國之書 漫不識其題目 故上下數千年 善惡興亡之事 懵然莫知 豈可乎哉 是以爲惡之人 恣行不顧 至有「誰見東國通鑑」之語 余爲此痛 逮蒙恩譴投荒 魑魅之與遊 魚蝦之爲侶 無以自遣 只以書籍爲娛 偶讀西涯樂府 愛其辭旨剴切 引事比類 勸戒明白 能使人感發而興起 有補於初學爲甚大 間閱東史 就其中可以贊詠鑑戒者 除出若干條 作爲歌詩 名曰「海東樂府」 以敎兒輩 雖不敢自附於作者 聊以志纂述之梗槩云爾 皇明紀元萬曆丁巳杪秋下澣 休翁序 <海東樂府 卷首 海東樂府序>

이제 그 중에서 新羅 太宗王妃 文明(?)이 비단치마로써 그의 맏누이 寶姬(?)의 꿈을 샀던 이야기를 읊은 것을 들기로 한다.

昨夜姊有夢 今朝姊始言 姊謂夢無用 妹何換錦裙 錦裙燦吉夢圓 姊無福妹有緣 身國母子王貴 嗟夢直錦裙幾 <海東樂府 張9 錦裙夢>

3. 浩蟠謳

李衡祥(1653~1733)의 作으로서 「望太平」으로부터 「節操祝」까지 16首

이다. 이제 그 중에서 「白髮鑷」 한편을 들어 둔다. 이는 李德馨의 鑷白의 諧謔을 읊은 것이다.

漢法雖寬假 殺人者必死 秋霜待時降 護花慢堪忌 白髮將殺我 不鑷更何埃 <瓶窩集 樂府 浩皤謳 白髮鑷>

4. 飜方曲

南九萬(1632~1711) 이 옛 時調 11首를 漢譯한 것이다. 이제 그 중에서 세 수만을 뽑는다.

此身死復死 百死又千死 白骨爲塵土 魂魄復何有 向君一片丹心 到此猶未已 <其一>

咸關嶺高復高 夜宿曉去寒雲飛 孤臣寃淚欲附汝 願帶爲雨長安歸 長安宮闕九重裏 倘向君前一霏霏 <其二>

東方明否 鶬鶊已鳴 飯牛兒胡爲眠在房 山外有田隴畝濶 今猶不起何時耕 <其五>

<藥泉集>

其一은 鄭夢周의 「死了歌」, 其二는 李恒福의 「鐵嶺宿雲詞」, 其五는 李明漢의 「東窓曲」 등의 漢譯이다. 혹은 其五의 原詞를 곧 南氏의 作으로 認定하였으나 그릇된 것이다.

5. 西浦樂府

이는 金萬重의 作으로서 高麗의 「三藏」·「蛇龍」 두 노래를 演述한 것이다. 그는 곧 당시 浪漫小說의 代表作인 「九雲夢」의 作者이다.

三藏有蛇二歌 出於高麗忠烈王時 其詩曰「三藏寺裏燒香去 有社主兮執余手 倘此言兮出寺外 謂上座兮是汝語」「有蛇啣龍尾 聞過太山岑 萬人各一語 斟酌在兩心」其語雖俚 而殊有古意 今輒擬而稍演之云

君演三藏經 妾散諸天花 撩亂殊未央 井上梧桐啼早鴉 不愁外人說長短 傳茶沙彌是一家

玉石無定質 姸媸無正色 玉石在人口 姸媸在君目 日月本光明 讒言自成瞙 <西浦集 卷二 張11 樂府>

6. 公無渡河

公無渡河 河水深且險 君不見黃河之水天上來 湯湯浩浩民皆墊 水兮襄陵洪

波巨浪日夕相澎轟 如何皤皤白頭翁 散髮提壺河上憑 淸晨臨險不知懼 萬里層波容易渡 觀者莫不惜 公果投水府 其妻隨呼止之不能及 嗚呼公終暴骨於澤之浦 箜篌怨兮何時已 海風吹兮水瀰瀰 此恨與之流不止 君看宦海履危人淪胥以沈此翁似 <順菴雜書 第二五册 雨棄齋集上>

이는 安瑞羽(1664~1735)의 作이다. 그의 樂府「兜率歌」로부터 「枯柏蘇」에 이르기까지 27篇 중의 하나이다.

7. 翻鄭松江將進酒辭

金春澤(1670~1717)은 韓文·漢譯의 大家이다. 이는 鄭澈의「將進酒辭」를 漢譯한 것이다.

記昔吾友鄭重汝 訪余於龍湖之上 酒酣擊壺 而唱其先祖松江公將進酒辭 然竊恨其爲俗諺 要余以文字翻之 余雖不敢 亦謹諾焉 旣而遷就未果 今且十年 而重汝則已矣 辭中所謂「誰復勸一杯」者 豈不重可感也 重汝子檣又來訪臨陂謫所 相對泫然 遂翻辭與之 蓋以踐宿諾於亡友云

一杯復一杯 折花作籌無盡杯 此身已死後 束縛藁裏屍 流蘇兮寶帳 百夫緦麻哭且隨 荒茅樸樕白楊裏 有去無來期 白月兮黃日 太雪細雨悲風吹 可憐誰復勸一杯 況復孤墳猿嘯時 雖悔何爲哉 <北軒居士集 卷四 張15 鷺山錄>

그 밖에도「松江歌詞」에 대한 漢譯詩로서 金相肅(1717~?)·成海應(1760~?) 등이 각기「思美人曲」의 譯本이 있고 또 逸名氏「關東別曲」의 譯本이 있으나 모두 鄭氏의 浪漫的인 詩風을 잇받은 作家들이었다.

② 詞

당시의 詞는 閑散하기 짝이 없었다. 이제 代表作 몇수 만을 들기로 한다.

1. 臨江仙

李廷龜의 作이다. 그의 詞 두수 중에서 이제 그 한수를 뽑기로 한다.

晴龍灣娼 尹其姓也 余客于灣 前後十年 酒席花筵 知名識面者 蓋非一二 而晴娘獨以五峯故 來輒致款 歲辛丑 忝儐詔使 久滯于玆 客館孤寂 晴常趁日來話 話間啼笑 皆五峯也 居無何 晴忽不來 一日峯翁 在宣城 以書抵余 知晴已作峯前雲雨也 又未幾 晴之詩卷至矣 讀其文 詠其詩 晴之守情於峯 蓋久矣 而峯之戀舊於

晴 亦勤矣 世間最難擺脫者情 男子好心腸 風流佳事跡 苟無稱述者 則嬌紅翠卿之名 其孰從而傳於後也 況吾與峯翁爲兄弟 而晴娘 又是舊伴 烏可無一言於玆卷耶 遂爲詞二闋 他日與峯對酒 俾晴歌之

一朶荷花明月夜 多生暗結芳緣 幾回離別惜流年 重尋華館夢 羅袖向春天 暗擲琴心回鳳髻 爲君低唱尊前 一春光景政堪憐 試看湖上柳 能得幾時姸 <月沙集 卷一〇 張7~8 題尹晴詩卷>

2. 浣溪紗

曾侍先王香案前 鑾坡鳳掖幾經年 玉音長是聽經筵 鼎水蒼茫龍馭遠 喬山何處怨啼鵑 白頭空有淚如泉 <象村集 卷二〇 張31>

이는 申欽의 作 6首 중에서 한수를 뽑은 것이다.

3. 憶秦娥

이는 林泳(1653~1696)의 作이다.

山有花 百濟舊曲也 有音而無詞 戱效憶秦娥體爲之

江雲絕 哀歌唱斷荒城月 荒城月 千年古國落花時節 釣龍臺畔寒潮沒 皐蘭暮寺微鍾歇 微鍾歇 水光山色夕陽明滅 <滄溪集 卷一 張35 山有花>

4. 詩 歌

당시의 선비들이 詩歌에 대한 認識이 그다지 높지 못했으므로 杜詩를 논하면서도 그의 寫實的인 價値를 지닌 것에는 미치지 못했다. 張維는,

詩有未可廢者 則杜詩何可不讀 讀杜而有諺解 其不猶迷塗之指南乎 況是編也 成廟所嘗留神 以嘉惠後學者也 重刊而廣布 使學詩者 戶藏而誦之 以裨聖朝溫柔敦厚之敎 此誠觀民風者 所宜先也 <谿谷集 卷六 張33 重刻杜詩諺解序>

라 하였고, 그는 또,

白樂天 作長恨歌 說盡宮中行樂 至於閨閣密誓 非外人所可知 而亦及於詩中 可謂甚矣 洪武中 監察御史張尙禮 作宮怨詩……高皇帝以其能寫宮閫心事 下蠶室死……後之君子 當以尙禮爲鑑戒 不當以樂天褻語 爲風流才致也 <谿谷漫筆 卷一 張53>

라 하여 「長恨歌」를 다만 褻語로 몰아 버렸다. 그는 당시 勳戚들 중에서 思想的으로 조금 進步的이었음에도 오히려 이러하였으니 그 나머지는 더우기 말할 수 없는 것이다. 이제 당시의 作者羣을 列擧해 보기로 한다.

① 金尙憲

金尙憲(1570～1652)의 詩에 대해서는 일찌기 王士禎(1634～1711)의 기록에 다음과 같은 말이 있다.

天啓中 朝鮮使臣金尙憲字叔度 由登州入貢 鄒平張忠定公華東 館之於家 刻其詩一卷 頗多佳句 如

三秋海岸初賓雁
五夜天文一客星」
澹雲微雨小姑祠
菊秀蘭衰八月時

……蚤春云

水際城邊野馬飛　漸聞宮漏晝間稀
東風日夜蘼蕪綠　塞北江南總憶歸」
王灘流水繞江涯　江上松林是我家
昨夜夢尋烏石路　山前山後蚤梅花

余論詩絶句云「澹雲微雨云云 記得朝鮮使臣語 果然東國解聲詩」<漁洋詩話 卷上 張2>

② 李 植

李植은 비록「學杜」로서 이름 높았으나 그의 詩格은 역시 蘇·黃의 領域을 넘지 못하였으므로 金萬重은 다음과 같이 논평했다.

李澤堂杆城郡蓮池絶句 精深偉麗 無論東方作者 雖蘇黃集中 亦所罕見 <西浦漫筆>

金氏는 또 다음의 作品에 대하여 자못 높이 評價했다.

十五嫁沈郞挽歌 大有樂府風味 前輩李少婦哀辭雖淸麗 意致之淵永 節奏之蕩跌不及多矣 <同上>

이제 그 原詩를 다음에 붙여 둔다.

十六嫁沈郞 沈郞如玉溫 借問翁舅誰 官居八座尊 別置閑房大宅左 圖書琴瑟分兩傍 淸池玉甃並菡萏 翠竹碧梧雙鴛鴦 鸞翹鳳衫鶴補團 斗帳彩鞾絲流黃 上堂拜姑舅 中厨命酒漿 詵詵娟提抱 兒女儼成行 不知人間底苦惱 居然幻化歸泉鄕 明月纔沉蚌珠墮 纍纍三塚同山岡 禍患一朝倂 六親徒摧傷 君不見東隣老女貧至骨 艾鈸布裙糠籺粮 男啼女哭凍竣迫 四壁塵土堆空鐺 稽首大司命 願代西家娘子亡 司命操權太不中 壽夭生死與人皆乖張 天高高理茫茫 <澤堂集 卷三 張9 詩>

그러나 李氏의 本色을 지닌 作品은 역시 金氏가 칭도한 다음의 一絕이라 생각된다.

重陽擬作登高別　　此意雖勤已足悲
我正告休君促駕　　寒花落葉閉門時

此詩不載澤堂集中……蓋此寂寥短章 深婉精切 誠非他人之所能爲也 <西浦漫筆>

끝으로 李氏와 許筠과의 관계를 소개하기로 한다.

李澤堂植 弱冠未有名 其妻兄沈長世 宰扶安 澤堂爲覲妻母而來 許筠適配其邑 筠題贈一律 其頸聯曰「皓首身千里 黃花酒一杯」澤堂次之曰
旅跡無長策
窮愁共此杯
筠大加稱賞 以爲「必主文」澤堂由是知名 <玄木瑣談>

그리고 李氏의 「杜詩批解」에 대해서 申緯는 일찌기 다음과 같이 말했으나 이는 그의 「批」·「解」에 대한 功을 칭도한 것이었고 곧 그가 벌써 「學杜」에 成功했다는 것은 아니었다.

天下幾人學杜甫　　家家尸祝最東方
時從批解窺斑得　　先數功臣李澤堂　<警修堂集 第九册 東人論詩絕句 三十五首>

③ 李明漢

李明漢의 詩로는 다음의 二絕을 代表作으로 들고 싶다. 역시 鄭澈의 浪漫的인 詩風을 艷慕하는 한 사람이었다.

十年湘浦採江籬　　望斷瑤臺怨別離
兒女不知時世態　　至今空唱美人辭」

七娘已老石娘死　　今代能歌號阿玉
高堂試唱美人辭　　聽之不似人間曲　<白洲集 聞玉娘歌故寅城鄭相公思美人曲>

④ 許　穆

許穆(1595~1682)은 비록 浪漫派의 詩人은 아니겠으나 지나치게 奇譎하였으므로 당시 敵黨의 排擊을 입었다. 李瀷은,

禮訟之後 眉叟大忤時論 李姓宰相白上「禁其字體 又椎碎東海廟碑」公有詩云
朝日上東嶺　　雲霞生戶牖

不知山外事　　墨葛寫科斗 〈星湖僿說類選 卷一〇下 詩文篇 眉叟詩〉

라 하였고, 李氏는 또 問題의 「東海碑」에 대하여 다음과 같이 말했다.

杜詩譴瘧鬼 韓文驅鰐魚 文章可以条造化矣　如近世許眉叟篆文　幾鼎鍾之古矣 世自無眞眼 亦安知其不至於神乎 公著東海碑自書之 人有鬼祟者 以其一本置於旁 鬼不敢近……文曰

瀛海漭瀁 百川朝宗 其大無窮 東北沙海 無潮無汐　號爲大澤　積水稽天 浡潏汪濊 海動有曀 明明暘谷 太陽之門 羲伯司賓 析木之次 牝牛之宮 日本無東 鮫人之珍 涵海百產 汗汗漫漫 奇物譎詭 宛宛之祥 興德而章 蚌之胎珠 與月盛衰 旁氣昇霏 天吳九首 怪夔一股 颷回且雨　出日朝暾 轇軋炫煌 紫赤滄滄 三五月盈 水鏡圓靈 列宿韜光 扶桑沙華 黑齒麻羅　撮髻莆家 蜑蠻之蠔 瓜蠻之猴 佛齊之牛 海外雜種 絕黨殊俗 并囿咸育　古聖遠德 百蠻重譯 無遠不服 皇哉熙哉 大德廣博 遺風邈哉

此一篇 時一諷誦 令人神思凜然 鬼有知覺 亦安敢不畏彼乎

<星湖僿說類選 卷一〇下 詩文篇 東海碑>

⑤ 鄭斗卿

鄭斗卿은 일찌기 당시에 大家로 推崇을 받았으므로 南龍翼은,

鄭東溟晚出 莫有能抗之者　張谿谷每云「聞鄭詩來 則有如雷霆霹靂 令人自怕」自寫東溟警句于壁上而觀之　<壺谷詩話>

라 하였고, 그는 또 이렇게 말했다.

蔡湖洲裕後 與東溟同入試院 東溟方爲正言　不干考校　而時見落幅 則必稱奇 蓋譏蔡誤考也 蔡頗苦之曰「吾雖不文 忝主文柄 君雖文章 職是臺諫　不宜越俎」東溟即大怒 自拔其鬚 而大聲曰「伯昌乎 汝偶讀東策 登第主文 幸耳 吾視汝之文衡 有同腐鼠 汝何敢嚇我耶」蔡即笑而解之 仍呼酒以勸 請賦詩　時當十月 雷雨大作 而科乃式年會議也 即援筆書之 蔡閣筆不能和 其詩曰

白岳玄雲一萬重　　夜來寒雨滿池中
傍人莫怪多雷動　　三十三魚變作龍　<同上>

또 任埅은 鄭氏와 金得臣과의 問答에 대하여 다음과 같이 기록했다.

栢谷嘗以己作示東溟 東溟曰「君常謂『學唐』 何作宋語也」栢谷曰『何謂我宋語爲耶」東溟曰「余平生所讀誦 唐以上詩也　君詩中文字 有曾所未見者　必是宋也」栢谷笑而服之　<玄湖瑣談>

그보다 더 기이한 이야기는 金氏가 楊花渡를 지나다가,

落日楊花渡
秋風鄭斗卿 <東溟集>

의 一聯을 읊으면서 「鄭斗卿」을 「金得臣」으로 代置하여 「秋風金得臣」으로 고쳐 읊었으나 아무런 韻致가 없으므로 자기 이름의 잘못되었음을 나무랐다 한다.

그리고 金萬重은,

世言「澤堂以東溟比項羽 自比於叔孫通」非也 此乃茅鹿門之論李北地唐荊川語意者 澤堂嘗引之也 雖然若東溟者 亦可稱江東小覇王也 <西浦漫筆>

라 하여 鄭氏를 詩壇의 項籍(前232～前202)으로 認定하였다. 그러나 金昌協은 다음과 같은 切實한 논평을 남겼다.

鄭東溟出於晚季 能知有漢魏古詩樂府爲可法 歌行長篇 步驟李杜 律絕近體 摸擬盛唐 不肯以晚唐蘇黃作家計 亦偉矣 然其才具氣力 實不及挹翠諸公 又不曾細心讀書 深究詩道 沈潛自得 充拓變化 徒以一時意氣 追逐前人影響 故其詩雖淸新豪俊 無世俗齷齪庸腐之氣 其精言妙思 不足以窺古人之奧 橫騖旁驅 又未能極詩家之變 要其所就 未能超石洲東岳而上之也 <農巖集 卷三四 張19 雜識 外篇>

⑥ 尹 鑴

尹鑴(1617～1680)는 詩人이기보다도 淸新한 思想과 絢爛한 才思의 所有者였으므로 政治的으로 失敗한 뒤 갖은 譏謗을 입었으나 그의 壯麗한 詩句에 대해서는 끝내 湮滅시킬 수는 없었던 것이다.

尹鑴亦亂流 如
雲間萬國同看月
花發千家共得春
句甚壯麗 不必以人廢詩 <淸脾錄>

⑦ 申維翰

申維翰(1681～？)의 詩로서 膾炙된 것은 곧 「晉州矗石樓」의 한편이다.

晉陽城外水東流 叢竹芳蘭綠映洲

天地報君三壯士　　江山留客一高樓
歌屛日暖潛蛟舞　　劒幕霜侵宿鷺愁
南望斗邊無戰氣　　將壇笳鼓半春遊 <靑泉集>

그러나 이편이 그의 代表作이 되기는 어려울 것이다. 그 밖에 「日東竹枝詞」·「會眞詩」·「山有花」 등의 絢爛한 作品이 많아서 이루 다 들 수 없겠다. 그는 역시 庶孽의 出身이었으므로 이따금 俳體에 흘렀던 것이다.

⑧ 金得臣

金得臣은 흐리멍덩한 詩人으로 有名한 분이다. 南龍翼은 일찌기,

金柏谷得臣龍湖吟詩「古木寒雲裏」五絕 膾炙一世 故已載於余所選箕雅中 而唯
湖西踏盡向秦關　　長路行行不暫閑
驢背睡餘開眼見　　暮雲殘雪是何山
之詩 語韻益佳 而不入於裒錄中 恨我見聞曾所未及 此所謂「倒海漉珠 竟遺明月」者也 <壺谷詩話>

라 하였으므로 申緯는 다음과 같은 評詩를 썼다.

暮雲殘雪是何山　　驢背詩人兀睡寒
歎息當時壺谷老　　竟遺明月漉珠瀾 <警修堂集 第九册 東人論詩絕句 三十五首>

그의 흐리멍덩한데 대한 奇話는 이루 다 이야기할 수 없다. 그는 어느날 나귀를 타고 어디로 가는 길이었다. 때는 마침 暮春이었으므로 그는 唐人詩 「馬上逢寒食」의 한귀를 자기의 創作으로 알고 말 위에서 豪吟을 거듭했으나 그 對句를 맞추지 못한 채 詩思는 枯渴되었다. 나귀를 몰고 가던 아이가 그의 苦吟을 보고서 「途中屬暮春」으로 맞췄더니 그는 나귀에서 뛰어내리며 「너의 知識이 나보다 나으니 네가 나귀를 타고 내가 몰고 가련다」 했다 한다.

⑨ 崔成大

끝으로 崔成大(1691～?)의 澹寂·閒婉·穠纖·姸逸한 作品을 들지 않을 수 없겠다.

崔杜機成大字士集 官至承旨 爲詩用事鮮草 能脫東人腐熟之習 長於古詩七絕 申青泉周伯維翰 見杜機山有花詩 欣然起舞 仍往見杜機 結爲題襟之友 相視莫逆 訖爲知音 青泉之言曰「士集之詩 輞川之寂 襄陽之澹 儲韋閒婉 劉白穠纖 稹之姸 牧之豪 種種具足 本之二南 陶以九騷 婀娜乎六代 蔭暎乎三唐 如菡萏出水 靡蕪在谷 得人間之眞色天香」青泉之評 蓋亦近於浮誇 其詩九百七十餘首 杜機嘗遊木覓山之東麓 宛見田畔人家 歷歷前身之所遊嬉 於是惆悵吟眺 作酸蔣歌 歌甚悽惋

青青酸蔣 生彼中野 我行見之 流涕雙下 青青酸蔣 爰在中田 我生華屋 泣涕漣漣 漣漣維何 採彼將歸 我懷前世 亦孔之悲 祈祈衆兒 在彼河畔 里門有人 既歌且歎 履其迹兮 窅窅不見 黃口謠啄 猛虎狐疑 青青酸蔣 使我心悲

又其生朝詩曰

我降于辛月建寅　　歡華苦少歎嗟頻
幼齡綴弄視斜照　　中野採歸疑此身
已悟榮枯皆夢幻　　可將衰朽更風塵
入山訪道期幽子　　何處仙桃古洞春

或云「申崔爲夙世夫婦 青泉爲夫 而杜機爲婦」 古雜曲及松京詞 喧藉一世 其雜曲曰

初月上中閨　　女兒連袂出
擧頭數天星　　星七儂亦七

松京詞曰

開城少婦貌如花　　高髻紅粧半面遮
向晚宮墟鬪草去　　葉間蝴蝶上銀釵

……古艶曲

昨日滊君去　　冒閨歸暫遲
上堂執華燈　　郎邊已生疑　<淸脾錄>

또 申緯는 이에 대하여 다음과 같이 말했다.

杜機詩集 頫借數旬 集中酸蔣歌 悽惋可愛 舊聞杜機與申青泉維翰 爲前生伉儷 青泉是夫 杜機是妻 酸蔣歌即有感於斯而作也　<警修堂集 第一二冊 二詩冢序>

5. 散文文學과 著書

漢文文學이 애초부터 貴族文學의 要素를 지녔음은 勿論이었는데 이때에 이르러서는 더욱 그러하였음을 면치 못했다. 이는 실로 당시 文學의 主流

를 占有한 자가 모두 勳戚 곧 與黨의 文人·學士輩이기 때문이다.

① 月·象·谿·澤의 四家

李廷龜·申欽·張維·李植 등 四家의 號인 月沙·象村·谿谷·澤堂 등을 따서「月」·「象」·「谿」·「澤」이라 했다. 이들은 모두 당시 文壇을 代表하던 勳戚系의 文人들이다.

1. 月沙와 象村

四家들의 文章은 대체로「唐宋八家文」을 배웠으며 四家 중에서도「月」은「象」과「谿」는「澤」과 比較 논평의 對象이 되었던 것이다. 金昌協은,

> 月沙象村 同時齊名 前後論者 互有軒輊 當時文苑之論 頗以象村爲勝 觀谿谷所序二公文集 可見也 至近世尤翁 始以月沙爲勝 蓋象村視古修辭 藻飾之功多 月沙隨意抒寫 紆餘之致勝 尙辭者右象村 主理者取月沙 固各有所見也
>
> <農巖集 卷三四 張18 雜識 外篇>

라 하여 二子의「辭」·「理」에 대한 所長이 다름을 말하고는 이어서 李氏를 右袒하는 結論을 내렸다.

> 象村天才敏妙 而深厚不足 又學諸子及國策 且喜皇明諸大家 故其文態度俊麗光彩絢爛 但少質實之意 雋永之味 月沙天才華瞻 而高簡不足 且不規規於古人繩墨出之甚易 故其文紆餘通暢 絕無艱難拘窘之態 但體裁欠典嚴 格調不古雅 兩家長短 槩不出此 以夫子從先進之義 則尤翁之論 其殆近矣乎
>
> <農巖集 卷三四 張18~19 雜識 外篇>

그리고 南公轍은 이 二子와 金錫胄를 列擧 논평하였다.

> 同時館閣巨匠 如月沙之辭理富瞻 象村之氣格高華 息菴之才思精鍊 庶幾雁行
>
> <金陵居士集 卷一一 張29 四君子文鈔序>

끝으로 李氏가 柳根(1549~1627)을 欺騙하던 이야기를 소개하기로 한다.

> 西垧之爲湖西方伯 士人有有求於湖營者 謁月沙要作簡 月沙曰「此公 未必以吾言爲重」只作寒喧字與之 戒之曰「湖伯見吾書 必招見而問吾 第對之曰『李公稱令公詩不離口』彼必問其詳 對之曰『李公喜近有人傳西垧詩一聯曰 蘇仙赤壁今蒼壁 庾亮南樓是北樓 此絕唱也 吾雖一生作詩 何嘗有此語 西垧方且回翔外藩 而我猶尸文柄 此吾之愧於心者』」士人一如所敎 西垧果大喜 士人遂得滿其所求而歸
>
> <西浦漫筆>

2. 谿谷과 澤堂

谿·澤의 散文에 대하여 金昌協은 다음과 같이 比較 논평했다.

> 國朝近世文章 最推谿谷澤堂爲作家 余嘗妄論二氏之文 以謂「谿谷近於天成 澤堂深於人工 比之於古 蓋旁覷韓柳焉」 <農巖集 卷二二 張12 息菴集序>

金氏는 또 그들 文章의 體段과 結構에 대하여,

> 澤堂文體段渾成 不如谿谷 而結構精密過之 谿之詞賦 澤之騈儷 又足相當 比之於古 殆似韓柳 <農巖集 卷三四 張18 雜識 外篇>

라 하였고, 南公轍은

> 谿谷之文 即之如淺 復而彌遠 紆餘縈洄 如江河千里一碧 而魚龍舳艫之容與也 澤堂之文 高山深谷之氣 結爲鍾乳 林木翳密 而鳥獸之聲不聞
> <金陵居士集 卷一一 張29 四君子文鈔序>

이라 하여 그들 文體를 比較 논평했으며, 金澤榮은,

> 本朝之興也 有一二巨公 以纙陋膚率功令語錄相雜之文 自命爲古文而唱之 後生受其弊者 二百有餘年 然後谿谷澤堂 一時并出以救之 自是以後 法益備氣益淸 以至於稍薄 <韶濩堂集 卷七 張18 麗韓文選序>

이라 하여 그들 功·過를 切實하게 논평하였다. 끝으로 李植 自評에 관한 一節을 붙여 둔다.

> 澤堂於行文儷文 無不兼該……常自評曰「吾文如刺客奸人 寸鐵殺人」 蓋謂「切中其要妙處 辭簡而意精」也 <壺谷詩話>

② 許 穆

許穆의 詩詞에 대해서는 李瀷도 극히 推崇한 바 있거니와 李用休 역시,

> 若眉老先生 則於東國 無兩焉 <惠寰雜著 第七册 陽川許氏世稿跋>

이라 하여 그의 詩文에 대하여 總評하였고, 또 李獻慶(1719~1791)은,

> 自有東國以來 羅麗尙矣 入我朝 宏師碩匠 代不乏人 蔚然相望 而論其最鉅者 則牧隱佔畢齋翠軒簡易 暨夫眉叟四五人而已 <艮翁文集 卷一三 張23 答鄭司諫文老恒齡書>

라 하였으며, 正祖는,

> 眉叟記言 酷好古文 蓋其八十年讀書 未嘗讀秦漢以後文 故其文奇崛宏肆 況其

槐梧之表 秀古之氣 脫然有出塵相 無怪當時人 目以「神仙中人」
〈弘齋全書 第八九册 卷一六 張53 日得錄 文學〉

이라 하였으나 다만 曹兢燮은 다음과 같은 適切한 논평을 내었다.

眉叟之文 兢嘗以爲如瓦樽有古氣 而不適於時 玄酒有淡味 而不可於口 農巖集有與三淵書 論「某人之文 雖若高古 而無感發人意處」似當指此老耳
〈深齋集 卷六 張31 與金滄江書〉

③ 宋時烈

당시 許穆과 함께 政治的으로나 文學的으로나 對壘할 수 있는 이는 곧 宋時烈(1607~1689)이 있을 뿐이었다. 金春澤의 그에 대한 논평이 가장 適切한 듯싶다.

尤齋之文盛矣 簡易谿谷之後一人矣 然有可論 且其欲學史遷處 不如其純出於朱子者 〈北軒居士集 卷一六 張21 囚海錄 論詩文〉

다만 卞榮晩은,

雖然尤菴豈眞有意於詠調先王 而甘犯是不韙哉 特坐未解爲文爾 未解文 而強爲文 亦怪已矣 〈山康齋文鈔 張22 讀寧陵誌〉

라 하였으나 다만 「寧陵誌」의 한편만을 보아서 그의 全體的인 것을 논평하기는 어려울 것이다.

④ 金錫胄

金得臣은 일찌기 金錫胄의 文章에 대하여,

近來年少中 金錫胄斯百 早負英名 而爲文病於澀 雖作數句語 必刻意覃思 草藁不三四易 不出也……然妙解作法 各體具備 誠未易得 〈終南叢志〉

이라 하였고, 金昌協은,

國朝近世文章 最推谿谷澤堂爲作家……二氏以後 作者多矣 然其能追踵前軌 卓然名世者亦少 最後乃始得息菴金公焉 公之文雖天成 不若谿谷 而人工所造 殆可與澤堂相埒 乃其瑰奇沆瀁之致 鼓鑄淘洗之妙 則又獨擅其勝云 〈農巖集 卷二二 張12 息菴集序〉

이라 하여 谿·澤 이후의 第一大家로 推崇하였으나 正祖는 다음과 같은

適切한 論定을 내렸다.

予每諭筵臣以文 而以卞季良徐居正諸人 始可以處詞垣贊皇猷 外此皆苟也 又下於此 而金錫胄諸人之體出 而渢渢之希音 不復覩矣 <正宗實錄 卷五二 張21>

⑤ 金昌協

金昌協의 散文에 대해서는 그의 아우 金昌翕(1653～1722)의,

抑先生之難及 亦有三焉 夫言天下之至賾 則詞費而理隱者有矣 獨能簡潔以闡之 折衆口之淆亂 則氣激而論拗者有矣 獨能和易以暢之 到長辭之垂畢 則節遽而音促者有矣 獨能整暇以收之 <農巖集 卷首 張3 農巖集序>

의 贊辭가 있었고, 正祖는,

譚文者動稱「生壺谷死農巖」後就其文集而觀 儘然
<弘齋全書 第九册 卷一六三 張16 日得錄三 文學>

이라 하였으며, 南公轍은 일찌기 崔岦·張維·李植·金昌協의 文을 뽑아서 「四君子文鈔」라 이름하고 金氏에 대하여 다음과 같이 논평했다.

農巖之文 幅巾道服 徜徉周旋乎山林經禮之間 雍容揖讓 言言中理 眞儒者之氣像也 <金陵居士集 卷一一 張29 四君子文鈔序>

그리고 李埈(?)은 다음과 같이 金氏와 趙聖期(1638～1689)와의 관계를 말했다.

拙修公恃才傲物 一時名公 詬叱無難 而於農翁 則極加尊敬 余嘗見其巾衍草藁前後往復書 視與諸公者不倫 寶田所聞「家奴牧之」之說 恐或失實也
<槐園集 卷一三 張23 與仲文季明別紙>

⑥ 著 書

당시의 著書로서 隨筆·評論·選集·類書 등을 年代의 차례로 들면 다음과 같다. 그리하여 申欽의 「象村雜錄」, 姜沆(1567～?)의 「看羊錄」, 金堉(1580～1658)의 「類苑叢寶」, 金時讓(1581～1643)의 「紫海筆談」·「荷潭破寂錄」·「涪溪記聞」, 李植의 「澤堂散錄」, 張維의 「谿谷漫筆」, 申翊聖(1588～1644)의 「延平日記」, 洪萬宗의 「旬五志」·「蓂葉志諧」·「小華詩評」·「詩話叢林」, 丁時翰(1625～1707)의 「山中日記」, 南龍翼의 「壺谷詩話」·

「箕雅」, 金錫冑의 「四君子文鈔」·「黃鍾集九家選」, 金萬重의 「西浦漫筆」, 金昌集(1648～1722)의 「老稼齋燕行錄」, 鄭載嵩(1648～?)의 「公私見聞錄」, 金昌協의 「農巖雜識」, 南夏正(1678～1751)의 「桐巢漫錄」, 李緈의 「三官記」, 申維翰의 「靑泉海遊見聞錄」, 金得臣의 「終南叢志」, 任埅의 「玄湖瑣談」 등이 있고 그 밖에도 많으나 이루 다 들 수 없겠다.

6. 浪漫的 小說

당시의 文人들은 小說에 대하여 認識이 대체로 薄弱했었다. 그러므로 李植과 같이 纖密한 分析力을 가진 이도 小說에 대하여 惡辣하게 배격한 것은 前述한 바 있거니와 그 밖에도 또,

> 演史之作 初似兒戲 文字亦卑俗 不足亂眞 流傳旣久 眞假并行 其所載之言 頗採入類書 文章之士 亦不察 而混用之 如陳壽三國志 馬班之亞也 而爲演義所掩 人不復觀 今歷代各有演義 至於皇朝開國盛典 亦用誕說敷衍 宜自國家痛禁之 如秦代之焚書可也 〈澤堂別集 卷一五 張22 雜著 散錄〉

라 하여 그에 관한 書籍을 불사르려 하였고, 그는 또 이에 대하여 寬大하게 말한다는 것이 다음과 같은 意見에 지나지 않았다.

> 稗家小說 太平廣記之類 間有男女風謠 尙可觀採 其他荒怪之說 聊以破閑止睡 不足亂眞 但有志於學者 不可費日力於此也 〈澤堂別集 卷一五 張23 雜著 散錄〉

李氏에 비해서 조금 思想的으로 進步된 듯이,

> 「中國學術多歧 有正學焉 有禪學焉 有丹學焉 有學程朱者 學陸氏者 門徑不一 而我國 則無論有識無識 挾筴讀書者 皆稱誦程朱 未聞有他學焉 豈我國士習 果賢於中國耶」 曰 「非然也 中國有學者 我國無學者 蓋中國人材志趣 頗不碌碌 時有有志之士 以實心向學 故隨其所好 而所學不同 然往往各有實得 我國則不然 齷齪拘束 都無志氣 但聞程朱之學 世所貴重 口道而貌尊之而已 不唯無所謂雜學者 亦未嘗有得於正學也 〈谿谷漫筆 卷一 張24〉

와 같은 思考方式을 가진 張維도 자기가 쓴 「漫筆」에 대해서도 겨우 다음과 같은 態度를 지녔을 뿐이다.

伏枕呻吟之暇 時時拈筆 草小說瑣聞 縱有一二發明者 餘食贅行 道聽塗說 皆歸於德之棄矣……業已爲之 不忍棄捐 遂錄爲一通 因自志其過 <谿谷漫筆 卷首 張1 自叙>

그리고 「蕢葉志諧」의 作者 洪萬宗도,

莊嶽委譚云「世行水滸傳 元人武林耐菴施某 甞入市肆 細閱古書 於敝楮中 得宋張叔夜貧賊招語一通 備悉其一百八人所由起 因潤飾成此編」其中用意 非倉卒可窺 但世知其形容曲盡而已 至其排比百八人 分量輕重 纖毫不爽 而揚抑映帶 回護詠歎之工 直有超出語意之外者 古人以水滸爲有丘明太史之長 亦近之矣 李澤堂植小說云「三國志西遊記水滸傳 撰出之後 其人三世爲啞」許筠四部藁 論水滸傳亦稱「羅氏三世之啞」云 今按莊嶽委譚 則「水滸傳施某所撰 三國志施某門人羅某所撰 西遊記出於宗藩」云 則三書乃出於各人 而澤堂及許筠 皆認以一人之所編 兩人俱以博古之士 有此謬認何也 <旬五志 下>

와 같은 小說에 대한 見識이 있음에도 불구하고 역시 다음과 같은 惡評을 恣行했다.

古之小說表表可稱者 西遊記水滸傳外 如列國東西漢齊魏五代唐南北宋 各有演義 皆行於世 至大明末諸文士 尤尙浮藻 鑿空構虛 輒成一部 至於坐衙按簿之官 越視職事 務得新語一款 則附會增演 作爲卷秩 故其爲書也 汗牛馬充棟宇 指不勝屈 徒爲好事者之傳玩 而仍成習俗 競相慕效 遂使世道委靡 竟致宗社之瓦裂 有若晉代之崇以淸談誤世 可勝歎哉 <同上>

그러나 그 중 몇개의 作家가 있어서 비록 浪漫的인 傾向을 띠었을지라도 그것들이 오로지 그 時代의 主潮를 占有하였음은 사실이다. 이제 다음과 같이 몇 類로 나누어 보기로 한다.

① 寓 言

1. 義勝記

이는 林泳의 作이다. 비록 量的으로 짧으나 그 내용으로 보아서는 「天君衍義」 식으로서 林悌의 「愁城志」와 비슷하다. 主人公 天君은 곧 사람의 마음을 擬人化한 것이다. 天君이 임금 자리에 오른 뒤에 그의 國民들은 모두 桊平을 贊頌했다. 그런지 3년만에 天君의 德이 점차 衰盡하매 도적이 侵入하여 나라를 망쳤다. 天君은 거친 들판으로 추방되었다. 때마침

惺惺翁이라는 자가 도적을 물리치고 天君을 모셔 돌아왔다. 天君의 이름은 心이었고, 또 그의 일이 옛날 楚義帝 孫心(?)과 같으므로 이에 天君의 號를 義帝라 하여 宣布文을 내렸다. 그리고 惺惺翁도 역시 마음의 別稱이었고, 마음에는 正義가 주장이라는 의미이다. 또 孟浩然(689~740)으로써 元帥를 삼아서 남은 도적을 掃蕩케 했다. 孟浩然은 意馬를 타고 忠信甲을 입으며, 仁義楯을 세우고 宦海를 건너 名利關·忿山·慾壑 등의 險한 곳을 극복하여 도적을 平定했으나 남은 도적은 오히려 다 무찌르지 못했다. 이는 形態的으로 보아서는 「假傳」에 가까우나 그 思潮的으로 보아서 「寓言」에 속할 수 밖에 없다.

2. 金剛誕游錄

安瑞羽의 24歲(1687) 때 作이다. 形態的으로 보아서는 「滑稽」에 가까운 作品이다. 서울 社洞에 살고 있던 金生은 性格이 몹시 放浪하여 神仙을 戀慕하였더니 마침 金剛山으로부터 내려온 중을 만나서 金剛山에서 서로 만나기를 約束했다. 또 그와 한 동네에 살고 있던 申生이 마침 淮陽 원으로 赴任하게 되매 金生은 그에게 중과 約束한 것을 이야기했다. 申生이 赴任하자 곧 그 중을 불러서 金生을 거짓 仙界로 引導하여 갖은 侮辱을 주었다. 金生은 이에 憂憤을 이기지 못하여 병이 나서 세상을 떠났다.

3. 九雲夢

애초에 金萬重이 한글로 썼던 것을 그의 從孫인 金春澤이 漢譯했다 한다.

小說無論廣記之雅麗 西遊水滸之奇變宏博 如平山冷燕 又何等風致 然終於無益而已 西浦頗多以俗諺爲小說 <北軒居士集 卷一六 張25 囚海錄 雜說>

作者와 譯者는 모두 당시 勳戚家의 出身이었으므로 一夫多妻主義를 公公然하게 合理化시키려는 浪漫的·頹廢的인 小說이었다. 그 줄거리를 소개한다면 다음과 같다.

中國의 南方에 자리 잡은 衡山에 晋時의 仙女 魏夫人이 上帝의 命을 받들어서 仙童·玉女를 거느리고 山을 지켰더니 唐에 이르러서 印度로부터 온 高僧 六觀大師가 蓮花峯에 草菴을 짓고 弟子들에게 說法하였다. 하루는 洞庭의 龍王이 白衣老人으로 幻身하여 聽講하고 돌아갔으므로 大師가 그의 弟子 性眞을 洞庭水府에 보내서 龍王에게 謝意를 표하였다. 때마침 魏夫人은 또 그의 弟子 八仙女를 大師에게 보내어 花菓를 進呈하였다. 이에 性眞과 八仙女는 각기 그의 使命을 完遂하고 돌아오는 途中에 서로 石橋 위에서 만나 柔軟한 情을 통하고 돌아와서 각기 그의 仙·佛의 淸靜·枯淡에 대하여 懷疑的인 態度를 갖고 儒教的인 富貴·功名을 戀慕하였다. 이러한 情狀이 綻露되자 大師는 性眞과 八仙女를 地府에 拿致시켰다. 閻王이 특히 그들을 애석하게 여겨 人間의 苦海로 追放하여 그들 九人을 모두 人家에 幻生시켰다. 性眞은 淮南의 楊處士 집에 태어나자 才情이 渙發한 楊少游가 되어서 가는 곳마다 花柳를 희롱하여 八仙女의 後身으로 各處에 헤어져 나타난 華州의 秦彩鳳, 洛陽의 名妓 桂蟾月, 河北의 名妓 狄驚鴻, 서울의 鄭小姐 瓊貝, 鄭小姐의 侍婢 賈春雲, 皇妹 蘭陽公主 簫和, 吐蕃의 女刺客 沈裊烟, 洞庭의 龍女 白凌波 등에게 차례로 장가들었다. 楊少游는 少年의 及第로 立身·揚名의 길에 올라 河北의 三鎭과 吐蕃의 亂을 平定하고 丞相 魏國公이 되며 駙馬로서 벼슬이 太師에 이르렀다. 그는 國家的으로 人臣의 最高目標인 忠義를 다했고, 家庭的으로는 母夫人에게 孝道를 극하여 八夫人으로 더불어 六子·二女를 낳아 一生의 榮華를 누리다가 晩年에 이르러 어느날 九人이 한 곳에 모여서 三教의 眞諦를 논하며 人生의 虛無를 탄식하되 佛教와 前緣이 깊음을 自認하였다. 때마침 한 胡僧을 만나서 問答을 展開하는 途中에 楊少游는 꿈을 깨어 前身의 性眞으로 還元하는 同時에 八夫人도 얼굴에 짙은 臙脂를 씻고 머리를 깎고 八

仙女의 前身을 찾아 胡僧의 說法을 듣고 性眞과 八尼姑는 모두 本性을 깨닫게 되었다. 그 뒤 胡僧은 衣鉢을 性眞에게 전하고 西天으로 향한 뒤 八尼姑는 性眞을 師事하여 함께 極樂의 世界로 돌아갔었다.

그리고 金萬重이 애초에 이 글을 지은 動機에 대해서는 李縡의 다음과 같은 말이 있다.

西浦金公 性至孝 自以遺腹子 生不識父面 爲終身痛事 母尹夫人有深愛 其所以娛悅親意者 殆類古之弄雛兒啼 以夫人好書 聚古史異書 以至稗官雜記 日夜談說左右 以賓一笑 自少至老 非有公故 未嘗去其側 其異宮之後 每日早朝往省 人定時方還 隣人竊識之 一不蹉失 公之誠孝如此 而爲國盡言 則不以親老自解 始公赴謫也 夫人怡然曰「嶺南之行 前脩所不免 行矣自愛 勿以我爲念 聞者莫不流涕 稗說有九雲夢者 即西浦所作 大旨以功名富貴 歸之於一場春夢 要以慰釋大夫人憂思 其書盛行閨閤間 余兒時 慣聞其說 蓋以釋迦寓言 而中多楚騷遺意云 <三官記 耳上>

또 李圭景은 더욱 簡明하게 설명했다.

如此小說 我東人 則量淺才短 亦不能領略 閭巷間流行者 只有九雲夢 西浦金萬重所撰 稍有意義……世傳西浦竄荒時 爲大夫人銷愁 一夜製之

<五洲衍文長箋散藁 卷七 小說辨證說>

그리고 作者는 通俗小說에 있어서도 상당한 理論을 가졌던 것이다.

李義山哀師詩曰「或笑張飛䶦 或效鄧艾吃」翼德之䶦 不見於陳志及裵注 歷代君臣圖像 翼德亦見逸 未知義山詩 或有史傳外可據之書否 今所謂三國志演義者出於元人羅貫中 壬辰後盛行於我東 婦孺皆能誦說 而我國士子 多不肯讀史 故建安以後數十百年之事 擧於此 而取信焉 如桃園結義 五關斬將 六出祈山 星壇祭風之類 往往見引於前輩科文中 轉相承襲 眞贋雜糅 如呂布射戟 先主失匙 的盧躍檀溪張飛據水斷橋之類 反或疑其不經 甚可笑也 李彛仲爲大提學 嘗出風雪訪孔明二十韵排律 以試湖堂諸學士 余謂「令公何以演義出題乎」李笑曰「先主之三顧實在冬月 其冒風雪 不言可知矣」東坡志林曰「塗巷中小兒薄劣 其家所厭苦 輒與錢令聚坐 聽說古話 至說三國事 聞劉玄德敗 嚬蹙有出涕者 聞曹操敗 即喜唱快」此其羅氏演義之權輿乎 今以陳壽史傳 溫公通鑑 聚衆講說 人未必有出涕者 此通俗小說之作也 <西浦漫筆>

또 金春澤은 다음과 같이 말했다.

至於論文說詩 繼以諧談稗說 無不備具 而率多發於前人之所未發者 其文又淋漓

馳驟 或瑰奇幽妙 自蒙陋者讀之 殆茫然不省驚怪疾走之不暇
〈北軒居士集 卷一六 張14～15 西浦遺事別錄〉

4. 謝氏南征記

역시 金萬重이 지은 한글 小說을 金春澤이 漢譯하였다. 李圭景은,

閭巷間流行者 只有九雲夢 西浦金萬重所撰 稍有意義 南征記北軒金春澤所著 世傳「西浦竄荒時 爲大夫人銷愁 一夜製之 北軒則爲肅廟仁顯王后閔氏巽位 欲悟聖心而製者」云 〈五洲衍文長箋散藁 卷七 小說辨證說〉

이라 하여 이 글을 곧 金春澤의 作으로 認定했으나 그릇된 것이다. 다만 그에는 漢譯本을 낼 때에 多少의 增删이 있었을 뿐이었다.

小說無論廣記之雅麗 西遊水滸之奇變宏博 如平山冷燕 又何等風致 然終於無益而已 西浦頗多以俗諺爲小說 其中所謂南征記者 有非等閑之比 余故翻以文字 而其引辭曰「言語文字以敎人 自六經然爾 聖人旣遠 作者間出 少醇多疵 至稗官小記 非荒誕 則浮靡 其可以敦民彝裨世敎者 惟南征記乎 記本我西浦先生所作 而其事 則以人夫婦妻妾之間 然讀之者 無不咨嗟涕泣 豈非感於謝氏處難之節 翰林改過之懿 皆根於天具於性而然者 其憤痛裂眦 又豈不以喬董之惡哉 不惟如是 推類引義 將無往而非敎人者 所謂放臣怨妻與所天者 天性民彝 交有所發 則如楚辭所謂「感發人之善心 懲創人之逸志」則又庶幾乎詩 是烏可與他小說 同日道哉 然先生之作之以諺 蓋欲使閭巷婦女 皆得以諷誦觀感 固亦非偶然者 而顧無以列於諸子 愚甞病焉 會謫居無事 以文字翻出一通 又不自揆 頗增删而整釐之 然先生特以其性情思致之妙 而有是書 故於諺之中 猶見詞采 今愚所翻 反有不及焉者 昔太史公作屈原傳 歐陽子叙王氏婦事 其文與兩人節義爭高 愚誠美之 而自無以稱謝氏之賢 然庶幾仰述先生所爲作書敎人 其意非偶然者 是愚之志也 覽者恕焉
〈北軒居士集 卷一六 張25～26 囚海錄 雜說〉

「謝氏南征記」는 마침내 肅宗의 마음을 感動시켜서 廢妃 閔氏(1667～1701)를 다시금 復位하고 妃位에 있던 張氏(?)를 嬉嬪으로 貶職·放逐하였다. 이 小說의 줄거리는 다음과 같다.

明의 嘉靖年間(1522～1566)에 順天府에 살고 있는 劉翰林의 正室 謝氏는 淑德과 才學이 圓備된 女性이었으나 出嫁한지 9년 동안에 血肉이 없으므로 劉翰林을 권해서 愛妾 喬氏를 맞이했다. 喬女는 淫凶하기 짝이 없

어서 門客을 私畜하여 正室을 고자질했다. 謝氏는 드디어 집을 쫓겨나와 南方으로 멀리 流浪할 제, 懷沙亭·黃陵廟에 들러 娥皇(?)·女英(?)을 만나보아 괴로운 앞길에 光明의 暗示를 받았다. 그러자 喬女의 모든 凶計가 一時에 綻露되어 劉翰林은 곧 喬女와 그 門客들을 追放하고 다시금 謝氏를 찾아서 正室을 삼았다. 그리하여 劉翰林은 丞相으로 榮進하고 門戶가 繁榮하였다.

② 狹 邪

1. 安汝式傳

權仗(?)의 作이다. 權氏는 金昌協과 같은 때의 文士이다. 그의 原典은 알 수 없으나 다만 金氏의 기록에 의하여 그 內容이 「狹邪」임을 짐작할 수 있겠다.

> 世言「太白之山多異人」近者權仗作安汝式傳 行於世 余得而讀之 其事頗奇 仗文士也 其爲此傳 自言「得之於汝式之子天命」而世或疑「仗杜撰如古人傳奇者 而實無其人」是固不可知者 然傳言「汝式中朝人 官至尙書 甲申亂浮海至我東 遂隱於太白」其事俱有本末 無甚怪誕 獨言「其年已八十矣 而顏貌渥丹 步履如飛」是蓋類得道有仙術者……蓋仗述汝式之言曰「後三十餘年 當有眞人 起陝西 遂安天下」近聞皇朝舊將吳三桂起兵擧義 虜中大震 天下其遂定矣乎
>
> <農巖集 卷二一 張1~2 送李賢羅公碩佐之安東卜地太白山序>

③ 假 傳

1. 氷壺先生傳

張維의 作으로서 「谿谷集」 중에 실려 있다. 이는 學者의 맑은 襟懷를 象徵한 氷壺를 擬人化한 것이다. 通俗小說에는 理解가 없는 張氏이언마는 이러한 「天君衍義」系에 가까운 作品에는 精力을 아끼지 않았던 것이다.

第十二章 寫實主義

<英・正 以後>

1. 科學精神과 實學派

英・正代의 實學派는 실로 仁祖朝 이후 모든 腐敗한 社會相에 대한 反撥과 革新에서 나온 것이다. 이는 곧 당시의 「國學」・「北學」・「西學」 등의 모든 새로운 科學的인 精神의 結晶體이다. 西學에 대해서는 이에 앞서 이미 李睟光・柳夢寅・許筠등의 輸入 또는 論證이 있었거니와 이때에 이르러서는 李瀷이 특히 이에 대하여 硏究가 깊었으므로 그는 일찌기,

> 天主實義者 利瑪竇之所述也 瑪竇即歐羅巴人……皇明萬曆年間 與耶蘇會朋友陽瑪諾艾儒略畢方濟熊三拔龐迪我等數人 航海來賓 三年始達 其學專以天主爲尊 天主者即儒家之上帝……其朋友皆高準碧瞳 方巾靑袍 初守童身 不曾有婚 朝廷官之不拜 惟日給大官之俸 習中國語 讀中國書 至著書數十種 其仰觀俯察 推算授時之妙 中國未始有也……學士大夫 莫不斂衽崇奉稱先生 而不敢抗 其亦豪傑之士也
>
> <星湖全集 卷五五 張27～28 跋天主實義>

라 하였고, 그 뒤를 이어서 權哲身(1736～1801)・李家煥・權日身(1742～1792)・李基讓(1744～？)・李檗(1754～1786)・丁若鏞・李學逵 등 一代의 名流들이 모두 이에 眷眷하였다. 그러나 그들은 그 敎理에 心醉한 것이기보다 西歐의 科學的인 方法이 아니면 결코 당시 累積된 그 腐敗를 革新시키지 못할 것을 깨달았던 것이다. 그러나 敵黨의 갖은 謀害에 의하여 소위 「邪學」이라는 指稱을 받았다가 純祖 李玜(1790～1834)의 初期에 이르러서 終末에는 一網打盡의 慘禍를 입고 말았다. 그리하여 朴趾源과 같은 進步的인 思想을 지닌 이가 있었으며, 또 그는 일찌기 北京에 갔을 때 天主堂을 엿보려고 애쓴 적이 있었는데도 불구하고,

> 臺疏中彼家煥 亦聖世中一物 乃敢恃天常 而梗聖化 胡至此極 蓋家煥之得此指

目久矣 偏被恩造何如 而不悛舊習 誠若臺章 則三苗之誅 烏可逭乎
〈燕巖集 卷一 張49 煙湘閣選本 答巡使書別紙〉

라 하였고, 그는 또,

今日邪學 多出於聰明藝術之中 其爲巨魁 自在於簪纓世閥之間 而薄罰只勘於外補 禁書莫露於內蓄 〈燕巖集 卷一 張41 煙湘閣選本 答巡使書〉

이라 하였으니, 그 나머지 李東稷(?) 등이야 더욱 말할 나위도 없는 것이다. 그리고 北學의 깃발을 먼저 드날린 자는 곧 朴齊家(1750~1806)로서 그의 名著「北學議」는 실로 朴趾源의 名著「熱河日記」의 先驅였다. 그는 비록 朴趾源에게 나이로는 後輩였으나 北學에 대해서는 先覺者였다. 그리하여 正祖는 北·西學을 통틀어서 「唐學」이라 한 것도 없지 않았다.

唐學有三種 有多蓄明清間小品異書者 有專尙西洋曆數之學者 有衣飾器皿之喜用燕市之物者 其弊則一也 〈弘齋全書 卷一七七 張34 日得錄一七 訓語四〉

그러나 李家煥의 一系는 直接 政治的으로 革新에 着手했으나 뜻을 이루지 못했고, 朴趾源의 一系는 다만 理論的으로 諷刺·揶揄로 一貫했으니, 이에서 實踐派와 理論派의 두 갈래로 나누어 볼 수 있을 것이다. 李瀷은 당시 政治·經濟 등 諸般에 걸쳐 社會 발전에 障礙物로서 다음과 같은

人無奸濫 天下何由以不治 奸濫生於財不足 財不足生於不務農 農之不務 其蠹有六 而逐末不與焉 一曰「奴婢」 二曰「科擧」 三曰「閥閱」 四曰「技巧」 五曰「僧尼」 六曰「遊惰」 夫商賈者 固四民之一 而猶有通貨之益 六者之害甚於盜賊
〈星湖僿說類選 卷三下 人事篇四 六蠹〉

「六蠹」를 指摘했고, 또 丁若鏞은 黨禍에 대하여 다음과 같이 읊었다.

黨禍久未已 此事堪痛哭 未聞蜀洛裔 遂別智輔族 爭氣翳天良 纖芥恣殺戮 羔羊死不號 豺虎尙怒目 尊者運機牙 卑者礪鋒鏃 誰能辦大宴 帟幕張華屋 千甕釀爲酒 萬牛臠爲肉 同盟革舊染 以徼和平福
〈與猶堂全書 第一集 卷四 張10 詩文集 古詩二十七首 其四〉

그리하여 純祖 11년(1811)에 드디어 洪景來(1780~1812)의 反抗軍이 일어났었다. 丁氏는 또 이에 대하여

芸芸首黔者 均爲邦之民……西民久掩抑 十世閼簪紳 外貌雖愿恭 腹中常輪囷 漆齒昔食國 義兵起踆踆 西民獨袖手 得反良有因 拊念腸內沸 痛飮求反眞 <與猶堂全書 第一集 卷五 張1 詩文集 夏日對酒>

이라 읊어 西北人의 슬픔에 共鳴했다. 그 뒤 社會相은 더욱 混亂되어 高宗 李熙의 19년(1882)에는 소위 「砂鉢通文」이 流行되었다.

前正言金在鳳疏略「……軍商輩所謂『砂鉢通文』所以聚集徒黨 而行悖作亂 由此而起 請從今嚴禁」批曰「……所謂『鉢通』此是匪徒之亂習 令法司行會 設法嚴禁」 <高宗實錄 卷一九 張67>

이로부터 民亂이 援踵하여 李韓은 드디어 亡하지 않을 수 없었던 것이며, 이에 따라서 이 一期의 文學思潮는 寫實的인 傾向으로 흐르지 않을 수 없었던 것이다.

2. 辭賦의 變遷

① 辭

辭와 賦는 形態的인 면으로나 思潮的인 면으로나 서로 떠날 수 없는 存在였지만 英·正 때에 이르러서 辭는 벌써 잘 나타나지 않았다. 혹시 辭의 이름을 지닌 作品도 없지 않겠으나 대체로는 辭의 本色을 띠지 못한 것이 사실이었고, 다만 그 최후인 韓末에 이르러서 曲終奏雅의 格으로 卞榮晩의 「北上辭」 한편이 남아 있을 뿐이다. 이는 그가 1910년 소위 「韓日合併」을 한해 앞두고 벼슬을 버리고 서울로 돌아올 때 지은 것이다.

惟弱冠之芳齡兮 遭世代之崎嶇 離南土而北上兮 鬱耿耿其誰儔 蹈東海而不返兮 其能脫妓汶汶 乘雲霓而俠擧兮 其能忘此悶悶 懷不同於莊生兮 恨無術而爲蝶 緣不深於梵門兮 亦莫誦其貝葉 費思齒之悲壯兮 摧鞏雄而昌邦 龐志尼之慷慨兮 喚國魂於旣亡 嗟余生之慚愧兮 其將終此獨彷徨而悒悒 臨長風而嘘唏兮 山河悽其若泣 嗚呼孽之已深兮 天方怒而赫然 余小子之愚騃兮 惶戰中而望天 乞上帝之玉座兮 子雖惡其可殺 庶悔禍於今日兮 默啓衷而使活 天漠漠而不答兮 惟日色之西流 風蕭瑟而波謠兮 噤無聲以垂頭 <山康齋文鈔 張1>

② 賦

그러므로 辭賦系의 作品으로서는 賦가 거의 獨占하다시피 되었으나 賦의 그 중에도 古賦는 특히 古文家의 몇편이 전할 뿐이다. 이는 실로 古賦의 變體인 科賦가 國家考試의 科目 중에 중요한 位置에 놓여 있었기 때문이었다. 이제 賦 중에서 古賦·科賦의 兩體로 나누어 보지 않을 수 없겠다.

1. 古 賦

英·正 以後의 古賦에도 名作이 없음은 아니었으나 대체로 科賦에 主流를 讓步하지 않을 수 없었고 오히려 科賦가 당시 文壇에 푸대접 받을 무렵인 韓末에 이르러서 극히 少數인 古文家에 의한 몇편의 古賦가 產出되었다. 이제 金澤榮의 「嗚呼賦」, 李建昌의 「芭蕉賦」, 李中均(1862～1933)의 「潛居賦」, 曺兢燮의 「泛舟洛江賦」, 卞榮晩의 「七夕賦」 등을 들 수 있겠으나 모두 原典은 싣지 않는다.

2. 科 賦

당시의 科賦는 옛 詩文 중에서 한귀를 따서 題를 삼아 六言·一句의 六十句를 채우되 韻을 달지 않고 글귀마다 네째 글자에는 「以」·「而」·「於」「其」·「之」·「與」·「兮」·「乎」 등 虛字를 넣어서 짓는다. 이제 英祖 44년 戊子(1768) 9월 26일 命官 金尚喆(1712～1791)의 榜下에 三下의 成績을 받은 申思贇(?)의 「春塘秋色古今同」을 소개하기로 한다.

堯齡晏而不倦　　淒霜集於上林　　韶光萎於野芳
時物佳而興想　　序已屬於三秋　　綠色姸於宮樹

先王觀其欲比　　青衿環以一塘　　宮籞繞以素幃
飾盛儀於試士　　望羽旄而欣瞻　　影階蓂而一色

金颷歸於舊園　　鳩杖儼其曉臨　　嬌時序之不淹
玉露墜於前壑　　拊今古而遐懷　　感物華之依舊

秋光好於古塘　　舖淡粧於錦幛　　稼亭觀其西成
王在在而嘗賞　　暎韶光於黼裳　　娛太平之煙花

時冉冉而日邁　　霱花濃於大春　　葱臺曉以瑞旭
穆寶齡之彌邵　　晚景湛於壽域　　儼翠華之臨矚

靡收按其舊節　　燥晃煌其穆繆　　楓染赤於古樹
沼囿依以前槧　　對金序以遐眺　　菊垂黃於今花

紅者紅而綠綠　　依闓闔而溯想　　年彌高於帝堯
宛同色於九秋　　拊前後而激感　　秋復隱於和仲

韶顏依於渥丹　　花相似於去年　　春與秋其代序
時物悅於吐紅　　樹亦老於上苑　　今視昔而同玩

寧沕看於霧中　　宮阜宛於百年　　霜葩暎於寶座
若復睹於臺下　　物色依於三秋　　緬在昔而遐愉

猗聖心之惜老　　歲綸降而寓感　　續堂額與閣帖
凡遇物而興懷　　耆帛頒以推恩　　幾觸境而紆思 <東藪 張78 賦二>

이편의 題目을 발견하자 나는 곧 「春香傳」의 「춘당춘색고금동」이 얼핏 머리에 떠올랐다. 그러나 詞賦로써 사람을 뽑는 制度에 대한 反對는 점차 일어나지 않을 수 없었다. 그의 한 예로서 다음의 徐命膺의 말을 든다.

何謂「詞賦之當罷」 歷代取人之法 凡三變 自成周之賓興 而爲西漢之孝廉　自西漢之孝廉 而又降而爲盛唐之文詞 至今遵周 莫之有改 夫文詞之於人 末矣 以是取人 何補於治道哉　<保晩齋集 卷三 張22 陳治法書>

3. 樂府의 寫實的 傾向

英·正代의 樂府는 다른 文學과 함께 非常히 발전되었으며 韓運이 垂訖할 때까지도 끊이지 않았다. 대략 時代의 차례로 들어보기로 한다.

① 海東樂府

「海東樂府」는 沈光世의 뒤에도 林昌澤(1680~1721)의 것이 있다. 「檀君祠」로부터 「白額虎」까지 모두 35편이다. 그 중에 「溫達婦」의 한편을 든다.

貌龍鍾 食行乞 沸水之男名溫達 王宮女兒啼復啼 兒啼王常戲 兒長必作溫達妻 兒年十六卜駙馬 卜駙馬兒不可 匹夫食言猶不祥 王常有言兒不忘 山中楡皮可共採 貧賤亦何妨 古人貧病不相負 前有溫達 後有白雲婦　<崧岳集 海東樂府>

이에 대하여 金澤榮은 일찌기 다음과 같이 말했다.

余讀海東樂府 皆貞臣誼士 悲痛感激之事 豈其無於中 而能發於言如此哉 蓋先生 先以貧困 後以短期 學未能充其才 然至樂府之篇 則文與事稱 往往有上追漢魏之氣 雖傳之百世 可也 <重編韓代崧陽耆舊傳 卷一 張12 林昌澤>

② 星湖樂府

「星湖樂府」는 李瀷의 作이다. 「星湖文集」 卷五·六에 실린 111편은 「兜率歌」를 위시하여 「開閉門」까지의 尨大한 篇帙을 이룩했으니, 이는 실로 李學逵의 모든 樂府가 登場되기 전에 集成된 作品이다. 이제 그 중 「樂中憂」의 한편을 들어 둔다.

天有樂 資始萬物生生心 地有樂 承天育養成林林 二儀上下一理貫 鼓舞發動無淺深 君子與天地同樂 聖人傳道勤推尋 仁山智水解蹈舞 四時佳興峨洋琴 堯舜君民不易期 世緣遙隔千重岑 明時恩大未盡酬 叵耐眉際幽憂侵 幽憂侵無柰何 眞樂攻心亦不禁 知音濯纓潭中龍 友于光影臺上禽 太平界闊容晩隱 山林獨善非素忱 飛雲時自西北來 夢魂不離江漢潯 <星湖集 卷六 張14~15 樂中憂>

그리고 그의 「自序」에서 다음과 같이 말했다.

退溪先生自銘曰「生而大癡 壯而多疾 中何嗜學 晩何叨爵 學求愈邈 爵辭愈嬰 進行之跲 退藏之貞 深慙國恩 亶畏聖言 有山嶷嶷 有水源源 婆娑初服 脫略衆訕 我懷伊阻 我佩誰玩 我思古人 實獲我心 寧知來世 不獲今兮 憂中有樂 樂中有憂 乘化歸盡 復何求兮」 <星湖集 卷六 張14 樂中憂>

③ 黃葉飛詞

역시 李瀷의 作이다. 그는 일찌기 이편의 지은 緣起와 自評을 다음과 같이 적었다.

余嘗略依草堂詩餘詞句 成一篇 名曰「黃葉飛」 詞曰

窓外風霜 黃葉倒飛 半壁靑燈 人倚書幃 一年今夜 眞樂關心知者稀 彼何處白駒空谷 閑抱瑤琴對月輝

凡六句 而腔調皆叶 不違於俗 而與三疊陽關相符 俗調有五節 而其間有長短之別 今六句而無不諧也 未知知音者 以爲何如也 蓋我邦有樂歌 自新羅世 而朝廷鄕黨之樂 都循俚諺 未有一人作韻語 被諸絃歌 亦夷俗之陋也

<星湖僿說類選 卷四下 頁331 國朝樂章>

④ 新詞三闋

清凉山六六峯 惟有白鷗知 我家白鷗淸愼豈負吾 輕薄難信是桃花 桃花桃花 更莫出洞去 恐引外客來經過 <右李退溪詞>

漁父驚風波 賣舟買騏驥 誰知羊腸險 甚於瞿塘水 從今棄舟又棄馬 願從老農學耕稼 <右朴思菴詞>

三冬一布褐 巖壑受風雪 雲間一寸暉 不曾晞我褐 忽聞西山百日頹 自然淚落心中哀 <右金河西詞>

<雷淵集 卷八 張27～28 夜聞鄰歌倚其聲戱爲新詞三闋>

이편은 南有容(1698～1773)이 時調 세편을 번역한 것이다. 그는 일찌기 詞曲에 대하여 다음과 같이 논평했다.

詞曲終止艶語 壯夫不爲可也 歐蘇諸公 平生喜爲之 謂之「詩餘」又何也 東人不解調律 又其詞多見春詞稗語 被之妓樂娼歌 則其淺且陋 已甚矣

<雷淵集 卷一五 張20 答吳伯玉書>

⑤ 東國樂府

「東國樂府」는 李匡師(1705～1777)의 作으로 一名은「海東樂府」이다.「太伯檀」으로부터「杜門洞」까지 모두 30편이다. 이제 그 중에서「月明衕」의 한편을 적어 둔다.

新羅憲康王 遊鶴城 忽有一人 奇形詭服 詣王前歌舞 從王入京 自號處容 每月夜 歌舞於市 竟不知所在 以爲神 後人名其歌舞處 爲月明衕 處容舞始此

自君之出治也 霜露之適時也 海波之不覩也 含氣稟生之達性也 余爲深山之古老猗 而與有好猗 長一尺者頤乎 廣全布者衣乎 舞我者風之歟乎 歌我者月之朗乎 月朗兮滿衢 余與市之佷娛之 <東國樂府 月明衕>

그의 아들 李令翊(1740～1780)의 기록에는,

家君爲東國樂府三十篇 命令翊屬和 顧令翊不能於詞 不能強效 其蹟之出於荒異不經者 又不能信而翼之 然亦不能辭矣 妓綴以朴陋之語 於其可疑可識者 必志于篇題 見于詩 自附屈子天問之意 雖違音調 或不見耻於有道君子 則幸矣

<信齋集 東國樂府序>

라 하였고, 丁若鏞은 또 다음과 같이 논평했다.

右海東樂府一卷 故新州謫客 李匡師之作也 其詩倣李西涯樂府之體 藻潔可喜……

昔星翁 亦有所述 合而觀之 將工拙見 <與猶堂全書 第一集 卷一四 張26 跋海東樂府>

⑥ 關西樂府

「關西樂府」는 108首의 鉅作이었으며, 申光洙의 諸體의 詩歌 중에서 가장 우수한 作品이었다. 그리고 「關西伯四時行樂詞」·「百八樂府」·「百八眞珠」 등의 別名을 가졌다. 이는 蔡濟恭(1720～1799)이 平安監司로 부임하자 申氏에게 詩篇을 청하였으므로 그는 平素에 意圖했던 것을 이 기회에 一氣呵成하여 蔡氏에게 갚았던 것이다. 이제 그 중 몇수를 소개한다.

西都佳麗似杭州　聖代昇平四百秋
第一江山兼富貴　風流巡使古今游」 <其一>

書案前頭點妓名　斂裙離次拜低聲
汾陽宅裏春宵宴　燕錦新裝隊隊明」 <其一二>

初唱聞皆說太眞　至今如恨馬嵬塵
一般時調排長短　來自長安李世春」 <其一五>

行首偸看氣色紅　守廳別揀兩坊中
金釵十二紅綃帳　第一佳人一點紅」 <其一六>

騎牛公主出宮門　七寶粧來荳葉村
金枝願嫁愚溫達　天定人緣莫避婚」 <其二三>

文章盛代更難廻　林悌曾吹口笛來
何事湖南白進士　當時錯道釣龍臺」 <其二九>

嬋娟洞裏草如裙　多恨多情今古墳
浮碧練光歌舞席　昔年爲雨更爲雲」 <其五九>

從來東國盛文章　幾處紗籠滿畵樑
當日送君南浦曲　千年絶唱鄭知常」 <其六九>

雲幕江樓白日場　夕陽誰是壯元郞
紅欄百隊淸喉妓　細調呼名故故長」 <其八〇>

靑絲三十萬緡錢　不買江亭不買田
歸日報君心一片　白驢東渡但垂鞭 <其一八〇>

<石北集 卷一〇 張16～33 關西樂府>

그리고 그의 「自序」에는 지은 動機에 대하여 曲盡히 敍述했다.

平壤箕子東明王之所都也 自古號佳麗擅國中 皇朝勅使如張芳洲許海嶽朱蘭嵎諸公 或稱「天下第一江山」 或稱「如金陵錢塘」 國朝昇平屢百年 士大夫宦游者 畵舫江樓 粉黛笙歌 留連沉酣 有秦淮烟月 西湖荷桂之娛 然金陵錢塘 皆有唐宋才子歌詩 輝暎湖山 以餙天下太平 東國無樂府 西京題詠 唯牧隱與李相國混外 近世三淵金翁作亦佳 然皆律體也 鄭知常官船一絕 始得樂府音調 爲千年絕唱 足與盛唐方駕 穆陵朝 李達崔慶昌白光勳 號三唐 一時又有徐益 竝次鄭氏韻 頗稱名作 先輩亦病其爲採蓮曲 蓋非其至者也 僕亦嘗游平壤 次其韻 如黃鶴樓崔顥詩在上 擱筆臨江 幾欲爲金黃元之哭 甚矣 此道之難也 練光浮碧之間 僕未嘗不慨然彷徨 欲更賦關西樂府 以遺是邦之爲方伯地主者 被之聲歌 自念五十布衣 失意棲遑 不足爲貴人 重恨不少年爲客 悒悒而歸 至今十數年 顚髮益種種矣 愛其湖山 如淡粧美人 秀媚難忘 往往夢想 在浿江舟中 樊巖尙書之以節西也 都人士 多爲歌詩 以送之 僕奉香寧陵未還 後樂浪使者至 飛書督詩 樊巖吾友也 風流文采 足與平壤山川相暎發 僕亦宿念所動 爲公欣然 如白首廢將 十年田間 忽聞出塞金鼓 馬鳴蕭蕭 不覺彈弓一起 遂依王建宮詞體 蘸藥汁 戱筆作關西樂府 亦名「關西伯四時行樂詞」 先之以夏者 以樊巖赴鎭 在端午也 凡西都之形勝謠俗 歷代興替 忠孝節俠 神仙寺刹 邊塞軍旅 樓臺船舫 以至女樂游衍之事 靡不備述 亦可謂一部西關志 而往往纖靡之語 襍以閭巷俚俗 幾於風雅掃地 恐不免輕薄之誚 然較王建詩 百有加八 蓋用禪家數珠法也 禪家持戒者 以百八珠念念脩善 循環不窮 僕平生 喜其法手之常念 西土雖號紛華 游是邦者 常作此念 如數珠法 蛾眉曼睩 管絃啁啾 不足以溺人情性 然豪傑之士 富貴得意 而聲色當場 能不迷者 亦幾人哉 阿難世尊高足也 墮摩騰伽淫室 三旬不返 世尊現清淨大法 救拔苦海 樊巖定力 吾未知與阿難何如 僕無世尊神通廣大法力 百八樂府 又不足以輝暎湖山 如唐宋才子 亦安知其不爲清淨大法乎 請樊巖 以吾詩爲禪家數珠 綺筵酒席 一歌一舞 念念自省 問主人翁 惺惺否也

<石北集 卷一〇 張14~16 關西樂府序>

⑦ 順菴樂府

이는 安鼎福이 그의 스승인 李瀷의 樂府에서 闕漏된 것을 기운 것으로 「成己歌」로부터 「白馬塚行」까지 5편을 「順菴樂府」라 이름했다. 原題는 「觀東史有感效樂府體五章」이었으며, 그 歌詞는 이에서 割愛하고 다만 그의 「小叙」만을 소개한다.

吾東方樂府古歌 有數種 而休翁沈光世所著 稱爲巨擘 我星湖先生樂府 出而後集大成 而發揮幽隱多 可以補史家之闕 然而成己以下數條見漏 故玆敢效嚬先生之

作 詞雖蕪拙 其事則不可闕矣 嘗以此擧似先生 而不被揮斥 故錄此 以備後考 <順菴文集 觀東史有感效樂府體 五章>

⑧ 靑丘短曲

「靑丘短曲」은 洪良浩의 作이다. 「日之曙」로부터 「萬頃波」까지 26편인데 대체로 時調를 漢譯한 것이다. 申緯의 「小樂府」도 이에서 많은 影響을 받은 듯싶다. 이제 그 중에서 「靑山裏」의 한편을 들어 보기로 한다.

靑山裏碧溪水 誰令一夜奔流 一到滄海無歸日 明月滿山 何不少淹留 <耳溪集 卷二 張4 歌謠>

⑨ 北塞雜謠

역시 洪良浩의 作이다. 「城津」으로부터 「牧羊客」까지의 48편인데 名은 「朔方風謠」이다. 그 중 「牧羊客」 한편은 다음과 같다.

借問金華牧羊客 何事人間久遊遨 得非誤讀黃庭 無乃暗偸碧桃 答云北方多名山 玉帝遣我採風謠 <耳溪集 卷二 張14 歌謠>

그리고 徐命膺은 이에 대하여 다음과 같이 논평했다.

樂府無難知已 雖以翠軒之步武杜陵者 其爲歌行 往往有俗韻 惟東溟庶幾焉 然樂府 則又未也 余得洪漢師朔方風謠一卷 而讀之 盡樂府歌行也 委曲可以發纖穠 鏗鏘可以協金石 才縱而氣不怒 局老而意不屈噫何其奇也 <保晩齋集 卷九 張12~13 題朔方風謠>

⑩ 耽津樂府

丁若鏞의 作인 「耽津村謠」 20首, 「耽津農歌」 5首, 「耽津漁歌」 10章 등을 이름이다. 그가 天主教 事件에 連坐되어 湖南에 귀양갔을 때에 지은 것이다. 原詞는 浩汗하므로 割愛하고 다만 李學逵의 논평만을 적는다.

向見苫上丁籜翁 流寓湖南六七年 作爲耽津樂府數十章 流傳京輦 薦紳家或嘗之曰 「是誠有異才」 有異才所以爲不祥 <嶺南樂府序>

⑪ 外夷竹枝詞

「韃靼」으로부터 「紅毛國」까지 모두 122章이 실린 「外夷竹枝詞」는 1795년 趙秀三(1762~1849)의 作으로서 그의 「珍珠船襍存」에 실려 있다. 모

두 外國의 故事이므로 이제 原典은 소개하지 않는다.

⑫ 高麗宮詞

역시 趙秀三의 作이다. 그 「小叙」에,

余於勝國事 未有聞知者 偶得靑湖稗史 遂有一二要領焉 擬竹枝調 作高麗宮詞二十二首 詞陋格卑 不合周官之採 漫藏巾衍 以資閑時遣悶云爾 <珍珠船褋存 卷三>

라 하여 지은 緣起를 말하였다. 이제 그 중 몇장을 뽑아 보았다.

重重珠箔四圍春　　樓上玲毬忽打人
不是王家嫌早嫁　　阿氏脅下有金鱗」 <其二>

宮外春風笑語傳　　宮中楊柳軟於煙
倭紅桄子絨絲索　　殿下親推送半僊」 <其一五>

前殿山棚縛綺羅　　雞林玉逹弄波波
三千隊裏黃昌舞　　雙劒弓腰賞最多」 <其一七>

<同上>

⑬ 小樂府

「小樂府」는 李齊賢의 뒤에도 申緯의 40首가 있다. 이는 모두가 時調의 漢譯이다. 그의 「自叙」가 있으나 너무나 길어서 그만 두고 다만 原詞 몇수를 소개하기로 한다.

欲去長嘶郎馬白　　挽衫惜別小娥靑
夕陽冉冉銜西嶺　　去路長亭復短亭」 <白馬靑娥>

白蝴蝶汝靑山去　　黑蝶團飛共入山
行行日暮花堪宿　　花薄情時葉宿還」 <蝴蝶靑山去>

喫驚風波旱路行　　羊膓豺虎險於鯨
從今非馬弃船業　　紅杏村深雨映耕」 <實事求是>

釋子相逢無別語　　關東風景也如許
明沙十里海棠花　　兩兩白鷗飛踈雨」 <十洲佳處>

截取冬之夜半強　　春風被裏屈蟠藏
燈明酒爛郎來夕　　曲曲鋪成折折長」 <冬之永夜>

<警修堂集 第一二册 小樂府四十首>

⑭ 倣關西樂府

箕城名妓解聲詩　　慣唱關西樂府詞
石北老仙今不在　　愧吾無力以張之」

粤山舊眄浿城春　　坐說咸營似隔晨
綵戲當年衙子弟　　即今犀帶使家身」

〈澹人集 卷七 張18～19 倣關西樂府體寄按使韓柳下啓源十三絕〉

이는 申佐模(1799～1877)가 申光洙의 「關西樂府」에 대한 擬作詞 중에서 뽑은 것이다. 대체 才思가 영롱한 作品이다.

⑮ 三史異蹟

「三史異蹟」은 趙宗鉉(？～1800)의 作으로서 「檀下熊」으로부터 「玉寶琴」까지 20首이다. 三國의 歷史 중에 異蹟을 읊은 것이다. 「自序」도 있으나 들지 않고 다만 「破鏡信」 한 수를 뽑는다.

栗里薛氏有艶色 父當防狄 以不得代行爲痛 有嘉實者 願代之 薛父許以婚 破鏡爲信 六年不還 父欲奪情 女將逃之 適嘉實歸 以鏡驗之 遂爲夫婦

感結代爺泣送歧　　誓心不嫌六年遲
破鏡有時明復暗　　妾心如日未曾虧　〈天鼷藁 三史異蹟 破鏡信〉

⑯ 嶺南樂府

「嶺南樂府」는 李學逵의 1808년 作이다. 「金官竹枝詞」·「海東樂府」와 함께 그의 모든 詩歌文學 중에 得意作일 뿐더러 韓國樂府의 集大成이라 하겠다. 이는 실로 「八關會」로부터 「安晦軒」까지 68편의 瀰瀰한 鉅作인데 그가 天主敎 事件에 連坐되어 金海로 귀양갔을 때의 작이다. 그 중 두편을 뽑는다.

山搖搖 竹蕭蕭 山來竹遭斮 山去竹歔號 但使時豐人和 海不揚濤 千秋萬歲翊王朝

〈萬波息笛〉

蓬萊館外雨冥冥　　威鳳樓前絕使星
何處最堪論客恨　　琵琶一曲鄭瓜亭　〈鄭瓜亭〉

〈嶺南樂府〉

그리고 그의 「自叙」에는 다음과 같이 상세한 기록이 있다.

當宁戊辰仲夏 余有河魚之疾 日寢臥于因樹屋之西軒 人有示余鄭麟趾高麗史數篇 紙墨刓缺 不堪便讀 輒沿洄揣摩 僅解辛禑二年 合浦軍謂金鎭爲燒酒徒一段 意犂然大樂曰「是可以作樂府矣」繼爲尋繹諛聞 質之傍觀 上自羅代 下至麗季 凡爲事屬嶺表 人系嶺鄕 則隨遇命題 遂題成章 爲日寢久 篇什良多 摠以命之曰「嶺南樂府」然記誦所及 考證甚鮮 是以地廣如尙州 名碩如安東 而並闕而無傳 <嶺南樂府序>

⑰ 金官竹枝詞

「金官竹枝詞」 30首는 역시 1808년 李學逵의 作이다. 金官은 곧 金海의 옛 이름이다. 이제 그 중 세수를 들어보기로 한다.

山有花傳嶺外歌　遺音不斷洛東波
鴉頭十五唱歌女　月落楓江愁奈何」

細竹斑花手染成　釜山烟俗鏤文呈
由來尤物難比並　此是東方第一名」

上廳行首老銅釵　撇郤皮鞖踏草鞋
但願年來作村意　煮茶漉酒過平生」 〈洛下生藁 第三册 因樹屋集 金官竹枝詞〉

⑱ 海東樂府

「借地恨」으로부터 「子規樓」까지 모두 56편은 역시 1821년 李學逵의 作이다. 「海東樂府」는 앞서 沈光世・林昌澤・李匡師 등의 諸作이 있으나 역시 이 李氏의 것이 集大成인 듯싶다. 그 중에서 「楊水尺」 한편을 들기로 한다.

楊水尺 汝亦人之子 胡爲乎生男爲人奴 生女爲人婢 楊水尺 汝亦天之民 胡爲乎男不爲詩禮 女不爲組紃 屠牛織柳自生理 擯不齒人誰其使 君不聞東丹鐵騎蹦東津 又不聞假倭殘市行掠人 楊水尺 苟亦天之民人之子 中藏怨毒固其理 〈洛下生藁 第九册 秋樹根齋集 海東樂府〉

⑲ 黃城俚曲

金鑢도 역시 天主教 事件에 連坐되어 오랫동안 귀양을 살던 文人으로서 특히 樂府에 大家이다. 이 「黃城俚曲」은 204首의 방대한 作品이었고 그 밖에도 「上元俚曲」 25首가 있다. 이제 「黃城俚曲」 중의 두수를 소개한다.

紅衣守僕一聲來　　鈴閣黃昏凍雨催
報道明朝初吉日　　焚香進止稟過回」

白石婆娘訟子寃　　呈單諺字溢千言
姦民指嗾誠難測　　不報洪恩反報恩」 〈藫庭遺藁 卷二 張23～29 艮城春囈集〉

⑳ 思牖樂府

金鑪의 樂府는 「黃城俚曲」보다도 더 방대한 「思牖樂府」의 上篇이 147首, 下篇이 143首였으니 이는 量的으로는 실로 空前·絶後的인 作品이 아닐 수 없다. 그 중 한수를 소개하면 다음과 같다.

問汝何所思 所思北海湄 東方名媛數十輩 詞翰先稱荷谷妹 蓮姬爲詩似衛姜 直過文君與王嬙 鸚鵡精神蛺蝶魂 氷雪容貌錦繡腸 長白之山氣淸淑 二千年間英華毓 蓮姬蓮姬眞天仙 胡爲屈沒沉邊壞〈藫庭遺藁 卷五 張3～4 思牖樂府上 問汝何所思〉

㉑ 左西樂府

「左西樂府」는 金善信(?)의 作이다. 그의 친한 벗 金鑪가 「藫庭叢書」 卷十三에 이를 收錄했다. 이에 原典은 들지 않는다.

㉒ 丹邱子樂府

역시 金鑪의 벗 李安中(?)의 作이다. 「公無渡河」·「跳跳曲」 등 數十편 중에서 몇수를 뽑기로 한다. 그 哀艷·妙逸의 情致는 李學逵로서도 당하기 어려울 듯싶다.

1. 擬古歌謠

公欲渡河 不以梁 不以航 不以方 河之深千尋 河之廣百丈 鳥不得翔 獸不得行 魚不得洋洋 公欲渡河 公則狂 〈公無渡河〉
薤上露見日銷 見日雖銷有明朝 人去千年無復朝 〈薤露歌〉
纍纍蒿里人 比今生人誰多寡 生人只是一世人 死生千世同一土 〈蒿里曲〉

2. 擬鐃歌

進君酒 鼓一聲酒一斗 酒未醉鼓不住 歌又歌又屢舞 人壽百年薤上露 〈將進酒〉

3. 山有花

山有花 我無家 我無家 不如花」
山有花 李與桃花 桃李雖相雜 桃樹不開李花」
李白花 桃紅花 紅白自不同 落亦桃花」

4. 苦苦苦

苦苦苦 機上苦 田中苦 厨下苦 十二時 何時不苦

<潭庭叢書 卷三 張1~15 丹邱子樂府>

㉓ 離船樂歌

이편은 李晩用(?)의 作이다. 그의 「小叙」에는,

西京樂府 本十八舞 而六舞無傳 今只有十二舞 離船樂 即居其一 蓋水路朝北時所製 聲調悽惋 形容萬里滄海 離船遠別之狀 令人黯然下淚 觀樂纔罷 遂與山泉走筆記之 以寓我東古今興替之悲 命曰「離船樂歌」 <東樊集 卷二 張6 離船樂歌序>

라 하였고, 그 原歌는 다음과 같다.

檀箕以降一千年 海東樂府風掃烟 西京兒女獨奇特 綠窓朱戶傳歌絃 大小垂乎十二舞 去如俠客來如仙 王母池春爛熳 公孫劍器霜回旋 響鈸未終牙拍始 羅麗宮角思連綿 滿座慘悽忽不樂 離船之曲聲可憐 桂之棹兮蘭之槳 綠波瀲灩生綺筵 細腰戎裝輕束縞 珠纓羽笠看儼然 畫角三吹歌咽咽 金鼉一通泣漣漣 羅叢錦隊動行色 水程渺渺人朝天 勸君更進陽關酒 此船去向阿那邊 可奈萬頃蒼波水 鯨濤鰐浪難行船 離愁滿舤更重 渡口月出航徐懸 船頭月高舤影正 船尾日斜舤影偏 欲發未發舤徘徊 餘音嫋嫋情空纏 此情復繫百丈纜 快刀割斷將何緣 割斷割斷復割斷 亂以終之漁父篇 須臾舞罷紅燈靜 怳如碧海爲桑田 此曲未知何人作 華堂客散寒無眠 嗚呼一歌聲悲壯 天下弱國吾朝鮮 每歲筐篚執壤路 契丹哈赤梗遼燕 楊杜棄甲曾幽野 高冠却賊還澶淵 茫茫水道戒行李 陽侯海若紛後前 鐵㟁山靑龍堂黑 指點覺華一髮延 如此風波何日返 生離死別長相捐 蘇李詩句江郎賦 此境此恨䓁難傳 只今貢道邊平陸 遼河薊樹如越阡 畏塗縱無別離苦 嗟我金帛委腥羶 離船樂君莫聽 柔腸寸斷難復連 離船樂君且聽 當年專對多先賢 異鄕雜曲徒聒耳 繁絃促軫鳴羣蟬 黃昌短舞愁看欻 處容長袖嗤躚躚 離船樂誰爲奏 羇人遠客魂相牽 此樂眞是淸商闋 易思難忘聲聲圓 更不如載酒載月離船去 江南江北看盡好山川

<東樊集 卷二 張6~8 離船樂歌>

㉔ 歲時風謠

本謠는 柳晩恭(?)의 作으로 200首의 鉅什이다. 그 卷首에는 張琬(?)

의 「序」도 붙여 있거니와 그 「自敍」가 더욱 簡明하기로 이에 소개하고 原詞는 들지 않는다.

癸卯新元 余病臥山窓 涔寂無聊 謾吟歲時風俗詩 以破牢騷 及上元 又詠雜詩 並書曰「歲時風謠」 今年正元 閑居閱舊錄 以自遣 而旣曰「歲時非獨月正」 遂就一年名節續之 自笑其癖之痼也 <問松藁 歲時風謠>

㉕ 江南樂府

1844년 趙顯範(?)의 作이다. 「江南美」로부터 「至行歎」까지 모두 151首의 鉅作이다. 그 「自序」의 一節을 들고 本詞는 소개하지 않는다.

一日得玩昇平志 即記順邑之故事也…… 凡前之所聞 後之所見者 有一言一行之可以贊詠勸戒者 則不較古今與顯微 一依海東樂府體 分別題目 作爲歌詩 名曰「江南樂府」 <江南樂府序>

㉖ 鳳韶餘響

이편은 朴珪壽(1807~1876)의 作이다. 그 지은 緣起는 「自叙」 중에 상세히 실렸으나 글이 너무 길므로 들지 않고 다만 本詞 100首 중에서 세 수만을 소개해 둔다.

華山佳氣鬱葱蘢　　勤政門開玉殿通
萬朶紅雲瞻北極　　蓬萊旭日照曨曈」

方音翻切費呼歔　　演出銀鉤玉筋踈
白硾平江花雪紙　　六宮齊習諺文書」

如星銀燭讀書牀　　中使頻窺白玉堂
學士今宵綾被煖　　夢酣應復近君王」 <鳳韶餘響集 卷上>

㉗ 大東續樂府

惟我退溪老先生 遭遇聖朝 致位卿相 而常懷難進易退之節 築精舍於淸凉山下 偃游棲息 絕意外慕 嘗作歌寓意曰「淸凉山六六峰 知我者白鷗與桃花 白鷗豈傳泄 未信者桃花 桃花且莫泛泛東流水 或恐漁舟子知」

淸凉山何有 白鷗與桃花 白鷗忘機 桃花不言 理我初服 與爾同婆娑 白鷗可信盟不寒 桃花奈汝輕盈姿 東流之水日千里 恐漏春消息世人知
<晩醒集 卷三 大東續樂府>

이는 朴致馥(1824~1894)의 作이다. 그의 「自序」에는.

近得所謂大東樂府者 而讀之 雖未知何人所作 而高者浸淫魏晉 下者方駕張蘇……而之篇也 闕而不錄 蓋作者之未成書也 余遂忘其僭踰 效其體製……得二十八篇……而止 <晩醒集 卷三 大東樂府序>

라 하였거니와 이는 盧德奎(?)의 「海東續樂府」와 內容이 같음은 자못 의심적은 일이 아닐 수 없겠으나 曹兢燮은 다음과 같이 말했다.

爲文抒發所積 挹之不竭 而芒寒色正 卒歸於理勝 至於樂府之撰 則哀然大方 可以俯示一代矣 <深齋集 卷二七 張3 朴晩醒先生墓碣銘序>

⑱ 廣寒樓樂府

이 「廣寒樓樂府」는 尹達善(?)의 1852년 作으로 一百八疊이나 되는 鉅篇이다. 이제 그 중 몇수를 들기로 한다.

鵲橋東畔廣寒樓　　翠竹深林映素秋
牛女佳緣誰更續　　滄河孤月滿空洲」　<要令 第二章>

蝶隨花了雁隨波　　六字翻成一曲歌
滿紙書香君試看　　勞心到此較誰多」　<官僮唱 第十章>

芳緣新結會眞家　　錦帳春深夜合花
軟玉溫香懷裏滿　　千般旖旎萬般斜」　<李生唱 第三九章>

沉沉月色夜三更　　誰是殷勤訪我聲
病枕乍推矯首聽　　李郎來自漢陽城」　<香娘唱 第九四章>

淨丑場中十二腔　　人間快活更無雙
流來高宋廉牟唱　　共和春風花鼓撞」　<總論 第一百八章>

<桐山藁 廣寒樓樂府 香娘舊譜>

그는 뒤를 이어서 다음과 같은 「跋」을 붙였다.

紫霞申侍郎緯 作觀劇詩數百首 其風流韻響 即近世絕唱 然此詩甚些略 良可恨也 壬子初秋 飲暑患店 調病於僧伽寺之北禪院 當其淸凉無寐之時 收拾神思 依香娘歌一 作小曲百八疊 名之曰「廣寒樓樂府」 余不敢與紫霞詩 并驅騷壇 其趣味則一般也 至於悲歡離合之情 閭巷風謠之辭 不能摸寫其萬一 眞戛戛乎其難於措手矣 藏之巾笥 花下尊前 聊以自懷云耳 <桐山藁 廣寒樓樂府 香娘舊譜跋>

㉙ 嘉梧樂府

「嘉梧樂府」는 李裕元의 作이다. 이제 「古樂府」 31篇, 「海東樂府」 100首, 「補製散樂」 16首, 「訓民正音」 5首, 「俗樂」·「詞詞」 16首, 「觀劇八

令」 8首, 「小樂府」 45首, 「四時詞」 13首, 「異域竹枝詞」 30首 등 264篇이나 되는 방대한 作品이다. 그 밖에도 「詩餘」 26調·54闋은 「詞」에 속한 것이었고 「靈山先聲」 5章, 「異域竹枝詞」 30首, 「金石索」 59首 등은 「樂府」의 本色이 微弱하므로 이에 제외하였다.

1. 古樂府

「上雲樂」으로부터 「吳宮詞」까지 31篇·58首이다. 이에 原詞는 들지 않는다.

2. 海東樂府

「箕子樂」으로부터 「眞勺」까지 100首이다. 이에 그 중 몇수를 든다.

百結先生喜鼓琴　　空敎隣杵惱妻心
杵聲演作琴中譜　　千載流傳歲暮音」　<碓樂>

種瓜餘力撫絃琴　　曲曲悽哀攄樾林
亭上啼禽亭下月　　春山疑是蜀規吟」　<鄭瓜亭>

辛熱枝兒並突阿　　東京思內舞依歌
先輩亦㑑燒尾宴　　霜臺別曲陽村哦」　<俗部>

一二音連三四音　　四三二一濁淸音
指一動時點一落　　一心操縱不容針」　<眞勺>

<橘山藁 嘉梧樂府 海東樂府>

3. 補製散樂

「新羅八關會」로부터 「山有花」까지 16首이다. 그 중에서 몇수를 뽑아 보았다.

壁立陶山函席開　　先生遺躅九溪回
月明星槩凝然寂　　春服成時弟子來」　<陶山九曲歌>

天下無雙八景奇　　關東樂府世皆知
象一形時中一節　　風流相國慨然詞」　<關東別曲>

<橘山藁 嘉梧樂府 補製散樂>

4. 訓民正音

「訓民正音」을 읊은 5首이다. 이제 그 중 두수를 뽑기로 했다.

聖人製樂應時候　子母相生廿八副
轉換無窮叶七三　象形圓直放姬籀」 <其一>

禁中開局斯民訓　崔鄭申黃刪正韻
往來遼野十三番　摠是先王心上運」 <其五>

<橘山藁 嘉梧樂府 訓民正音>

5. 俗樂謌詞

「楚漢歌」로부터 「十二月歌」까지 모두 16首이다. 原詞는 들지 않는다.

6. 觀劇八令

「廣寒春」으로부터 「光釗」까지 모두 8首이다. 이제 그 중 세수를 소개하기로 한다.

廣寒五月綠楊垂　娘子鞦韆絳碧絲
手折一枝橋上贈　風流御史不勝悲」 <廣寒春 第一令>

江南社雨燕飛來　匏子如罌萬物胎
一富一貧元有定　難兄難弟莫相猜」 <燕子匏 第二令>

堪笑路傍一木人　可能呪往百千神
莫非主媼緣奇薄　辭或是之不是眞」 <光釗 第八令>

<橘山藁 嘉梧樂府 觀劇八令>

7. 小樂府

「楊柳枝」로부터 「南山壽」까지 45首이며, 대체로 時調를 漢譯한 것이다. 이제 그 중 몇수를 뽑아 보았다.

白蝶團團黑蝶飛　偸香同逐靑山歸
今日花間宿未了　葉間一宿亦芳菲」 <蝶戀花>

靑山瀉出碧溪水　影入流雲去莫止
一到滄溟難復回　滿空明月古今是」 <藂山溪>

<橘山藁 嘉梧樂府 小樂府>

그리고 그는 또 이를 지은 緣起에 대하여 다음과 같이 말했다.

余昨夏 作海東樂府百首　原於益齋先生小樂府法 今秋雨裏　見養硏山房俗樂府倣以製之 皆東國忠臣志士 哲輔鴻匠 高明幽逸 才子佳人 詠歎嚬呻之餘也

<橘山藁 嘉梧樂府 小樂府序>

8. 四時調

「正月」부터 「閏月」까지 모두 13首인 「月令」系의 歌詞이다. 이제 그 原詞는 들지 않는다.

㉚ 高靈歎

이 한 편은 李建昌의 樂府이다. 高靈府院君 申叔舟의 故事를 읊은 것이다. 長篇이므로 이에 原詞를 들지 않는다.

4. 詞의 老境美

樂府는 寫實的인 傾向을 띤 것이 거의 本色이었다. 그러나 英·正代의 樂府 중에서는 「詞」의 體가 극히 衰退한 동시에 老境美를 지닌 것이 特色이었다. 이제 겨우 閑散한 數三家를 들 수 있을 뿐이었다.

① 茶山詞

「滿江紅」으로부터 「更漏子」까지 모두 12篇이다. 丁若鏞의 作이며, 이는 역시 그가 湖南에서 귀향살이 할 때에 지은 것이다. 이제 그 중 「如夢令」의 한편을 들기로 한다.

> 一夜飛花千片 繞屋鳴鳩乳燕 孤客未言歸 幾時翠閨芳宴 休戀休戀 惆悵夢中顔面 <與猶堂全書 第一集 卷五 張16 如夢令 寄內>

② 甪里詞

「浣溪紗」로부터 「風入松」까지 모두 36편으로 되었는데 高聖謙(1810~1886)의 作이다. 이제 「憶王孫」의 한 가락을 들어 둔다.

> 春陰漠漠柳如絲 黃鳥雙雙啼上枝 永日無人問所思 午眠遲 寂歷江簾空自垂 <甪里集 卷四 張12 樂府詞 憶王孫 二調 其一 春日晩眺>

③ 詩 餘

「御溝行」으로부터 「感恩多」까지 모두 26調·54闋인데 李裕元의 作이다.

이제 原詞는 들지 않고 다만 그의 「自序」를 적어 둔다.

詩餘者 古樂府之流別 而後世歌曲之濫觴也 始於清平調 中州人著作 平仄聲字字分 而唇齒協之 蓋中州樂 以音登絃 長短促 我東全以言語詠之 或音或釋 混淪無適 所以東國小樂府 只擧其槩也 詞體二十六調 各製一闋 以備攷覽

<橘山藁 嘉梧樂府 詩餘序>

④ 畏齋詞

丁泰鎭(1876～1959)의 作이다. 그는 性理學의 研究家였으나 역시 詞에 關心이 적지 않았던 것이다.

寂寞山花開了 綽約窓梅香繚 林鳥兩三聲 夢頻驚 遠客江南千里 明月樓頭高倚 相別幾多時 我心癡 <畏齋全書 昭君怨 仄平進退叶 懷友三首 其一>

5. 寫實的 詩歌

樂府에도 寫實的인 傾向이 짙음은 前述한 바와 같거니와 一般的인 詩歌에 있어서는 더욱 그러함을 말하지 않을 수 없겠다.

① 李光庭

李光庭(1674～1756)의 詩는 「孀娘謠」가 가장 代表作으로서 灑灑한 鉅篇이었다. 이제 너무 길므로 割愛하고 다음으로 五言古詩 한편을 들어 둔다.

昔我李夫子 養靜在陶山 陶山前後疊 至樂寓其間 君今寫遺音 馬上試一唱 山中寂寞鄉 幽抱寫舒暢 一唱復一唱 油然道心生 不勞強把持 靈界一時平 七情不勞攘 邪思何由萌 君常歌此曲 豈必座右銘

<訥隱集 卷二 張35 一甫馬上詠陶山六曲>

② 李用休

英·正代 詩文은 대체로 李用休의 一系와 朴趾源의 一系가 활약하였다. 李用休는 특히 李瀷의 조카로서 家庭의 學을 계승하여 寫實的인 傾向을 지녔으므로 다음과 같은 詩를 남겼다.

世俗有恒言 文人無所用 公爲一洗之 使知文人重 漣川僻且小 其願乃以人 請借日月石 照察民嚬呻 字不着風月 語不及杯觴 惟說職所管 是爲眞文章 <惠寰詩稿 送申使君光洙之任漣川>

李氏의 詩에 대하여 李德懋는 다음과 같이 논평했다.

> 李上舍用休 號惠寰居士 詩力追中國 耻作鴨江以東語 格律嚴苦 藻采煥曄 別闢洞天 峭絕無隣 博極墳典 字句有根……不徒作月露風花 爲無用之言也 <清脾錄>

③ 許 佖

許佖(1709～?)은 李用休의 詩友이다. 李氏는 그를 위해 「生誌銘」까지 지었다. 그의 詩는 많이 전치 않으므로 다만 「失題」 한수를 소개한다.

> 李白飯香杜甫湯　　新年飮食亦文章
> 攜來泮水橋頭月　　光顯家中話更長 <順菴雜錄 第四七册 附許烟客詩>

安鼎福은 이에 注釋을 붙였다. 李白飯은 「粳米白飯」, 杜甫는 「豆腐」, 光顯(?)은 「館主人名」이라 했으니 이는 一種의 戲作詩이다.

④ 申光洙

申光洙는 당시 實學派와 古文派 兩者의 사이에 위치를 잡은 存在였으나 역시 李用休系에 가까왔음은 사실이었다. 그러므로 그 「採薪行」의,

> 貧家女奴兩脚赤 上山採薪多白石 白石傷脚脚見血 木根入地鎌子折 脚傷見血不足苦 但恐鎌折主人怒 日暮戴薪一束歸 三合粟飯不療飢 但見主人怒出門潛啼悲 男子怒一時 女子怒多端 男子猶可女子難 <石北集 卷一 張37～38>

은 社會의 不平等에 의한 私奴의 虐待, 특히 女上典의 暴惡狀을 묘사하였고 그 밖의 「臘月九日行」·「濟州乞者歌」·「潛女歌」 등은 모두 腐敗한 社會相을 曲盡히 묘사한 作品들이다.

⑤ 蔡濟恭

蔡濟恭은 비록 당시 得意한 宰相이었으나 역시 西學에 대한 認識이 얕지 않았으므로 敵黨의 攻擊을 받은 적이 없지 않았거니와 그의 詩도 寫實的인 潮流 중에서 벗어나진 못했던 것이다.

> 托身二三載 河漢一以隔 未曾識君聲 何論見顏色 時時入夢姿 彷彿苦難的 <樊巖集 卷三 張27 丹丘錄上 新婚別>

그리고 潘庭筠(?)은 일찌기 그의 詩에 대하여 다음과 같이 논평했다.

氣勢如長江大河 泰山華岳 一筆寫出 眞有韓蘇力量
<樊巖集 卷一三 張34 含忍錄上 走草長歌>

⑥ 丁範祖

丁範祖는 申光洙와 齊名한 詩人이었으며, 그는 일찌기 「洗手作羹湯」이라는 應製詩로서 一世를 놀라게 하였고 「春娘詞」도 역시 奇警한 作品이었다. 이제 原詩는 들지 않고 다만 李德懋의 논평을 붙여 둔다.

丁叅議範祖 字法正 先王末年 選湖堂讀書 應製洗手作羹湯詩 驚動一世 詩思泉湧 與申寧越光洙齊名
<淸脾錄>

⑦ 權哲身

權哲身은 그의 아우 權日身과 함께 西學을 위하여 殉身한 學者이다. 그의 作品은 전하는 것이 극히 드물므로 이에 「採葛嶺」의 한 수를 소개한다.

僕蔌小林扉　蔦蘿衆蔓圍
手中長口白　霜餘紅塵稀
斷續難尋緖　沈潛竟得微
數根吾旣有　風雪免空歸　<順菴雜錄 第四七册 附權哲身詩>

⑧ 李匡呂

李匡呂(?)는 朴趾源과 交誼가 깊기는 하나 作風은 같지 않다. 이는 실로 李·朴 兩系의 中間的인 위치에 놓여 있는 存在이다. 그의 「良丁母」나 「章臺枝」는 社會의 不平等을 슬퍼한 作品이었으나 長篇이므로 이에 割愛하고 다만 「次鄭知常韻」 한수를 들기로 한다.

日見箕都行樂多　興亡今古櫂人歌
長江亦自西流去　莫道春來還舊波　<李叅奉集 卷二 張15 次鄭知常韻>

李德懋는 그의 「詠梅」·「江行絶句」 등을 칭도하여,

李進士匡呂 字聖載 詩雅重深潔 名滿一國 或云「詩爲當世第一」 其詠梅
滿戶影交脩竹枝　夜分南閣月生時
此身定與香全化　嗅逼梅花寂不知　<淸脾錄>

라 하였고, 李學逵는 특히 그의 詩와 朴趾源의 文을 並擧 논평하였다.

近世詩文 當以李參奉朴燕巖 爲一代名家 但李詩猶有東人氣味 朴文不具大家手眼 爲可恨耳 蓋此兩先輩 胸中無一點黨心 口頭無一句黨議 所以成就得如許好詩文 今世士大夫家 先有黨心痼中 眼目不正 議論不公 何得有那般好詩文 發揮出來耶 此亦吾輩 不可不知處也 <洛下生藁 第一〇册 秋樹根齋集 與或人書>

⑨ 朴趾源

그의 詩는 비록 散文을 미칠 수 없겠으나 역시 不凡物임은 틀림 없을 것이다. 그의 「叢石亭觀日出」이나 「海印寺」는 奇崛하기 짝이 없거니와 「燕巖憶先兄」은 哀婉한 調子가 아닐 수 없다.

我兄顔髮曾誰似　　每憶先君看我兄
今日思兄何處見　　自將巾袂映溪行 <燕巖集 卷四 張10 映帶亭雜咏 燕巖憶先兄>

⑩ 朴準源

朴準源(?)은 朴趾源의 族弟이다. 그의 「翻風兮謠」 한수를 들어 둔다. 이는 里中 아이들의 노래를 漢譯한 것이다.

風兮莫吹木葉落　　日月莫逝父母老
葉落猶可明春生　　父母一老不復少 <錦石集 卷三 張29>

⑪ 李彦瑱

李彦瑱(1740~1766)은 委巷詩人으로서 李用休의 愛弟子이다. 朴趾源·李德懋·金祖淳(1765~1832) 등이 모두 그의 傳을 지어 애석하게 여겼다. 그의 「壹陽舟中」 三十二疊 중에서 한 수만을 골라 보았다.

耻謀妻子計　　竇志學皇初
牛角看前史　　航頭得古書
餘糧分與鼠　　殘鱠棄爲魚
腸肛無腥腐　　新詩氣苟蔬 <松穆館集>

그의 文學에 대한 諸家의 논평이 많으나 李用休의 「李虞裳輓」의 10首가 가장 曲盡하게 묘사하였다. 이제 몇수를 뽑기로 했다.

五色非常鳥　　偶集屋之脊
衆人爭來看　　驚飛忽無迹」 <其二>

無故得千金　　其家必有災
矧此希世寶　　焉能久假哉」　<其三>

眇然一匹夫　　死覺人數減
豈非關世途　　人多如雨點」　<其四>

雖食朝鮮粟　　不作朝鮮語
平生愛重意　　已盡松穆序」　<其六>

其人膽如瓠　　其人眼如月
其人腕有靈　　其人筆有舌」　<其八>

他人以子傳　　虞裳不以子
血氣有時絶　　聲聞無窮已」　<其一〇>

<惠寰詩稿>

⑫ 李亶佃

李亶佃(?)은 역시 委巷人으로서 李用休의 詩弟子이다. 그의 詩는 전하는 것이 드물고 다만 李用休가 그의 「霞思稿」에 쓴 一節을 소개해 둔다.

> 有一少年子來謁 以詩爲贄 問其姓名 曰「李亶佃」 已訝其異乎人之命名 及開卷光怪陸離難狀 有出思慮之外者　<惠寰雜著 第九册>

⑬ 李德懋

李德懋는 당시 柳得恭(1748~1807)·朴齊家·李書九(1754~1825) 등과 함께 「四家」의 이름을 얻었으나 李書九를 제외하고는 모두 委巷詩人이다. 柳得恭·李書九는 모두 그의 「秋日宿心溪秋月軒」을 激賞하였으나 나는 특히 그의 「兩頭纖纖」을 愛誦한 적이 있다.

兩頭纖纖史籒文　　半白半黑花鴨文
腷腷膊膊野竹焚　　磊磊落落觸石雲」

兩頭纖纖蓴葉卷　　半白半黑太極圈
腷腷膊膊鏇車轉　　磊磊落落駕大騙」

兩頭纖纖回子笠　　半白半黑蕎麥粒
腷腷膊膊祖逖楫　　磊磊落落酈生揖」

兩頭纖纖芹田蛭　　半白半黑兎毛筆
腷腷膊膊爐爆栗　　磊磊落落北斗七」

兩頭纖纖棗核兒　　半白半黑五十髭
膃膃膊膊府庭笞　　磊磊落落弄毬獅」

兩頭纖纖猫睛午　　半白半黑碁子縷
膃膃膊膊檀板拊　　磊磊落落打蕉雨」 <雅亭遺稿 卷二 張16 兩頭纖纖>

朴齊家는 그의 詩에 대하여 다음과 같이 논평했다.

瞻彼山川 邈乎綿綿 靜水含淸 孤雲舒潔 雁將子而悲鳴 蟬泠泠而欲絕 <淸脾錄>

또 李調元(?)은,

李青莊館集 造句堅老 立格渾成 隨意排鋪 而無俗艶 在四家中 當推老手 <韓客巾衍集>

라 하였고, 潘庭筠도 역시 다음과 같이 말하였다.

炯菴鍾字鍊意 力掃凡谿 別開異境 晚宋晚明之間 應踞一席 又如火齊木難 觸目都是奇寶 非尋常近玩之比 <同上>

그러나 그는 실로 王士禎의 詩風을 가장 처음 받아 들였던 것이다.

余酷嗜貽上詩 以爲「非徒有明三百年內 無此正聲 求諸宋元 亦罕厥儔……」 遂詑張夸震於泠齋薑山楚亭諸人 擧皆咀嚼濃郁 耳擩目染 流波所及 能知有王漁洋於天壤間者 亦稍稍相望也 <淸脾錄>

⑭ 李家煥

李家煥은 李用休의 아들로서 才名이 一世를 驚動시켜 許筠의 이후에 거의 짝이 없는 汗血駒이다. 그는 일찌기 李檗과 함께 西學을 깊이 研究하여 위로 李瀷·李用休의 家學을 받고 아래로는 丁若鏞을 열어 준 당시 實學派의 鉅星이었으나 敵黨의 誣陷으로 極刑을 입었다 그의 哀艶·宕逸한 詩는 당시에 거의 抵敵이 없었던 것이다.

江樓四月已無花　　簾幕薰風燕子斜
一色碧波連碧艸　　不知別恨在誰家」

仁聖遺祠歲月多　　朝天舊石足悲歌
大同門外長江水　　不見廻波見逝波」 <錦帶詩文鈔 練光亭次鄭知常韻>

牡丹塚上野花多　　樂府猶傳石北歌
惆悵紅闌亭子望　　練光依舊寫秋波」

長堤終古解攜多　　一半離家雜櫂歌
自是征人輕遠別　　江中日日足風波」 <錦帶詩文鈔 又次多字韻>

⑮ 柳得恭

柳得恭의 詩歌로서는 「二十一都懷古詩」가 특히 「竹枝」·「詠史」·「宮詞」 등의 諸體를 갖춘 作品이었고 그 밖에도 「落花生歌」·「恭呈家叔游燕六首」 등은 모두 峭健·哀艶하였다.

佳菊衰蘭映使車　　澹雲微雨九秋餘
欲將片語傳中土　　池北何人更著書」 <其一>

淺碧深紅二月時　　軟塵如粉夢如絲
杭州才子潘香祖　　可憐佳句似南施」 <其四>

有箇詩人郭執桓　　澹園聯唱遍東韓
至今三載無消息　　汾水悠悠入夢寒」 <其五>
<泠齋集 卷二 恭呈家叔父游燕六首>

그의 知己인 李德懋는 그의 詩에 대하여 다음과 같이 논평했다.

泠齋詩 余以爲近世絕品 有才有學 無體不備……泠齋文弱如處子 而詩有時哀切 其胷中 或有觸激而然歟 <淸脾錄>

그리고 李調元은

泠齋詩 才氣縱橫 富於書卷 如入五都之市 珍奇海錯 無物不有 加以天資勝人 鍛鍊成奇 故足令觀者眩目 <泠齋集 卷首 泠齋集評>

이라 하였고, 潘庭筠은 또 다음과 같이 논평했다.

泠齋才情富有 格律獨高 時露鯨魚碧海之觀 至於懷古登臨 尤多傑作 <同上>

⑯ 朴齊家

朴齊家는 당시 「北學議」의 作者로서 北學派의 先驅者이다. 이제 그의 「戱倣王漁洋歲暮懷人六十首」 중의 몇수를 들어보기로 한다.

靑莊饑死也何妨　　縱死詩書骨亦香
寂寞繁華知一致　　莫將榮悴問行藏」 <靑莊山人李德懋>

燕巖文筆馬韓兼　　竪古橫今悟字拈
自是經綸馳騁到　　許生不信是虬髥」 <朴燕巖趾源>

知己天涯自有鄰　　詩名遠播蜀江濱

憐君姓柳眞相似　　已有錢塘畵柳人」 <柳冷齊得恭>

一段風流海外存　　十年長對炯菴門
它人盡道薑山冷　　不見霏霏半夜言」 <李薑山書九>

惠寰超妙出清新　　譬似蓮花不染塵
一自詞家開法眼　　東方無箇讀書人」 <李惠寰用休>
<貞蕤閣閣初集>

그의 知己인 李德懋는 이에 대하여 다음과 같이 논평했다.

楚亭之詩 才超而氣勁 詞理明白 亦能記案 嘗放漁洋山人懷人絕句例 爲當世所見聞名流賢士 作五十餘絕句 各取所長 贊美停當 與余談藝 終晝竟夜 滔滔纚纚如合左契 其爲詩 大處磊落 纖處娟妙 落筆離奇 人不可當 亦近世罕有之才<清脾錄>

⑰ 李書九

李書九는 朴趾源의 愛弟子이므로 朴氏는,

李氏子洛瑞 年十六 從不佞學有年矣 心靈夙開 慧識如珠 <燕巖集 卷七 別集 張9 鍾北小選 綠天館集序>

라 하였고, 그의 知己인 李德懋는,

薑山妙年英才 問學日富 其爲詩也…… 運之以性靈 會之以鑑識 古澹幽潔 高亮閑遠 余甞歎其典裁如王漁洋 淹雅如朱竹坨 <清脾錄>

라 논평하였으며, 史官의 기록은 다음과 같았다.

蓋其文學精鍊 經術淹雅 綜理事務 才識兼優……然簡亢自高 無許可者 此其取敗也 <純宗實錄 卷二七 張35>

이제 그의 五古 몇수를 들어 둔다.

篙子宿寒雨　　夜聞篷底語
朝來兩岸樹　　不見停舟處」 <曉頭觀漲>

家近碧溪頭　　日夕溪風急
脩林不逢人　　水田鷺影立」 <江夕>

<素玩亭集>

⑱ 丁若鏞

丁若鏞은 일찌기 李瀷을 私淑하였으니, 역시 李用休의 一系이다. 그의 「石隅別」·「沙坪別」은 杜甫의 三別, 「龍山吏」·「陂池吏」·「海南吏」는 杜

甫의 三吏의 餘響이었다.

吏打龍山村 搜牛付官人 驅牛遠遠去 家家倚門看 勉塞官長怒 誰知細民苦 六月索稻米 毒痡甚征戍 德音竟不至 萬命相枕死 窮生儘可哀 死者寧晳矣 婦寡無良人 翁老無兒孫 泫然望牛泣 淚落沾衣裙 村色極瘦衰 吏坐胡不歸 瓶罌久已罄 何能有夕炊 坐令生理絕 四隣同嗚咽 脯牛歸朱門 才譜以甄別

〈與猶堂全書 第一集 卷四 張38～39 龍山吏〉

그리고 그의「芙蓉亭歌」는 芳馨·悱惻한 鉅篇이었는데 특히 그 중,

御乘在前臣馬後
馬鳴相答中心慢 〈與猶堂全書 第一集 卷四 張8 芙蓉亭歌〉

은 警絶하기 짝이 없는 名句이었다. 그는 일찌기 同人들과 竹欄詩社를 맺었으며, 그가 詩를 쓰는 趣旨는,

我是朝鮮人
甘作朝鮮詩 〈與猶堂全書 第一集 卷六 張8 老人一快事〉

에 지나지 않았던 것이다. 이제 끝으로 그가 妻子에게 보낸「兩頭纖纖」의 한편을 들어 둔다.

兩頭纖纖別時月　半白半黑愁中髮　腷腷膊膊魚筍發」
兩頭纖纖門前灣　半白半黑墨畵山　腷腷膊膊裂帛紈」
兩頭纖纖一年氣　半白半黑世間事　腷腷膊膊熱客志」

〈與猶堂全書 第一集 卷四 張29 兩頭纖纖〉

⑲ 申 緯

申緯는 李·朴 兩系의 中間的인 存在이다. 그의 詩는 李朝의 一代를 통해서 第一大家로 追崇하는 이도 없지 않았다.

申紫霞之詩 以神悟馳騁 萬象俱備 爲吾韓五百年之第一大家 是以變調而雄者也

〈韶濩堂集 卷一〇 張26 雜言〉

그의 「雜書五十首」·「觀劇絶句十二首」·「東人論詩絶句三十五首」 등은 모두 渢渢한 大家의 風貌를 지녔다. 이제 그 중 몇수를 들기로 한다.

有才無用豈天意　烜爀家門禁錮民
四海九州千萬古　再無徐選這般人」

家門販賣遙遙胄　　閭里橫行岌岌冠
呑噬生靈作家計　　不知朝令不知官」

病民蠹國豈無由　　我亦不眠不食求
錢與兩班而已矣　　噫非一夕一朝憂」 <警修堂集 第七册 雜書五十首>

春香扮得眼波秋　　扇影衣紋不自由
何物龍鍾李御史　　至今占斷劇風流」

高宋厖牟噪海陬　　狂歡引我脫詩囚
淋漓慷慨金龍運　　演到荊釵一雁秋」 <警修堂集 第八集 觀劇絶句十二首>

⑳ 李亮淵

李亮淵(1771~1853)은 洪奭周(1774~1842)와 가장 莫逆하였으며, 그 思想的인 면으로 보아서는 李·朴 兩派에서 中間的인 存在였다. 그러나 그의 寫實的인 詩風은 朴趾源에게 비해서 더욱 前進되었다. 이제 그의 「田家」·「避稅怨」·「蟹雞苦」 등 몇편을 들어보기로 한다. 이들은 모두 당시 苛斂誅求에 呻吟하는 農奴들의 百年苦를 曲盡하게 묘사한 作品이다.

耕田賣田糴　　來歲耕何地
願生伶俐兒　　學書作官吏」 <田家>

我無一畝田 而有百畝稅 賣鼎有瓦罐 賣衣奈寒歲 十家九家空 九稅萃一家 縣令不能貸 豈盡私自多 提攜向南適 更有北來客 <避稅怨>

太守賦一蟹 未足爲民瘠 一蟹爲一雞 萬雞凋八域 苟然充王厨 耕牛吾不惜 <蟹雞苦>

㉑ 洪奭周

洪奭周는 역시 李·朴 兩系에서 中間的인 存在였으며, 韻文보다도 散文에 더욱 長이 있으나 그 「詠史六首」를 諷味해보면 黨爭에 대하여 가장 坦蕩한 心懷를 지녔음을 알 수 있겠다.

聲色蕩性靈 祿利輕廉耻 滔滔衆欲場 尙云多凡子 獨有好勝心 偏誤盛名士 偉然自任重 立志諒不鄙 苟非上聖姿 焉能事事是 一誤羞自屈 文飾眩義理 門庭起茅鋋 談笑決生死 生死尙云小 黨禍從此始 浸淫病人國 流毒迄千祀 溫溫退陶翁 山斗鬱瞻企 一聞後生語 捨己如脫屣 令名久益尊 大勇亮在

此 <其五>

<淵泉集 頁44 詠史六首>

㉒ 李彙寧

李彙寧(1788~1861) 古溪는 正音歌辭「邦慶舞蹈辭」의 作者였으며, 李·朴 兩系에서 中間的인 위치에 있으면서도 比較的 李系와 가까왔었다. 그의 「萬瀑洞」의 한편은 다음과 같다.

大壑砰訇響九河　　窮巖劈破洞門谺
萬峰流水靑天落　　五月深山白雪多
散忽跳騰珠點綴　　懸纔臥鋪石盤陀
神工排置皆公物　　元化題歸八字何　<古溪集 卷一 張24>

㉓ 金 鏞

金鏞(?)는 金鑢의 아우로서 역시 西學에 心醉한 詩人이다. 이제 그의 「憂息後曲四首」중에서 두수로서 그 哀艶한 詩情을 소개하려 한다.

芙蓉爲帳鎖文犀　　楊柳花飛蛺蝶齊
不忍朝暉偏照怨　　誰能暝月復含啼」
葉上枝間春共歸　　蘭房菌閣寄華滋
裁情減想猶如此　　直爲相思不自持」<藫庭叢書 卷五 厓園詩為下 張18>

㉔ 李友信

李友信(?)은 金鑢의 莫逆한 벗이다. 이제 그의「山有花二首」를 든다

官堤三月柳藏鵶　　十里郞家草色遮
何許城中高髻女　　揷花臨水領偏斜」
珠勒金鞭白鼻騧　　憶郞三夜宿儂家
儂家六尺珊瑚樹　　苦畏春寒不作花」<藫庭叢書 卷一 竹莊散藁 張13~14>

㉕ 李魯元

李魯元(?)은 역시 金鑢의 莫逆한 벗이다. 이제 그의「山有花曲」 3首를 소개한다.「自叙」가 있으나 들지 않는다.

桃花春水拍長堤　　堤上游兒約臂齊
忽見金烏江上月　　低頭惆悵採柔荑」

三月淸明楊李花　新裁白袷鶵輕紗
郞君住近同江上　江上千家復萬家」

洛同江水軟如癡　江北江南桃發花
日暮帆檣無數過　就中誰客問娘家」 <薄庭叢書 卷七 柏月堂小稿 張8>

㉖ 李學逵

李學逵는 李用休의 外孫이었으며, 丁若鏞과의 莫逆이었다. 그의 詩文은 諸體가 具備하여 李系의 集大成으로 追崇하지 않을 수 없겠다. 그의 「詠懷奉寄伯津」은 自敍傳인 敍事詩로서 芳馨·悱惻하기 짝이 없으나 長篇이므로 들지 않고 다만 「兩頭纖纖」·「山有花歌」 두 편을 소개하기로 한다.

兩頭纖纖江上舟　半黑半白翁老頭
腷腷膊膊起驚鷗　磊磊落落大星流」

兩頭纖纖棗子核　半黑半白丌上册
腷腷膊膊爆竹柝　磊磊落落枕流石」

兩頭纖纖蚯蚓出　半黑半白羔毛筆
腷腷膊膊爆灰栗　磊磊落落霜後橘」

兩頭纖纖織梭度　半黑半白碁子布
腷腷膊膊塒上羽　磊磊落落數蠶苧」
兩頭纖纖月初肥　半黑半白鵲毛衣
腷腷膊膊荷雨翻　磊磊落落曙星稀」

兩頭纖纖唇朱横　半黑半白目中睛
腷腷膊膊炭火生　磊磊落落中酒情」 <洛下生藁 第二册 因樹屋集 兩頭纖纖>

이 「兩頭纖纖」은 李德懋·丁若鏞의 作에 비하여 더욱 前進하였다.

郞騎絕影騧 妾歌山有花 輕裝白布幞 生態洛東家 溢口下洛東 所見不無差 江流石黛色 楓樹多於痲 初聲亂心緖 切切爲私語 中聲初徘徊 掩抑自如許 艸木溝含光 長浦悵何所 終聲繼以偯 雨淚風江渚 上山採花天 下山揷秧田 羨伊下江女 鵶頭最少年 南中自善哭 善哭即可憐 歌哭本同聲 擧聲欷歔然 昔聞湖南邑 有卒應袴褶 其婦念別離 手拍兒嗚唈 到今失其辭 有聲如哽泣 女心有善懷 懷之長悒悒 <洛下生藁 第五册 因樹屋集 山有花歌>

㉗ 李尙迪

李尙迪(1804~1865)은 또한 委巷詩人으로서 纖麗·哀艶한 作品이 당시에 膾炙했다. 그의 「車中記夢」은 다음과 같다.

坐擁貂裘少睡溫　　依依歸夢到家園
雪晴深館無人掃　　一樹梅花鶴守門　〈恩誦堂詩集〉

金允植(1835~1920)은 그에 대하여 다음과 같이 말했다.

藕裳生於黃澗萬山之中 無師友講論之益 宜不免弇陋之識 而今觀其所著遺稿 於文遠祖子厚之峭潔 近稱淸初諸名家之秀雅 於詩 深得王漁洋宋荔裳之遺則 骨節㛹㛹 風神翛然 陶洗烹鍊 無苟且之意 豈不異哉 〈雲養集 卷九 李藕裳遺稿序 張24〉

⑱ 鄭芝潤

鄭芝潤(1808~1858)은 곧 世稱「鄭壽銅」이니,「壽銅」은 그의 號이다. 그의 趙斗淳(1796~1870)에게 준 詩 五言·百韻은 실로 悲憤感慨的인 調子였으며, 短絶로서,

疎狂見矣謹嚴休　　只合藏名死酒樓
兒生便哭君知否　　一落人間萬種愁　〈橘雨仙館詩話〉

는 가장 膾炙한 代品이었다. 金澤榮은 다음과 같이 논평했다.

吾韓象胥之族 以詩聞者 有洪世泰李彦瑱李尙迪 及芝潤四人 而芝潤爲最勁矣 〈韶濩堂集 卷一四 張1 鄭芝潤傳〉

그리고 그는 당시에 鄭萬書(?)와 함께 詼諧家로 이름이 높았다.

尤口給善恢諧 嘗騎驢至故人家 與衆客飮酒 見其肴薄 謂衆客曰 「可宰吾驢肴之」 客曰 「君去將何騎」 芝潤曰 「其主人之雞乎」 主人聞之大笑 爲之殺雞 更置酒 〈同上〉

⑲ 朴文逵

朴文逵(1805~1887)는 역시 委巷詩人의 하나이었으며, 그는 특히 集句에 능하였다. 이제 그의 詩는 들지 않는다.

⑳ 高聖謙

高聖謙은 李·朴 兩系에 아무런 걸림이 없는 詩人이었으나 역시 李系에 가까운 存在였다. 그는 일찌기,

晩秧新雨百忙犂　　掃送全家饁水西

盡日柴扉人不見　　一鳩啼歇一鳩啼 <甬里集 卷一 張32 田家樂 三十三首 其一六>

의 警句를 내었으므로 「高一鳩」라는 美稱을 얻었으나 그보다도 敍事詩 「東國詩史」 19首가 더욱 價値 있는 作品으로 생각된다. 檀君神話로부터 1866년 소위 丙寅洋擾까지의 敍述이다. 이제 原詩는 長篇이므로 들지 않는다.

㉛ 姜　瑋

姜瑋(?)는 李·朴 兩系에 아무런 걸림이 없는 詩人으로서 李建昌·黃玹(1855~1910) 등의 詩風을 열었으나 李·黃과 같은 時事에 어두운 자가 아니므로 그는 일찌기 「擬三政捄弊策」을 지어서 불사르면서 「擬策成酹酒而燒之」라는 한편을 읊은 적이 있다.

縱橫兵餉三千字　　墨舞毫歌一月餘
只是都門難徙木　　誰將大國比烹魚
明時無藉劉蕡策　　來世寧行賈誼書
仰視青天燒拉雜　　好將原本返空虛 <古歡堂收草 卷三 張5~6>

姜氏의 一生에 대하여 金允植은 다음과 같이 논평했다.

古歡先生 奮拔孤寒 力學自樹 所讀之書 殆過五車 而有志於當世之務 學成而無所售 出門落落 特以詩結識於士大夫 遂以詩聞 旣而 侘傺坎壈 爲飢寒所驅 東西漂泊 其幽峭之思 勃鬱之氣 一寓諸詩 而詩益工 <雲養集 卷九 張30 姜古歡遺集序>

㉜ 李晩恩

李晩恩(1831~1903)은 역시 李·朴 兩系에 아무런 걸림이 없으나 李系에 조금 가까운 存在였으며, 그는 일찌기 「矗石樓」의 一聯에,

壯士不來風動竹
佳人如見月生樓 <溪水篇>

의 佳句를 낳았으므로 당시에 「月生樓先生」이라는 美稱을 얻었다. 그의 詩는 많이 전치 않는다.

㉝ 金澤榮

金澤榮은 실로 朴系에 가까운 詩人이었으나 그는 李氏의 父子 곧 李用休·李家煥의 文學도 艶慕하였다. 그는 일찌기,

四面星辰捲動野
一江風雪馬登舟 <韶濩堂集 卷一 張3 長湍旅舍憶李寧齋建昌校理使燕之行>

의 名聯을 내어 당시에 「雞動野先生」이란 美號를 얻었으며, 그의 自評에는,

余往南遊時聞雁 得絶句曰
鴻雁後飛過我去
秋風秋雨滿江鄕
云云 其後渡臨津 得一律曰
渡口楓林升曉日
舟人蓬笠捲新霜
云云 自以此二篇 置平生所作律絶之首 <韶濩堂集 卷一〇 張27 雜言>

그러나 「浿江別曲次鄭知常韵」·「天磨山丹楓歌」·「聞安重根報國讎事」 등이 가장 風流로운 作品인 듯싶다. 그가 의젓이 韓末의 名家임은 틀림 없겠으나 가끔 俳優的인 氣習을 나타내곤 했다.

白馬翩翩歸思多　　江城三月動悲歌
不辭妾地生秋草　　只怕郞心似去波」

大同江水水空多　　長送歡舟唱棹歌
啼盡紅蓮花兩頰　　祇今無淚可添波」 <韶濩堂集 卷一 張2 浿江別曲次鄭知常韵>

平安壯士目雙張　　快殺邦讎似殺羊
未死得聞消息好　　狂歌亂舞菊花傍」

海蔘港裏鶻摩空　　哈爾濱頭霹火紅
多小六洲豪健客　　一時匙箸落秋風」

從古何嘗國不亡　　纖兒一例壞金湯
但令得此撑天手　　却是亡時也有光」 <韶濩堂集 卷四 張7 聞安根報國讎事>

㉞ 黃 玹

黃玹의 詩風은 姜瑋에게 받은 것이 많은 듯싶다. 「題畵屛十絶」·「讀國朝諸家詩」·「絶命詩四首」 등은 모두 淸切·飄勁한 作品이었다.

亂離滾到白頭年　　幾合捐生却未然
今日眞成無可奈　　輝輝風燭照蒼天」 <其一>

鳥獸哀鳴海嶽嚬　　槿花世界已沉淪
秋燈掩卷懷千古　　難作人間識字人」 <其三>

<梅泉集 卷五 張9~10>

㉟ 李中均

李中均은 역시 李·朴 兩系에 아무런 걸림이 없으나 그의 詩風은 李系에 가까왔으며, 그의 「感吟十二首」·「採藿女」·「馬訾河歎」 등은 모두 愛國·憐民的인 情緖가 엿보인다.

請君休說亂生初　　買傅臨函痛哭餘
大瘇方濃渾不覺　　冦來應謂國空虛」 <其二>

海上鯨濤捲霧埃　　千艘颯與萬艇來
背城未必存吾社　　那得恬嬉事酒杯」 <其八>

雲梯一竪苑西門　　妖氣憑陵晝日昏
紅袖內人花底散　　青袍朝士草間奔」 <其八>

<東田潛士遺稿 卷二 感吟十二首>

㊱ 安重根

安重根(1879~1910)은 비록 詩人은 아니었으나 그의 「哈爾濱歌」는 韓末의 藝苑에 제외하기는 어려울 것이다.

丈夫處世兮 蓄志當奇 時造英雄兮 英雄造時 北風其冷兮 我血則熱 慷慨一去兮 必屠鼠賊 凡我同胞兮 毋忘功業 萬歲萬歲兮 大韓獨立

<韶濩堂集 卷一四 張6 安重根傳>

㊲ 卞榮晩

卞榮晩은 일찌기 李系의 淵源이었으나 朴氏를 兼尊하였으며, 그는 비록 스스로 「僕本無詩」라 하였으나 그의 「雨夜見趁燈小蝶始終有感」은,

澒洞中宵雨　　媒明小蝶來
斑斑裳飾好　　促促舞姿哀
面壁俄成住　　迎風兀不廻
安禪渠自有　　波浪媿吾頹　<山康齋文鈔 張5>

는 奇譎하기 짝이 없고, 또 다음의 「無聊借玉溪生錦瑟韻」은 芊眠·哀麗한 作品이 아닐 수 없겠다.

琴我久違觸柱絃　　芊眠艶曲憶芳年
無花果豈來蝴蝶　　常綠鄉宜著杜鵑

夢詣仙宮如有勅　　眼看盟墨更爲煙
杜高疑嶽絃疑索　　縮手東流聽自然　<同上>

⑱ 鄭寅普

鄭寅普는 일찌기 卞榮晩과 齊名하였으나 그는 李建昌系의 文人으로서 詩에 있어서 雅潔·淸勁한 韻致를 지녔다. 이제 그의 「詞腦歌箋注題詞」 5首 중의 第一首를 소개해 둔다.

> 閼川川水淸且綠 東原送唱花滿谷 長短自與仁性宜 不屑爲變調相屬 一從玄文燒殘後 篇籍寥寥僅寄躅 吏讀借寫已詰屈 又兼古言殊今讀 有如玉笛過嶺啞 響引無人發宮角 誰歟健者梁柱東 雙瞳的的不移矚 譈然一夕驚四解 繁音雅奏隨所觸 爲君起作如意舞 言之歎之俱未足　<薝園文存>

⑲ 柳寅植

당시에 있어서 漢文學者로서 社會主義를 高唱한 이는 곧 柳寅植(?)의 한 사람이 있어서 濶步했다. 그는 앞의 李中均과 同鄕의 莫逆이었고, 卞·鄭 兩氏보다 나이는 많았으나 그 思想的으로 보아 懸絕하였던 것이다. 이제 그의 「此夜寒十絕」을 들어 둔다.

四千二百五十三年 一月十日夜 風寒大作 擁爐獨坐 爲賦此夜寒十絕

突兀坡亭此夜寒　　霜凝紙壁雪堆欄
東隣却羨農家子　　自手擔薪煖養親」
板屋風鳴此夜寒　　莊嚴奇氣薄秋旻
定知愛國青年血　　不作囹圄凍餒魂」
海外同胞此夜寒　　六洲風雨張空拳
由來時勢英雄造　　民國元年朝日鮮」
薊雪遼風此夜寒　　殊邦泣血幾多年
遙憐吾友二三子　　聚首窮廬苦不眠」
學界諸君此夜寒　　單衾典却突無烟
喫辛耐苦何須說　　祖國江山擔兩肩」
社會諸公此夜寒　　青燈硯室冷凄然
床頭噴血抽枯竹　　流麗文章喚國民」
商業諸君此夜寒　　曉肆呼酒囊無錢
利窟外人籠盡去　　歲闌獨坐守空廛」
勞働諸君此夜寒　　氷程雪海走如丸

四千餘載神明族　何忍呻吟異種鞭」
玄陸陰凌此夜寒　東韓無處不愁顏
聞說多金侯爵里　炭爐毛帳煖如春」
莫恨窮廬此夜寒　地中陽復已經旬
次第東風煽大地　死根枯木向欣榮」 <東山藁>

6. 科詩의 最高潮

① 作法과 形態

科詩가 李朝初 卞季良에게 비롯하였음은 벌써 周知하는 바이었지마는 이는 역시 前驅의 역할에 지나지 않았을 것이다. 李學逵는 일찌기 科詩는 李瑞雨(?)에게 이르러서 極致에 달하였음을 말했다.

> 本朝時文體格 始於國初春亭……科詩至於李瑞雨 賦至於鄭恒齡 表箋至於林象德 能事盡矣 無復餘憾 <洛下生藁 第九册 秋樹根齋集 與或人書>

李瑞雨는 顯宗 李棩(1641~1674)의 元年(1660)에 登第한 詩人이다. 그러나 科詩는 역시 英·正代에 이르러서 最高潮에 달했던 것이다. 이제 英·正代에 있어서 斯學의 變遷과 作家의 羣像에 대하여 敍述하기로 하되 먼저 그 作法과 形態的인 면을 살피지 않을 수 없으므로 이에 姜栢(?)의 「行詩格」 한편을 소개하지 않을 수 없겠다.

<첫귀>	<첫귀 받침>	<立題>
飛者走者皆天機	依微影子月露假	尖峯秋隼忽搏兎
或以奇兵或正師	隱映精神鉛墨施	飛下平林雙翮垂
<舖頭>	<舖頭 받침>	<舖頭 느림>
洪流發源蓋自此	千尋勢若立極地	低回兩龍欲轉身
木固其根方茂枝	萬夫聲如扛鼎時	變化其端誰復知
<첫목>	<첫목 받침>	<첫목 느림>
銅仙赤脚捧金盤	庖丁利刀道髖解	玄多樞柄漸向東
屹立雲霄承露滋	扁鵲神方隨疾醫	脩竹春陰層節奇

<두목>	<두목 받침>	<回題>
將鉗猛虎喑伏弩 欲釣游魚潛引絲	身登實地涑水翁 手廻狂瀾韓退之	尋龍千里等堪輿 到頭明堂祇在玆.
春江一棹遇順風 無限煙波隨處宜	千層塔上力更加 九仞山頭功莫虧	回頭三步五步坐 箇箇名區身不移
悠然逝魚更掉尾 或詠于淵或躍地	含情冶女復回眸 倚醉蘇仙重洗觶	飄然一笻忽遠擧 淡水佳山皆可期

詩於到此可謂工
指示迷程維此詩 <東詩>

이 詩는 혹은 洪良浩의 作이라 하나 그릇된 것이다. 그리고 科詩의 作法과 形態에 대하여 呂圭亨(?)은 다음과 같은 詩를 읊었다.

東國有行詩 自昔相因循 七言一條路 耐煩試細陳 其題摸四庫 擬作當身親 限句十八韻 位置劃界畛 其韻題中得 無敢一例純 其聲更可異 永明還古醇 二平三仄起 二仄三平因 句句皆如是 篇篇惟式遵 起承二句上 說主或說賓 三四爲對聯 五六到本身 七八謂鋪頭 根柢述先民 對聯又下二 佐使列君臣 初項十三四 折旋如廻輪 二項十九廾 階級覺漸臻 其下並對聯 龍蛇隨屈伸 廿三四以結 返乎面目眞 其餘十二語 架疊重申申 <荷亭集 卷一 張15 論詩十首>

이는 실로 古詩文 중에서 한귀를 따서 글제를 삼고 글제 중의 한 글자로써 韻을 삼되 第四聯 곧 鋪頭에 押用하여 18韻 내지 23韻의 1篇에 이르기까지 換韻하지 않는 법이다. 예를 들면 「行詩格」의 詩字를 押韻하여 餘韻을 모두 支韻 중에서 달게 마련되었으며, 그 平仄律을 李白의 詩「千金駿馬換小妾 笑坐雕鞍歌落梅」의 音節을 摘用하였던 것이다.

② 作家의 羣像

1. 姜 栢

英·正代의 科詩界에 있어서 申光洙의 이전에는 가장 이름 높던 이는 곧 姜栢이었다. 그의 作品은 위에서 말한 바와 같거니와 當時에는 그의 이름을 질투한 자도 적지 않았으므로 具樹勳은 일찌기,

崔崑崙昌大 代金竹泉 長國子 當試士 姜栢詩有

仙舟未繫六鰲鬣
若木花老金烏死

之句 大加稱賞 貫珠揮揚 時爭名者 作詩譏之曰「人間豈有若木花　長夜然後金烏死 生子當如金達甫 兒子昌大豚犬耳」非但姜詩之見稱 作此詩者 亦能文者也 <二旬錄>

라 하였고, 丁若鏞은,

村村坐夫子 敎授非漢唐 何來百聯句 吟誦方滿堂　項羽與沛公 支離連篇章 姜栢放豪嘴 盧兢抽巧腸 <與猶堂全書 第一集 卷五 張2 夏日對酒>

과 같이 그의 「豪嘴」를 말했고, 呂圭亨도 姜栢과 申光洙를 並擧 칭도했다.

春亭作法始 文采殊彬彬 姜申尙典刑 餘者漸湮淪 <荷亭集 卷一 張15 論詩十首>

2. 申光洙

申光洙는 곧 「登岳陽樓歎關山戎馬」의 作者 「波始秋先生」이다. 이는 略稱 「關山戎馬」로서 이제까지 몇 世紀 동안에 가장 騷人·韻娼들의 愛誦한 바 되었고 특히 平壤 紅樓界에 가장 人氣 높던 作品이었으며, 李朝 一代의 科詩를 통틀어 논한다 하더라도 正統的인 位置에 놓여 있을 것이다.

秋江寂寞魚龍冷　　梅花萬國聽暮笛　　烏棲落照倚檻恨
人在西風仲宣樓　　桃竹殘年隨白鷗　　直北兵塵何日休

春花故國濺淚後　　新蒲細柳曲江岸　　青袍一上萬里船
何處江山非我愁　　玉露淸風夔子州　　洞庭如天波始秋

無邊草色七百里　　秋聲徙倚落木天　　風煙非不滿目來
自古高樓湖上浮　　眼力初窮青草洲　　不幸東南飄泊游

中州幾處戰鼓多　　青山白水寡婦哭　　開元花鳥鎖繡嶺
臣甫先爲天下憂　　苜蓿蒲萄胡騎啾　　泣聽江南紅荳謳

西垣梧竹舊拾遺　　蕭蕭孤棹犯百蠻　　風塵弟妹淚欲枯
楚戶霜砧餘白頭　　百年生涯三峽舟　　湖海親朋書不投

如萍天地此樓高　　西京萬事弈碁場　　巴陵春酒不成醉
亂代登臨悲楚囚　　北望黃屋平安不　　錦囊無心風物收

朝宗江漢此何地　　蛟龍在水虎在山　　君山元氣莽蒼邊
等閑瀟湘樓下流　　青瑣朝班年幾周　　一簾斜陽不滿鉤

三聲楚猿喚愁生
眼穿京華倚斗牛 <石北文學硏究>

이편은 당시 大司成 李鼎輔(?)의 榜下에서 二上의 우수한 成績을 얻었으며, 詩題는 杜甫의 故事로서 全篇이 거의 杜詩의 集句였으나 아무런 斧鑿의 痕이 없음은 그가 실로 平素에 杜甫의 愛國·憐民的인 寫實風을 崇拜하였음에 基因되었던 것이다. 그리고 이편은 벌써 그가 生存해 있을 때에 敎坊·紅樓에 膾炙했으므로 그가 平壤妓 牧丹(?)에게 戲贈한 詩에,

頭白名姬入漢京　　清歌能使萬人驚
練光亭上關山曲　　今夜何因聽舊聲
<石北集 卷八 張35 聞浿妓牧丹肄業梨園戲寄三首 其一>

이라 하였고, 그는 또,

余之西游 每攜丹妓於湖樓畫舫間 燈前月下 丹妓輒唱余關山戎馬舊詩 響遏行雲
<同上>

이라 하였으며, 그가 下世한 뒤에도 「平壤 기생치고 『關山戎馬』를 읊지 못하는 자는 보잘 것이 없다」는 말까지 流行되었다. 그의 아우 申光河(1729~1796)는 일찌기 다음과 같은 悲涼感慨한 詩를 남겼다.

練光亭上欲霑巾　　三十年來物色新
解唱關山戎馬曲　　座中惟有一枝春 <震澤集 卷八 張21 練光亭聽一枝春唱關山戎馬曲感述>

3. 朴趾源

朴趾源은 科詩를 專攻한 이는 아니었으며, 또는 時文을 싫어하는 實學派 文學界의 鉅星이었으나 역시 科詩를 全然히 無視하기는 어려웠던 것이다. 이에 그의 「論禹服之狹嘆聲教訖四海而疆理止五服」의 한편을 든다.

魚衣海粒星劃野　　當日酬勞天下官　　寰中片土分內事
山頂翠螺埋屐齒　　後王想德萬世祀　　五服何論小基地

豐功比德有夏土　　雨露均霑四海外　　平成何處非禹迹
宇宙弥綸大禹氏　　山河獨占九州裏　　鬼斧留痕石不徙

點點齊烟以外地　　周之職方秦黃圖　　拘儒何足知聖人
無限胡山與越水　　許大封疆幾萬里　　大化不曾域中止

神禹元非求土廣 治績自行區域外 縱道神州有表裏
所以宇內分疆理 風敎不必均於此 定知聖德無遐邇

大地三千寬幾許 區畫縱視軒皇小 玉帛塗山大會日
名山十二小如是 事業故與唐虞比 海隅篚篚后一視

雕題窮髮民安仰 漢武秦皇不務德
願戴三漏神天子 歲歲開邊意未已 <科詩 第三冊>

4. 盧 兢

「花史」의 作者인 盧兢은 科詩에도 이름이 높았다. 그러므로 丁若鏞은,

項羽與沛公 支離連篇章 姜栢放豪嘴 盧兢抽巧腸
<與猶堂全書 第一集 卷五 張2 夏日對酒>

이라 하여 그를 姜栢과 並擧하는 동시에 특히 姜氏의 「豪」와 盧氏의 「巧」가 각기 所長임을 말했다. 이제 그의 「項羽死高帝亦老」의 한편을 든다.

太上無機到百年 空船轟渚伯氣歇 英靈一世兩健兒
何牧何君慧眼視 老筑登臺衰相起 次第人生符到矣

山河何等大物事 其間劉項浪用心 徒緣兩家好勝氣
不直英雄拚一死 現在光陰賺似水 要做人間皇帝已

看爲大故性命拋 呵呵化翁弄跳丸 江頭新鬼未了事
爭得些兒手脚使 作一傍觀卞莊子 向來金甌何與爾

劉郞終作百年計 風歌一曲更徘徊 爭心辦殺敵一個
舒足樓臺五雲紫 歲月蒼茫羊酒里 公道無如星五紀

黃圖囿入十指上 餘生光景了無多 人亡人老一局內
落暉斜生雙鬢裏 少艾當前憐戚氏 堪笑堪悲畢竟是

魂飛劍鋩囿餘憾 中陽下相好氣力 雄圖都冷穀城墳
景迫桑榆有何喜 等銷中原風雨壘 好況須臾長樂壘

秋聲上林是夜起
昨日江楓紅似綺 <東選>

5. 蔡得淳

蔡得淳(?)의 作品은 李家煥과 함께 申光洙 이후에 있어서 兩大家이었

다. 그러나 蔡氏는 斯學을 專攻한 만큼 그의 科作에 대한 聲名은 李氏보다도 오히려 높았던 것이다. 이제 그의 得意作인 「代柳子厚魂謝作迎享送神詩俾歌以祀」의 한편을 들기로 한다.

卉鬖楚巫如星語　　瑤筵一唱遠烟低　　侯曾北人愛北音
緩節雉箭繫紅羅　　畵鼓三動青山多　　歌曰神歸神既酡

南音俚哫悄不樂　　巫咸碎佩杳勻天　　鼕鼕村缶按疏節
桂席邀神無雅歌　　楚些寒聲愁汨羅　　宛轉新翻來自何

懷椒初由水送駒　　中州故人善歌詩　　天南萬里念孤魂
灌菭餘音山有鵝　　簷月空樑淸一哦　　那得招歸坊善和

蕉黃時節賽神誠　　巫陽曉操渭北謠　　哀詞還侑橘樽淸
峒客登筵雙髻皤　　此曲飄飄雲嶺過　　悲詞留借芭舞傞

歆迎黃犢雨新收　　魂來魂去愛洋洋　　何煩越叟雜簫皷
唱送雲車江不波　　子厚於此長婆娑　　幸洗吳娥歌嗊囉

淸酤三侑恰醉止　　牙絃消息博士館　　蒼碑更豎萬年原
拜盡榆陰村老簑　　義氣詞源同倒河　　壽後文章風不磨

江神夜傳夢得詩
楚帆河洲涼雨沱　<科詩 第二冊>

蔡氏의 文體에 대하여 李秉模(1742～1806)는 다음과 같이 논평했다.

古則自有一代之文體 如金昌翕李師命 大鳴國家之盛 多士從而趨尙 下而如金履安尹尙東蔡得淳者 亦皆有自成一家之體　<正宗實錄 卷四七 張45>

6. 李家煥

李家煥은 특히 西學에 정통한 學者로서 詩文各體에 있어서 天才가 玲瓏하여 一代를 驚動시켰으며, 蔡得淳과 같이 科詩에만 專攻한 것은 아니었으나 역시 才局이 卓異하므로 瀰漫한 大家의 風貌를 지녔으며, 「科詩」에 실려 있는 作品이 諸家에 비하여 가장 많았다. 이제 그의 「過赤壁嘆周郞坡公遞作主人」의 한편을 들어보기로 한다.

後浪遞隨前浪起　　何年鶴影掠孤舟　　星稀江夜月又小
水面匏花客細數　　至今波聲鳴戰皷　　二子遣[illegible]秋水許

東南天地赤壁磯　波連吳蜀擅名勝　千年上下管領人
老石蒼然如待主　勢控荆襄作門戶　問誰能文誰用武

江南都督大戰後　颸颸風便水寨高　英雄得意彼一時
壬戌蘇仙誇㑥肚　嫋嫋簫聲江月午　才子留名亦千古

風輪小⺊轉眼後　掀天事業浪淘沙　詞垣戰疊各排舖
蘆荻烟淸火熖吐　蓋世聲名瑟移柱　遞占黃州一片土

靑山閱人似郵傳　船行不覺岸自移　吳兒意氣洗足日
折戟遺墟鳴月斧　面前風光各占取　元帥靑春臨幕府

仙舟物色載酒夜　時光片楓續汀花　空江有時寂無思
副使黃岡開筆圃　人事來檣送去櫓　白鳥啣魚沙上聚

長波一帶茫濶上　人間萬古鉅鹿野　峨眉月出想京仙
覇佐文人旗鼓樹　遷騁雄辭籍破釜　峴首雲迷憶羊祜

山川今夜屬郞中
往蹟都收詩一部　<科詩 第三册>

7. 金炳淵

金炳淵(?)은 곧 세칭 「김삿갓」이다. 그의 祖父 金益淳(?～1812)이 洪景來의 亂에 投降했으므로 그는 廢族으로 沒落되어 패랭이를 쓰고 放浪生活로 一生을 마쳤으며, 특히 科詩에 이름 높았다. 이제 그의 名作인 「賁索頭」의 한편을 소개하기로 한다.

我股猶斷無索處　英雄已許好肝膽　逢場爾若不開口
劍事燕南水東流　鬼神何關空髑髏　失手男兒還自羞

賚吾西入責在誰　靑山督亢俎畵裏　嬴兒環柱足爲快
秦索當時樊將頭　白日阿房同劍投　七首孤魂楓返秋

烏頭往㤚薊門夕　魂遊北邙每受嘲　難忘千古勇士元
何故將軍寃語啾　事去西天猶戴讐　無怪靈魂餘恨悠

金臺秋月至今白　千金爾諾假手故　函中渠目亦親見
有口荆卿言欲酬　一劍吾行知己由　敗固其天何怨尤

佳人無復斷手恨　樊家九族盡殞首　今雖有頭更何用
處士何曾刎頸憂　此亦於秦能索不　草木空山同腐愁

人形本非斷復續　當初胡乃大膽傾　頭還故國爾何傷
俗語誠云恩反仇　畢竟無端枯木求　好擲咸陽秋草邱　<東詩>

金笠의 科詩는 흔히들 黃五(1816～?)의 作品과 비교해 논평한다. 같은 「火三月不滅」의 詩題를 두고 읊은 글귀 중에 金氏의,

渭水蕩蕩東流去
楚江漁父烹魚拾

은 양반스럽고 점잖은데 비해서 黃氏의,

蒸炎直上九萬天
上帝拊臀曰熱熱

은 몹시 상스럽다는 것이다. 그리고 呂圭亨은 다음과 같이 논평했다.

有稱金草帽 詭怪傾᠆᠆ 遏茁等其等 風雅墜荒榛 遂使藝文志 不可聞於隣 芒然不得究 閧堂笑且嗔　<荷亭集 卷一 張15 論詩十首>

8. 魯 積

魯積(?)은 金笠과 같은 때 關西에 살던 사람으로서 金笠을 關西에서 쫓아버릴 의도로서 金益淳을 嘲弄하는 「論鄭嘉山守節事歎金益淳罪通于天」의 한 편을 발표하여 一世에 膾炙하자 金笠은 술에 大醉하여 이 詩를 朗吟하며 「참 잘 지었구료」 하고는 피를 토하고 다시금 關西를 향하지 않았다.

曰爾世臣金益淳　將軍桃李隴西落　詩人到此亦慷慨
鄭公不過鄕大夫　列士功名圖未高　擊劍悲歌秋水渼

宣川自古大將邑　淸朝共作一王臣　升平日月歲辛未
比肩嘉山先守義　死地寧爲二心者　風雨關西何變起

尊周孰非魯仲連　同朝亦有鄭忠臣　魂升南樹伴岳飛
扶漢應多諸葛亮　仗劍兵間立節死　骨埋西山傍伯夷

關西老吏擧銘旌　西來消息使人驚　家聲壯洞甲族金
生色靑天白日下　問爾誰家食祿子　名字長安行列淳

家門如此聖恩重　清川江水洗兵地　吾王庭下進退膝
百萬兵前宜不下　鐵甕山城掛弓樹　忍向西州凶賊跪

分明城中一降字　魂歸莫向九原去　忘君是日又背親
渠自生前渠手寫　地下猶存先大王　一死猶輕萬死宜 <東詩>

9. 裵克紹

裵克紹(?)는 密陽邑에 살고 있는 선비로서 일찌기「嶺南樓月夜逢李上舍說前生寃債」로써 壯元에 뽑혔다. 이는 密陽에서 지금까지도 전하고 있는 尹阿娘(?)의 故事이다.

劒痕欲磨春江碧　林煙曳雨郭南村　黃昏環佩乍延竚
恨水年年花血瀉　竹風吹燈堂北榭　走燐飛螢凄上下

樓頭月上可憐宵　寃魂悽帶九原羞　阿娘豈識嶺南樓
江上初逢李上舍　苦語寒生五更架　千里曾隨大人駕

深閨慣讀內則篇　良宵一違姆氏訓　芙蓉堂外倚小檻
貞玉芳婆年未嫁　翫月寧知乳媼詐　花拂西垣人影乍

刀頭驚散斷臂魂　西風未返父母國　篁林煙雨帶血靑
竹根空埋寃血化　紫恨猶思丹靑借　我欲呈寃人自怕

南郊幾送太守魂　書燈耿耿照心白　床頭水呪寂無聲
東閣頻看殘梅謝　鬼語啾啾啼血夜　手裏丹砂點易罷

三生泣訴此地寃　平頭尙在雁鶩庭　幽脩鬼訴說寃罷
翫花初心玉指咋　子有霜鋩應不赦　微月梅庭花影亞 <東選>

이에 대하여 徐有榮은 다음과 같이 상세히 기록하였다.

密陽嶺南樓 在嶠右 最稱名勝 本朝中葉 作宰有一女 年纔及笄 容色絕美 貫生窺見心慕之 厚饋乳媼 乘月色 誘女至芙蓉堂 突出抱其腰 女牢拒不從 貫生大怒拔刀刺其頸 抱屍擲於嶺南樓下竹林中 乳媼乃仍逃 自此宰者輒暴死 遂成廢色 有李上舍者 自求爲宰 赴任之夕 明燭坐東軒 以竢變 至夜深 一女子滿身血流汚 自外而至 拜於前 宰問曰「爾何輒殺守宰」女泣對曰「妾抱至寃 欲白守宰 則宰見妾怖死耳 妾何嘗殺之乎 妾是前日守宰之女 爲乳母所誘 月夜偶出芙蓉堂 貫生某見妾欲汚之 妾不從 仍刺殺 擲於嶺南樓竹林中 至今不化矣 願此神明 雪我極寃」李許之 女鬼泣謝而去 明日招官屬問之 其貫生方在戶長 拿到嶺南樓下 使人搜竹林中 女果頸上橫刀 血汚滿身 顏色如生 在傍見之者 莫不驚慘 皆爲下泣 引杖殺戶長

通于女本家 自後作宰者無事 有京試官到此 出題曰 「嶺南樓月夜逢李上舍說前生寃債」 邑儒裵克紹 擢壯元 其詩……餘俱不能錄 余在南邑時 到密陽 登嶺南樓 樓外林中 有阿娘廟 <錦溪筆談 下>

그 밖에도 李森煥·申光河·柳訽(1737~1803)·權偕(?)·李德懋·李書九·丁若鏞·金邁淳(1776~1840)·禹榮(?)·柳遠鳴(?)·朴南壽(?)·許璜(?)·金鑢·李鈺·洪義浩(?)·南公轍·李玄緖(?)·柳㦤(?)·申佐模·韓致應(?)·成海應 등과 같은 名家가 많으나 이에서 이루 다 들 수 없겠다.

7. 散文文學과 著書

이 一期의 散文文學은 실로 多樣·多彩로와서 간단히 갈래를 나누기 어려우나 대체로는 寫實的이었다. 이제 다음과 같이 隨筆·評論·文字·音韻·注釋·書誌 등 諸學에 대하여 들기로 한다.

① 隨筆·評論

李光庭의 「亡羊錄」은 실로 諷刺文學의 前驅였고, 李瀷의 「星湖僿說」·「藿憂錄」 등은 經世致用學의 嚆矢였으며, 李重煥의 「擇里志」, 李用休의 「惠寰雜著」, 安鼎福의 「順菴雜錄」·「覆瓿」·「雜同散異」, 徐命膺의 「保晩齋叢書」, 李森煥의 「小眉山房汲古綆」·「眉公隨筆」·「百家衣」, 丁志㦤(?)의 「漆室空談」, 洪大容의 「湛軒書」, 李肯翊(1736~1806)의 「燃藜室記述」, 朴趾源의 「熱河日記」, 李德懋의 「青莊館全書」, 李家煥의 「錦帶館集」, 柳得恭의 「泠齋書種」, 朴齊家의 「北學議」, 正祖의 「弘齋全書」, 丁若鏞의 「茶山全書」, 李學逵의 「洛下生稿」, 李羲準(1775~?)의 「溪西野談」, 洪吉周의 「沆瀣丙函」, 李圭景의 「五洲衍文長箋散藁」, 奇正鎭(1798~1876)의 「蘆沙猥筆」, 李裕元의 「林下筆記」, 金鑢의 「藫庭叢書」, 李建昌의 「黨議通略」, 鄭萬朝(1858~1936)의 「榕燈詩話」, 李中均의 「東田日錄」, 朴殷植(1862~?)의 「韓國痛史」, 張志淵(1464~1921)의 「逸士遺事」, 黃玹의 「梅泉野錄」,

河謙鎭(1870～?)의 「東詩話」, 宋相燾(1871～1946)의 「騎驢隨筆」, 曹兢燮의 「困言」, 卞榮晩의 「諧乘」 등이 代表的이었고, 그 밖에 有名·逸名氏의 諸作이 많으나 이루 다 들 수 없겠다.

② 文 字

李韓의 文字學에 대한 硏究家는 극히 적었다. 그러나 李用休는 일찌기,

文出於字 字之祖曰「篆」 故工文辭者 必通字學 治字學者 必先篆籀 不然點畫音韵之紕繆 爲結撰累矣 且書起於史皇 史皇與倉頡同時 而六法又與六書 互爲用
〈惠寰雜著 第六册 謹齊稿叙〉

이라 하여 文學家가 字學을 몰라서는 아니됨을 強調했고, 그는 또 六書에 대하여 다음과 같이 말했다.

夫六書者何 一曰「象形」 謂寫其跡也 如日字從口從一 成陽數 月字從冂從二 成陰數之類是也 二曰「指事」 謂直著其事 而可知也 如兩戶相向爲門 兩手齊下爲拜之類是也 三曰「會意」 謂合文以成其義也 如力田爲男 女帚爲婦 人言爲信 人爲爲僞之類是也 四曰「借聲」 謂本一字 以定其體 而附他字 以諧其聲也 如江河左從水以定其體 而借聲在右 鵝鴨右從鳥 以定其體 而諧聲在左 褒裳諧聲在上 簾箔在下 國圃諧聲在內 徽輿在外之類是也 五曰「轉注」 謂一字數義 展轉注釋也 如長久長字 長則物莫先焉 故爲長幼之長 長有餘 故又爲長物之長 如行止行字 行則有蹤跡 故爲德行之行 行有次序 故又爲周行之行也 六曰「假借」 謂本無其字 因其字聲義 而借用之也 如能豪獸也 今借爲賢能英豪之類 此聲借也 如內外之內 今假作收內之內 此意借也 〈惠寰雜著 第一〇册 字韻辨解〉

그 뒤 正祖 16년(1792)에 「奎章全韻」이 完成되었음을 屆期로 하여 당시 文臣들에게 「六書策」을 親試하였다.

夫學莫大於格致 格致莫要於文字 予於文字之學 雖未嘗專心用力 而其於音義沿革之間 蓋不無粗窺端倪者 今子大夫 平居讀書 多識古文奇字者 而又當承命編釐韻書 安得不發策求助 補予格致 其悉敷陳 毋拘程式 予將親覽焉
〈弘齋全書 第二〇册 卷五一 張7 文字〉

弘齋王의 偉才·博學·雄著는 古今 帝王 중의 으뜸이었으며, 文字學에 대해서도 造詣가 깊었다. 그는 일찌기 당시 文字學의 蔑裂함을 논평했다.

字學蔑裂 莫近日若 如張自烈正字通 釋適之金壺字考 康熙字典 非不鉅麗纖悉 間亦有失眞 而傷巧者 字學之難有如此者 <弘齋全書 第九〇册 卷一六二 張41 日得錄 文學>

그리고 당시 「六書策」에 應試한 文臣들은 다음과 같았다.

壬子八月 命公編纂奎章全韻成 命閣臣尹行恁徐榮輔南公轍 承旨李書九李家煥 校書 校理成大中 檢書官柳得恭朴齊家校正 仍命諸臣對策

<雅亭遺稿 卷五 張38~39 六書策>

그 중에도 李德懋·李家煥·柳得恭의 對策이 名作이였고, 그들에 앞서 沈有鎭(?)이 文字學에 밝았으므로 正祖는,

故叅判沈有鎭 以字學自許 每登筵推演字義 言多可聽 或泥滯強解 如宋人敏交時 解可字曰「方釘丁時 必象其孔之可否」解母字曰「方爲女時 未爲所乳 爲母則兩乳垂」者 居多 然博洽則果不多讓於人 <弘齋全書 第九〇册 卷一六二 張13 日得錄 文學>

이라 하였다. 그리고 丁若鏞은,

古者小學 專習字書 字字講究 象形會意諧聲之所以然 無不瞭然於心目 方屬文而爲篇章也 字字鳩合 用適其宜 故其文不相蹈襲 新嚴警發 左孟莊屈 各成一體 後世不習字書 直讀古文 故文字之在心目者 皆連二字三四字 多至數十字 而各字各義 都圂圇不明 及其發之於篇章也 古文全句 隨手使用 其中字義 有適與事情乖戾者 而亦罔覺 故文皆陳腐不切事情 <與猶堂全書 第一集 卷一〇 張11 字說>

이라 하여 文字學 講究의 必要性을 強調하였고, 洪吉周는 李匡呂·朴趾源의 故事를 이끌어서 文字學의 어려움을 말하고 一部의 字書를 編纂할 것을 뜻하여,

燕巖初遇李叅奉匡呂 問「所識幾字」 李丈默然有間曰 「可三十字耳」 遂欣然定交爲莫逆 余嘗自思「如余者 雖謂之『不識一字』 可也」…… 又欲撰一部字書 每字注點畫偏旁音義之異同者頗詳 而篆籀各體之殊 及音韻古今之變 亦皆詳叙 平居攷閱 庶幾有助 此亦不可遽就 則但鈔字形及音義之世所罕知者 約爲數卷 亦足備考 而衰劬日甚 鉛槧日疎 俱未免爲虛商量閑說話 可恨

<沆瀣丙函 第五册 卷五 叢秘記一 睡餘瀾筆下>

이라 하였고, 그는 또 다음과 같이 말했다.

燕巖初見李叅奉匡呂 遽問「丈識幾字」李沈吟有頃曰 「可數十字」遂定爲莫逆交 近世詞苑 傳作美譚 不知古作者 已多有此語 西漢諸儒 獨推揚雄爲識字 韓文公云「爲文者 宜略識字」晁景迂晚年日課 識十五字 東儒陋甚 聞李朴問答 鮮

不以爲河漢 <同上>

그 다음의 이에 대한 著書로서는 朴瑄壽(?)의 「說文解字翼徵」을 들지 않을 수 없다. 그 卷末에는 金允植의 논평이 붙었다.

金洵卿曰「溫齋是書 專爲校勘說文字而作 而遂成天地間恨晩著述 大功全在於分別文字 回復逸墜 而其爲說 宏深博大 醇確精徵 有可以斂衽敬服者 有可以擊節諷賞者 使人浸淫咀嚼 而不能捨 蓋考證家之變體也」 <說文解字翼徵 第一四 張26>

그리고 韓·中 兩國을 통틀어 놓더라도 集大成이 아닐 수 없는 大著述은 곧 權丙勳(1864～1941)의 「六書尋源」이었다. 이에 대하여 卞榮晩은,

執事乃作於泯泯棼棼蠢愚持世之斯日 慨然懷澄淸之志 屛萬冗而專治是道 卒乃凌許跨段 而得獨闢新境 俾鬱數千載蓄而未洩之潛旨秘義 一朝昭宣 而無甚餘蘊此誠古今之所未有……尊著一藝譜 其名未雅 且有不屑意 簡改爲文譜或字譜恐允
<山康齋文鈔 張63 束權惺臺>

이라 하였고, 鄭寅普는

如是又數十年 先生髮盡白 家居湖西公州 一室漏濕 塵芥不除 遇有客即以晝地語刺刺皆六書之奥……先生之所以自拔於夫人者 亶在於是 故佗人說文字 取證於往籍 而先生之說文字 則即於其文字而證之 蓋先生條理古文久矣 對之以一心 而無物焉繳繞其間 故其於古文形聲原委 積精儲思 旣弘旣微 每說一字 即有數十百千之字來爲之證 相爲扶疏 疑難殆無所入 蓋內外治小學者所未有 有之自先生始
<六書尋源 首篇上 六書尋源序>

라 하였으며, 董作賓(1891～)은 또 「鄭重介紹『六書尋源』」이라는 論文을 「大陸雜志」 第十一卷 第二期에 실려 상세히 논평했다.

③ 音 韻

音韻學에 대해서는 이에 앞서 逸名氏의 「三韻通考」, 崔世珍(?)의 「韻會玉篇」·「四聲通解」 등이 있으나 역시 朴性源(1697～1767)의 「正音通釋」과 洪啓禧(?)의 「三韻聲彙」 등이 頭角을 나타낸 셈이다. 正祖는 일찌기 「華東正音通釋韻考」에 대하여 다음과 같이 논평했다.

近世人士鹵莽苟且 隨俗誤讀 不復知有初中終三聲 字母七音之法 殆甚於華音之變古 是則所謂「轉訛而不正」者也 朴性源所撰華東正韻 頗能正之 又就三韻通考原

本 逐字分注 不敢易其序次 其亦存疑之義也
<弘齋全書 第四册 卷八 張3~4 序引一 正音通釋序>

그 다음에는 正祖의 「御定奎章全韻」을 들지 않을 수 없겠다.

予以我東韻書之彙以三韻 別編入聲 有非「韻本四聲」之義 乃分平上去入 比類諧音 增爲四格 其編字次第 則倣古韻書 字母爲次之法 以諺書反切 按序排定 而一字之諸韻互見者 同字而音義各殊者 華音東音之逐字異讀者 標以傍識之 匡以圈加之 諺注以分析之 皆華東正韻之舊 而尤致詳焉 <弘齋全書 第九八册 卷一七九 張27~28 羣書標記>

그리고 朴趾源은 叶音에 대하여 다음과 같이 말하였다.

吾東不知叶音之妙 故柳眉巖號能知音 而其諺解毛詩 不從叶音 詩多絕韻 如「王姬之車」不從麻韻 而從魚韻是也 <燕巖集 卷一一 別集 張38 熱河日記 銅蘭涉筆>

④ 注釋・書誌

注釋學으로는 柳道源(1721~1791)의 「退溪先生文集攷證」이 唯一의 存在였다. 이는 洪汝河(?)의 「訓解」, 金江漢(?)의 「溪集攷證」 등을 參考하여 엮은 책이다. 이에 대하여 李萬運은 이렇게 논평했다.

今觀蘆厓柳公攷證一書 通貫全集 纂錄纖悉 凡所疑晦 疏釋殆盡 苟非篤信好學志專力久 則何以卒就其浩穰緊密之業也 <退溪先生文集攷證 卷首 張1 序>

書誌學에 있어서는 徐有渠(1764~?)의 「鏤板考」가 있을 따름이었다.

8. 寫實的 小說

이 一期의 小說은 당시 社會의 情勢에 따라 대체로 寫實的 傾向을 띠었음은 피하지 못할 사실이었다. 이제 그들의 作品을 통틀어 다음의 八類로 나누어 보았다. 그러나 作者와 時代 未詳인 作品들은 당분간 除外했다. 例를 들면 「玉樓夢」과 같은 鉅作일지라도 상세히 言及하지 않기로 했다.

① 艶 情

당시의 作品 중에는 「艶情」類가 극히 드물었다. 그 理由는 「諷刺」・「狹邪」 등의 非常한 발전에 따라서 저절로 그렇지 않을 수 없었음이 사실이었다.

1. 沈生傳

李鈺의 作이다. 그의「梅花外史」중에 실려 있다. 서울 士族의 아들 沈生이 鍾路 네거리에서 어떤 處女가 紅袱 속에 숨어 가는 것을 발견하고 그 뒤를 따라서 그 집 담장 밑에서 스무날 밤을 待機하다가 마침내 뜻을 이룩했으나 沈生의 家庭에서는 이 일을 알고 沈生을 北漢山 절에 글읽으러 보냈다. 그 女人은 그를 戀慕하여 병이 깊게 되자 글월을 沈生에게 보내어 하직하고 사라져 버렸다. 沈生은 이에 슬픔을 이기지 못하여 글을 버리고 武科를 보아 벼슬이 金吾郞에 이르렀으나 역시 일찌기 세상을 떠났다. 이편의 대체의 줄거리는 金時習의「李生窺牆傳」과 비슷하나 그 女人이 沈生에게 끼친 글월은 마치 元稹의「鶯鶯傳」중 男主人公 張生이 女主人公 崔鶯鶯에게 보낸 편지와 비슷했다. 作者 自身도 이편에 대하여「情史」의 補遺임을 原典 중에 밝힌 것이 있었다. 그의 摯友 金鑢는「梅花外史」를「藫庭叢書」중에 收錄하고 또 다음과 같이 논평했다.

余愛李其相詩文 其奇情異思 如蠶絲之吐 如泉竅之湧 今見此局 即其雜著外書也 譬若聽善謳者之歌 其始也渢渢乎正始之音 而變之爲商聲瀏亮 羽聲凄苦 此孟嘗所以下淚於雍門之琴者也 讀者病其時或有俚語 然才之過耳 誦芬嘗言「其相筆端有舌」余以爲善評云 <藫庭遺藁 卷一〇 張26 叢書題後 題梅花外史卷後>

그리고 그는 일찌기 小品을 좋아한다는 非難을 입은 적도 없지 않았다.

上齋生李鈺表作 純倣小品體裁 鈺則一寒微儒生 雖不足深責 猶且另飭泮長 并與陞庠詩賦 嚴禁如許不經之體 <正宗實錄 卷三六 張21 >

2. 漢文春香傳

呂圭亨의 作으로서 一種의 戲本體로 되어 있다. 作者는 일찌기,

稗官小說 戲臺演本 咸推圓覺社之春香傳 爲第一云 <漢文春香傳 卷末>

이라 하였으니, 이는 아마 당시 圓覺社本이 있었음을 짐작하겠고, 趙潤濟(1903～) 博士는 이에 대하여,

「春香傳」을 漢文으로 쓴다는 것이 벌써 無理한 일이었지마는 그래도 그 表現이 이만큼만 된다면 可히 成功이라 아니할 수 없다. 이 點에 本書는 또 「漢文春香傳」의 白眉가 될 것이다. <校注春香傳 頁266 附錄 春香傳異本考>

라고 하였다. 「春香傳」은 애초에 「艶情」類로서만 볼 수 없겠지마는 本傳의 作者 呂氏의 意圖는 「艶情」으로 看做하였으므로 이에 꽂아 두기로 했다.

이 밖에도 水山先生(?)의 「廣寒樓記」, 兪喆鎭(?)의 「懸吐漢文春香傳」, 李能和(?)의 「春夢緣」, 金澤榮의 「黃眞傳」 등이 있으나 이에서 割愛한다.

② 志 怪

1. 申兵使傳

역시 李鈺의 作으로서 「梅花外史」 중에 실려 있다. 南陽府에 살고 있는 李生의 兄弟가 죽은 申兵使와 서로 만났다가 헤어진 鬼怪的인 이야기이다.

③ 寓 言

1. 高氏貓

李光庭의 作으로서 그의 「亡羊錄」 중의 한편이다. 고양이와 쥐의 관계를 쓴 「寓言」에다 「諷刺」를 겸한 作品이다. 그러므로 李獻慶은 다음과 같이 논평했다.

亡羊錄 寓言詼詭 諷世之意微矣 <訥隱文集 卷二二 附錄 墓志銘序>

그는 이 밖에도 惡官을 微諷한 「蟹醬」과 柳夢寅의 「野鼠婚天」과 비슷한 「竇氏直」 등이 전한다.

2. 東方一士傳

李瀷의 作으로 「星湖文集」 중에 실려 있다. 이는 陶潛의 「擬古」 八韻詩 중의 「東方一士」를 떼서 人格化한 「寓言」이다. 극히 짧은 作品이었으나 그 속에 包含된 意義는 千古 志士의 不遇한 것을 못내 슬퍼하였다. 李氏는 비록 平素에 小說에 대해서,

水滸傳者 羅貫中所作 其言無非捭闔 凡用兵奇詐 莫巧於此 便一兵家大數也 後

爲賊寇所祖 其害彌亘 不可遏也……至流賊李自成作亂 其綽號兵術 不出水滸套中 余謂「作是書者 其必有陰賊之心乎」 <星湖僿說類選 卷七下 論史門一 雜史小說 水滸傳>

와 같은 末弊를 논했고, 그는 또,

宣廟之世 上敎有「張飛一聲走萬軍」之語 奇高峯大升進曰「三國衍義出來未久 臣未之見 後因朋輩間聞之 甚多誕妄」云云 蓋此書始出 而上偶及之 高峯之啓 眞得體矣 在今印出廣布 家戶誦讀 試場之中 擧而爲題 前後相續 不知愧耻 亦可以觀世變矣 <星湖僿說類選 卷九上 論史門四 三國衍義>

라 하여 小說에 대한 認識이 깊지는 못했으나 오히려 이러한 作品을 썼음은 역시 時代의 潮流를 따르지 않을 수 없었던 것이다.

3. 續列仙傳

愼後聃(1701~1961)의 中國 古代小說인 「列仙傳」의 續編이었다. 「列仙傳」은 形態的으로 보아서는 「志怪」的이었으나 思潮的으로 보아서 「寓言」에 속할 것이라 생각된다. 그리고 그는 이 밖에도 많은 作品을 내었다 한다. 金台俊은 다음과 같이 말했다.

李瀷의 高弟 愼後聃이 열세살에 「金華外篇」·「續列仙傳」을 짓고 그 후 「續搜神記」·「太平遺記」·「龍王記」·「海蜃記」·「遼東遇神記」·「紅粧傳」·「南興記事」 四卷을 著述하였다고 하니 愼河濱도 또한 當時의 尋常한 作家가 아니였다. <朝鮮小說史 頁157 英·正時代의 小說>

그 중 특히 「南興記事」는 그가 晩年에 慈氏의 病을 慰安하기 위하여 지은 것으로서 그 줄거리는 南宋의 末帝가 元軍에게 敗하여 中原을 잃고는 곧 海上으로 逃亡하여 自由의 나라 南興國을 建設한 것이다.

4. 洪生遠游記

安鼎福의 作으로서 그의 「雜書」 중에 실려 있다. 그 줄거리는 다음과 같다. 廣州 附近에 살고 있는 洪生은 일찌기 山水를 사랑하여 紫烟島에 좋은 집터가 있다는 말을 듣고 가서 집을 세우려 했다. 그 동네에 살고 있는 申碩吉(?)이라는 사람의 老母가 있어서 그에게 凶基라 하여 말렸으

나 그는 듣지 않고 기어코 집을 세웠다. 그는 몹쓸 병에 걸려 죽어서 저승에 가 놀고 돌아온 이야기이다. 安氏의 「自注」에

洪重一即 正郞觀之子 南坡洪尙書之再從孫 〈順菴雜書 第四一冊 洪生遠游記〉

이라 하여 洪生이 實存的인 人物임을 밝혔다. 이편은 실로 家庭의 學으로 安瑞羽의 「金剛誕游錄」의 影響을 입었으며, 그는 또 당시 學者 중에서 小說에 대한 認識이 가장 깊었다.

余觀唐板小說 有四大奇書 一三國志也 二水滸傳也 三西遊記也 四金屛梅也 試觀三國一匣 其評論新奇多可觀 其凡例亦可觀 其序文亦以一奇字命意 而文法亦甚奇 考其人 則金人瑞毛宗岡也 考其時 則順治甲申多也 未知金人瑞毛宗岡 爲何如人 而順治甲申歲 此天地變易 華夏淪沒之時 中原衣冠 混入於薙髮左袵之類 文人才子之堯抑而不遇者 其或託此 而寓其志耶 四奇之意不如三國之鼎峙 則寧流亡爲水滸 變幻爲西遊 否則託跡於酒樓歌屛之中 而消磨此日月者也 然則其志可悲也耳
〈順菴雜書 第四二冊〉

5. 女容國傳

역시 安鼎福의 作으로서 「雜書」 중에 실렸으며, 一名은 「孝莊皇帝粧臺記」이다. 婦人의 化粧道具들을 擬人化하여 理想的인 國家를 세운 이야기이다. 그 原典 중의 「이경侯」의 「이경」이나 또 「복셩公」의 「복셩」 등의 難譯의 한글을 그대로 남긴 것을 보아서는 애초 한글본을 安氏가 漢譯한 듯싶다.

6. 崔生員傳

역시 李鈺의 作으로서 「藫庭叢書」 「桃花流水館小藁」에 실려 있다. 金鑢는 다음과 같이 논평했다.

世或訾李其相之文曰 「非古文也 是小品也」 余竊笑之曰 「……看文如看花 以牡丹芍藥之富艶 而棄石竹纖毬 以秋菊多梅之枯淡 而惡緋桃紅杏 是可謂知花者乎」 余讀其藁 拈出小題略干首 別爲一局 名曰「桃花流水館小藁」云
〈藫庭遺藁 卷一〇 張27~28 叢書題後 題桃花流水館小藁卷後〉

이편의 줄거리는 다음과 같다. 嶺南에 살고 있는 無神論者 崔生員이 서

울로 가는 途中에 어떤 동네 叢祠 중에서 巫堂이 神에게 飮食을 많이 차려 놓고 비는 판이었다. 崔生員은 그를 보고 노하여 巫堂을 휘몰아내고 神을 꾸짖었다. 그의 탔던 말이 별안간 꺼꾸러졌다. 崔生員은 더욱 노하여 그 祠堂를 불살랐다. 그 뒤에 神은 다른 곳으로 옮겨갔으며, 해마다 崔生員을 위해서 특별히 딴 床을 차렸다. 崔生員은 그 뒤에 우연히 그 동네를 지나다가 그 일을 발견했다. 이로 보아서 당시 巫堂의 惑世·誣民的인 行爲가 극도에 달했음을 알 수 있겠다. 이는 역시 形態的으로 보아서 「志怪」이겠지만 作者의 意圖는 「寓言」에 있었을 것이라 생각된다.

④ 諷 刺

「寓言」에서 더 한 걸음 前進하면 「諷刺」가 되고 마는 것이다. 이 一期에서 가장 流行될 수 있는 性格을 띤 文體이다.

1. 虎 睨

이는 李光庭의 名著 「亡羊錄」 중의 한편이다. 이는 비록 寥寥한 短篇이었으나 당시의 苛斂誅求하는 官吏를 諷刺한 作品이다. 이는 실로 위로 柳夢寅의 「虎穽」을 이어받고 아래로 朴趾源의 「虎叱」을 열어 주었다.

有毒於苛政者 宵挈家而走 遇虎 虎當徑 家人盡怖 曰 「無擾也」 索衣冠 俯伏稱臣而進曰 「臣不幸遇吏酷暴 賦斂烈火 不能聊生 其留之恐罹淫刑 以殘性命 其去之恐徂亡出執 不敢以晝 豈欲宵行 實不得已 今虎君 處深山家林藪 熊羆以爲臣 鹿豕以爲膳 飽則臥息 閑則起行 挺林而吼 山谷震動 當蹊而猖 百獸駭憚 其威雷激 其行風冽 可謂『隆隆堂堂』 無有一憂 何憚於晝 而乃以宵行 虎君甚靈 有禱必應 豈忍重危瘁人 而婦女無知 惴惴不前 乞屛威神 以濟于阨 若其不從 亦知亡矣」 虎於是 睨而前去 聞者莫不大笑 以爲癡 噫誠癡矣 彼爲吏者 雖殘暴 亦同類耳 然猶不敢祈之於此 而祈之於異類而暴者 哀哉 夫祈命於吼虎 無萬分之一也 而彼祈者 以爲「無所可祈爾」 揚子曰 「虎哉虎哉 角而翼者也」 民之毒焉者 豈獨泰山之婦而已哉 〈訥隱文集 卷二二 張17 亡羊錄〉

그는 또 이 밖에도 「虎機」과 「狐穽」 등이 있으나 이에 들지 않는다.

2. 許 生

우리 나라 古今을 통틀어서 大諷刺家로 한분을 推薦한다 하더라도 朴趾源을 第一人者로 認定 아니하지 못할 것이다. 이편은 그의 수많은 小說 중에서 「虎叱」·「兩班傳」과 아울러 가장 風流로운 作品이었다. 이는 그의 名著 「熱河日記」「玉匣夜話」 중에 실려 있다. 그 줄거리는 다음과 같다. 許生이 實存的인 人物인지, 또는 假想的인 人物인지는 알 수 없겠으나 그는 서울 묵적골에 살고 있는 한 不遇한 書生임에도 불구하고 당시 俗儒들의 僞學과 달리하여 經世致用의 學을 硏究하였다. 그리하여 長安 財閥로 이름 높은 卞承業(?)의 돈을 빌려 당시 僞學者의 賤視하던 장사치 노릇을 하여 돈을 벌어서 바다 가운데 한 빈 섬나라를 발견하고 바다 위의 떠돌이 도적을 몰아넣어서 理想的인 國家를 건설한 것은 곧 「水滸」의 梁山泊과 「洪吉童傳」의 碑島國 등 千古의 奇人·奇事를 再演出하였다. 그리고 당시 有名無實한 北伐策을 여지 없이 諷刺하는 동시에 李浣(1602~1664)에게 세가지의 當面한 大策을 제시했으니, 이는 실로 北伐策의 正反對인 北學의 理論이었다. 그는 一生에 笑罵와 悲咤의 一切를 모두 이런 作品에 붙여서 遺憾 없이 표현했다. 그리고 그는 일찍부터 批評小品을 愛讀했음을 自認했다.

平日於文學 好着批評小品 探索者惟是妙慧之解 深味者無非尖酸之語 此等雖年少一時之嗜好 漸到老實 則自然刊落 不必深言 <燕巖集 卷三 張32 孔雀館文稿 與人書別紙>

그리고 南公轍의 기록에 의하면

余嘗從燕巖朴美仲 會山如碧梧桐亭館 靑莊李懋官 貞蕤朴次修皆在 時夜月明 燕巖曼聲讀其所自著熱河日記 懋官次修環坐聽之 山如謂燕巖曰 「先生文章雖工 好稗官奇書 恐自此古文不興」 燕巖醉曰「汝何知」 復讀如故 山如時亦醉 欲執座傍燭 焚其藁 余急挽而止 燕巖怒 遂回身臥不起 於是懋官 畫蜘蛛一幅 次修就屛風 草書作飮中八仙歌 紙立盡 余稱「書畫極妙 燕巖宜有一跋 爲三絕」 欲以解其意 而燕巖愈怒愈不起 天且曙 燕巖旣醒 忽整衣跪坐曰 「山如來前 吾窮於世久矣 欲借文章一瀉出傀儡不平之氣 恣其游戲爾 豈樂爲哉 山如元平 俱少年美資質 爲文

愼勿學吾 以興起正學爲己任 爲他日王朝黼黻之臣也 吾當爲諸君受罰」 引大酌復飮 勸懋官次修飮 遂大醉偃呼 <金陵居士集 卷一七 張30~31 朴山如墓誌銘序>

라 하였다. 그리고 그 중 커다란 事件은 곧 朴氏와 李家煥과의 사이에 벌어진 文體波動이었다. 당시 李東稷(?)이 正祖에게 疏를 올려 李家煥의 文體를 排擊하자 正祖는 이에 노하여 당시 文體의 趨新은 다만 李家煥에게만 있는 것이 아니라, 오히려 朴趾源에게 있다 해서 南公轍에게 명령을 내려 朴氏에게 편지를 보내어 一部 醇正書를 지어서 그 罪를 贖하게 했다.

昨日筵中 下敎于賤臣曰「近日文風之如此 原其本 則莫非朴某之罪也 熱河日記予旣熟覽 焉敢欺隱 此是漏網之大者 熱河記行于世後 文體如此 自當使結者解之」仍命賤臣 以此意作書執事 斯速著一部醇正之文 即日上送 以贖熱河記之罪 則雖南行文任 豈有可惜者乎 不然 則當有重罪 以此即爲貽書事 下敎矣
<燕巖集 卷二 張12 煙湘閣選本 答南直閣公轍書 原書附>

柳得恭은 또 이에 대하여 더욱 상세하게 기록했다.

上以近日文體卑下 屢降綍綸 責詞臣 嚴禁稗官小說 亦飭諸檢書 無得務尙新奇 北青府使成大中 獨趨軌塗 毎加褒賞 命內閣置酒賦詩 以寵其行 徐南兩直閣 蠶山李承旨 在席皆當世詞伯 檢書則余及李懋官與焉 可謂至榮 是日南直閣 以聖旨折簡 諭安義縣監朴趾源 若曰「熱河日記乙覽已訖 能復爲雅正之文 編帙比熱河日記膾炙若熱河日記 則可也 不然有罰」燕巖弱冠善屬文 名動京師 旣而落拓未第 隨族兄錦城都尉使燕 遊熱河而歸 著日記二十卷 嘻笑怒罵 雜以寓言 其象記虎叱 夜出古北口 一日九河等編 極恢奇 一時士大夫傳寫借看 數年而未已 此書竟徹九重有是聖敎也 燕巖余輩素所周旋 方其著日記也 悉剷前日所爲文 意以謂「有此記則餘不足傳也」今在下邑 巾衍中旣無一葉舊藁 忽欲爲莊語 烏能滿二十卷 莊語又未易膾炙 所恃以不朽者 則殆同準勅惡詩 天下狼狽人 莫如燕巖 余與懋官 一場葫蘆 <冷齋書種 卷三 古芸堂筆記 熱河日記>

그리고 이편의 줄거리는 곧 實存人物인 許鎬(1654~1714)의 故事와 비슷함을 밝혀 둔다. 이에 대하여 許愈(?)는 다음과 같은 기록이 있다.

公諱鎬 字京遠……生而英秀峻發 既長沉深好讀書 而不屑爲擧子事 痛國家丙丁之耻 常有直擣燕雲之志 自號曰「臥龍」蓋有感於朱夫子 臥龍菴故事也 傳言「公弱冠時遊湖西一寺 寺有一老僧 以勇力自負 多不法事，而官吏畏不敢捕 公至僧易其年少也 甚無禮 公數其罪 而椎殺之 聞者莫不快之 以爲「古之許愼」也 惟童行聚數

人爲敵 幾不測 公遂避身海島中 旣歸僦居終南山下 席門土屋 霜雪凛如 而弊衣冠讀中庸不撤也 時朝廷密議北學 捜訪人才 時將臣某 聞公之爲人 而異之 夜屛騶從至門 與論天下事 公設三策以詰之 將臣以爲難 公正色曰「如此尙可有爲乎」將臣逡巡退 公亦明日拔宅而去 結幕山中 有撫劒歌慕將歎以寓悲憤

<臥龍亭遺集 卷三 附錄 遺事>

3. 虎 叱

역시 朴趾源의 作으로서 「熱河日記」「關內程史」 속에 실려 있다. 朴氏의 「自序」에 의하면 그가 熱河에서 돌아오는 길에 玉田縣에 있는 沈由朋(?)의 店舖에 들렀다가 그 벽 위에 이 한편의 奇文을 발견했으나 作者의 姓名도 기록된 것이 없었다. 그제야 沈의 승락을 받아 이 글을 옮겨 쓰기로 했다. 자기는 처음에서부터 베끼고 함께 간 鄭珏(?)은 中間에서 끝까지 쓰게 되었다. 沈은 「先生이 이 글을 옮겨서 무엇하시려오」 하고 묻기에 朴氏는 「이 글을 갖고 돌아가서 우리 나라 사람들에게 보인다면 그들은 반드시 배를 껴안고 크게 웃을 거요」 하고 客館에 돌아와 등불을 켜고 읽어본즉 鄭珏의 베낀 부분에는 수많은 誤書·落字가 있어서 전혀 文理가 이룩되지 않으므로 약간 자기의 의견으로 고쳤다 했다. 그러나 이는 그 構成의 方法이나 文體의 鋪張이나 모든 면에서 朴氏의 自作이 아닐 수 없겠다. 이는 다만 그 內容에 있어서 國內의 수많은 僞學者羣의 怒焰이 爆發될까 우려하여 잠깐 逸名氏의 作으로 依託해 버린 것이었다. 그 篇題의 「虎叱」도 역시 朴氏가 붙인 것이다. 俗學들이 흔히들 「許生傳」이니, 「虎叱文」이니 하고 떠들어대지만 터무니 없는 일이다. 그 男主人公 北郭先生과 女主人公 東里子를 登場시켜서 당시 社會의 腐敗相을 여지 없이 폭로시켰다. 그 하나는 儒學大家요, 또 하나는 貞節夫人으로 假裝하여 社會를 속이며 風氣를 혼란케 하였다. 그러한 情狀을 알게 된 범은 北郭先生을 꾸짖었다. 사람이 범을 꾸짖은 것이 아니고 범이 사람을 꾸짖었다. 이는 범

을 擬人化함에 끝까지 成功하곤 말았다. 李昇圭(?)는 일찌기 나에게,

이 北郭先生은 곧 당시 北伐策을 假裝한 尤菴 宋時烈을 隱然 중 指摘한 것이야.

하였고, 또 金台俊은,

그는 深博한 抱負를 가지고 베풀 곳이 없어서 當世에 隆盛한 尤菴學派를 譏刺하며, 衒學的인 腐儒老學을 譏弄하며, 繁文縟禮의 陋習을 攻擊하며……

<朝鮮小說史 頁158 大文豪 朴趾源과 그의 作品>

와 같이 辛辣하게 喝破했다.

虎睿聖文武 慈孝智仁 雄勇壯猛 天下無敵 然狒胃食虎 竹牛食虎 駮食虎 五色獅子食虎於巨木之峀 玆白飛食虎 䑕犬飛食虎豹 黃要取虎豹心而食 猾爲虎豹所呑內食虎豹之肝 酋耳遇虎 則裂而啖之 虎遇猛狒 則閉目而不敢視 人不畏猛狒 而畏虎 虎之威其嚴乎 虎食狗則醉 食人則神 虎一食人 其倀爲屈閣 在虎之腋 導虎入廚 舐其鼎耳 主人思飢 命妻夜炊 虎再食人 其倀爲彝兀 在虎之輔 升高視虞 若谷穽弩 先行釋機 虎三食人 其倀爲鬻渾 在虎之頤 多贊其所識朋友之名 虎詔倀曰「日之將夕 于何取食」屈閣曰「我昔占之 匪角匪羽 黔首之物 雪中有跡 彳亍踈武 瞻尾在腦 莫掩其尻」彝兀曰「東門有食 其名曰『醫』口含百草 肌肉馨香 西門有食 其名曰『巫』求媚百神 日沐齋潔 請爲擇肉於此二者」虎奮髯作色曰「醫者疑也 以其所疑 而試諸人 歲所殺常數萬 巫者誣也 誣神以惑民 歲所殺常數萬 衆怒入骨 化爲金蠶 毒不可食」鬻渾曰「有肉在林 仁肝義膽 抱忠懷潔 戴樂履禮 口誦百家之言 心通萬物之理 名曰『碩德之儒』背盎體胖 五味俱存」虎軒眉垂涎 仰天而笑曰「朕聞 如何」倀交薦虎曰「一陰一陽之謂道 儒貫之 五行相生 六氣相宣 儒導之 食之美者 無大於此」虎愀然變色易容 而不悅曰「陰陽者一氣之消息也 而兩之 其肉雜也 五行定位 未始相生 乃今強爲子母 分配鹹酸 其味未純也 六氣自行 不待宣導 乃今妄稱財相 私顯己功 其爲食也 無其硬強滯逆 而不順化乎」 鄭之邑有不屑宦之士 曰「北郭先生」行年四十 手自校書者萬卷 敷衍九經之義 更著書一萬五千卷 天子嘉其義 諸侯慕其名 邑之東有美而早寡者 曰「東里子」天子嘉其節 諸侯慕其賢 環其邑數里 而封之曰「東里寡婦之閭」 東里子善守寡 然有子五人 各有其姓 五子相謂曰「水北雞鳴 水南明星 室中有聲 何其甚似北郭先生也」兄弟五人 迭窺戶隙 東里子請於北郭先生曰「久慕先生之德 今夜願聞先生讀書之聲」北郭先生整襟危坐 而爲詩曰「鴛鴦在屛 耿耿流螢 維鬵維錡 云誰之型 興也」五子相謂曰「禮『不入寡婦之門』北郭先生賢者也 吾聞『鄭之城門壞 而狐穴焉』吾聞『狐老千年 能幻而像人』是其像北郭先生乎」相與謀曰「吾聞『得狐之冠者 家致千金之富 得狐之履者 能匿影於白日 得狐之尾者 善媚而人悅之』何不殺是狐而分之」於是五子共圍而擊之 北郭先生大驚遁逃 恐人之識己也 以股加頸 鬼舞鬼笑 出

門而跑 乃陷野窖 穢滿其中 攀援出首而望 有虎當徑 虎顰蹙嘔哇 掩鼻左首而噫
曰「儒臭矣」北郭先生 頓首匍匐而前 三拜以跪 仰首而言曰「虎之德其至矣乎 大
人效其變 帝王學其步 人子法其孝 將帥取其威 名並神龍 一風一雲 下土賤臣 敢
在下風」虎叱曰「毋近前 曩也吾聞之 儒者諛也 果然 汝平居 集天下之惡名 妄加
諸我 今也急而面諛 將誰信之耶 夫天下之理一也 虎性惡也 人性亦惡也 人性善 則
虎之性亦善也 汝千語萬言 不離五常 戒之勸之 恒在四綱 而都邑之間 無鼻無趾
文面而行者 皆不遜五品之人也 然而徽墨斧鉅 日不暇給 莫能止其惡焉 而虎之家
自無是刑 由是觀之 虎之性不亦賢於人乎 虎不食草木 不食蟲魚 不嗜麯蘗悖亂之
物 不忍字伏細瑣之物 入山獵麕鹿 在野畋馬牛 未嘗爲口腹之累 飮食之訟 虎之道
不其光明正大矣乎 虎之食麕鹿 而汝不疾虎 虎之食馬牛 人謂之『讐』焉 豈非麕鹿
之無恩於人 而馬牛之有功於汝乎 然而不有其服乘之勞 戀效之誠 日充庖廚 角鬣不
遺 而乃復侵我之麕鹿 使我乏食於山 缺餉於野 使天而平其政 汝在所食乎 所捨乎
夫非其有而取之 謂之『盜』 殘生而害物者 謂之『賊』 汝之所以日夜遑遑 揚臂努目
挐攫而不耻 甚者呼錢爲兄 求將殺妻 則不可復論於倫常之道矣 乃復攘食於蝗 奪
衣於蠶 禦蜂而剽甘 甚者醢蟻之子 以羞其祖考 其殘忍薄行 孰甚於汝乎 汝談理論
性 動輒稱『天』 自天所命而視之 虎與人 乃物之一也 自天地生物之仁而論之 則虎
與蝗蠶蜂蟻 與人並畜 而不可相悖也 自其善惡而辨之 則公行剽刼於蜂蟻之室者 獨
不爲天地之巨盜乎 肆然攘竊於蝗蠶之資者 獨不爲仁義之大賊乎 虎未嘗食豹者 誠
爲不忍於其類也 然而計虎之食麕鹿 不若人之食麕鹿之多也 計虎之食馬牛 不若人
之食馬牛之多也 計虎之食人 不若人之相食之多也 去年關中大旱 民之相食者數
萬 往歲山東大水 民之相食者數萬 雖然其相食之多 又何如春秋之世也 春秋之世
樹德之兵十七 執仇之兵三十 流血千里 伏屍百萬 而虎之家 水旱不識 故無怨乎天
讐德兩忘 故無忤於物 知命而處順 故不惑於巫醫之姦 踐形而盡性 故不疚乎世俗
之利 此虎之所以睿聖也 窺其一斑 足以示文於天下也 不藉尺寸之兵 而獨任爪牙
之利 所以耀武於天下也 一日一擧 而烏鳶螻蟻 共分其餕 仁不可勝用也 讒人不食
癈疾者不食 衰服者不食 義不可勝用也 不仁哉 汝之爲也 機穽之不足 而爲罿也罘
也罛也罾也罦也罭也 始結網罟者 哀然首禍於天下矣 有鈹者戣者殳者罤者厹者矟者
鍛者鉾者矜者 有礮發焉 聲隤華嶽 火洩陰陽 暴於震霆 是猶不足以逞其虐焉 則乃吮
柔毫 合膠爲鋒 體如棗心 長不盈寸 淬以烏賊之沫 縱橫擊刺 曲者如矛 銛者如刀
銳者如劍 歧者如戟 直者如矢 彀者如弓 此兵一動 百鬼夜哭 其相食之酷 孰甚於
汝乎」北郭先生 離席俯伏 逡巡再拜 頓首頓首曰「傳有之『雖有惡人 齋戒沐浴 則
可以事上帝』下土賤臣 敢在下風」潛息屛聽 久無所命 誠惶誠恐 拜手稽首 仰而
視之 東方明矣 虎則已去 農夫有朝菑者 問「先生何早敬於野」 北郭先生曰「吾聞
之『謂天蓋高 不敢不跼 謂地蓋厚 不敢不蹐』」<燕巖集 卷一二 張41~42 熱河日記 關內程史>

4. 馬駔傳

역시 朴趾源의 作으로서 「燕巖別集」「放璚閣外傳」 중에 실려 있다. 그는 일찌기 이에 대하여,

友居倫季 匪厥踈卑 如土於行 寄五四時 親我別叙 非信奚爲 常若不常 友迺正之 所以居後 迺殿統斯 三狂相友 遯世流離 論厥讒諂 若見鬚眉 於是述馬駔 <燕巖集 卷八 張1 別集 放璚閣外傳 自序>

이라 하였으니, 이는 당시 交道의 腐敗相은 소위 文人·學者들의 사귐이 저 말거간군이나 집중도위 따위들만도 못함을 痛歎한 것이다.

5. 穢德先生傳

역시 「放璚閣外傳」 중에 실려 있다.

士累口腹 百行餒缺 鼎食鼎烹 不誡饕餮 嚴自食糞 迹穢口潔 於是述穢德傳 <同上>

이는 당시 賤農思想을 극히 배격한 作品이다.

6. 閔翁傳

역시 「放璚閣外傳」 중의 한편이다.

閔翁蝗人 學道猶龍 託諷滑稽 翫世不恭 書壁自憤 可警惰慵 於是述閔翁 <同上>

이는 作者가 大諷刺家인 閔翁과 問答한 것을 敍述한 것이다

7. 兩班傳

이편도 역시 「放璚閣外傳」 중의 하나이다.

士迺天爵 士心爲志 其志如何 不謀勢利 達不離士 窮不失士 不飾名節 徒貨門地 酤鬻世德 商賈何異 於是述兩班 <同上>

이는 실로 王褒(?～前61)의 「僮約」을 본받아서 당시 소위 兩班階層의 갖은 醜態를 아낌 없이 폭로시킨 名作이다. 이는 「許生」·「虎叱」과 함께 萬口에 膾炙한 作品이었다.

8. 金神仙傳

역시 「放璚閣外傳」 중의 한편이다. 作者는 이에서 실로 金神仙의 奇異

한 일을 줄기차게 敍述했으나 結論에는 神仙에 대하여 明確한 概念을 밝혀서 종래 一種의 厭世主義者들이 아무런 까닭 없이 神仙을 그리워하는 神仙思想을 배격하였다. 이는 당시 儒學界만이 썩은 것이 아니라, 仙·佛의 兩宗에도 僞學이 恣行되고 있음을 喝破하였다. 그러므로 그는 이 세상에 辟穀하는 사람이라 해서 반드시 神仙이 아니라, 그들은 당세 不遇한 環境에 처한 자들임을 말했던 것이다.

弘基大隱 迺隱於遊 淸濁無失 不枝不求 於是述金神仙 <同上>

9. 廣文者傳

이편도 역시 「放璚閣外傳」 중의 한편이다. 그의 「自序」에는,

廣文窮丐 聲聞過情 非好名者 猶不免刑 矧復盜竊 要假以爭 於是述廣文 <同上>

이라 하였고, 또 그 뒤에 「書廣文傳後」라는 글을 써서 붙였다. 비렁뱅이의 頭領인 廣文이언마는 正義와 信念을 끝까지 지녔으며, 그는,

人勸之家 則辭曰「吾無父母兄弟妻子 何以家爲 且朝而歌呼入市中 暮而宿富貴家門下 漢陽戶八萬爾 吾逐日而易其處 不能盡吾之年壽矣

<燕巖集 卷八 張9 別集 放璚閣外傳 廣文者傳>

라 하여 封建家庭의 拘束된 生活을 싫어하였으며, 그는 또,

文年四十餘 尙編髮 人勸之妻 則曰「夫美色衆所嗜也 然非男所獨也 唯女亦然也 故吾陋 而不能自爲容也」 <同上>

라 하여 性慾에 관한 問題를 提起했다. 이는 실로 이때까지 男女의 관계에 있어서 女性은 오로지 男性의 附屬物로 看做되었음에 반하여 老總角인 廣文은 그가 장가들지 않는 理由를 설명했다.

10. 花 史

「花史」는 盧兢의 作이다. 종전에는 林悌의 作으로 알려졌으나 그릇된 것이다. 이는 拙藁「花史의 作者에 대한 小攷」에서 言及한 바가 있으므로 이에 贅言하지 않는다. 本書가 盧氏의 作으로 確定된 뒤에 비로소 재미있

는 解釋을 할 수 있을 것이다. 英王은 곧 英祖를, 文王은 또 正祖를 가리킨 것이요, 金帶圍·衛足 등은 蔡濟恭의 一黨을 이름인 듯싶다.

> 金帶圍爲丞相 字尾春 與王同本異族 常居廣陵

廣陵은 廣州를 이름이었으니, 이는 蔡氏도 역시 李瀷의 一系로서 廣州의 一帶를 中心으로 활약하였고, 盧氏도 역시 廣州 雙嶺村에 살았다 한다. 또,

> 置栢府槐院紫薇省翰林院蓬萊館 皆以文學方正之士 充其任 畢(筆)管有文筆之才 主翰院 荆楚有棘棘不阿之風 任栢府 戚蜀有退讓之德 衛足(左傳葵能衛足) 有向日之誠 必能愛君輔德 置之蓬萊館 於是朝著淸明 文物煥然可述

은 곧 正祖의 奎章閣 抄啓文臣 등의 設置를 이른 것이었고,

> 三年流海棠於長沙 初東陶之世 武陵之桃爲國大閥 門闌嬋嫣 子孫繁茂 且以外戚 爭似奢侈 有名碧者 性獨高潔 晩習綺紈 與其友白雪香 齊名一世 同持守白之論 英王愛重 共置玉堂 又有名柳者 渭城之外裔也 一名小 少年英名 最出於諸桃之前 時人互相稱譽 仍以分黨 一家內有紅白小三黨 於是中外成風 爭尙紅白之論 三黨中又有中立不偏者 謂之三色 其或各分於紅白之外者 又謂黃黨 朝廷上色目紛然 英王不能禁 至是紅白餘黨 尙存形色 王亦出自紅黨 欲專用一邊人 金帶圍衛足等 協心交陳 務存調和 或紅或白 不有彼此 而白黨猶盛 海棠不能出氣(無香之謂) 譏刺朝廷(花刺之謂) 金帶圍白上流之 是時黃黨 亦有見黜城外者 仍賜名黜墻

紅·白·小는 곧 南·老·少의 三黨을 이름이었다. 그리고 이에 대한 史臣의 紅白黨에 대한 斷案이 더욱 재미 있는 筆法이었다.

> 史臣曰「紅白黨比之禍 無異於唐之牛李 宋之川蜀 而金帶圍誠心保合 使朝著之間晏然 眞所謂『宰相器』也 後之爲總百之任者 可不覽之」又曰 「唐文宗嘗曰『去河北賊易 去朝廷朋黨難』讀史至此 未嘗不掩卷歎也 謂之『黨禍酷於逆亂』則可謂之『破黨難於制賊』則豈其可也 夏王有一輔佐之賢 猶能調制一世 以致和平 而況明君御下 先率以王者乎……」

그리고 이편이 形態的으로 보아서는 「假傳」에 가까왔으나 思潮的인 면에서는 「寓言」과 「諷刺」를 겸한 것임을 알 수 있다. 그러므로 盧氏本의 「跋」에는,

> 夫寓言託物 古人多用其體者 則復誰下辭於其間哉 盧氏之此傳 雖使莊周騁其辭

韓退之掉其舌 未能加半字 而減隻句 誠是靑邱中大椎也 雖赤縣 未有能出其右者 蓋此等文字 全以無情之物 托有情之事 事之搯胃擢腎 劌目鉥心 弊盡自家無限肝膓而後已 多見不知量也 美則美矣 不必如是效嚬可也

라 하였고, 그 表紙에 쓰인 글은 또 다음과 같았다.

此傳之作 雖出於詩人伎倆之不能自禁 然其布置回護 叙事收拾 頗得史家規矩 又抑揚起伏 鋪張引論處 多有正家救弊之意 誠是昭代一花諫也 不但指以繙章繪畵而倒視也

11. 花王傳

李頤淳의 作으로서 「後溪文集」에 실려 있다. 花王 곧 牡丹을 擬人化한 것이다. 形態的으로 보아서는 「假傳」이었으나 思潮的으로는 「寓言」·「諷刺」를 겸한 作品이다. 明의 袁石公(?)·甁仲尊(?)의 「花史」가 있으나 우리 나라에서는 잘 나타나지 않았다. 그러면 이편은 실로 屈平의 「離騷」와 薛聰의 「花王」 등의 影響을 많이 입은 듯싶고, 盧兢과는 거의 同時인 만큼 서로 아무런 걸림이 없으리라 생각된다.

12. 黜僮文

丁若鏞의 作으로서 「與猶堂全書」 중에 실려 있다. 이는 王褒의 「僮約」이 奴隷에 대하여 지나치게 苛酷하였음에 반하여 그들을 寬待하여야 함을 강조했다. 역시 「滑稽」類의 一種이었으나 이에서도 作者의 愛國·憐民的인 思想의 一端을 엿볼 수 있겠다. 朴趾源의 「兩班傳」이 惡辣한 「諷刺」입에 비하여 이는 芳馨·悱惻한 微諷이었다.

13. 蔣奉事傳

역시 李鈺의 作으로서 「藫庭叢書」「文無子文鈔」 중에 실려 있다. 서울에 살고 있는 비렁뱅이요, 諷刺家인 蔣奉事의 奇事를 敍述한 作品이다.

14. 柳光億傳

李鈺의 作으로 역시 「梅花外史」 중의 한편이다. 陜川에 살고 있는 柳光

億(?)은 科體詩로서 당시에 이름 높았으나 그는 자기가 直接的으로 應試에 專力했기보다도 남에게 돈 額數의 많고 적음으로써 글의 높낮이를 마련해서 팔아먹는 것으로 生業을 삼았다. 이를 敍述하매 저절로 諷刺的인 要素가 스며들어 있다.

15. 施賽傳

1931년 卞榮晩의 作이다. 이는 우리 나라 俗傳하는 「시시덕이 등을 타고, 새침덕이 골로 빠진다」는 말을 施時德과 賽沈德의 둘로 擬人化하여 그들의 本質을 잘 究明했으며, 그 간지러운 곳, 요절할 곳, 痛快無雙한 場面 등을 유감 없이 표현했을 뿐더러 이 중에 人情·世態의 幾微를 발견할 수 있는 大諷刺的인 作品이었다. 그는 또 이를 藍本으로 해서 創作小說 「이상한 동무」를 한글로 써서 「東光」에 連載하였다. 그는 실로 최근 唯一의 漢文學家였으며, 특히 諷刺文學에 있어서는 朴趾源 이후의 第一大家였다. 혹은 이르기를 이 「施」·「賽」의 둘은 당시의 實存的인 人物 崔○○·鄭○○의 두 사람으로써 「모델」을 삼은 것이라 한다.

施時德賽沈德俱京人 其家系皆未詳 兩人者相善也 游處多共 飮食或至以一器 而其性情大相馳 其里人之常言有曰「日從西昇 則施生之口閉矣」又曰「賽生笑 則石佛亦笑」大抵施之人 寬放而無所建藏 喜浪言壯談 奇比怪喩 搖頭轉目 雖以是大蒙訕僇 而猶不自止 賽則終日俛眉覰席而已 不得已而言 亦財道一二句 其音又絕微細 幾不可聽 以故人咸便賽之簡靜 而致厭施之所爲焉 然人於施 槩能釋其戒心 而還甚防賽曰「此子也必生事」且合而論之曰「比諸適山 施君循其脊者也 賽君沒於谷者也 循脊人皆見 沒谷吁可畏哉」兩人俱以中身喪配 固皆以天年傳於外 其實施妻餓死 賽妻自投井 賽易服而徼窄 大憾 以針密置其妻飯中 妻呑後悟之 此井之由來也 施於凡百無所諱 於針井事 絕不一口 爲友也 亦自秘其妻死狀 若深自羞貧然者 旣皆鰥 欲續娶 乃共周流城內外 廣物厥選矣 而凡施之所佳 賽必多方兩毁沮之 而自委禽焉 已復棄之 如是者至於四十餘戶 其憤而自殊者 而往往有之 然兩人者 無處不共往 於是主上爲之震怒 禦營大將宵不退食 邏騎四布 必欲得此一雙 而顯戮于市 以快民心 兩人者遂無枕首之所矣 時歲比不登 且童謠曰「羊狐同行 羊豪而狐伴 二八二八 愼爾垣牆矣」又曰「高之又高 終不登天 下之又下 終不入泉」蓋騷

然矣 乃用貨 而晝藏酒肆之窖中 夜行於深山黑林 敻無人烟之地 而至此 雖施君則亦不能不舍岡脊 而谷是趨 或自失笑驚宿鳥 而賽低罵曰「汝狂也」亦時自微喟曰「東門之室」又或曰「南村蓮堂」思有所屬也 或俱并日不得一食 遇大虎觸盤蛇其蹈危瀕死者數數 一夜月極明 共坐巖窟 語故事 始相知施以十三歲 失寡母 無兄弟 其母嘗言「夢大松樹如蓋者 而有身」賽亦「遺腹獨子 四歲母不知往 因育於其舅 舅常罵『此子後必凶死異鄕』」賽之開口 蓋以此夜爲最多云 遂輾轉入於關北之一郡 僦屋以居焉 郡距京絕遠 莫有聞知 賽故擕若干貲 不同於施之一洗 至是亦垂罄矣 於是共捆屨易粟以活 而施獨多任其勞 賽則善自向壁爲午睡 一日賽睡起自語曰「世稱『南男北女』信不虛也」施拋其藝 急向問賽曰「君尙有餘勇 存婚志乎 吾頭遽欲加白 觀世音菩薩 幸活我也」賽嚬曰「豈謂吾哉 爲君耳」施笑曰「受賜已多何敢復有所希 且今適閑 願有以卒陳衷曲 吾嘗從君之後 得廣覩佳麗矣 吾心恒以爲『皆不如吾前妻』者 非其說之謂也 吾前妻實賢而無祿 其中有不可以忘之者 又有足追悲者焉 如蓮堂之女 吾嘗心誠愛之 不無意焉 旣而追念舊者 悲痛不可抑 雖然旣其求之 不可以遁也 吾因陷於進退不得之地 君果察此隱痛與未 吾固不知 而幸君其時 第善爲說辭 以『吾爲屠狗之子』謂『吾有癲癎之疾』乃拔吾於絆 而君自娶之 得至兩便 此吾至今尙德君於無已者也 然而君亦不永其愛 旋棄蓮堂 不特此也 於他女莫不然 夫君前妻 於吾前妻亦匹耳 然而君能卒掩君前妻於土中 曾不能以三夕自安於其後之華几紋席 則世所謂君『涼德』吾見君亦能思舊矣 設使吾 而娶君之所娶 寧遂無早晩之別 要其終 亦君而已矣 故吾曹今日之計 飮啖而已 女不可談也 君將痛懲往愆 以救吾不逮 今又出言若是 無所可也 且北地其風氣勁越 不與南并 苟汚一室女 吾曹頭直碎矣」施故多戱論 至此語頗懇摯 時及於咽 賽亦色沮 默然俯首而已 婚說遂寢 一日賽獨出 旋手一㩜肩 懷一壺酒而歸 施驚問「從何」則賽冷然而微反脣曰「吾曹飮啖而已」施不復問 然心怪之矣 亦共卒一飽 會隣家有亡銀環事 求之無踪 羣疑集於新至 而莫定其一也 則於是兩人者 同束于官 官熟視兩人面先問賽沈德曰「爾之爲耶」賽鞠躬曰「不然 吾不爲此也」「然則施時德耶」施昂然答曰「然我也 非此友也 且吾罪固不止此 吾嘗私密屠牛者 九十餘頭 汚人妻女者三百五十家 嘗批季父頰 嘗折老人脚」施語至此 賽在傍 囁嚅而曰「如是則反不信」時施心中忙亂 未暇聞此也 復曰「嘗放火七處 撲殺二十餘人 投宿逆旅 必昧爽而遁 常擕毒藥 遇井必納焉 亦嘗謀爲不軌 寫國君之像 而日以習射于北漢之山中者 三年有半 何銀環也 夫日有所不照 風有所不透 驢大鳴」施語至此 賽切齒曰「驢則又何事」施始聞此 然且續曰「聾者以爲驢欠也 七夫十士之女 隣里且以爲貞婦也 縣官報其名 監司請其旌 世固多有此屬 官安能盡知施時德罪哉 今日天良閃發 盡承宿殃 甘受上刑焉 而無所怨 但願葬在千仞岡頭 以得稍近天光而已 施身長八尺 眉目濶大 聲如鳴鼓 官爲之茫然者良久 已而復問曰「施說是耶」賽始爲慄旋

定 直視官面而曰「餘不敢知 惟環事 則無疑」官早有所察 乃猛杖賽 而卒執其狀下獄焉 於是施知無可如何 且自悔言之太張 痛哭而出 待其友不得 久乃自歸古里而前之追跡之者 亦旣知其中曲折 不罪也 乃始續娶有子 習稍改 愼游從節言辭 產亦稍至於潤 人莫不謂「善人終有佑」也 賽在北獄中 密通囚女 猶京志也 猜其他交下毒焉 烈於針矣 遂及於絞 而屍棄于谷 成舅言也

野史氏曰「余嘗之南山下 觀施賽所謂蓮堂者 堂在蓮池之北 其構固小 而亦幽艷絕可愛 宅廢惟此堂存 而欲想像二百年前二子登游之風流 而死藭無言 悲風徒來亦杳然矣 其時堂主曰『妙君』以十七歲 嘗拂賽子之枕席者 略有一旬之久 後乃沈池云 夫施子固不善與賽子游 要亦有咎 假使當日爲邏騎所得 寧有玉石哉 困心歷危 晚乃有以自蓋也 此其幸耳 賽子無譏 今亦其徒不鮮矣」<山康齋文鈔 張86～88 施賽傳>

⑤ 狹 邪

1. 劍僧傳

申光洙의 作으로서「石北文集」중의 한편이다. 壬辰倭亂 뒤 五十여년에 어떤 이가 五臺山에 들어가 老僧 하나를 만나서 몹시 친절히 지냈다. 하룻밤에 老僧이「그의 스승을 제사한다」하며 울음을 슬피 울었다. 그는 고이히 여겨서 그 영문을 물었다. 老僧은 그제야「자기가 倭兵의 하나로서 從軍하여 朝鮮에 와서 異人을 만나 劍術을 배웠으나 같이 배운 한 倭兵이 그의 스승을 죽이매 그는 또 같이 왔던 倭兵을 죽여서 원수를 갚았다」는 이야기를 상세히 했다. 申氏는 이 밖에도「馬生傳」·「虎僧傳」·「廉時度傳」등이 있다.

2. 歌者宋蟋蟀傳

역시 李鈺의 作이다. 서울에 살고 있는 노래 잘 부르기로 有名한 宋蟋蟀 곧「송귀또리」의 一生을 묘사한 作品이다. 그는 특히「蟋蟀曲」·「醉僧曲」·「黃雞曲」등에 능통하였으며, 그의 친구인 李世春(?)·趙豫子(?)·池鳳瑞(?)·朴世瞻(?) 등과 朴世瞻의 아내 梅月(?)에 대한 소개도 퍽 재미 있는 일이 있다.

宋蟋蟀漢城歌者也 善歌 尤善歌蟋蟀曲 以是名蟋蟀 蟋蟀自少學爲歌 既得其聲往急瀑洪春砯薄之所 日唱歌 歲餘唯有歌聲 不聞瀑流聲 又往于北岳顚 倚縹緲 惝惚而歌 始壘析不可壹 歲餘飄風不能散其聲 自是蟋蟀 歌于房聲在梁 歌于軒聲在門 歌于航聲在檣 歌于溪山聲在雲間 桓如鼓鉦 皎如珠瓔 嫋如烟輕 逗如雲橫 瑱如啼鶯 振如龍鳴 宜於琴 宜於笙 宜於簫 宜於箏 極其妙而盡之 乃斂衣整冠 歌于衆人之席 聽者皆側耳向空 不知歌者之爲誰也 時西平君公子標 富而俠 性好音樂聞蟋蟀而悅之 日與游 每蟋蟀歌 公子必援琴和之 公子琴亦妙一世 相得甚懽如也 公子嘗語蟋蟀曰「汝能使我失琴不能和耶」蟋蟀乃曼聲爲後庭花之弄 歌醉僧曲 其歌曰「長衫兮 美人裩 念珠部兮 驢子紂 十年工夫 南無阿彌陀佛 伊去處兮 伊之去」唱纔轉第三章 忽當然作僧鈸聲 公子急抽撥叩琴腹 以當之 蟋蟀又變 唱樂時調 歌黃雞曲 至下章曰「直到壁上畫所 黃雄雞 彎折長嚨喉 兩翼㦸㦸鼓 鴣槐謡啼時」仍曳尾聲叫 一大噱 公子方拂宮振角 治餘音 泠泠未及應 不覺手撥自墜 公子問曰「吾固失矣 然爾之初爲僧鈸聲 又一大噱者何」蟋蟀曰「僧唱佛 既必鈸而成之 雞聲之終必噱 是以然」公子與衆皆大笑 其滑稽又如此 公子既好音樂 一時歌者若李世春趙樸子池鳳瑞朴世瞻之類 皆日游公子門 與蟋蟀相友善 世春喪其母 蟋蟀與其徒往弔之 入門聞孝子哭 曰「此界面調也 法當以平羽調承之」遂就位 哭如歌聽者傳笑 公子家畜樂奴十餘人 姬妾皆能歌舞 操絲竹恣樂歡 二十餘年卒 蟋蟀之徒亦皆淪落老死 獨朴世瞻 與其婦梅月 至今居北山下 往往酒酣歌歇 爲人說公子舊游 未嘗不欷歔嘆息也 <澹庭叢書 卷一九 張20~21 文無子文鈔>

이 밖에도 蔡濟恭의「萬德傳」·「李忠伯傳」, 丁若鏞의「曹神仙傳」, 金祖淳의「五臺劍俠傳」, 金鑢의「索囊子傳」·「蔣生傳」, 柳本學(?)의「金風憲傳」·「金光澤傳」·「李廷楷傳」, 李鈺의「申啞傳」·「成進士傳」·「浮木漢傳」·「張福先傳」·「李泓傳」 등이 있으나 이루 다 들 수 없겠다.

⑥ 假 傳

1. 管子虛傳

李德懋의 作으로「靑莊館全書」중의 한편이다. 이는「붓」을 擬人化한 것이다. 李氏는 일찌기 小說에 대하여 다음과 같은 意見을 지녔다.

小說最壞人心術 不可使子弟開看 一着於此 淪沒者多……余嘗聞「明末流賊 多冒水滸傳中強盜名字」是亦感激人心之一助哉 余嘗看水滸傳 其寫人情物態處 文心巧妙 可爲小說之魁 合號綠林董狐 然士大夫一向沉湎 一本有鍾伯敬評批者 伯

敬之顚倒 乃如是耶 意者浮薄輩 借伯敬名字入梓 以重其書歟 又有金聖嘆者 恣意評讚 自言「天下之文章 無出水滸右者 善讀水滸 其爲人 綽綽有裕」又肆然罵孟子爲未離戰國遊士之習」云 雖不詳知聖嘆之爲何許人 而其狂妄鄙悖 玆可知也 其爲言也 抑揚眩亂 才則才矣 可謂耐菴之丘明 法門之宋江矣 意者耐菴 以錦繡之才有一塊寃憤壘鬱於中 發此無宗之言 叙其平生罵世之心歟 其心則悲且苦矣 其罪則擢髮難贖也 <靑莊館全書 卷五 嬰處雜稿一>

라 하여 小說이 사람의 마음을 混亂케 함을 논하였고, 그는 또,

小說有三惑 架虛鑿空 談鬼說夢 作之者一惑也 羽翼浮誕 鼓吹淺陋 評之者二惑也 虛費膏晷 魯莽經典 看之者三惑也 作之猶不可 何心以爲評 評之猶不可 又有續國誌者 續水滸者 鄙哉鄙哉 尤不足論也 嗚呼以施耐菴聖嘆之才且慧 移此勤於本分事 則其可不敬之乎 甚者敷淫穢 演僻怪 務悅人目 不知羞耻 余嘗見小說書目中 有開闢演義 雖不開見 觀其名目 怪斯極矣 余幼時 看十餘種 皆男女風情 閭巷鄙諺 有時悅目 實知其眞無是事 然後憎惡之心漸加 頓無滋味 於是書與眸不相爲謀矣 嘗聞「中州村巷學究 閒聚談話 即席欲得酒肉 則一人呼小說 一人寫 幾人刻板居然成二三篇 賣於書肆 沽酒肉以遊」云 吁由一時食慾 強作浪說 用力極勞 而心術隨壞 其書浩不可禁 車牛不勝載 家著而戶讀 於是棗梨楮藤之災極矣 權輿於元 濫觴於明 至于今日 而尤往而尤盛 夫小說亂書也 元胡國也 其作俑者 可以加亂民之誅矣 漢之黨論 晉之淸談 唐之詩律 猶有氣節風流之可觀處 然亡國而害道 彼小說安可方乎此三者哉 古置稗官 以收野談 雖多叢瑣 君子有取 傳奇志怪 博物者取之惟此小說 上不及黨論淸談詩律 中不及稗官野談 下不及傳奇志怪 聖嘆輩 獨以何心 攘臂其間 標榜五才子 助其淺陋 甘爲說家之忠臣 俗流之知己 幸若中國 有人挽回世運 亟下新令 溥天之下 燒其舊書 禁其新書 或有犯者 嚴其條法 不齒人類殆庶幾乎 <同上>

라 하여 小說에 대하여 燒滅 또는 禁犯論을 提案했으나 역시 「假傳」的인 作品을 내었음은 時代의 潮流에 휩쓸리지 않을 수 없었던 것이다.

2. 烏圓傳

柳本學의 作으로서 「問菴藁」 중의 한편이었다. 이는 「고양이」를 擬人化한 것이었다. 柳氏는 곧 柳得恭의 아들이다.

그 밖에도 南有容의 「屈乘傳」·「毛穎傳補」, 李鈺의 「南靈傳」·「却老先生傳」, 尹致英(?)의 「梅生傳」, 黃玹의 「金衣公子傳」 등이 있으나 이루 다

들 수 없겠다.

⑦ 滑 稽

1. 海西丐者

李用休의 作으로서「惠寰雜著」중의 한편이다. 丁若鏞은 일찌기 그의 文學에 대하여 다음과 같이 논평했다.

> 用休旣爲進士 不復入科場 專心攻文詞 淘洗東俚 力追華夏 其爲文奇崛新巧 要不在錢虞山袁石公之下 自號曰「惠寰居士」當元陵末年 名冠一代 凡欲琢磨以自新者 咸就斧正 身居布衣之列 手操文苑之權者 三十餘年 自古以來未之有也 然抉剔邦人先輩文字之瑕太甚 以故流俗怨之〈與猶堂全書 第一集 卷一五 張16 詩文集 貞軒墓誌銘〉

또 다음의,

> 水滸傳非惟權謀機變 文章實佳……蓋水滸 爲奸臣蠹政 胡冦侵凌 托之空言 以洩憤者 安知非遺民若聖歎者所作耶 然只言激賛 未言撰傳 不可詳也
> 〈惠寰雜著 第三册 書水滸傳後〉

를 보아서 李氏가 상당히 小說에 대한 認識이 깊었음을 짐작할 수 있겠다. 이는 黃海道에 살고 있는 비렁뱅이 金○의 이야기를 재미 있게 敍述한 것이다.

2. 柳遇春傳

柳得恭의 作으로서「泠齋集」중의 한편이다. 音樂이 極致에 달할수록 鑑賞하는 자가 적어짐은 고이치 않은 일일 것이다. 하물며 당시 身分的 支配者輩인 肉食無謀의 소위 宗室·兩班 따위가 어찌 이런 身分的인 不平에 쌓인 柳遇春(?)의 奚琴을 알 수 있겠는가. 그러므로 柳遇春은「技術이 더욱 進展될수록 알아 주는 자는 없다오」하며 스스로 슬퍼하여 滑稽的인 면으로 발전되었고 人情·物態에 젖은 作者는 이 일을 目擊한 나머지에 그의 애처러운 情境을 이 한편에 유감 없이 묘사하였다.

이 밖에도 丁若鏞의「張天慵傳」, 金鑢의「賈秀才傳」등이 있으나 이에 들지 않는다.

⑧ 傳 記

1. 金申夫婦傳

역시 李德懋의 作으로서 「雅亭遺稿」 중의 한편이다. 이는 당시 28歲의 老總角 金禧集(?)과 21歲의 老處女 申氏(?)의 婚事를 임금 곧 正祖의 명령에 의하여 이룩된 아름다운 이야기를 재미 있게 敍述한 것이다.

2. 琉球王世子傳

이는 金鑢의 作이다. 「藫翁遺藁」「丹良稗史」 중에 실려 있다. 이는 李朝 仁祖 때 琉球王의 世子가 倭人에게 사로잡힌 父王을 贖하기 위하여 國寶 몇 가지를 携帶하고 濟州島에 이르렀다. 牧使 李瀿(?)이 그의 寶物을 요구했으나 世子는 듣지 않으므로 그를 죽였다. 그는 죽을 때에 詩를 읊어서 그의 寃恨을 하소연했다. 이는 朴趾源의 「熱河日記」에도 실려 있으나 이와 內容이 조금 다를 뿐이다.

이 밖에도 李光庭의 「痲娘傳」, 林昌澤의 「黃固執傳」·「林將軍將」, 李瀷의 「嚬笑先生傳」, 朴趾源의 「虞裳傳」·「烈女咸陽朴氏傳」, 李德懋의 「銀愛傳」, 南公轍의 「崔七七傳」, 丁若鏞의 「竹帶先生傳」, 金祖淳의 「李彥瑱傳」, 金鑢의 「韓淑媛傳」, 李鈺의 「捕虎妻傳」·「峽孝婦傳」 등이 있으나 이루다 들 수 없겠다.

結　　語

漢文學을 흔히들 貴族文學이라 한다. 이는 대체로 漢文學이 兩班官僚 또는 文人·學士들에 의하여 발전되었기 때문이다. 그러나 邃古時代의 「俗曲」·「神話」, 三國의 「鄕歌」·「說話」·「俗樂」이나, 또는 高麗 이후의 「詩歌」·「小說」 등 모든 文學的 作品들을 모두 兩班官僚나 文人·學士의 産物만임은 아니었다. 이들은 다만 文人·學士의 손을 거쳐 漢文文字로 表記되었을 뿐이다. 그리고 또 우리 漢文學은 前述한 바와 같이 늘 中國文學에서의 依存인 듯이 自認하는 一部 固陋한 文人·學士들이 없지 않다. 이는 역시 저들과의 끊임 없는 交驩과 流通이 있었음은 사실이었으나 그렇다고 해서 전혀 民族的인 自主性을 잃고 無條件 또는 無批判的인 膜拜는 아니었다.

그리하여 이에서는 悠久 몇 千年 사이의 모든 文學作品들에 대한 攷據·實證을 통하여 幽搜·旁括의 工作을 거쳐서 그 形態的인 分類에도 努力했거니와 主로 思潮的인 溯究에 專心을 傾注했다. 다만 우리 나라는 예로부터 內擾·外患이 頻煩하였으므로 李圭景의 이른바,

> 書之有厄 豈特中國而已也 書者古今之絕寶 或爲造物之所猜 故必有其厄 而我東國亦有書厄 略約計之 則十厄也 唐李勣旣平高句麗 聚東南典籍於平壤 忌其文物 不讓中朝 擧而焚之一也 新羅之末 甄萱據完山州 輸寘三國之遺書 及其敗也 蕩爲灰燼二也 高麗之屢經兵燹 每多殘缺三也 本朝明宗癸丑 景福宮火 思政殿以南皆焚 歷代墳籍並燬四也 宣祖壬辰倭奴之入寇也 亂民與倭賊 放火竟燒五也 仁祖丙子 清軍來侵 亂氓放火 燒燼殆盡六也 壬丙之亂 皇明天將及倭虜 搜括典籍之在於京鄕民間者 并捆載而去七也 仁祖甲子 逆适以關西閫帥 擧兵犯闕 而如干遺燼 復入消滅八也 國俗不貴墳典 毁爲還帋 糊爲塗壁 潛銷暗爍九也 藏書家懸金購取 什襲備置 而亦不自讀 更不借人 一入无出 幽鬱積歲 竟爲蠹鼠之侵蝕 傔隷之所竊賣 書無完帙十也 〈五洲衍文長箋散藁 卷五 大東書厄辨證說〉

와 같이 歷代의 書厄은 十次에 거듭하였고, 또 최근 1950·6·25의 動亂은 실로 振古에 없었던 일이어서 公私의 珍藏이 거의 蕩盡된 만큼 資料의 發掘工作에 苦心을 느끼지 않을 수 없었다.

그러나 가장 우리 民族의 黯黮期인 國耻 36년 사이에도 수많은 漢文學者들은 갖은 戮辱과 絕望 중에서 꾸준히 殘壘를 지켰으며, 1945년 光復 이후에는 또 一部 國粹主義的인 學者들이 「漢字廢止論」을 높이 부르짖었으나 최근에 이르러서는 이를 다시금 배우지 않으면 아니될 當面의 課題가 우리에게 賦與되어 있다. 이는 실로 悠久 몇 千年 사이의 많은 著籍이 쌓여 있어서 우리의 邦故와 祖懿를 올바르게 認識, 또는 깊은 硏究가 없이는 아니될 것이며, 아울러 東洋學의 源泉을 깊이 더듬어 보려면 역시 이를 닦지 않고는 무엇에도 着手할 수 없을 것이다.

그리하여 오늘날 우리의 앞에는 실로 斯學에 대한 科學的인 整理의 工作問題, 올바른 遺產의 繼承問題, 또는 專門家의 育成問題 등의 만만치 않은 課題가 남아 있음을 새삼스레 느끼지 않을 수 없겠다.

索　引

姓名·稱號

ㄱ

ㄴ

ㅈ

ㅊ

ㅋ

ㅌ

ㅍ

ㅎ

地名·國號

ㄱ

ㅇ

ㅈ

書名·圖題

ㄱ

ㅎ

詩題・文題

ㄱ

ㅂ

ㅅ

ㅈ

ㅊ

雜物・要語

ㄱ

ㄴ

ㄷ

韓國漢文學史

2018年 8月 15日 再版印刷
2018年 8月 20日 再版發行

著 者 李 家 源

發行處 普 成 文 化 社
서울 龍山區 厚岩路 10
TEL: 733-7244, 734-4365
FAX : 722-9927
등록번호: 제2011-000081호

〈값 20,000원〉

JN410533